肖宗志 著

捕务制度及其在晚清时期的转型（1644—1911）

本著作是2016年国家社会科学基金项目『捕务制度及其在晚清时期的转型研究』（16BZS068）的最终成果

岳麓書社·长沙

图书在版编目（CIP）数据

捕务制度及其在晚清时期的转型：1644—1911／肖宗志著．—长沙：岳麓书社，2025.7

ISBN 978-7-5538-2078-1

Ⅰ．①捕…　Ⅱ．①肖…　Ⅲ．①逮捕—司法制度—研究—中国—清代　Ⅳ．①D929.49

中国国家版本馆 CIP 数据核字（2024）第 097706 号

BUWU ZHIDU JI QI ZAI WANQING SHIQI DE ZHUANXING（1644—1911）

捕务制度及其在晚清时期的转型（1644—1911）

作　　者：肖宗志
出 版 人：崔　灿
责任编辑：刘　文
助理编辑：许二朋
责任校对：苏　钢　凌楚楚
封面设计：罗志义

岳麓书社出版发行
地址：湖南省长沙市爱民路 47 号

版次：2025 年 7 月第 1 版
印次：2025 年 7 月第 1 次印刷
开本：640mm×960mm　1/16
印张：25.25
字数：378 千字
ISBN 978-7-5538-2078-1
定价：88.00 元

承印：长沙市宏发印刷有限公司

如有印装质量问题，请与本社印务部联系
电话：0731-88884129

目录

绪　论

一、选题依据　001
二、研究的主要问题和基本框架　008
三、研究视角　010

第一章　清代前中期捕务制度及其变动

第一节　清代以前捕务制度源流　016
一、先秦到元代捕务制度的演化　016
二、明代捕务制度　021

第二节　清代前期捕务制度的基本确立　027
一、捕务主体　027
二、捕务客体　043
三、捕务规范与程序　046
四、捕务方法　060
五、捕务经费　065

第三节　清代中期捕务制度的调整与变动　068
一、文职捕务机构的调整　068
二、武职捕务机构的改革　069
三、营伍调遣权下移文职州县官　073
四、捕务规范的变动　075
五、保甲制度的修补　083

第二章　晚清新政之前阶段捕务制度的局部转型

第一节　捕务主体的多样化与专门化趋向　088
一、作为捕务新主体勇营和防军的兴起　088
二、练军的近代化趋势　092
三、团练大量涌现　095
四、捕务专营在晚清的扩展　100
第二节　科层化捕务管理机构创制及其合理性　105
一、捕务管理机构的创制　105
二、科层化捕务管理机构存在的合理性　115
第三节　捕务客体、规则和手段的变动　119
一、捕务客体多元化复杂化　119
二、捕务规则的变更　126
三、捕务手段和方法的变化　132

第三章　晚清新政阶段捕务制度的全面转型

第一节　捕务主体近代化的全面启动　140
一、近代化的军制改革　140
二、日益专门化的巡警军　143
三、新式武备学堂陆续建立　146
四、各省试办警察　147

第二节 捕务主体全面和深度变动 152
一、全国统一建军 152
二、全国统一建警 160
三、基层捕务体制的新替 169
四、直省自治机构对捕务制度的介入 173
第三节 捕务规则和捕务客体近代性变动 178
一、捕务规则的变动 178
二、作为捕务客体的近代性政党 189
三、捕务经费预算制度的建立 193

第四章 京畿捕务制度及其转型

第一节 京畿分层式捕务制度 198
一、京畿分层式捕务制度 198
二、捕务主体的变动 209
三、京畿捕务规则及其变动 218
第二节 京畿捕务制度在新政阶段的转型 231
一、京畿军队的转型 231
二、警察制度的新创 235
三、资政院与顺直咨议局对京畿捕务的介入 244
四、京畿捕务规则的调整与转型 248

第五章 湖海水路捕务制度及其转型

第一节 清代湖海水路捕务制度及其变化 257
一、清代湖海水路捕务主体及其变化 257
二、湖海水路捕务规则 277
三、湖海水路捕务方法 280
第二节 晚清新政前湖海水路捕务制度的转轨 290

一、江河水路捕务力量的转轨 290
二、海洋水路捕务力量的曲折转型 301
第三节 新政阶段湖海捕务主体分化与全面转型 308
一、重建海军和水师全国一体化 308
二、湖海水路捕务力量多样分化与全面转型 311

第六章 对清代捕务制度及其转型的多维审视

第一节 清代捕务制度的合理性与基本特征 321
一、清代捕务制度的合理性 321
二、基本特征 334
第二节 清代捕务存在的问题及其制度原因 339
一、清代捕务存在的问题 339
二、问题产生的制度原因 348
第三节 捕务制度转型及其转型困境 357
一、捕务制度全面转型 357
二、转型困境及其根本原因 368

征引史料与今人学术论著

一、征引史料 381
二、今人学术论著 390

后记 399

绪　论

一、选题依据

国家作为管理社会、维护秩序和具有镇压功能的有机体，有一整套国家机器和官僚体系。为了保证这些体系间的协调配合和体系的有效运行，制度和规范应运而生。在专制时代的中国，包括法律在内的各种制度规范的一个主要特点是诸法合体，刑罚发达，百姓多义务，少权利，权利与义务不对等。为维护统治阶级利益，保证应有的政治、经济和社会秩序，以达到专制皇权的万世独尊，清代有系列制度设计，其总原则是上下相维和大小相制。它既保证基本的政治运作，又避免各级官员权力过大或过于集中。同时，为节约行政成本，实行一事有多人分任、一人分担多事和治官之官多、治民之官少的管理模式。这种管理模式使官制错综复杂，叠床架屋，官员职责不明，管理层级不清，推诿扯皮，效率低下。

一般说来，刑名、钱粮是专制时代各级官员的两大主责。从督抚到州县，“所重者，惟刑名、钱粮”。捕务不独于政务之外，而在刑名范畴之中，缉盗安民是其中的重要组成部分。检索《四库全书》，“捕务”一词出现较晚，就目力所及，最早应该在明代，“京营自监督外，总理捕务者二员”[①]。“捕务”一词大量使用则在清代，如，“陕省黄龙山地方旧设捕盗同知一员，后经裁缺，归西安清军、抚民二厅兼理。查黄龙山，系西、延二府孔道，山深人少，盗贼易滋。请复设捕盗同知，专司捕务，实资弹压”[②]；“丙申，命周馥往江北筹画吏治、海防、

① 张廷玉等:《明史》卷89，兵一，中华书局2000年版（简体字本），第1458页。

②《圣祖实录》卷136，康熙二十七年七月丙戌，中华书局1985年版，第478页。

河工、捕务”[①]；“侍郎沈家本建议办清乡，朝命瑞瀓主苏、松、太、杭、嘉、湖捕务”[②]。而清代以前，也较多使用“治安”一词。古代的“治安”是指国家治理有序、政治清明、社会安定的状况。其内容比较宽泛，既指政治统治的秩序，又包括社会层面上的秩序，[③]与明清使用的“捕务”一词内涵较接近。像其他专制王朝一样，捕务在清代政治中具有十分重要的地位。清代从朝廷到州县官，无不以捕务为重。无论是负有监督之责的高官大吏，还是直接临民的父母官，安民是首要的责任。地方官如要安民，就必先防盗、缉盗，维持社会秩序。所以，“居官首在安民，安民必先弭盗”，就成为各级官员的政治信条。

那么，捕务指什么？各类辞典对“捕务”无专门解释，只定义“捕”。《辞海》中的“捕”指“捉拿”“捉取”，也就是缉捕之义。那么，捕务就是有关捉拿、缉捕的事务。宋国华将缉捕分为两类：一是维护治安中的缉捕，二是司法中的缉捕。他认为，官绅民“对于正在实施犯罪破坏社会治安者的抓捕”，属于治安中的“缉捕”范畴。只有“事发于官的刑事案件，徒刑和徒刑以上的流、充军、发遣、死刑案件，都是先由州县侦查、勘验、拘捕、初审，拟定判决意见。人犯的缉拿，则是司法中的缉捕，具体包括：罪人的缉捕，囚犯越狱的缉捕和讨逃犯的缉捕”[④]。按照上述说法，无论治安、司法的缉捕，都是“既事之获”的捕务，这是狭义捕务。解读历史文献，中国古代和晚清的捕务多是广义的，捕务制度是广义捕务制度。广义的捕务是弭盗和缉盗两个方面，前者是力量布防以防盗，后者是力量缉拿以捕盗。雍正继位后，告诫武职高层官员，“设兵以卫民也，防乱于未萌，缉奸于已发”[⑤]。相同的意思还有，“查捕官专司捕务，既不能防范于前，

---

①赵尔巽等:《清史稿》卷24，本纪二十四，中华书局1977年版，第951页。

②赵尔巽等:《清史稿》卷471，列传二百五十八，第3283页。

③张连举主编:《跨学科视野下的警学研究》，暨南大学出版社2014年版，第27页。

④宋国华:《清代缉捕制度研究》，法律出版社2014年版，第3页。

⑤《世宗实录》卷3，雍正元年正月辛巳，中华书局1985年版，第77页。

复不能追拿于后，居官平常，已属可见，请即行革职”[①]，承缉各员“既疏防于平时，又玩泄于事后，捕务废弛，莫此为甚”[②]，地方员弁“既未能防范于前，事后又不能迅速弋获，实属捕务废弛”[③]等。曾任地方官的黄六鸿也说：“缉盗莫先于弭盗也，虽然未事之防，与既事之获，不可偏废也。”[④]揆诸文献史实，捕务包括“未事之防”“既事之获”等两个方面。或者说，防守也是捕务，防守之设也是捕务制度。乾隆朝时文职通判的分防调整属于捕务，“同府尚有通判一员，如今移驻，管辖嘉兴、秀水、嘉善、桐乡四县捕务”[⑤]。武职汛塘制也是捕务制度的组成部分，“各省设立塘汛，分派弁兵巡守，原以稽查缉捕，俾奸宄无从逃匿，立法至为周备。若一任倾圮废弛，于捕务殊有关系”[⑥]。

与现今警察事务比较单一不同，明清时期的捕务对象涉及政治、经济、文化、军事、卫生防疫、消防、交通、建筑等各种事务。如上所述，从明清制度规定和实际运行来看，捕务是广义的概念，本课题正是从广义捕务制度着手的。朱绍侯先生没有对“治安”“治安制度”一词下定义，但从行文来看，他与现今使用的“治安”一词有别，是从广义角度来理解和使用“治安”概念的。[⑦]这实际上更符合古代广义的“治安”，[⑧]即通过管控和惩治，维护国家和社会正常秩序。因此，从这个意义上说，朱绍侯所论的古代“治安制度”就等同于本课题所说的“捕务制度”。进一步说，广义的捕务可分为防守性捕务和缉捕性捕务，而狭义的捕务仅指缉捕性捕务。

---

①《高宗实录》卷945，乾隆三十八年十月己酉，中华书局1986年版，第803页。

②《宣宗实录》卷228，道光十二年十二月己未，中华书局1986年版，第400页。

③《文宗实录》卷128，咸丰四年四月庚寅，中华书局1986年版，第268页。

④黄六鸿：《福惠全书》卷17，贼盗上，官箴书集成编纂委员会编：《官箴书集成》第3册，黄山书社1997年版，第400页。

⑤《高宗实录》卷166，乾隆七年五月乙丑，第100页。

⑥《仁宗实录》卷187，嘉庆十二年十一月癸卯，中华书局1986年版，第471页。

⑦参见朱绍侯：《中国古代治安制度史》，河南大学出版社1994年版。

⑧学界根据目标、职能和权限不同将“治安”分为大治安、中治安和小治安，但一般认为，古代治安是大治安之义。参见万川：《评〈中国古代治安简史〉》（《江苏公安专科学校学报》2001年第1期）和高晓波、田素美：《中国古代“治安”概念的界定与基础理论研究》（《零陵学院学报》2005年第3期）。

因为捕务在国家政治所具有的重要性，围绕捕务，就有一系列的制度设计。捕务制度构成官僚体系中一个最重要、不可缺少的组成部分，成为维护和巩固其统治的主要工具。它规定了捕务在政治、经济和社会中的地位以及捕务主体、捕务客体、捕务规范、捕务程序、捕务方法和保障条件等。因此，本课题即从上述几个要素重点讨论清代捕务制度及其转型。就捕务制度中的捕务主体而言，在清代，从督抚到州县，从提督到把总、外委都担负社会治安的责任。在清季新政阶段设立巡警部之前，清代没有设置专门的治安和缉捕机关，也没有专门的职业警察。“警察的事业，多混合于他项行政之内，故没有显著特定的制度和组织”①。因此，维护和管控社会秩序，采取的是军政共管、官民共治、官方上下负责的共管共治混合体制。具体来说，清代社会秩序的维系和防控由军队、行政官员和所谓的在官人役共同承担。其捕务主体是多元的。正如《安平县杂记》“捕缉官名”条所称的那样，“安平县、捕厅、巡检、保甲委员、文口委员、皂役、快役、局勇、地保、总理、乡长、总签首、签首、壮丁、更夫、庄耆、中营中军、城守、左军、右军、水师、营勇、汛官、汛兵、武口汛弁”②。可见，中国传统时代没有警察名称、警察制度，但军队、行政官员和在官人役都承担有与现今警察相同、相近的职责。在清代的268年中，其捕务制度体系及规范还在不断调整和完善之中。这种调整和完善有多种趋向：一是在传统轨道上的增删、修补、细化和简化，二是新制度和新规范的建立，三是兼取西方之长的近代变革。因此，清代尤其是晚清时期，这种变动更显著。在新政阶段，警察制度正式引入中国，开启了由传统走向近代不可逆转的进程，成为中国警察制度转型的过渡期和转折点。总之，清代捕务制度的建立、变动以及近代性转型不仅深刻影响着当时的政治、经济、军事和社会，也深刻影响民国时期的政治制度和社会制度的发展与变化。

学术界关于清代268年间八旗制度、绿营制度、水师制度、文职

---

① 陈允文：《中国的警察》，商务印书馆1935年版，第10页。

②《安平县杂记》，台湾文献丛刊第52种，台湾大通书局1984年版，第44—45页。

官僚制度、保甲制度、团练制度、法律制度、警察制度和审判制度等的专门研究，已经积累了相当多的成果。如闻钧天的《中国保甲制度》(商务印书馆1935年版)、陈允文的《中国的警察》(上海商务印书馆1935年版)和杨开道的《中国乡约制度》(山东省乡村服务人员训练处1937年版)等是国内较早涉及清代捕务制度的成果。20世纪90年代后，涉及清代捕务制度的通史性成果渐多。如朱绍侯的《中国古代治安制度史》(河南大学出版社1994年版)、陈智勇的《中国古代社会治安管理史》(郑州大学出版社2003年版)和万川的《中国警政史》(中华书局2006年版)等对清代治安制度作了论述。韩延龙、苏亦工等的《中国近代警察史》(社会科学文献出版社2000年版)则追溯到晚清时期与捕务相关的制度变革和转型。程维荣的《中国近代行政法(1901—1949)》(商务印书馆2018年版)对包括警察法在内的行政法演变及其影响做了分析。

近30年来，由于研究范式与国家清史工程的推动，清史研究日渐繁荣，与本课题相关的成果不断涌现。这些成果从不同角度对清代官僚制度、治安制度、军事制度、司法制度做了研究，多少都论及清代捕务制度及其转型，为本课题研究奠定了很好的前期基础。如，罗尔纲的《晚清兵志》(中华书局1997年版)对晚清兵制变化做了研究，瞿同祖的《清代地方政府》(法律出版社2003年版)列举了清代州县官及衙役在缉捕罪嫌方面的部分职责，那思陆的《清代州县衙门审判制度》(中国政法大学出版社2006年版)阐述了部分清代涉及缉捕罪嫌方面的程序规定，沈大明的《〈大清律例〉与清代的社会控制》(上海人民出版社2007年版)论述了大清律例对统治秩序和地方社会共同体的控制，张研通过“剿匪故事”分析县级政权在捕务上的职责和关系(《清代县级政权控制乡村的具体考察》，大象出版社2011年版)，关晓红的《从幕府到职官：清季外官制的转型与困扰》(三联书店2014年版)涉及直省科层制局所产生的复杂演变及意义，张研等的《19世纪中期中国双重统治格局的演变》(中国人民大学出版社2002年版)等对基层治理做了研究。刘伟的《晚清各省的防勇》(《华中师范大学学报》2002年第4期)、邱捷的《清末民初地方政府与社会控制——以广州地区为例的个案研究》(《中山大学学报》2001年第6期)、柏桦的《论清代律例规定的官民治安防范体系》(《贵州社会科学》2008年第10期)、冯贤亮的《同治十年江南的社会变乱、秩序危机与政府控制》(《清史研究》2011年第4期)、谭琪的《清代州县治安防控网络体系研究：基于政府过程理论》(《天府新论》2012年第3期)、王宏斌指出广州府海防同知还兼管番禺等四县的捕务（《简论广州府海防同知职能之演变》,《广东社会科学》2012年第2期)、赵卫宾的《清末新疆保甲局的置废与近代新疆社会治理转型》(《江苏警官学院学报》2015年第6期)、孙明的《乡场与晚清四川团练运行机制》（《近代史研究》2020年第3期）和刘青峰的《地方勇营与晚清广东“非湘非淮”格局的形成——以安勇为中心的考察》(《社会科学研究》2020年第3期）等对清代或晚清机构捕务职责和运行有所论述。

关于清代军警的研究成果也不时涌现。清代军队有国防和内卫职责，捕务是内卫应有之义，自然有其制度规定。如罗尔纲的《绿营兵志》(中华书局1984年版)、王尔敏的《淮军志》(中华书局1987年版)、田玉洪的《困厄中的抉择——晚清（1864—1911年）裁军研究（以绿营为中心）》(华东师范大学2005年博士论文)、李志茗的《勇营制度：清代军制的中间形态》(《史林》2006年第4期)、王爱英的《从绿营防汛到近代警察——清末军事变革的再审视》(《历史教学》2011年第22期)、王宏斌的《清代前期江苏的内外洋与水师巡洋制度研究》(《安徽史学》2017年第1期）等涉及军队的捕务功能及其变化。清末警察的职责宽泛，其主要任务是维护政治、经济和社会秩序。警察制度是晚清增量制度，这方面成果众多。如王家俭的《清末民初我国警察制度现代化的历程（1901—1928）》(台北商务印书馆1984年版)、马玉生的《中国近代中央警察机构建立、发展与演变》（中国政法大学出版社2015年版)、吴沙的《清末传统治安制度向近代警察制度的转变》(《公安研究》2001年第2期)、汪勇的《略论清末警政建立对租界警察的借鉴》(《山西大学学报》2010年第1期)、李自典的《清末十年北京治安管理述论》(《首都师范大学学报》2010年第2期）和刘海波、朱丽娜的《清末水上警察创建过程考述》(《铁道警察学院学报》2020 年第 2 期）等从不同的角度对晚清捕务制度的变革和转型做了阐述。

由于社会史研究的兴起，清代基层政权和社会组织研究得以兴盛，这方面成果也多少涉及捕务制度。如胡恒的《皇权不下县？——清代县辖政区与基层社会治理》（北京师范大学出版社 2015 年版）、谭琪的《清代州县治安制度研究》（中国工人出版社 2015 年版）、刘洋的《清代基层权力与社会治理研究》（科学出版社 2016 年版）都是这一方面的成果。萧公权的《中国乡村：19 世纪的帝国控制》（九州出版社 2021 年版）对晚清保甲制度及其运行有详细的论述，蔡开松的《湖南保卫局述论》（《近代史研究》1990 年第 1 期）、黄细嘉的《近代的团练和团练制度》（《历史教学》1997 年第 10 期）、段自成的《清代北方官办乡约研究》（中国社会科学出版社 2009 年版）、常建华的《乡约·保甲·族正与清代乡村治理——以凌燽〈西江视臬纪事〉为中心》（《华中师范大学学报》2006 年第 1 期）、王先明等的《晚清保甲制的历史演变与乡村权力结构——国家与社会在乡村社会控制中的关系变化》（《史学月刊》2000 年第 5 期）、王开玺的《嘉道年间的京城保甲制度与社会治安》（《历史档案》2002 年第 2 期）、王先明的《绅董与晚清基层社会治理机制的历史变动》（《中国社会科学》2019 年第 6 期）和崔岷的《从御匪到救时：道咸之际清廷团练动员的兴起》（《社会科学研究》2020 年第 5 期）等分别对乡约、保甲、团练的捕务功能及与基层政权的关系、制度变化和困境进行了分析。

国外学者重视中国历史的研究，较早地从政治与社会互动角度研究清代历史，对清代捕务制度及其转型也有涉及，他们的研究视野和方法尤其值得借鉴。美国学者如魏斐德的《大门口的陌生人：1839—1861 年间华南的社会动乱》（中国社会科学出版社 1988 年版）、麦科德的《清末湖南的团练和地方军事化》（《湖南师范大学社会科学学报》1989 年第 3 期）等讨论叛乱、盗匪与清代捕务制度的关系及政权与社会的互动。日本学者织田万的《清国行政法》（中国政法大学出版社 2003 年版）有对捕务机构和捕务官的介绍，太田出的《清代绿营的管辖区域与区域社会——以江南三角洲为中心》（《清史研究》

1997年第2期）等，对具有捕务职责的绿营和佐杂有所论述，吉泽诚一郎的《光绪末年天津巡警的创设和城市行政的变化》(《城市史研究》第10辑，天津古籍出版社1995年版）则论及作为捕务主体的警察制度的意义。韩国学者与本课题有关的成果如：金宗燮的《宋正洙〈中国近世乡村社会史研究〉——明清时代乡约、保甲制的形成和展开》(《中国社会历史评论》第2卷，天津古籍出版社2000年版）和都重万的《嘉庆年间广东社会不安与团练之发展》(《清史研究》1998年第3期）等。

学术界涉及捕务和捕务制度的成果众多，但不得不承认，多限于专门、专题研究，综合、立体研究捕务和捕务制度的成果并不多见。由于受各自主题所限，现有的一些成果存在碎片化和不均衡现象；围绕捕务对行政、治安、司法、军队和警察做静态制度的研究较多，但对其制度运作、制度变动注重不够；对巡检的研究较多，但对府同知包括捕盗同知和海防同知以及通判、州巡检、县丞、典史等专兼捕务机构和捕官研究不够；对治安、司法的近代转型和警察制度的建立及其影响的成果较多，但对晚清直省非经制保甲局、缉捕局、巡防制度研究不多，对咨议局等自治主体介入捕务制度的研究则较少。而综合研究捕务制度的成果主要有：宋国华（《清代缉捕制度研究》，法律出版社2014年版）从狭义的角度重点对1840年以前清代缉捕制度规定、具体设计与实际运作、激励与保障机制做了横切面的梳理与分析，对清代捕务废弛的表现原因和整顿做了阐述，对晚清捕务制度的转型也有所提及，认为缉捕制度在清末司法改革中逐步近代化，但囿于主题，未展开深入、专门的论述；孙云山的《清代捕亡制度研究》(西南政法大学2009年硕士论文）也从法律角度讨论了清代缉捕对象的法律责任、缉捕主体职责和缉捕程序，并对清代缉捕制度做了评价。但总的说来，学术界对清代捕务制度及其变动、转型的整体性研究不够。

二、研究的主要问题和基本框架

从纵向发展脉络看，清王朝从1644年正式建立到1911年武昌起义，历 268 年而覆亡。又以 1840 年鸦片战争爆发为标志，中国进入新的历史时期。从清代法统看，中国进入晚清时期；从中国社会性质变化看，中国进入近代时期。即同一时期（1840—1911）有两种表述，只是本质有别。不过，清代捕务制度的发展变化大致可以分为三个阶段，并表现出各自的特征，而其局部转型开始于同治元年（1862）。第一个阶段从 1644 年到 1861 年咸丰朝终结，其标志是清朝正式建立，草创捕务制度，主要特点是清代传承了明代的捕务理念、捕务规则与捕务做法，捕务制度基本形成，并在传统轨道上进行小幅度调整和完善补充。第二个阶段从 1862 年到 1900 年新政前，其标志是同治元年练军的出现，主要特点是晚清新政前捕务制度开始了渐进、局部的近代转型，亦新亦旧明显。第三个阶段从 1901 年到 1911 年新政阶段，其标志是 1901 年新政谕旨的发布，主要特点是新政阶段面向近代性改革的色彩越来越浓厚，改革呈现出全新的状态，而捕务制度全面加速的近代转型，呈现出更多的开放性、多样性和复杂性。

从内容要素及其变化看，清代捕务制度由多要素有机组成，如捕务主体、客体、规则、方法、捕务保障等等。到晚清时期，捕务制度各要素更加多样、丰富和可变，且发展和变化并非整齐划一，而是有先有后，共同推动捕务制度局部或整体性转型，表现出与传统中国捕务制度完全相异的走向。特别是新政阶段，中国亦步亦趋，学习西学、西制和西政，捕务理念和设计更趋西化，则是不争的事实。但也不能绝对说，中国传统捕务制度尽失。其结果是，中西杂糅仍是晚清捕务制度的底色。与此同时，正式制度和非正式制度并存，捕务制度的实际运行既有与制度规定符合的一面，也有与制度规定背离的一方面，法治和人治交相为用。依各种情况不同、层级不同，背离的程度也不一样。

本课题主要围绕清代捕务制度及其在晚清时期的转型（1644—1911）开展研究，它包括清代捕务制度和捕务制度的转型等两个大的方面。主要讨论的问题有：清代捕务制度具体包括哪些方面？捕务制度与军事制度、行政制度的关系是怎样的？满族贵族入主中原，建立清王朝，其捕务制度从前代继承和借鉴了哪些制度机制，在重建中又赋予了哪些满洲特色和时代特色？清代捕务制度的实际运行怎样，效能如何？经过西方列强和农民运动巨大打击后的晚清时期，清代捕务制度做了哪些具体变革，变革效益如何？捕务主体官治、民治和官民共治之间的关系如何？渐进地、局部地向近代转型体现在哪些方面？新旧捕务制度存在怎样的兼容和冲突？新政捕务制度改革后行政与司法、军事与民政、巡防与缉捕权有了哪些分离？责任捕务机构和管辖区域变化后防守与缉捕如何重新调整？政治参与扩大后对捕务制度有何影响？西方各国与日本的军事制度、警察制度以及相关的法律制度对中国的捕务制度改革产生了何种影响？捕务制度改革对清末新政改革有何推动作用和象征意义？新政阶段捕务制度转型程度如何，有哪些特征？对后世治安制度、军事制度、警察制度和民兵制度产生了哪些影响？本课题的主旨是通过对以清代捕务制度及其转型为重点的考察，在具体分析捕务制度及其运行的基础上，洞察专制朝代执政理念、执政特征和执政规律，从捕务制度角度深刻认识社会变迁及社会转型的必然性、进步性和局限性。

本课题分为六章，但以同质性来划分，其结构实际为三部分。第一部分以清代捕务制度的建立、调整和转型为主线，纵向观察和分析捕务制度变化总脉络，包括清代前中期捕务制度的确立和调整、晚清时期捕务制度的错动和近代化萌动、新政阶段捕务制度改革及其转型等，即第一、二、三章。第二部分对具有一定独特性的清代特定空间、地域捕务制度及其变动开展研究，包括京畿捕务制度及其转型、湖海水路捕务制度及其转型，即第四、五章。第三部分概括和总结清代捕务制度的结局，分析其根本原因，即清代捕务制度合理性、存在的问题及转型困境，即第六章。

三、研究视角

学术界关于各门科学研究的基本经验和规律证明，以多样视角和方法研究科学，更能比较客观、全面和科学地得出结论。历史科学也是如此，利用多学科视角和方法，为还原历史现场，洞察历史真相和得出科学结论提供了更大、更多可能性。正是基于此种认识，本课题尝试从多个角度来开展清代捕务制度及其转型的研究。

第一，世界视角。从鸦片战争西方国家以炮火形式洞开中国国门后，传统中国被迫卷入到世界资本主义体系中。世界各国开始全面、深刻地影响中国的进程和变化，同时中国也才真正成为世界的有机组成部分。自此以后，中国与世界不曾割裂，且彼此的影响越来越多，越来越广，越来越深。在人类文明史上，尽管充满了侵略、压迫、剥削、不平等和邪恶，但人类社会不断进步的总趋势不会改变。所以，又不得不承认，由于先进生产力和资本主义生产方式首先产生于欧美国家，引领着世界发展的潮流，落后的后发型国家几乎无一例外地向欧美学习，清政府也不例外。对西方国家、西方文明，清政府和官绅首先是抗拒和抗争，然后合流和模仿，最后则是主动和全面地学习。晚清中国就是这样一个国家，而又以后起的日本为楷模，从科学技术、经济模式到基本政治制度等进行一系列的改革，有了趋新和近代性转型。因此，研究清代的制度，包括捕务制度，必须“眼睛向外”，否则，难以科学、全面地分析和解释问题。另一方面，每个国家都有自己的历史、制度、文化、心理传统和现实追求，在模仿、学习西方的同时，本国的传统因素、旧的因素必然要与西方的、新的发生冲突，改革不是简单地照搬，而是一个复杂调适的过程。在这一调适过程中，使得这种引进打上强烈的本国特色，或者以中国特性改造西学、西制和西政。但不论怎样说，新旧杂糅、中西合璧是近代中国诸种制度所具有的共性。因此，研究清代捕务制度，又不能丢掉立足本国、“眼睛向内”的自信与态度。

第二，长时段视角。“贯通古代史与近代史，打破它们之间的隔阂，以长程史的考察视角厘清制度的渊源，探究制度的发展演变及其影响。”[①] 这一点，尤其表现在清史和清史研究上。清代 268 年的历史，在鸦片战争爆发的 1840 年前，被划分为中国古代史学科范畴。1840 年之后，被划分为中国近代史学科范畴。与中国历史的各个朝代

① 朱英：《把握制度史研究的着力点》，《人民日报》，2020 年 3 月 23 日，第 9 版。

断代史有一个明显和本质的不同，清史断代史纵跨古代史和近代史两个历史阶段。研究清代史，要跨越中国古、近代史学科界限，既要考虑清代对明代捕务制度的继承与超越，又要不割裂清代前中期和晚清历史，晚清是清代统治时期的重要组成部分。晚清史是前中清史的继续，又是在新的历史条件下的不断变化和发展。由于中国古代史和中国近代史的截然两分，治中国古代史的学人不太了解中国近代史，治中国近代史的学人，对中国古代史也不太熟悉。特别是中国制度史，包括清代捕务制度的研究，不了解清代捕务制度的原貌，就难以观察清代捕务制度的发展、变化和转型。反之，只了解晚清捕务制度的改革进程，晚清的制度变化则无根无据。因此，研究清史和清代制度，必须将制度渊源与制度变化结合起来，不可偏废，才能完整、全面地把握捕务制度的调整和变革转型。因此，清史研究要基于长时段的视野，要突破中国古代史、中国近代史的藩篱，全面和客观地观察与把握清代捕务制度的发展演变和各种复杂关系，才能显示历史的复杂性、丰富性和厚重感。

第三，整体性视角。制度由一系列要素构成，捕务制度的变动和转型具体体现在捕务制度各要素的变动和转型。反之，捕务制度各要素的变动和转型直接推动了清代捕务制度局部性或全面性变动和转型。因此，只有具体地梳理和洞察捕务制度各要素的变化状况，才能比较准确地把握清代捕务制度的整体变动和转型。任何制度都有静和动“双态”。静态制度文本的解读能反映制度的基本面，探讨清代捕务制度在不同历史阶段的承继性和发展性，但制度总归要放在动态运行下，才能真正回到“历史现场”。只有把握“双态”，制度的复杂性、关联性和变动性才能呈现。为更好地展现“双态”关系，需要采取点面结合的形式，通过个案，来观察和分析有清一代捕务制度的具体运行、彼此协作关系。通过捕务的个案事实，来看清代捕务制度的运行实效；分析清代捕务制度，也要注意“双轨”捕务制度的整体性，即事前预防的弭盗制度和事后惩处的缉盗制度，这两者都是清代捕务制度的必要组成部分，不可缺少；在整体性视野下，通过政治与社会互动的解释路径，才能更好地阐述清代捕务制度在晚清时期转型的背景与原因、政治社会影响及其基本结局，使历史认识更科学、更全面和更深化。

第四，现代化视角。现代化既是一个实现的结果，也是一个动态的渐进过程。布莱克认为现代化就是从传统向现代转化的一个过程，是知识、政治、经济、社会和心理等五个方面的变化、转型过程。① 罗兹曼认为现代化是涉及国际背景、政治结构、经济结构及经济增长、社会整合、知识和教育等层面的一种变化过程，并特别强调科学技术在现代化进程中的决定性作用。② 中国学者都认为现代化是一种转变或历史过程。如，罗荣渠先生从广义和狭义定义现代化，认为现代化是一个“历史过程”“发展过程”③。尹保云认为现代化就是“现代性在物质的、制度的、观念的三个层面的增加和扩展”的过程。④ 张忠良等认为，所谓现代化，是由传统农业社会向现代工业社会转型的过程，是“一个以经济为主，同时也表现在政治、思想文化和社会生活各个领域由传统向现代转化的多方面的历史演进过程”⑤。陈明认为，现代化“本质上是分工的出现与拓展带来人类能力的大幅提升，从而推动工业化、城市化起源与扩散的过程”⑥。现代化是社会生产力发展的必然结果，但由于生产力水平、文化传统、社会性质和基础条件等不同，各国现代化本质有别，现代化的路径、策略、手段和方式等选择有别，由此形成多样性现代化道路。本质上说，现代化就是社会由传统走向现代的转型过程，现代化是社会转型的直接动力和必然结果。“在现代社会和传统社会之间所架设的桥梁，就是伟大的现代化

---

① [美] C.E. 布莱克：《现代化的动力：一个比较史的研究》，景跃进、张静译，浙江人民出版社 1989 年版，第 8 页。

② [美] 吉尔吉特·罗兹曼主编：《中国的现代化》，国家社会科学基金“比较现代化”课题组译，沈宗美校，江苏人民出版社 1988 年版，第 4 页。

③ 罗荣渠：《现代化新论——世界与中国的现代化进程》，北京大学出版社 1993 年版，第 16—17 页。

④ 尹保云：《什么是现代化：概念与范式的探讨》，人民出版社 2001 年版，第 5 页。

⑤ 张忠良等：《现代化新论——党的第三代领导集体社会主义理论研究》，湖南人民出版社 2003 年版，第 3 页。

⑥ 陈明：《中国乡村现代化的政治经济学引论》，《学术月刊》2021 年第 9 期。

运动”[①]。清代捕务制度也伴随着这种现代化运动而变化，其要素或消失，或留存，或转轨，或新建，不一而足。

① [美] S. 亨廷顿：《关于现代化的几个基本理论问题》，谢立平、孙立平主编：《二十世纪西方现代化理论文选》，上海三联书店 2002 年版，第 204 页。

第一章　清代前中期捕务制度及其变动

维护社会安宁，打击犯罪，保持正常的政治、经济、文化和社会秩序，是国家的基本职能。中国各王朝为了维护社会秩序，巩固其万世一系一姓的专制统治，建立了一套国家机器，捕务制度就是其不可缺少的组成部分。自三代，特别是秦始皇建立大一统国家以后，捕务制度相沿相袭，相损相益，有所变化。在传统中国，长期以来行政司法不分、军警不分，军队承担捕务责任，没有类似现今警察的专门制度，但有完备的治安、捕务制度。历代政府主官、正印官有全责，其他官员或者兼职治安，或专职治安官；军队则有国防、内卫的双重责任，绅民以制度化、非制度化的方式有协助捕务的义务。法律对官方防守性、缉捕性捕务有严格规定，对犯罪人和官方失职者的处罚总体说来十分残酷。

清代建立后，不仅继承明代制度，建立了比较完善的捕务制度体系，还增添了鲜明的满洲特色。清代捕务制度是一个完整的体系，就捕务主体而言，在清代新政前主要指分工有所差异的文武官员和在官人役等。他们一身二任，既是防守主体，也是缉捕主体。也就是说，文武官民，平时无事时巡守防卫，有事有案时捉拿缉捕。经常的、大量的案件由文职官员负责，当有股匪骚乱，州县官难以平息时，才请求动用军队，绅民从中协助官方。因此，其捕务制度有广义和狭义之分。广义的捕务制度是对防守性和缉捕性捕务设定规范，依制度设计而布防，是“弭盗”制度，也为主动性捕务制度；狭义的捕务制度就是指对缉捕性捕务设定规范，依制度设计而行动，是“缉盗”制度，也为被动性捕务制度。防守性捕务制度是基于保证社会安定和有序而预设的防守、管控制度；缉捕性捕务制度则是基于对犯罪人的缉捕和不法事项的消解而建立起来的抓捕、镇压制度。当违反清代律例、则例、章程的事件发生后，清代捕务力量从防守状态迅速转化为缉捕状态，静态的防卫主体迅速转化为动态的缉捕主体。

清代也没有专门的捕务规则，而是分散在清代律例、则例乃至各省省例、章程之中，且上述关于捕务的规则也比较详细。其奖惩科条十分严密和严厉。如果防守不力和缉捕不力，按照法律规定，文武官员分别承担疏防、惰缉的责任，受到相应的处分。明清规定，督抚、两司和道的主要职责是监督官员，各类事务包括捕务，主要落在州县官、佐杂官及其在官人役头上。清代前中期制度，包括捕务制度在乾隆朝基本上已经定制，嘉庆朝以后多萧规曹随，但也随着主客观条件的变化不断地对其补充和完善。庚子之变后，上谕说："嘉庆、道光以来，渐变雍正、乾隆之旧，大抵法积则敝，法敝则更。"[①] 由此可见，在整个清代，嘉庆改元是清代前中期制度重要变化的一个转折点，当然包括捕务制度。不过，晚清同治改元以前的调整主要在传统旧轨上变化，少有新意，更不用说近代性趋势了。

第一节　清代以前捕务制度源流

一、先秦到元代捕务制度的演化

在传统中国，各朝代采取德主刑辅、教化与惩处并用，达到维护社会秩序的目的，为此，有一系列的制度设计。古代中国没有类似现今警察，但有类似警察的官职、机构和法律，管控治安，打击犯罪，是清代捕务制度的主要源头。

在三代，至迟在西周，古代中国已建立了初步的治安捕务体制。在传统时代，事务相对比较单一，分工不细，官职设置数量较少，一种官职多兼管多种事务。如，西周设司徒、司马、司寇、虎贲（军队）等，[②] 是中央政府中具有治安职能的几个机构，各下设具体职能

①朱寿朋：《光绪朝东华录》，中华书局1958年版，第4601页。

②朱绍侯：《中国古代治安制度史》，河南大学出版社1994年版，第9页。

机关。如，在司寇之下，设置禁暴氏，“掌禁民之好侵陵，称诈、谩诞者，及聚众犯禁者”；下设司煊氏，“掌火禁”；下设司民，实行户口管理；下设野庐氏，“掌远国道路至于四畿，凡道路之舟车击互者，叙而行之”。[①]在三代，建立了维护秩序的规范——礼和刑。如夏朝的刑罚已相当繁杂，主要有死刑和赎刑。[②]周公制礼三千，西周穆王时吕侯制定《吕刑》等。通过井田制、国野制等来维护基层社会的秩序。治安制度总的特点是地方分权，治安规范不统一，基层治安采取“守望相助”为主的方式。[③]

春秋战国时期，各列国都建立了治安、捕务机构和力量，并运用法律手段，维护社会秩序。各列国普遍建立精干的军队，它包括国君直属军、郡县地方军和卿大夫的家兵，其主要责任在于维护本国的治安。春秋时期除中央建立治安机构外，一个最主要的变化是，地方治安机构的逐步建立。除楚国外，中原各列国基本上继承了西周的采邑制，在此基础上，逐步完善地方管理机制。如楚、晋的县郡制，县设县令，或县尹，负责一县的民政和治安。各列国还实行寓兵于民、兵民合一的制度，把地方行政组织与军事编制统一起来，[④]以最小行政成本，共同维护社会秩序。

秦汉时期，捕务机构逐渐完善，捕务规范也更加完备。秦在中央“三公”中设御史大夫，“九卿”中设廷尉等，主管司法与警察工作。汉在“内朝”尚书令下的“六曹”中设二千石曹、民曹等机构负责治安和司法工作，置司隶校尉，主监察，兼督“大奸宄”和“巫蛊之事”。秦汉军队分为中央军和地方军，前者警卫首都，保卫宫禁安全，后者分散在各郡县，由郡守、郡尉、县令长、县尉统带，主要负责地方治安。[⑤]秦在京都设中尉，掌管京师治安，郡、县均设有佐官

---

① 陈晋胜:《警察法学概论》，高等教育出版社 2002 年版，第 11 页。

② 白钢主编:《中国政治制度通史》第二卷，先秦，社会科学文献出版社 2011 年版，第 117 页。

③ 王均平主编:《治安学》，武汉大学出版社 2016 年版，第 68 页。

④ 朱绍侯:《中国古代治安制度史》，第 29—30 页。

⑤ 白钢主编:《中国政治制度通史》第三卷，秦汉，社会科学文献出版社 2011 年版，第 261 页。

都尉、县尉，专门负责协助郡守、县令平时的治安工作；县还专置游徼一职，属县令，负责巡逻、究奸、维持地方治安秩序；县下设乡，乡也置游徼，负责一乡的治安秩序。汉武帝时，将中尉改为执金吾。在乡村社会，秦汉时，在驿道旁、关隘、渡口、街道、市场等都设有亭。县设都亭，由县令领导受郡尉指挥，同时管辖各地的基层亭。亭设亭长，下有亭卒若干人，主要任务是“禁盗贼”。亭长、亭卒拿着刻写有法令的版牍和绳索巡逻，预防和缉捕盗贼，专门维持基层治安秩序。[①]秦朝建立后，李斯等人主持制定了《秦律》，其基本内容来源于战国时期魏国李悝的《法经》。《秦律》包括刑法、诉讼法、民法、行政法、经济法、军法等。秦代法律十分残酷，仅刑罚就有 12 类之多。[②]在汉初，则有《九章律》。该律除了盗、贼、囚、捕、杂、具等六律之外，还增加了关于婚姻、赋税等内容的户律。以后法律不断增删、修改，到汉武帝时，这些法律统称为《汉律》。如《汉律》维护封建的土地所有权和一切私有财产的神圣不可侵犯的权利，对盗窃罪处以重刑和死罪。[③]官员对捕务官员玩忽职守给予轻重不一的处分。如官员不胜任，张家山汉简《二年律令·捕律》：“一岁中盗贼发而令、丞、尉所不觉智（知），三发以上，皆为不胜任，免之”。[④]在汉代，不时有海盗袭扰，政府除严厉打击外，采取严密措施，防止海盗或不法者流亡海岛；采取政治招安、宽赦方式对海盗进行劝降；强化地方官吏社会治安责任制度，违者依法惩处。[⑤]

隋和唐前期，军事制度是府兵制。府兵是中央军队，平时警卫京师，战时调遣作战，都尉统帅地方军，地方治安是其主责。唐中期后军制发生了变化，在京城设左、右金吾卫，隶属中央，分管东、西市，昼夜巡行警戒，掌缉非为。此外，尚有专门负责治安工作的左、右翊中郎将，下设左、右街使，分别掌管左、右六街铺巡警，并于街

---

① 陈晋胜：《警察法学概论》，第 12—13 页。

② 白钢主编：《中国政治制度通史》第三卷，秦汉，第 207 页。

③ 白钢主编：《中国政治制度通史》第三卷，秦汉，第 210 页。

④ 转自彭炳金：《论汉代法律中的官吏职务犯罪》，《南阳师范学院学报》2008 年第 11 期。

⑤ 林永强：《汉代海盗与沿海社会治安管理》，《北方论丛》2011 年第 2 期。

下设坊，另派左右巡使巡察坊内发生的不法事情，以严密治安秩序。在地方，唐在各级行政长官之下设专职官员，辅佐、行使治安管理职能。如在节度衙署和道内设巡官，在府尹、州刺史下分别设户曹参军、法曹参军和司户参军、司法参军，在县令下设司户、司法等。在基层，四家为邻，三家为保，百户为里，五里为乡。里设里正，掌按比（即查验）户口、检察非违、催督赋役等，城市中坊设坊正，农村中设村正，以督察奸非。[①] 隋朝有《开皇律》，计 12 篇 500 多条，隋炀帝时修订为《大业律》，计 18 篇 500 条。唐代时，在继承隋代法律的基础上，几经修改，而有《永徽律》，计 12 篇 502 条，并逐条对该律进行解释，就是“律疏”，即著名的《唐律疏议》。如其第三篇为“职制律”，计 59 条，对官员的设置、失职贪赃枉法、违反交通驿传方面的刑事处分作了规定；第七篇为“贼盗律”，计 54 条；第十一篇为“捕亡律”，计 18 条。它规定了追捕者、主守者的法律责任以及各种逃亡者的刑罚；[②] 将盗分为强盗和窃盗两类，强盗性质更恶劣，情节严重，因而处罚更重；地方上出现了盗贼，要追究各级官吏的责任，30 天内捕获盗贼，则免于处分。[③]

宋代的地方实行州县两级建制。州级行政系统包括府、州、军及领县的监，县级行政系统包括县、军使及隶属于州军的监。[④] 县设县尉，掌管一县弓手的训练和管理，缉捕乡村盗贼，维持治安，但城郭以内的治安则归镇将负责。[⑤] 县以下设镇、寨，也设置官员负责治安事务。各镇设监官，“掌巡逻盗窃及火禁之事”。各寨设寨官，“招收土军，阅习武艺，以防盗贼”。镇、寨的处罚权限是，杖罪以下者，自行处理，杖罪以上者，解送县里处理。[⑥] 乡村起初实行乡里制，后

---

① 陈晋胜：《警察法学概论》，第 13 页。

② 白钢主编：《中国政治制度通史》第五卷，隋唐五代，社会科学文献出版社 2011 年版，第 230—231 页。

③ 朱绍侯：《中国古代治安制度史》，第 415 页。

④ 白钢主编：《中国政治制度通史》第六卷，宋代，社会科学文献出版社 2011 年版，第 215 页。

⑤ 白钢主编：《中国政治制度通史》第六卷，宋代，第 238 页。

⑥ 朱绍侯：《中国古代治安制度史》，第 468—469 页。

来改行保甲制、乡都保甲制。宋代军队在全国重点地区布防，起到镇压和威慑作用。而且作为地方军队的厢军，直接承担部分治安任务。宋代继承和发展了五代的巡检司制度，在陆地、沿海沿河等关隘要地和边远、偏僻地段普遍设置巡检司，或兼管州、县。巡检官配有武装人员 20 名，任务为缉捕盗贼、救火消防，设立关卡，缉捕走私贩私者。一旦发生农民造反，又直接参战镇压。所以，宋代负责地方治安的既有巡检，又有县尉。宋神宗时，对巡检、县尉的职责做了分工。巡检下设土兵，县尉下设弓兵，把由县尉负责的“乡村贼盗斗讼公事”等职责改为“县尉但主草市以里，其乡村盗贼悉委巡检”，这种城乡分管的治安体制一直沿袭到南宋。① 为了维护社会治安，宋代还有一大批乡兵，对内打击盗贼之类，对外防范入侵者。② 宋代在王安石变法后，普遍实行了保甲法。在中国历史上，才正式有保甲之名。③ 自此以后，各朝代沿袭损益。村民十户为一保，置保长，五十户为一大保，置大保长，十大保为一都保，置都保正。平时每户两丁抽一为保丁，每夜轮流由五人在大保巡逻警戒，以“专于觉察奸伪，止绝盗寇”。

元代的中央机构，沿袭唐代的六部，还沿袭辽、金制度，专设京城南、北兵马指挥司，负责京师治安。于上都、大都设警巡院。元帝时，在大都城的四隅各设警巡分院。除此之外，还设有大都路兵马都指挥司，专管京城缉盗。在京城四邻和县又设巡检司，以巡察治安，擒捕盗贼。诸路府所辖州县设县尉司、巡检司和捕盗所。这三种机构都设置巡军弓手，负责巡逻和捕盗。弓手的一个重要职责是监督夜禁。违反夜禁规定者，笞 27。在乡村的社会组织是里甲和村社，邻居之家相互检察，防止违法。里正与村社实际上是上下级关系。④

① 邵增倩:《中国历代军事制度概述（七）宋代军事制度概述》,《历史教学》1990 年第 4 期。
② 朱绍侯:《中国古代治安制度史》，第 481 页。
③ 闻钧天:《中国保甲制度》，商务印书馆 1936 年版，第 9 页。
④ 朱绍侯:《中国古代治安制度史》，第 551—552 页

二、明代捕务制度

明代各朝对治安、捕务十分重视，立国之初，即建立起完整的捕务制度。随着时空变化，还不断调整、完善捕务制度，使其各要素完备、合理。明代与其他朝代有所区别的是，其特务政治非常发达，如锦衣卫、东厂、西厂等。这些特务机构也有捕务职责，且直接对皇帝本人负责。明代捕务客体也与其他朝代有所不同，因为受倭寇的长期困扰，明代捕务制度设计带有时代特征。如，海防、江防卫所的布防设置、信地选择，就不得不受其影响。

明代文职、武职官员的职责有别，但均有大小不一的捕务责任。军队有国防和内卫的双重责任，除了卫所的布防威慑外，当有案件发生时，“官府处置盗贼的态度，不外乎征剿和安抚；对于地方政府无法处置的强盗案件，中央政府通常会派遣都察院都御史、监督御史督兵剿捕”[①]。卫所制度是明代基本军事制度。“明以武功定天下，革元旧制，自京师达于郡县，皆立卫所”[②]。卫所的设立一般“度要害地，系一郡者设所，连郡者设卫。大率五千六百人为卫，千一百二十人为千户所，百十有二人为百户所”[③]。就军事职能而言，卫所自明中期起就已严重削弱，通过招募和选拔建立起来的兵制逐渐成为明代的主要军事支柱。[④]卫所制度一直延续到清代，是明清捕务体系中一个重要的组成部分。在清代大约存在了80年，后并入州县，或改为州县，成为历史遗迹。[⑤]

明代文官，上自中央，下到直省，如督抚（明中后期常设）、三司、州县官；无论是主官，还是佐贰官、首领官和杂职官，均有捕务之责，但最主要和最经常的责任人为州县官及其佐贰、首领和杂职

---

① 戴顺居：《明代的强盗案件——判牍中所反映的民间社会治安问题》，宜兰“明史研究小组”2005年印行，第256页。

② 张廷玉等：《明史》卷89，兵志一，第1453页。

③ 张廷玉等：《明史》卷90，兵志二，第1465页。

④ 顾诚：《隐匿的疆土：卫所制度与明帝国》，光明日报出版社2012年版，第61页。

⑤ 顾诚：《隐匿的疆土：卫所制度与明帝国》，第33页。

官。明代州县官职责繁杂，钱粮之外，还管理如养老、祀神、贡士、读法、表善良、恤穷乏、稽保甲、严缉捕、听狱讼等项。[①]明代州县政府治安管理的总方针，是以“稽里保”为要，“严缉捕”“靖根源”并重。[②]明代规定，巡按御史可督责州县主官，却无调动和指挥州县主官之权；可委署佐贰，也可指挥和调动佐贰官。首领官为吏目、典史，是以掌司奸盗、察狱囚、典录簿为责任顺序。在一些州县，还设有一些杂职，诸如巡检司、驿、税课局、仓、织染杂造局、河泊所、批验所、递运所、闸、坝等，分别设巡检、驿丞、大使、副使等官进行管理。[③]如，设立数量相对多的巡检，“主缉捕盗贼，盘诘奸伪。凡在外各府州县关津要害处俱设，俾率徭役弓兵警备不虞”[④]。巡检司是管控地方基层最直接，也是“无军州县，尤赖以备御”的机构，巡检配合府州县巡捕官，并辅以卫所、营戍制度，构成地方治安的巡捕密网。[⑤]除此之外，明代在官人役，如里甲、乡约、保甲、火甲、弓兵、民壮、乡兵等参与捕务，是基层社会重要的捕务主体。明代中后期，为因应内外之威胁，除卫所、巡检外，“民壮、乡兵、土兵等地方武力”迭兴[⑥]。在明初，还建立了里甲制和老人制，除了催征钱粮、勾摄公事、民众教化和民间诉讼等主责外，也起到一定的治安作用。宣德年间，基层社会已出现火甲制，遇有火警和匪警及时救护报官，擒拿贼盗。明中期以后，为缉奸弭盗，保甲制度继起。保甲长管束诫谕辖区人等，与乡约配合，化解民间矛盾，防止演变为大的冲突，甚至捕盗缉贼，抵御匪寇[⑦]。

明代建立起完整的海防和江防体系，其对内对外的防守、缉捕属于捕务范畴。宋、元设有水军，“但这些都是局部的，没有形成完整

---

① 张廷玉等:《明史》卷 75，职官志四，第 1234 页。

② 许燕蝉:《试论明代州县政府的治安管理》,《经济与社会发展》2007 年第 6 期。

③ 柏桦:《明代州县官吏设置与州县政治体制》,《史学集刊》2002 年第 3 期。

④ 张廷玉等:《明史》卷 75，职官志四，第 1235 页。

⑤ 吕进贵:《明代的巡检制度——地方治安基层组织及其运作》，宜兰“明史研究小组”2002 年印行，第 160 页。

⑥ 杜志明:《明代地方武力与基层社会治安研究》，人民出版社 2021 年版，第 407 页。

⑦ 何朝晖:《明代县政研究》，北京大学出版社 2006 年版，第 61—65 页。

的海防体制”。为应对来自内外的安全威胁，明代实行海禁政策，且大力加强海军和海防建设，建立完整的防卫体制。[①] 明代海防实行卫所制度。洪武三年（1370）三月，朱元璋建立了水军等24卫，每卫配备战船50艘。平时每卫以军士350人保养修理战船，战时以卫所军登船出海作战。到洪武末年，浙江已建有11卫、30所、福建11卫、13所、广东8卫、26所、南直隶9卫、10所、山东10卫、6所。[②] 在建立卫所的同时，明代在沿海也建立了专司巡查的巡检司。巡检司“分隶诸卫”，军事上受卫所节制、调度，同卫所一起，成为明代沿海的主要防御机构。明代海防体制中的又一个重要机构是水寨，水寨是水军驻泊巡逻的基地。沿海卫所和水军，构成了海上和海岸两道防线。海上的防线由水军担任，陆上防线由各卫所的陆军和巡检司担任。各卫所负责一定的海区和地域，并互相呼应。[③] 平时海军驾船，往来巡哨，遇敌入侵，则歼灭于海上，不使近岸。纵使间有疏漏，使敌近岸，则沿海烽堠报警，由卫所士兵负责将其歼灭于登岸之时。[④] 水军逐渐改变了明初实行的卫所制，实行了营哨制。但到嘉靖年间，水军按船大小和担负的任务不同，实行不同的编制。[⑤]

从长江九江以下至苏州、松江一带海口的江防体制以在新江口设立水军营为起点，以后逐步完善，嘉靖中期基本定型。江防的主要任务是防缉江海盗贼和贩卖私盐的盐徒，另外一个任务是防备由长江口溯江而上的倭寇。[⑥] 可见，内卫是长江江防的重点，明代的江防体制就是捕务制度的组成部分。该江防体制大致上以文职的操江都御史负责统筹一应江防相关事务，其下辖兵备、参将、守备、把总等军事职

① 史滇生：《明代海防体制的演变》，唐立鹏：《明清海防研究》第10辑，广东人民出版社2017年版，第1页。
② 杨金森、范中义：《中国海防史》上册，海洋出版社2005年版，第85—88页。
③ 杨金森、范中义：《中国海防史》上册，第94页。
④ 黄中青：《明代海防的水寨与游兵——浙闽粤沿海岛屿防卫的建置与解体》，宜兰“明史研究小组”2001年印行，第25页。
⑤ 范中义：《论明朝军制的演变》，《中国史研究》1998年第2期。
⑥ 林为楷：《明代的江防体制——长江水域防卫的建构与备御》，宜兰“明史研究小组”2003年印行，第26页。

官，及府州县巡捕官，并于卫所之间，错置巡检司。[①]但上、下江巡江御史是实际执行操江都御史职权者，所辖沿江各兵备道、沿江各营、沿江各卫所以及沿江各府、州县所属民壮、弓兵等民兵。[②]各江防单位划分信地，各自负责本辖区的江防事宜。因此，明代从上江到下江的江防体制是由独立设置的操江都御史统筹、两巡江御史具体落实，兵备道、各府州县官民协调配合的一体化治理体制。这种体制打破了各省的条块分割，有利于长江治安的统一管控。

明代京城治安管理的专职机构为五城兵马司，但同时参与京城治安管理的还有锦衣卫和都察院巡城御史。洪武初，朱元璋曾设兵马司作为专职的京城治安管理机构，“讥察奸伪”。洪武二十三年（1390），明王朝改兵马司为中、东、西、南、北五城兵马指挥司，划界管理。锦衣卫始设于洪武十五年（1382），初为护卫皇宫的亲军，明太祖为加强专制统治，又令锦衣卫兼管刑狱，并赋予其巡察缉捕的权力。明初，为了“禁革奸弊”，每城设巡城御史一员。作为监察官员，最初巡城御史的职责主要是督察京城治安情况，监督五城兵马司，对玩忽职守、懈怠公事、贪冒毁坏官纪的治安管理官员加以纠劾，而并不参与具体的治安管理事务。但到明代中期以后，巡城御史的职责逐渐发生变化，开始越来越多地参与到具体的治安管理事务中。[③]京职还有巡捕营，为京师专职巡捕机关。因为京师多盗，弘治朝末期设捕营参将、把总等官，专捕盗贼。“所捕之贼，连真赃申解巡视京师科道审问”，转送刑部。[④]

为了维护政治、经济和社会秩序，明代建立了一系列严格的法律制度，其中包含捕务制度，这些规范成为官民行使捕务权利、履行捕务义务的基本依据，以此或被奖或被罚。明代法律对捕务客体，即各类犯罪人和犯罪行为都有明确的刑罚规定。明代的律、令和例对捕务

① 吕进贵：《明代的巡检制度——地方治安基层组织及其运作》，第 98 页。
② 林为楷：《明代的江防体制——长江水域防卫的建构与备御》，第 74 页。
③ 韦占彬：《论明代京城治安管理的机制与措施》，《邯郸学院学报》2006 年第 4 期。
④ 黄永：《明代北京的盗贼及其防御与惩治》，《明史研究》第 11 辑，黄山书社 2010 年版，第 128—140 页。

客体进行了规范，包括对犯罪行为和犯罪者的处罚以及对文武官员、在官人役的失职、渎职行为的处罚。洪武三十年（1397）颁布的《大明律》共分七篇，共三十卷 460 条。即名例律一卷 47 条、吏律二卷 33 条、户律七卷 95 条、礼律二卷 26 条、兵律五卷 75 条、刑律十一卷 171 条、工律二卷 13 条。[①] 其中，刑律规范最多，有贼盗卷 28 条、人命卷 20 条、斗殴卷 22 条、骂詈卷 8 条、诉讼卷 12 条、受赃卷 11 条、诈伪卷 12 条、犯奸卷 10 条、杂犯卷 11 条、捕亡卷 8 条和断狱卷 29 条。在明代，法律将官吏犯罪区分为“公罪”与“私罪”。所谓“公罪”即“缘公事致罪而无私曲者”，指官吏因履行职务不当而致罪，理应属于官吏职务犯罪的内容。而“私罪”有两种情况，一种为“私自犯”，与公事无关，不在职务犯罪之列；另一种是“虽缘公事，意涉阿曲”，指官吏以权谋私的行为，则属于职务犯罪。[②] 在区分公罪和私罪上，清代得以继承。对官兵捕盗限期及其处罚办法，明代法律规定，凡捕强窃盗贼，以事发日为始。当该应捕弓兵一月不获强盗者，笞 20，两月笞 30，三月笞 40，且捕盗官罚俸钱两月、弓兵罚俸钱一月。对失职官兵的处罚，根据案件性质、大小不同，限期不同，处罚也不同。如，凡府州县，“系有城池及设有卫所，被贼打劫仓库狱囚，或杀死职官，或聚至百人以上者，抚按官就将各掌印操备等官，先行参奏住俸，戴罪缉捕，限半年以内，尽数拿获，免罪。如过限拿获未尽，再限三个月，尽获亦准免罪。若全无拿获及再限内不能尽数拿获者，不分军卫有司，俱问罪，降二级。文官送部，武官仍于本卫所各调用。卫所失事，止坐卫所掌印操备等官。兵备守巡并守备官、驻扎本城者，降一级调用；不系驻扎处所，止调用。若自来不曾设有城池者，掌印巡捕等官，止降一级，兵备守巡守备等官分别罚治”[③]。

① 郭建、殷啸虎等：《中华文化通志・制度文化典》，法律志，上海人民出版社 2010 年版，第 64—65 页。

② 陈淑丽、吕丽：《明代官吏职务犯罪问题研究》，《当代法学》2006 年第 1 期。

③ 申时行、赵用贤等：《大明会典》卷 171，刑部十三，《续修四库全书》本，上海古籍出版社 2002 年版，第 101 页。

明代建立了一整套相对比较成熟的捕务制度，其文职与武职、官绅民以及主官与佐贰、首领官、杂职官均有不同的捕务责任。为辅助主官，分任其事务，视情况不同，府州县还设有佐贰、首领和杂职等官，或专职捕务，或兼职捕务。除巡检外，府州县佐贰、首领和杂职官一般不分防，“各员均与知县同城而治，甚或同署办公”[①]。明代对陆防、海防、江防、边防和京防实行全面管控，其捕务制度的内容与形式与清代也有所区别。特别是明代的在官人役，如弓兵、民壮数量多、规模大，在未设立卫所的州县，这些在官人役是捕务的主力。明代有关捕务的法律也比较健全和完善，也使用了一些捕务方法和手段，如保甲法、栅栏法和以盗捕盗法等。根据时空的不同，明代捕务制度也不断地调整。

概括起来说，从先秦到明代，各代都高度重视捕务在巩固王朝统治、维护社会秩序中的作用，捕务制度随王朝的建立而建立，并逐步调整、完善。各代甚至跨代继承捕务制度，各自又有所发展，不断涌现新的捕务元素，或淘汰旧机构，或赋予新职能，总的趋向是借鉴前代，后代更加完备和成熟。如捕务主体一身二任，既巡防又缉捕；无专门的捕务机构和职业捕务官员，属于略有分工的军政民共管体制，直到清末新政时期；除了文武官员的应有责任外，各代特别注重发挥民间的捕务作用，将民众或纳入军队体制，或纳入基层社会组织；在空间捕务治理上，无论是京师，还是陆地、湖海，都在官方的管控之内等。专制制度几千年，中国政治和社会“早熟”，在捕务制度上得到了充分体现。清代赓续明制，对明代捕务制度有相当多的扬弃。同时，清代捕务制度也有相当多的改革和发展。尤其是晚清以后，中国被迫卷入世界资本主义体系，在“图强”的口号下，清政府大力学习西方和日本，使改革不断深化，推动制度包括捕务制度近代化转型，这既与明代不可同日而语，又有与先发型国家不同的后发型特征。

---

① 胡恒：《皇权不下县？——清代县辖政区与基层社会治理》，北京师范大学出版社 2015 年版，第 55 页。

第二节　清代前期捕务制度的基本确立

一、捕务主体

从明清文献看，捕务具体责任首先和主要落实到州县、卫所或汛塘上。从清代捕务制度的横向关系看，在常态下，清代捕务力量包括文官力量、武职力量和在官人役力量，是这三大力量的系统化和网格化。这些力量平时承担的主要责任是巡防、守卫，或弭盗，处于防卫状态。如果防守不力，出现各类问题，按照法律规定，责任区的文武官员就要受到“疏防”的处分。

（一）防卫力量。第一，文职正印官全责和佐贰、佐杂官分任分防力量。在清代，除直省外，还有府厅、州县等两级地方政府。所谓直接亲民的“父母官”就是所谓的州县官，具体就是指直隶州（厅）、散州（厅）的同知、通判和县的知县，也有个别的府直接临民亲民。按责任权限和承担事务来划分，府厅、州县官又可分为正印官和佐贰、佐杂官。正印官是唯一对本辖区负全面责任者，捕务自然也是正印官应承担的责任之一。从《清朝通典》记载看，州县官对辖地负有无限责任，但其捕务的责任并未明指，包含在“听治讼”之中。如，河北《馆陶县志》特别强调，如果地方有警，知县“则躬督属员及驻防官兵，率民壮、干捕，上紧防剿，以保无虞”[①]，也就是一旦发生不法之事，知县不仅要带领佐杂官和民壮、捕役，还要与驻地的汛塘官弁一道进行缉捕。平常的防守和案件发生后的勘验、侦查、缉捕、拘提、传唤、看押和移解等，都是州县官应尽的责任。在审理程序中，州县官“有调处、和息、审讯、判决、定拟招解之权，执行过程中有折责、发配、看管、监决人犯权，司法行政中有监狱管理权”[②]。所以说，无论是广义的捕务，还是狭义的捕务，州县官都是全面责任人。

---

① 丁世恭、刘清如等：《馆陶县志》卷 2，政治志，台北成文出版社 1976 年版，第 184 页。

② 李凤鸣：《清代州县官吏的司法责任》，复旦大学出版社 2007 年版，第 10 页。

清时，有佐贰、杂职之分，“八品以上者曰佐贰，九品及未入流者曰杂职”①。佐杂官是从六品以下佐贰官、首领官和杂职官的统称，这些佐杂官绝大多数或专职、或兼捕务责任。州吏目和县典史等首领官为专职捕务官员，在直省均设，是州县正印官属官。乾隆时期各直隶州额设吏目 58 人，各属州吏目包括顺天府、奉天府在内，额设 152 人。各直省所属县典史，除顺天府额设 15 人、奉天府额设 7 人外，员数与直省知县数相同。吏目、典史专司捕务，被称为捕官，有独立官衙，俗称捕厅、捕衙。因为负有管理监狱的职守，吏目、典史的驻所一般与知州、知县同城，但也存在个别分防外地的现象。如，四川清溪县典史分驻泥头，汶川县典史分驻桃关。②

清代杂职官名目也不少，如巡检、驿丞、闸官、盐大使、仓大使、库大使、税课司大使、河泊所大使等等。从名称就可得知，这些低级官员专管某一项事务，或几项事务，也是因事而设，不遍设。只有巡检才是专管捕务的杂职官，其职能是掌捕盗贼，诘奸宄，在州县关津险要处设置。隶州厅者，专司河防。③在所有佐杂官额中，巡检额数相对较多。全国的巡检额数（不含土巡检）在嘉庆朝为 980 名，宣统朝为 951 名，全国县属巡检的设置率为 53%，且分布不平衡。从全国的设置看，呈现东密西疏、南密北疏的特征。即使在一省之内，巡检司的分布也不平衡。④从巡检的隶属关系看，或隶属于府、直隶州，或隶属于州县。如府巡检，清代在直隶承德府设张三营巡检，广东潮州府设有南澳巡检，福建省邵武府设拿口巡检，湖南永顺府设古丈坪巡检，贵州贵阳府设有扎佐巡检，安顺府设有羊肠塘巡检，⑤四川雅州府“直辖巡检一，驻泸定桥”⑥。巡检绝少驻扎在府、州县城，有独立的衙署，专管一定辖区的捕务。

---

①周询：《蜀海丛谈》，沈云龙主编，近代中国史料丛刊第 1 辑，文海出版社 1966 年版，第 289 页。

②周询：《蜀海丛谈》，第 293 页。

③赵尔巽等：《清史稿》卷 116，职官志三，第 3359 页。

④胡恒：《皇权不下县？——清代县辖政区与基层社会治理》，第 88—90 页。

⑤昆冈：《钦定大清会典事例》卷 26，吏部，光绪二十五年重修本。

⑥周询：《蜀海丛谈》，第 158 页。

由上述可知，州吏目、典史和巡检等是专职捕务官员，还有一些佐贰、佐杂官也承担捕务职责。有的专职捕务，有的专职捕务又兼管其他事务，或者专职其他事务又兼管捕务，甚至有督捕同知、捕盗同知、督捕通判、捕盗通判等名目。这一现象主要在府、直隶州佐贰中比较多见。这些佐贰有一定的辖区，有的与正印官同城，有的分防外地。这种制度安排，应该是基于事务需要和节省行政成本的考虑。这些职位名称和兼管事务的多样性以及兼管事务的非同一性，有清一代，各直省均是如此。如康熙二十三年（1684），裁河南卫辉府管河同知缺，将该河务划归卫辉府通判兼理，同时，添设南阳府同知，驻扎淅川县，分辖邓州、内乡、新野、淅川、镇平等5州县的捕务。[①]康熙五十七年（1718），将浙江南新、北新两关的税务交由杭州府捕盗同知管理。[②]在乾隆年间，安徽安庆、池州2府同知管理江防，又兼捕务，[③]被称为江防捕务同知。

为了更好地维护社会秩序，加强社会治理，清代府州县佐贰、佐杂官还存在分任和分任分防两种情况。就捕务制度来说，佐贰、佐杂官分任、分任分防捕务正是文职官员防卫状态的一种方式。分任是指佐贰、佐杂官分任正印官的职责，负责一个方面或某几个方面的职责。从总体上看，佐贰、佐杂官分任的事务不在少数。如，府同知和通判所管事务，或专管一项，或几项，如理事、理饷、督粮监兑、清军、总捕、驿、茶、马、营田、水利等事宜。州同、州判分掌各州粮马、巡捕之事；县丞、主簿分掌粮马、征税、户籍、巡捕之事，以佐其县。[④]曾任直隶总督的于成龙也这样说："府、州县佐贰之设，凡缉逃、捕盗，巡查私贩，领解钱粮等项，是其职也。"[⑤]无论是专管，还是兼管，直省佐贰、佐杂官都或多或少，直接或间接地与捕务相关。

---

①《圣祖实录》卷114，康熙二十三年三月丁卯，第183页。

②《圣祖实录》卷278，康熙五十七年三月丁丑，第727页。

③《高宗实录》卷265，乾隆十一年四月辛卯，第440页。

④永瑢、纪昀等：《钦定历代职官表》卷54，《景印文渊阁四库全书》第602册，台湾商务印书馆2008年版，第245—246页。

⑤蔡芳炳、诸匡鼎：《于清端公（成龙）政书》卷5，《严饬佐贰擅理词讼檄》，近代中国史料丛刊续编第33辑，文海出版社1976年版，第851页。

如，雍正十二年（1734），四川潼川州升为潼川府，设通判1员，分防太和镇，被称潼川府分驻太和镇盐捕府，分掌运粮及农田水利事务，兼管三台、射洪、遂宁、蓬溪、盐亭等县的盐务、督捕，各盐课大使听命于他。[①]还如，太原府属清军同知，按其本义，其首要职守是处理与军队有关事务，但实际上主要督缉捕务，但也“兼管水利，并催销盐引，解交盐税及查拿私煎私贩”[②]。因此，从职责而言，佐贰、佐杂官可统称为分任官，而不是正印官的属下。出现这种情况的原因：一是上下相维、大小相制的官制设计原则在基层的体现，也与省级行政和军事官员的设置原则如出一辙，尽管佐杂官地位十分低微；二是府州县官为“一人政府”，实行的是独任制。正印官管辖的空间大，管辖的事务多，管理的难度高。清人杨凤藻感慨地说：“以一县之大而付诸一人，曰征租惟知县主之，曰听讼惟知县主之，曰缉捕惟知县主之，曰考试惟知县主之。余若讦奸、防盗、兴利、除弊诸要政，悉惟知县是赖。”[③]在事务管理上，佐贰官作为正印官的辅助官，分任正印官职责，分任府州县的某一事，或多事，而以后者为多见。因此，与正印官承担全面责任不同，佐贰、佐杂官只负担与其职责相匹配的部分责任。

分任分防是指在佐贰、佐杂官分任正印官职责的前提下，不与本级正印官同城，而是驻扎于关隘、要道、繁盛和难治之区，在空间上与本级正印官有远近不一的距离，分防本辖区一定区域的某一或某些事务，这与明代不同，除巡检外。在清代，所有佐贰、佐杂官都分任，但不一定分防；佐贰、佐杂官分防，但一定都是分任。并非所有的佐贰、佐杂官都分防和有地方之责，只有巡检是唯一既分任又分防的官员。“其杂职内之巡检皆分防，管捕或兼管水利。”[④]还说：“乡

①周询：《蜀海丛谈》，第157页。

②海宁：《晋政辑要》卷1，《官箴书集成》第5册，第418页。乾隆二十二年，山西巡抚明德将该同知由省城移驻阳曲县王封村，管理磺厂。（刚毅、安颐：《晋政辑要》卷1，吏制，《续修四库全书》本，第30页）。

③杨凤藻：《皇朝经世文新编续编》卷3，《论整顿吏治宜以裁官为先》，近代中国史料丛刊第79辑，第264页。

④刚毅、安颐：《晋政辑要》卷1，吏制，第27页。

镇之防，巡检司之职也，故曰分防。”[①]需要说明的是，清代佐贰、佐杂官的分任分防情况不是一成不变的，以佐贰官为例说明之。从康熙朝开始，一些佐贰官逐渐被分防到乡镇。雍正和乾隆时期继续扩大分防，且绝大多数分防佐贰官与本级正印官不同城。特别是在雍正年间，随着新的道制和直隶州制度在全国的推广，增设和复置的府州县的数量也在扩大。[②]其中，府 33 个，直隶州、厅 58 个，州、厅 28 个，县 85 个，共计 204 个，增设和复置的变动数占到此时同级各政区总数的 12%。[③]与此相适应，各省督抚将一些包括同知、通判、州同、州判在内的佐贰官陆续移驻村镇，或在一些村镇新设此类官员。所以，从总体看，此时佐贰的分防数量相对增多。如，山西省同知、通判、州判、县丞、主簿等佐贰官的分防数在雍正十三年（1735）有 2 处，在乾隆三十八年（1773）有 7 处，在嘉庆二十五年（1820）为 10 处，在光绪三十年（1904）增至 11 处。[④]佐贰分任分防的绝对数量增加了，但与山西佐贰官总数相比，分防佐贰官数仍只占小部分。笔者根据海宁所编的《晋政辑要》进行统计，在乾隆五十四年（1789），山西有同知 11 人、通判 9 人、州判 4 人、县丞 5 人、主簿 1 人，佐贰官共计 30 人。[⑤]如果与乾隆三十八年（1773）分防佐贰 7 人相比较的话，分防佐贰的占比为 23.3%。也就是说，此时佐贰官与府州县同城的为 76.7%，还是占绝大多数。再据光绪十三年（1887）刊刻的《晋政辑要》进行统计，山西省有同知 11 人、通判 8 人、州判 4 人、县丞 6 人和主簿 2 人，佐贰官共 31 人。[⑥]其中，分防佐贰官 12 人，分防佐贰的占比为 38.7%。还如，以记述止于光绪三十四年（1908）的《皖政辑要》为依据，安徽省的佐贰及分防情况如下：府同知 7 人，分防的为 3 人，即池太分防、凤庐分防、凤颍分防，占比

① 王锺：《法华乡志》卷 3，兵防，《中国地方志集成·乡镇志专辑 1》，上海书店 1992 年版，第 52 页。

② 傅林祥：《清雍正年间的次县级行政机构及其职能探析》，《清史研究》2011 年第 2 期。

③ 冯尔康：《雍正传》，人民出版社 1985 年版，第 289 页。

④ 杜汇：《清代山西地区的佐杂分防与基层社会控制》，山西大学 2013 年硕士论文，第 10 页。

⑤ 海宁：《晋政辑要》卷 1，第 411 页。

⑥ 刚毅、安颐：《晋政辑要》卷 1，吏制，第 28—30 页。

为 42.9%；通判、州同、州判、吏目、主簿、典史无 1 人分防；县丞 15 人，分防为 1 人，即泾太分防；巡检 65 人，分驻本县各乡村。[①]根据上述两省的统计，大致可以得出这样的结论，即使到晚清时期，有些省份的分防佐贰官仍只占小部分。[②]

分任分防的佐贰、佐杂官不与正印官同城，不仅分任一方面或兼及几个方面的事务，而且在空间上直接管辖一定的区域。如捕务，江西吴城镇原属南昌府新建县所辖，清代在该镇设有吴城巡检。雍正七年（1729），吴城镇改归南康府星子县管辖，并移南康府同知于吴城镇，撤销吴城巡检，将其迁至三江口。[③]两年后，吴城镇隶属关系又回归旧制。按照朝廷谕旨，南康府同知仍兼辖吴城镇捕务，并且“其相近之樊家垄及松门、吉山等处”，也由南康府同知兼辖。[④]也就是说，南康府同知除了统辖本府捕务外，还兼辖南昌府新建县吴城镇及其附近几个乡村的捕务。上海县的巡检、主簿等依照就近的原则，各有捕务责任区。吴淞巡检司所管辖 52 个图的捕务，包括法华、徐家汇、虹桥、曹家渡属 28 保中的 14 图，新闸静安寺江境属 27 保中的 14 图，北新泾属 29 保中的 6 图，虹桥属 30 保中的 4 图，浦东洋泾属 23 保中的 1 图、24 保中的 13 图。吴淞巡检司还设有弓兵 34 名。[⑤]

当然，也存在佐杂官与正印官同城，并分防乡村一定区域的少数现象。如，乾隆二年（1737）议准，江西德化县城子镇巡检管辖城子镇及其附近的赤松、南昌等乡村的捕务，改归德化县典史巡查。[⑥]德化县典史与知县同城，但也分任分防一定的区域。佐贰、佐杂官分防的空间区域依官职级别不同而有所不同。一般说来，职级越高，分防的空间区域就越大，但其分防区域多在本府、直隶州和州县范围之

---

①冯煦、陈师礼：《皖政辑要》卷 7，官制，黄山书社 2005 年版，第 64—65 页。

②有研究者称，到了晚清，大部分佐贰官都分防到了乡间，（胡恒：《皇权不下县？——清代县辖政区与基层社会治理》，第 310 页）但并非每个直省都是如此。如，山西省、安徽省，在光绪末年，与正印官同城的佐贰官仍占大多数。

③《世宗实录》卷 89，雍正七年十二月乙巳，中华书局 1985 年版，第 196 页。

④《世宗实录》卷 110，雍正九年九月甲戌，第 464 页。

⑤参见王锺：《法华乡志》卷 3，兵防，第 52 页。

⑥《高宗实录》卷 39，乾隆二年三月癸丑，第 702 页。

内。又如，浙江杭州府有同知、通判两佐贰官，捕盗同知驻防省城，缉捕杭州府属9州县盗匪。但督缉是杭州府知府的专责，该捕盗同知也别无其他兼管事务，是典型的闲散官员。直到宣统元年（1909），才将杭州捕盗同知移驻钱塘县瓶窑镇。该同知不仅督理瓶窑镇缉捕事宜，且与杭州府知府一道，承担杭州府属9个州县的捕务。①

还有一种例外的情况，就是佐贰分防的空间范围可以跨州县，跨府，甚至跨省。如，康熙元年（1662），浙江分守道张武烈奏请恢复明制，在浙江省乌镇设立捕盗同知，但是为了避免冗员，奏请将湖州捕盗同知移驻乌镇，得到了朝廷的支持。“湖府同知原辖乌程、归安二县，今既移驻乌镇，则控制石门、桐乡、秀水、吴江四县附近交界地方。如六县地方有盗贼窃发，除将该县地照例缉捕外，仍责成本官缉获可也”。② 因此，该捕盗同知兼有分防江苏、浙江两省和湖州、嘉兴、苏州等三府以及乌程、归安、桐乡、秀水、石门、吴江等6县的捕务责任，并与各县捕务之责并行不悖。因为乌镇同知衙署坍塌，同知衙门在康熙十八年（1679）搬回湖州城，对分防区域有些鞭长莫及。雍正四年（1726），经浙江巡抚李卫奏请，督捕同知仍移驻乌镇。由于此时增设震泽县，该捕盗同知兼有两省3府7县的捕务权。安徽太平县所属盛村、曹村、新丰等村庄与泾县所属查村等地毗连，民俗刁悍，且距县城遥远。乾隆后期，安徽巡抚陈用敷将与泾县知县同城的县丞移驻上述两县交界的查村，定为泾太分防县丞，管理泾县九都、查村等10个村庄和太平县龙二图、新丰等11处村庄，“稽查保甲，严缉盗贼，是其专责。一切赌博、私宰、打降，准其查拿”③。可见，泾太分防县丞管辖太平县和泾县等两县的捕务。

第二，武职驻防与汛塘分防力量。清代的经制军队分为八旗系统

---

①《浙江巡抚增韫奏请将捕盗同知移驻钱塘县瓶窑镇片》，《政治官报》，宣统元年四月十五日，第572号，第284页。

②卢学溥：《民国乌青镇志》卷8，建置，《中国地方志集成·乡镇志专辑23》上海书店1992年版，第429页。

③陈用敷：《题将泾县县丞移驻查村稽查保甲严缉盗贼》，乾隆五十四年四月二十一日。中国第一历史档案馆，档案号：02-01-03-07831-026。

和绿营系统，有对内对外两种职能，对外就是保卫国土，属于国防性质；对内就是维护社会秩序，属于内政性质。但从制度运行和实际能力看，绿营“显然只是一支大型的警备队伍，而不是战斗的力量。它的主要任务是维持治安”①。当遇有内乱事变，“行政官厅之力，不足维持静谧，固不得不用兵力”②。特别是由于承平日久，“维持社会治安，保持政治秩序就成了清军最重要最大量的日常任务”③。所以，不论何种性质和何种职守，武职官员的主责是捕务。绿营军队则分布在各直省，捕务之责较八旗为重，受督抚和提督的双重节制，并听命于朝廷。从乾隆朝撰修的《清朝通典》所记述的兵力分配来看，清代驻防的重点是京城、省城和府州城，其防守强弱呈现出从京城、省城，到郡城、县城，再到分防乡村递减的趋势。也就是说，在清代，各政治中心、经济中心和军事中心大多是重叠的。除此之外，清军防守的另一个重点是沿海和边疆地区。

一般来说，绝大多数绿营镇、协和营一般布防在州县以上的城市，只有少数驻扎在集镇、交通枢纽和区域内边地。或者说，各府、部分州县和其他要地都有规模不等的成建制协、营驻防和分防。如在四川，全省八旗、绿营共 80 营，其中都司营 34 个、守备营 46 个，驻防、分防四川全境。④清代绿营除防守省城、府城和州县城之外，还建立了汛塘分防制度。“各直省地方险易异宜，兵数多寡不一，且额兵有在城、分汛之别。在城者以备差操，为数稍多；分汛者以专戍守，人数较少。”⑤汛塘是军队防守的末梢，是维护社会秩序的前线。大量的汛塘分布于各州县及其乡镇，尤其是塘，分防于广大农村地区，保障交通要道和要地的安全。“塘汛之设，所以盘诘奸宄，保护

---

①［美］拉尔夫·尔·鲍威尔：《1895—1912 年中国军事力量的兴起》，陈泽宪、陈霞飞译，中华书局 1979 年版，第 9 页。

②［日］织田万：《清国行政法》，李秀清、王沛点校，中国政法大学出版社 2003 年版，第 28 页。

③茅海建：《天朝的崩溃：鸦片战争再研究》，生活·读书·新知三联书店 1995 年版，第 51 页。

④参见周询：《蜀海丛谈》，第 85—88 页。

⑤陶澍：《陶澍集》上册，《拟裁各标营兵数目折子》，岳麓书社 1998 年版，第 355 页。

商民也”[①]。汛塘分防就是从协、营中抽调部分官兵，分防若干汛；再从汛中又抽调部分兵丁，分防若干塘。有的地方志将汛称为大汛，将塘称为小汛，或塘汛。“汛塘”和“塘汛”这两个概念具有不同的内涵，前者指汛和塘，或者大汛和小汛，是复合性概念；后者指塘，或者小汛，是单一性概念。如在江苏扬州地方志中，称塘为小汛。“高邮汛，分防千总一员，协防外委一员，所管高邮存城马步战守兵丁三十九名，又沿河十塘小汛兵丁五十名；宝应汛，分防把总一员，协防外委一员，所管宝应存城马步战守兵四十一名，又沿河八塘小汛兵丁四十名。”[②]清代军队在各汛兵分驻巡防之处设立营房和墩台，在沿边要隘各设堡城，在沿海口门兼设炮台。“设弁带兵者曰汛，……仅安兵丁者曰塘，……置兵宿守者曰堆。”[③]一般来说，各汛由千总、把总和外委率领，有兵上百人到数十人不等，各塘则安设一到数名不等的士兵。这些汛防兵又可称为差防兵，是相对训练兵来说的。“各省督、抚、提、镇所辖标下兵，曰训练兵。其兼辖之城守、分防各营，皆分领汛地，遇沿边、沿海、沿江处所及大道之旁，皆按段置立墩堡，分驻弁兵，是为差防兵”[④]。差防兵主要职能是察奸、缉捕、缉私、解送、守护、承催和特别差役。[⑤]武职官兵，特别是绿营军队的重要职责就是捕务，其大量的和经常性的工作是防卫、缉拿。武职官兵缉捕盗匪后，要交州县官审办，营汛无权审理。从静态捕务制度看，“百里有营，十里有汛……一有啸聚，即可围捕”[⑥]。绿营汛塘星罗棋布，分防于乡村和关隘。如镇、协、营一样，各汛塘彼此之间也划定责任区。如广西罗城县，设县汛和通道汛，各汛再分塘。县汛设“十

---

①《光绪四年三月初十日京报全录》，《申报》，1878 年 4 月 24 日，第 4 版。

② 阿克当阿、姚文田：《嘉庆重修扬州府志》卷 24，兵志三，《中国地方志集成 · 江苏府县志辑 41》，江苏古籍出版社 1991 年版，第 393 页。

③ 周玺：《道光彰化县志》，《中国地方志集成 · 台湾府县志辑 4》，上海书店 1999 年版，第 299 页。

④ 昆冈：《钦定大清会典事例》卷 49，兵部，光绪二十五年重修本。

⑤ 罗尔纲：《绿营兵志》，中华书局 1984 年版，第 4 页。

⑥ 毛承霖：《毛尚书（鸿宾）奏稿》卷 16，近代中国史料丛刊正编第 61 辑，文海出版社 1966 年版，第 1634 页。

塘，中火塘、牛鼻塘、新城塘、四把塘、马长塘、黄金塘、查炉塘、塞印塘、峒侧塘、冲峒塘”；通道汛有3塘2卡，即峒禄塘、峒冷塘、三防塘、琴塘卡、因塘卡。[①] 在县级以上城市，有督标、抚标和提标各营，或者城守营驻防制度。在乡村，又有绿营协、营的分汛制度。通过塘与塘之间，汛与汛、营与营之间的巡防、会哨，清代建立起了覆盖城乡的防卫状态力量体系。

第三，在官人役力量。从《清朝文献通考》等文献所列职役看，清代在官人役种类很多，如，保长和甲长、巡役、乡约、地方、长随、皂隶、马夫、门子、民壮、河夫、铺兵等。所承担的事务也是各种各样，而与捕务有较大关系的差役主要是保长、甲长、乡约等，还有捕快、巡役、弓兵和民壮等。尽管他们都属于在官人役，但保长、甲长、乡约等不离土也不离乡，而差役则是离土不离乡，受雇于官员，专职各种官方差事。

在官人役防卫力量的第一类由保长、甲长等组成。保、甲长是保甲制度的组织者、领导者，是保甲制度的执行者和责任承担者。保甲“为弭盗逃、戢奸宄、安善良之要术”。[②] 保、甲长对保甲之民，“出则注明所往，入则稽其所来，面生可疑之人非盘诘的确，不许容留。……无事递相稽查，有事互相救应”。[③] 保、甲长一般由家境比较富裕、正直清白的乡民担任，但实际上并非全部如此。从满族贵族入主中原，清代即实施保甲制度。保甲以各家各户为基础，按十进位制分立甲和保，联防联治，失职则连坐。保甲名称，各地有所不同。但无论保甲称呼如何不同，具体做法大同小异，本质也是一致的。“是皆民之各治其乡之事，而以职役于官”。[④] 保、甲长虽然与衙役低贱的社会地位、雇佣性质、所承担事务和工作方式等有所不同，但听命、服务于官府，仍属于在官人役之列。所谓保、甲长“职役于

---

① 江碧秋、潘宝箓：《罗城县志》，军事，台北成文出版社1975年版，第225—226页。

② 黄六鸿：《福惠全书》，凡例，《官箴书集成》第3册，第215页。

③ 嵇璜、刘墉等：《清朝文献通考》卷22，职役考二，王云五主编：《万有文库》第二集，商务印书馆1936年版，第5051页。

④ 嵇璜、刘墉等：《清朝文献通考》卷21，职役考一，第5044页。

官”，就是在官人役。对此，乾隆年间的直隶总督方观承讲得直白和清楚，“身充保甲，即属在官人役，其所辖村庄一切事务，地方官悉惟该役是问”[①]。《钦定大清会典事例》也称，“已革衙役，地方总甲、保正、乡约、甲长、墟长、社长等一切在官人役，滋事酿名者，该管官亦降一级留任”[②]。四川巴县档案大量文献显示，各保、甲推选出来的保、甲长，还需要得到官方的任命，才算有效。如，乾隆二十八年（1763）四月六日，经巴县知县签发执照，智里八甲民周天统、仁里十甲民余进益和廉里六甲民王子林等充任保长，该执照还明确了其职责和应注意的事项。[③]

通过保甲制度，经过官员的饬令、倡导、巡查和督查，保、甲长在广大乡间构建起全民防卫体系，发挥防守家园、缉盗驱匪的作用。保甲制度是中国政治治理和社会治理的传统手段，相沿已久，由明代及清初实行的里甲制演变而来。[④]清政府重视保甲制度的作用，迅速地在全国普遍实施，以此作为维护社会秩序的主要手段，但由于时过日久，保甲制度逐渐松懈。为此，康熙四十七年（1708），大规模地对保甲制度予以整顿。雍正四年（1726），又严饬各级官员进一步完善保甲制度。如，定保正、甲长、牌头赏罚及选立族正之例。关于保甲制度的编排和管理，规定了相应的奖惩办法。如果地方各官不实力奉行，要处以降调处分。“保正、甲长、牌头果能实力查访，据实举首者，照捕役获盗过半之例，酌量奖赏，如瞻徇隐匿者，即酌量惩警。”[⑤]到乾隆二十二年（1757），吸取康熙和雍正朝保甲制度的经验教训，对保甲之法进行了统一规范。无论贵贱贫富，还是汉民旗人，还是土著和客籍，如丁民、绅衿、旗民、边外蒙古地方种地民人、盐场和矿厂所雇工人、山居棚民、广东寮民、商民和渔民船民、苗瑶民、

---

① 方观承：《奏复整顿保长甲长等事》，乾隆二十二年十月二十七日，档案号：03-0284-016。

② 昆冈：《钦定大清会典事例》卷98，吏部处分例，光绪二十五年重修本。

③ 参见四川大学历史系、四川省档案馆：《清代乾嘉道巴县档案选编》下册，四川大学出版社1996年版，第294页。

④ 郑永华：《清代地方保甲与惩治秘密教门之关系初探》，《史苑》2004年第7期。

⑤ 嵇璜、刘墉等：《清朝文献通考》卷23，职役考三，第5055页。

甘肃番子土民、寺观僧道士，甚至外来流丐等，各行各业的各色人等都一律被纳入保甲体系之中。[①]从保甲制度层面来看，保、甲长在维护社会秩序中负有相当的责任。

由捕役、民壮、巡役、巡丁弓兵和更夫等组成的第二类捕务力量是依附于正印官和佐贰、佐杂官的在官人役。清代无论中央，还是各直省；无论是直省，还是省以下各地方机构；无论是正印官，还是佐贰、佐杂官，都有大量的书吏和差役存在。这些差役尽管种类很多，与官员是雇佣和被雇用的关系，受正印官或佐杂官的驱使或督查，是官员的帮手，不构成独立的防卫体系。这些差役作为清代捕务防卫体系的重要组成部分，起到不可或缺的作用。正所谓，“书差为官之爪牙，一日不可无，一事不能少”[②]。

清代道府、州县等各中下层正印官衙门雇佣有大批的差役，数量一般从几十人到几百人不等。如，四川川东道道员、重庆府知府和巴县知县都雇请各种名目的衙役。川东道额设衙役 39 名，而知县额设衙役 103 名，因钱粮不敷，只招募 37 名。乾隆二年（1737），知县招募衙役 29 名。这些衙役每人法定年饷为 6 两，只有民壮这类衙役的年饷在雍正十三年（1735）由 6 两提高到 8 两。[③]由此可见，从官僚体系的层级看，从道府到州县，清代额设差役的数量越往下，衙役越多，呈递增趋势。在州县，加上白役、散捕等，差役数量可以达到几百人之多。实际上捕役人数也远远大于额数，如山东惠民县在光绪年间有“捕役多至七八十名，少亦五六十名，有总捕，有散捕。总捕名注卯簿，散捕名未登注”[④]。而且，州县的衙役队伍更加整齐，这与州县事务繁多、重在治民的原则应该有直接的关系。从全省看，清代从省级官员到州县佐杂官员所雇佣的差役总数，动辄就有几千人之多。

除正印官衙门之外，佐贰职官衙署也设有相应的差役，州县佐杂的差役人数也有几人到几十人不等。如，处于冲繁之地的四川重庆府

---

① 嵇璜、刘墉等：《清朝文献通考》卷 19，户口考一，第 5029—5030 页。

② 何耿绳：《学治一得编》，《官箴书集成》第 6 册，第 706 页。

③ 王尔鉴：《乾隆巴县志》卷 3，赋役志，乾隆二十六年刻本，第 18—21 页。

④ 柳堂：《宰惠纪略》，《官箴书集成》第 9 册，第 504 页。

以及巴县均设有多名佐贰、佐杂官，佐贰、佐杂官下设有多种差役。其府同知额设衙役 29 名，通判额设衙役 29 名，重庆府经历司额设衙役 6 名，重庆府司狱司额设衙役 2 名；重庆府教授和训导额设衙役 4 名。雍正年间，巴县县丞额设衙役 10 名、民壮 6 名；巡检在雍正八年（1730）额设衙役 2 名；设立弓兵 12 名，雍正十三年（1735）裁减 6 名；典史额设衙役 6 名，雍正七年（1729），设立民壮 4 名，但六年后被裁汰；教官 2 员，额设衙役 13 名，只招募 4 名。这些衙役每年的薪酬也为 6 两，[①] 只有巡检司设立的弓兵为 8 两。由此可见，从府同知、通判到巡检、县丞，差役的额数呈递减趋势。且这些差役的法定待遇非常低，但他们可以通过各种手段获得额外收入，以养家糊口。在湖南桃源县，康熙十七年（1678）设郑家驿丞，乾隆四十一年（1776）改为巡检，设有弓兵 10 名；康熙二十年（1681）设新店驿丞，乾隆三十二年（1767）改为巡检，设有弓兵 6 名。[②] 广州府所属南海等各县佐杂官，除设有皂隶、民壮等差役外，各巡检司还雇佣大批巡丁。每个巡检司设巡船 2 只，每船巡丁 12 名，13 个巡检司共有巡丁 156 名。只有东莞县的中堂司巡检，因为是次要之缺，只设巡船 1 只、巡丁 12 名。那么，广州府所属各县巡检司的巡丁总数达到 168 名。嘉庆十九年（1814），又将新宁县广海寨巡检改为主簿，原属巡船和巡丁数不变，仍由主簿管辖。[③]

在江苏和浙江等地，私盐泛滥，缉私任务繁重。除正印官、佐贰杂职官和盐务官以及营汛兵防守、缉拿外，巡役、弓兵和水手等衙役专门用于巡缉私盐。雍正十年（1732），清政府详定淮安府、扬州府所属盐场司用于缉私的巡船、巡役额数，“共设巡役四百六十四名、巡船八十九只，舵工水手一百八十六名”。其中，扬州府江都、甘泉等两县陆路有巡役 20 名，水路巡役数量不一，各县有巡役 20~40 名不

---

① 王尔鉴：《乾隆巴县志》卷 3，赋役志，第 19—21 页。
② 余良栋、刘凤苞：《桃源县志》卷 6，兵刑志，台北成文出版社 1970 年版，第 229 页。
③ 戴肇辰、苏佩训、史澄、李光廷：《光绪广州府志》卷 74，船政，《中国地方志集成·广东府县志辑 2》，上海书店等 2003 年版，第 278 页。

等。[①]仅仅在扬州府一隅，雇佣巡缉私盐的巡役就达到300多人，在官人役的规模还是比较大的。在同治年间，《申报》公开登载了上海县招募巡盐弓兵的公示。[②]从该公示可以看出，弓兵数有限额，当额数不足时，官方可以对外招募。凡是愿意承充弓兵者，需要报名，且有人担保，即为有效。

在清代州县，这些差役有的被分为壮、快、皂等3班。如安徽寿县，清代寿州，除署知州、州同、吏目等3衙外，还有3班。“其一为皂班，即皂隶列，供州官役使差遣，如站堂、仪仗、洒扫、走递，寿州配额40名；其二为捕班，亦称快班，专事缉捕罪犯，分马快、步快两列，寿州配额马快8名；其三为壮班”。[③]各班责任有所区别，壮班传差催粮，快班缉捕盗寇，皂班供役奔走；也有的将差役分为4班，即皂班、快班、民壮和捕班。“第一班由‘皂隶’，即穿黑衣的差役组成。第二班即所谓‘快手’，他们又被分为‘马快’和‘步快’。第三班‘民壮’（民兵），是被征调来在地方官府中服役的健壮百姓。第四班是刑警，称为‘捕役’或‘捕快’。”[④]除此之外，差役还有其他名目。山东馆陶县正印官衙门的差役名义上为3班，实际上设4班。公役分为壮、快、皂三班，而且班中有班。“各班内又各分头、二班”。“头壮、二壮各置总役一名，头役四名，散役六名；快班头快总役一名、头役六名、散役八名，二快人数亦如之；皂班头皂总役一名、头役四名、散役十名，二皂人数亦同”。除此之外，“复置马快，亦称捕班，总役一名，头役六名，散役十名，专司缉捕盗贼”。[⑤]一般说来，这些差役的事务各有侧重，但衙役之间相互改充，也是常见的现象。如民壮，“则城守库狱，逐捕盗贼，起解人犯，护送粮鞘，一切万不

---

①阿克当阿、姚文田、江藩：《嘉庆重修扬州府志》卷21，盐法，《中国地方志集成·江苏府县志辑41》，江苏古籍出版社1991年版，第364页。

②《募充巡盐弓兵告示》，《申报》，1872年7月2日，第3版。

③寿县地方志编纂委员会：《寿县志》，黄山书社1996年版，第493页。

④瞿同祖：《清代地方政府》，范忠信、晏锋译，法律出版社2003年版，第96页。

⑤丁世恭、刘清如：《馆陶县志》卷2，政治志，第185—186页。

可已之差遣，皆系焉”[①]。很显然，其主要责任是逐捕盗贼，但还常常改充皂快、禁卒等；或值堂承差、参与词讼，与皂快名异实同；或已身承缉案件、总催钱粮。在直隶，民壮还承担督理河工、驿务等一应事务。[②]当遇到重要的紧急事务，或者是大伙盗匪犯事时，这些差役大多都要参与。因此，从实际运行来看，差役之间的职责分工只是相对的。

严格说来，专职从事捕务，且各直省广泛雇佣的在官人役主要是捕役、民壮和弓兵。如乾隆五十四年（1789），安徽泾县县丞移驻泾县查村，兼巡太平县和泾县交界的21处乡村，清政府也重新调整了该县丞所属差役，除正额皂役4名，同时移驻查村外，添设夫役2名，又在泾县和太平县，抽拨壮役、捕役各2名，再在宣城、宁国、旌德、南陵等4县内，各抽拨壮役1名。那么，该分防县丞的各类差役数量达到了18名。这些差役“专司缉捕，所需工食饬令各该县于额设工食内，按季移解给领”。[③]在实际运行中，这些差役虽然地位低微，但常常充当缉捕的主力。钱泳曾生动地记载其好友陈春嘘在担任桐乡知县时的捕盗事。陈春嘘以抓获的小贼为眼线，一夜之间，缉获多个盗窝，抓捕盗贼30余人，获赃无数。通过对这些盗贼审讯，该知县连破包括棉花案在内的13个案件。[④]陈春嘘成功地捕贼缉盗，正是由于得捕役和民壮之合力。

（二）缉捕力量的大致分工。从上述可见，无论是广义的巡守和缉捕捕务，还是狭义的缉捕捕务，文武官员均有缉捕之责。“自督抚司道以至州县等，俱有缉捕之责。”[⑤]当危害社会治安事件发生时，或者违犯律例的案例发生后，州县、佐杂官或派遣、或亲自带领捕役缉拿人犯，即为缉捕状态。捕务主体一身二任，防守状态力量转化为缉

---

①王贞：《酌弭盗源议》，罗振玉辑：《皇清奏议》卷6，《续修四库全书》本，第70页。

②王爱英：《“寓兵于役”与“裁减冗役”——清代民壮的发展概况和社会地位》，常建华：《中国社会历史评论》第12卷，天津古籍出版社2011年版，第40—41页。

③陈用敷：《题请将泾县县丞移驻查村稽查保甲严缉盗贼事》，乾隆五十四年四月二十一日。档案号：02-01-03-07831-026。

④参见钱泳：《履园丛话》，卢鹰注，陕西人民出版社1998年版，第223页。

⑤《高宗实录》卷1471，乾隆六十年二月壬申，第654页。

捕状态力量。只有当有组织的反叛、成股的匪盗和会党劫掠等发生，州县官无力防守和缉拿时，层层向府道、督抚报告，后者才动用自己的力量，甚至派遣军队剿捕。同时，绿营塘汛还有在其驻扎的沿线保护社会秩序的义务，但其只有缉捕权，而无审判权，缉获的盗匪、人犯要交本辖区的州县官审判。

如果按照各直省官员在缉捕事务中的职责，可以将缉捕主体简约地分为两类：一类是直接承办案件的文武官员，即承缉者，主要履行承缉义务；一类是督促承缉者按期破案，抓获不法之人的文武官员，即督缉者，主要履行督查义务。前者一般为文职州县正印官、佐杂官员和武职千总、把总、外委，后者是文职知府、知州、同知、通判、州同、州判和武职都司、守备及其以上的官员，主要行使督缉权力。

具体来说，清代的督缉有两种情况：一是体制内的督缉。按照清代制度，从朝廷到督抚、司道，再到府、直隶州的正印和佐贰官；武职从统辖官到专辖官、兼辖官，再到专汛官，通过层层督缉的方式，侦破案件，缉拿人犯，以治安防范督查、委派官员督捕和饬令有关文武官员严缉以及奖励、参处责任人等方式来履行捕务职责。“对于州县的缉捕，督抚、司道府（直隶州、直隶厅）及州县及武职官员都有督缉之责。”[①] 当然，朝廷也亲自饬令督缉，也就是各级官员奉旨缉拿要犯。从历史文献看，这种情况并不少见。督缉常常或通过谕旨缉捕，或派大员，督促缉捕。如雍正九年（1731），雍正帝命刑部右侍郎王国栋前往河南，令工部右侍郎赵殿最前往山东，各办赈务，兼理稽查匪类、缉捕盗贼之事。[②] 乾隆朝末年，白莲教头目刘之协在河南扶沟县脱逃，乾隆皇帝传谕暂留湖北办理捕务的惠龄，“惟当实心督饬，密查正犯下落，严拿务获”[③]。一般说来，只有当不法之人达到一定规模和不法之事达到比较严重的程度时，高级官员才亲自出马，督促缉拿；二是体制内外之间的督缉。州县官是缉捕的主要承担人，但在多数情况下，州县官常常会同佐杂官，开展缉捕活动。“直省各州

① 宋国华：《清代缉捕制度研究》，第 123 页。

②《世宗实录》卷 107，雍正九年六月丁巳，第 422 页。

③《高宗实录》卷 1471，乾隆六十年二月壬申，第 654 页。

县缉捕之责，属之捕役，为之长者有典史、吏目。而督其成者，有知县、知州，典史、吏目以监狱为专责，而兼及捕务。典史、吏目有督饬缉捕之责”。[①]州县正印官、佐杂官对所属捕役、民壮和弓兵等严行提比，予以督缉，饬令保、甲长一道严缉。但后者并不是官僚体制中人，仅仅是在官人役而已。也就是说，州县正印、佐杂官既是承缉者和被督缉者，也是督缉者，集两种职责于一身。上述文武官员行使督捕之权，主要通过对所属官员的奖励、题参和对捕役的提比、兵役的金钱赏罚等手段履行督缉之责。

二、捕务客体

清代律例、则例以及直省地方法规等一系列制度对缉捕客体做了广泛而明确的规定，凡是违背律例规定的行为人或组织，都为捕务客体，大到反叛、命案，小到违反纲常名教。从破坏政治秩序、道德秩序到扰乱经济秩序、文化秩序和社会秩序，无一不被纳入防范和缉捕的范围。《大清律例》分为名例律、吏律、户律、礼律、兵律、刑律和工律等 7 类，共 30 门，律文 436 条。条例附于各律文之后，乾隆五年（1740）时附条例 1049 条，道光五年（1825）时附条例 1766 条。[②]这些违法事项有很多类，如《大清律例》刑律中的贼盗类，就包括谋反大逆、谋叛、造妖书妖言、盗大祀神御物、盗制书、盗印信、盗内府财物、盗城门钥、盗军器、盗园陵树木、监守自盗仓库钱粮、常人盗仓库钱粮、强盗、劫囚、白昼抢夺、窃盗、盗马牛畜产、盗田野谷麦、亲属相盗、恐吓取财、诈欺官私取财、略人略卖人、发冢、夜无故入人家、盗贼窝主、共谋为盗、公取窃取皆为盗、起除刺字等律文 28 条，计条例 276 条。[③]这些违反律例的行为人都是官方要缉拿归案、惩处治罪的，而且规定了各自的刑罚办法。总的来说，惩罚是十分严酷的。《大清律例》列出了各类违法行为，依破坏性程度

---

①《论整顿捕务宜变通成法》，《申报》，1897 年 6 月 5 日，第 1 版。

②《大清律例》凡例，张荣铮等点校，天津古籍出版社 1993 年版，第 19 页。

③《大清律例》卷 23~26，刑律，第 358—437 页。

不同，将刑罚分为笞刑、杖刑、徒刑、流刑和死刑等。前三者各分 5 等，流刑分 3 等、死刑分 2 等。清代法律对违法行为规定得十分详细和周密，如贼盗，因其不同的社会破坏力而细分为若干名目，惩罚也由此有别。“盗一也，而分强、窃；得财一也，而又分抢、夺；抢夺一也，而又有白昼、夜间。强盗之中，又分得财、不得财；窃盗之中，又分拒捕、不拒捕，固未可一概论也”。[①] 罗尔纲专门列举了绿营官兵的职责，这种职责就是清代法律赋予官兵应缉拿、打击的职权，而缉拿、打击的对象，如“图谋不轨”“聚众滋事”和犯禁（后者包括赌博、娼妓、迎神、进香、夜戏等）。“这三种事件，稽察查拿的责任，也由绿营担负”。[②] 又如缉拿私盐，因盐务疏销，事关国库收入，而疏销则必先缉私。所以，除在盐场附近及私人出入的隘口特设营汛，专司缉防外，[③] 其他八旗、绿营在所辖境内也都有巡缉私盐的职责。除此之外，其他缉私事项，如私贩硫磺硝石，私铸钱文，私开矿场，私宰耕牛、马匹以及商船、渔船夹带禁物等项，都犯例禁，其缉私的职责也是由绿营各在境内巡缉。清政府对缉私十分重视，文武员弁均有缉私之责。

从实际运行看，各级官员、兵丁和在官人役按照该律例的规定和要求，对违法者进行缉拿，对违法行为进行打击，还可以从贯彻律例、则例的饬令、告示、官箴书和档案中得到证明。在维护官方的专卖秩序上，官方严禁各类走私活动，其禁止类别很广，如私盐、私茶、私硝、私磺、私钱。为维护经济秩序，预防不法行为的发生，保证国家税收的稳定，清政府积极缉拿走私者，防止走私行为。按照清代的规定，盐法、茶政均以官引为凭，凡是起运官盐，每引 200 斤为 1 袋，带耗 5 斤。“商人贩茶，每引照茶一百斤，茶不及引者谓之畸零，别置由贴付之。若引货相离及夹带余盐余茶并将旧引影射者，俱以私论”，都在官方的缉拿范围。如果走私者没有缉获，私盐私茶得

---

① 黄六鸿：《福惠全书》卷 18，刑名部，第 413 页。
② 罗尔纲：《绿营兵志》，第 252—253 页。
③ 嵇璜、刘墉等：《清朝文献通考》卷 28，征榷考三，第 5103、5106 页。

以畅通，该地方官因为失察故纵也会被处分。[①] 磺和硝是制造火药的主要原料，连同其制成品，都是清政府规定的违禁物，不允许“民间私行造卖”。嘉庆十年（1805）十二月初九日，差役查获长寿县李元所贩货物，巴县木洞镇巡检当堂查验，有“硫磺大小六块，计重三十九斤。茶叶五包，连皮共重三百八十九斤。笋子一百九十三把，散笋子、海椒共一包”。[②] 私贩粗茶和硫磺，属违法行为。该巡检即将货物查封，并将人和物一起送县亲讯究办。对制造、贩卖，乃至超量囤积私磺、私硝之人，处罚是十分严厉的。“内地私贩硫黄五十斤、焰硝一百斤以上者，杖一百，徒三年”。[③]

官方对有伤社会风化，扰乱政治秩序、社会秩序的行为进行镇压，对犯罪者予以缉拿和严惩，如严禁邪教、会党，严禁制造和携带凶器，严禁种植生产、贩卖和吸食毒品，严禁赌博等。四川各种邪教、异端法术遍及乡里。除地方官严查拿办外，四川按察使还晓谕百姓，“凡有从前误习天主等教及吃素念经祈福者，即速自赴州县衙门呈缴经本等件，当官具悔，准予自新”，既往不咎，如果仍执迷不悟，“一经查获，即行照例严办”。[④] 对于凶器，清代法律是严令禁止的，但四川百姓有喜佩禁刀的习惯。四川按察使要求四川百姓，改掉旧俗，“其旧存刀仗，悉行销毁”；[⑤] 不准铁匠打造违禁凶器，“日后不得擅造，倘稍违禁，自甘坐罪”。[⑥] 种植和吸食鸦片于国于民危害甚深，清代法律严禁贩卖鸦片烟，严禁私开烟馆。道光十一年（1831）十月初四日，重庆镇中营目兵杨元和巴县巡役皮升等奉票巡查时，“在陈同顺住房内起获鸦片烟膏三十斤零十二两，烟泥六十二斤十二两，带回县署”，但陈同顺闻风潜逃，巴县县令请求其他州县协查，以便缉拿归案。[⑦] 赌博是万恶之源，赌窝又是源中之源。要禁赌博，首先要

---

① 田文镜：《抚豫宣化录》卷 2，条奏，张民服点校，中州古籍出版社 1995 年版，第 50 页。
② 四川大学历史系、四川省档案馆：《清代乾嘉道巴县档案选编》下册，第 265 页。
③《大清律例》卷 19，兵律，第 314 页。
④ 四川大学历史系、四川省档案馆：《清代乾嘉道巴县档案选编》下册，第 350 页。
⑤ 四川大学历史系、四川省档案馆：《清代乾嘉道巴县档案选编》下册，第 349 页。
⑥ 四川大学历史系、四川省档案馆：《清代乾嘉道巴县档案选编》下册，第 407 页。
⑦ 四川大学历史系、四川省档案馆：《清代乾嘉道巴县档案选编》下册，第 272 页。

断赌窝。所谓赌窝，“皆无赖、积棍专一引诱不肖子弟、市井浮浪之徒窝顿其家，彼则放椿捉头”。所以，官方严饬保正、十家长逐户挨查，并协同邻佑，将赌具连同赌博窝家，一并拿获送县，重责枷示。在窝家名下，罚银若干，赏给拿获之人。[①]

三、捕务规范与程序

清律继承中华法系之传统，沿袭明律并制定了更为繁杂的律例体系，律、条例、则例、事例、省例、成案、告示等都构成清代法律之渊源。[②]“乾隆五年（1740）对《大清律集解》作了修订，主要作了一些体例上和文字上的改动，正式称为《大清律例》。”[③]在捕务上，清代对秩序防守和对案件的处理、不法行为人的缉捕有一系列严格的规范，包括防守规范和缉捕规范。从效力的大小和适用范围来看，这些规范同样体现在朝廷的谕旨、律例、会典、则例、省例，甚至约束力较小的章程、条约等之中。从这些规定的内容或条款来看，捕务规范涉及捕务主体、捕务客体、捕务程序、捕务时限、捕务奖罚等各个方面。清代的律例也有所谓的公罪、私罪之分。官员因咎获公罪，准许以加级、记录抵销，而私罪，虽然有加级、记录，也不准抵销。[④]清代的这些规范是在继承明代律例基础上，对全国260多年的统治中逐渐累积而成的。当然，有清一代，这些规则既有删减和废除，但更多的是增加和修订。所以，清代则例越来越繁，法网织得也越来越密，直到清末的法制改革，才有所改善。在清代的这些捕务规范中，尤以捕务处分规范最多，最发达，且严酷、严密和细致。毫无疑问，捕务处分既包括对捕务主体防守中的疏防处分，也包括缉捕中的惰缉处分。

（一）对捕务主体的规范。1. 强盗捕限之例。清代律例对不同的案件，规定了不同的捕获限期。如果限期不获，承缉者及其专辖、兼辖和统辖等相关责任人都要被处分。如对强窃盗贼捕限的规定，就是

---

① 黄六鸿：《福惠全书》卷23，保甲部，第478页。

② 王兆辉、刘志松：《清代州县佐贰官司法权探析》，《西南大学学报》2014年第4期。

③ 郭建、殷啸虎、王志强：《中华文化通志·制度文化典》，法律志，第66页。

④ 方大湜：《平平言》卷一，《官箴书集成》第7册，第604页。

“以事发于官之日为始，限一月内捕获”。如果捕役、汛兵在一个月内不缉获强盗者，受笞刑 20；如果两个月不缉获，受笞刑 30；如果三个月未缉获，受笞刑 40，捕盗官罚俸两个月。“限内获贼及半者免罪。捕杀人贼，与捕强盗限同”。①

2. 缉拿逆犯、凶犯不力之例。缉拿不力、拿获脱逃都属于捕务松懈的范围，都要受到律例的处罚。在专制王朝，叛逆案、人命案是刑事重案，如果相关官员缉拿逆犯和命犯不力，根据责任的大小不同，对承缉者和相关责任人处分或重或轻。如果州县官“将叛逆人犯及其父母、兄弟、妻子纵放脱逃者，或逃逆未获，作为已获，有顶替情弊者”，均革职提问。“转报之上司，俱降四级调用，督抚降一级调用”。如果对上述事实知情，仍向上转报的官员，均革职。② 如果发生命案，法律明文规定勒捕期限和对承缉官的处罚办法。“命案凶犯在逃，扣限六个月查参，将承缉官住俸，勒限一年缉拿。二限不获，罚俸一年。再限一年缉拿，三限不获，罚俸二年。仍再限一年缉拿，四限不获，降一级留任，凶犯照案缉拿”。③

3. 盗案疏防罚赔和题参之例。为了督促该管州县官按限获盗，乾隆谕旨规定，外省地方如果发生盗案，“原赃未能起获，即著该管地方官罚赔”。在缉获盗贼，而未获赃物的前提下，该管地方官才罚赔。到光绪时期，这一制度仍在执行中。光绪二十二年（1896），安徽南陵县城十字街的恒泰钱庄被劫，但盗贼未及时抓获，文武官员均有疏防之责，按照先行赔付制度规定，“所失赃物，先经县署赔偿二千金，城守营赔偿五百金”。④

如果外省发生盗案，限期不获，对承缉官和相关责任人各有处分，直到“四参”处分。如果外省道路、村庄被劫，“以失事之日起，扣限四个月，盗犯未获，题参疏防，将承缉州县印、捕官住俸，限一年缉拿。限满不获，降一级留任，再限一年缉拿。三限不获，再留任

---

① 张友渔、高潮：《中华律令集成》清卷，吉林人民出版社 1991 年版，第 976 页。
② 张友渔、高潮：《中华律令集成》清卷，第 398 页。
③ 张友渔、高潮：《中华律令集成》清卷，第 426 页。
④《神山桂馥》，《申报》，1896 年 10 月 6 日，第 2 版。

一年缉拿，四限不获，照所降之级调用”。[①]

4. 对州县官讳盗和冒滥之例。在缉拿盗贼之中，相关官员为了保住官位，想方设法规避或减轻法律的处分，这在中国的专制时代是比较普遍的，清代也是如此。对官员讳盗、冒滥之弊，清代律例做了严格的规定。如果州县官讳盗不报，及讳强为窃，将州县官革职。如果督抚、道员、府州及捕盗同知、通判等官“扶同徇隐，俱降三级调用”。[②]

律例禁止州县官借盗销案，以防止冒滥之弊。“盗犯初获到案，即讯明曾经行劫某处、首伙几人，共劫几次。定拟以后，不许听其任意狡展。倘有续获之盗，复供出另有劫案，仍应行查者，亦以初获之盗供为主。如有不肖州县贿买盗供，辗转行查希图销案者，革职”。如果盗案参限时间即将到期，承缉的州县官“将拿获别案盗犯作本案盗犯者，革职”。[③]

5. 对捕役、兵丁的奖惩和失察之例。捕役的勤惰直接决定着捕务状态的好坏，由此也决定官员的去留升降。官方对捕役，采取奖惩并用的手段，督促捕役在规定的时间限期破案，并缉获盗贼。所谓奖励，就是用金钱的方式奖励其作为。乾隆十二年（1747），《治浙成规》也明确规定，“凡捕役拿获罪应斩绞之贼犯，每名赏银十两”；所谓罚，就是对捕役进行提比。提比之法又称比捕之法、比缉之法，就是对在规定的时限内没有缉获盗贼的捕役，轻则严厉斥责，重则笞打和枷号，以敦促其按期缉获盗贼。乾隆十三年（1748），浙江按察使详定，捕役如果不能按期缉盗，“杖徒小窃，专责捕盗同知提比，罪至杖流者，知府隔月提比，赃至满贯及拒捕伤人者，本司提比”[④]。《湖南省例成案》在雍正年间对捕役的提比也做了类似的奖惩规定，并通行全省。“州县详报失事选差干捕勒限一月，若限内拿获正盗，捕役加倍奖赏，逾限不获，即将家属收监释放，两、三月拿获正盗者，减

①张友渔、高潮：《中华律令集成》清卷，第388页。

②张友渔、高潮：《中华律令集成》清卷，第399页。

③张友渔、高潮：《中华律令集成》清卷，第421—422页。

④《治浙成规》卷6，臬政二，《官箴书集成》第6册，第544页。

等奖赏，四个月拿获无赏免罪，逾限不获，分别提比。”[①]

除了各直省省例对捕役进行奖惩规定外，府和州县有时也制定类似的章程，对本府、州县捕役进行规范。如在光绪朝中期，浙江鄞县县令为激励捕役早破案，制定了专门赏罚章程：窃案10日内将犯赃并获者，逾贯，每名赏洋20元，不逾贯，每名赏洋10元，抓获首犯，加倍奖励；遇窃案5日内不破，重责1次，再限5日不破，又责1次。[②]江西南昌县对窃案规定：如果赃在20两以下者，限15日破获，限满不获者，10日提比一次；20两以上者，限10日破获，不获者5日提比一次；计赃逾贯并劫抢案件限5日破获，不获者，两三日一比；如一月之内无报窃之案，各记大功1次；两月之内无窃案各记大功3次，赏差1次；三月之内无窃案，分别各赏给银6两，记名赏差一次；半年之内无窃案记大功3次，各赏银10两，各赏差2次；一年之内无窃案各赏银24两，另赏花红。[③]上述鄞县、南昌县比捕章程规定，以5日为单元，如果窃案和劫案不破，则予以提比。由此可见，行政层级越低，给予捕役破案时间就越短，实际上也就是规范越苛刻，处分越重。

各官员要承担对所属捕役等差役予以严格管理的责任，律例对此进行了规定。如果捕役串通盗犯，“教供妄认，希图销案，州县官未能审出者，罚俸一年”。如果捕役“诬拿良民为盗及诬良为窃，私用非刑、拷逼已死者”，将失察的州县印、捕官革职，府州及总捕厅员降二级调用，道员降一级调用，臬司降一级留任，督抚罚俸一年。[④]

6.对保甲奖惩和稽查不力之例。如上所述，保甲制度作为一种预防性的制度，是筑起防护网的重要一环。对保甲制度的实施，州县官员都负有倡设、督促、检查和监督的职责，保甲制度实施的好坏状况决定着对保、甲长和州县官奖惩之分。法律规定，如果保正、甲长等

---

①《湖南省例成案》卷1，刑律贼盗，杨一凡、刘笃才：《中国古代地方法律文献·丙编》第3册，社会科学文献出版社2012年版，第556—557页。

②《整顿捕务》,《申报》，1897年9月1日，第2版。

③《整顿捕役》,《申报》，1904年3月31日，第2版。

④张友渔、高潮：《中华律令集成》清卷，第421—425页。

“实力查访盗贼，据实举报，照捕役获盗过半以上例按名给赏。倘知有为盗窝盗之人，瞻徇隐匿者，杖八十”。[①]《湖南省例成案》在乾隆二年（1737）还规定，“保正、甲长牌头果能实心访查盗贼，据实举首，照捕役获盗过半以上例，按名数酌量奖赏”[②]。律例明确规定，如果奉行保甲不力，要给予州县官以及兼辖、统辖官员不同的处分，如州县官奉行不力，降二级调用。[③]

7. 对缉捕私铸私贩不力的奖惩之例。如果“奸民私铸钱文，无论钱数多寡，州县印捕官知情故纵者，革职治罪，知府、直隶州知州降二级调用。州县印、捕官只是失于觉察者，每起降一级调用，知府、直隶州知州每起降一级留任，自行查获究办者免议。如果只是置炉做堆，制造钱模，尚未铸成私钱，州县印、捕官自行查获究办者免议”。[④]

8. 盗案上报上司及各省年底汇奏之例。按照律例规范，案件发生，官员经过勘验和初步审问后，开始缉捕，并在规定期限内向上级报告。上报案件的形式有多种，一般为申报、禀报、详报、通详等。[⑤]从地方文献看，在执行中，或者在省例中，上报文书的形式有所不同。如《湖南省例成案》对窃案上报形式规定：“无论大小，概行通报。”由此可见，在窃案中，该省例没有提到“申报、禀报、详报”等形式，只有通详这种文书形式。该省例随后改为，赃至40两以上者，向上司通报，40两以下者按季向上司汇报。[⑥]此处的“汇报”，采用的是何种文书形式呢？乾隆二十三年（1758）八月定为，“应令四十两以上者固照例随时通报，其四十两以下者，着务于事主报到三日内及用印禀先行逐案同禀，及时勒比”。可见，所谓的“汇报”之说，是用禀报文书形式。[⑦]

---

①《大清律例》卷25，刑律，第431页。

②《湖南省例成案》卷1，刑律贼盗，第556页。

③ 张友渔、高潮：《中华律令集成》清卷，第422页。

④ 张友渔、高潮：《中华律令集成》清卷，第392—393页。

⑤ 参见谭琪：《清代州县治安制度研究》，中国工人出版社2015年版，第111—113页。

⑥《湖南省例成案》卷2，刑律贼盗，第683—684页。

⑦《湖南省例成案》卷3，刑律贼盗，杨一凡、刘笃才：《中国古代地方法律文献·丙编》第4册，社会科学文献出版社2012年版，第9—10页。

在乾隆年间，盗案除按限查参照例汇题外，督抚于年终将某县新旧盗案几件、能获几案，逐县开列清单汇奏，吏部、兵部还将各省窃案以及承缉官的功过情况列入年底汇奏之例。如乾隆三十年（1765），山西有“旧时盗案共十一件，内经缉获二案，先行题结。又续获逸盗一案，现饬审解。其新发盗案六件内，在本省获盗四名者二案，又在河南阳武县拿获伙盗五名，及全获者二案”。至于窃案，山西各属“具报窃案共三百三十七件，已经获贼二百十四案，尚有未获一百二十三案”。[①] 通过案件向上司上报和年底汇奏之例的规定，上司和朝廷既督促下属和各省认真缉捕，借此考察官员的勤勉程度，同时也是为了公平对官员进行奖惩以及监督高官对下属奖惩的合法性和合理性。这一制度的建立，可收一举多得之效。

9. 盗案、窃案记功记过之例。对于外省盗案，律例有明确的处分规定，但对于外省窃案，“向止申报上司，量记功过”。如上所述，乾隆初期且需要报部。各省对上述规定做了细化的调整。浙江省，其省例就规定，按照繁简程度将各州县分为三等，依照不同的窃案数量标准，分别记功记过。[②] 湖南在乾隆二十三年（1758）就规定，承缉的牧令“每于季底，按其窃案多寡，统作三分考核。全获者记大功一次，二分以上者记功一次，一分以上者免其记过，不及一分者记过二次，全无捕获者记大过三次”。[③]

乾隆二十九年（1764），兵部等部要求各省，将窃案破获记功、未获记过，“最多者，亦于年底开具清单汇奏”。同时明确以五案为基数，按照已获和未获数目，递算功和过。记功记过之例还与吏部议叙及处分之例直接挂钩。“凡记过至四次者，议以罚俸六个月，记功四次者，议以记录一次，俱以次递加。”[④]

---

①《奏为遵例汇奏山西省严核州县各官缉盗功过事》，乾隆三十一年三月十八日。档案号：04-01-01-0265-028。

② 参见《治浙成规》卷 6，臬政二，第 544 页。

③《奏为酌定督办缉捕章程事》，乾隆二十三年十二月二十九日。档案号：04-01-01-0219-028。

④《奏为汇奏乾隆三十年份浙省文职各员承缉盗窃案件事》，乾隆三十一年三月二十一日。档案号：04-01-01-0265-026。

为激励承缉者早日破案和缉获盗贼者，有的省也有对承缉盗案记功记过之例，是律例所规定对官员奏参前的进一步细分。如江苏，“承缉官于失事日起勒限严拿，如一月内获犯及半，兼获盗首，记功一次；赃盗首伙全获者，记大功一次；失事一月，并未破获，记过一次；两月无获，记过二次；三月无获，记大过二次”。[①] 对于承缉盗案、窃案，各省，甚至各府有专门的补充规定。其最终目的是，尽可能地在规定的期限内早缉获，早结案，尽量避免到期的“四参”处分。

10. 议叙和处分之例。抓获叛逆罪犯，律例就规定引见或议叙的奖励。“官员拿获叛逆首犯，准该督抚奏请送部引见。若交部议叙，准其加二级。系案内重要人犯，每一名准其加一级。系案内军流人犯，每一名纪录二次。系案内徒罪人犯，每一名纪录一次”[②]。雍正年间，对承缉盗案的奖惩旧例做了一些修改。它规定，一年承缉盗案，初限不获，降一级。无级可降之官，革职，俱留任，仍照旧例遵行。如果再限不获，按旧例应该调用革职者，今改为再留任一年。如果一年内能获盗过半，照例开复。如再不获，照例调用革职。如果承缉官将一案盗犯全获，每案纪录二次。又规定，在规定的期限内，“获盗过半，并获盗首者，免其参处。限内获伙盗过半，而盗首未获者，罚俸一年。再限不获盗首者，罚俸二年。三限不获盗首者，降一级留任”。还规定，地方官遇有盗案，一面申报上司，一面关会邻境州县、营汛等官。“一月内拿获邻境案内盗首者，加一级，再纪录一次。拿获伙盗者，每一名纪录一次。拿获之兵役，令原失事的地方官给银二十两。一月后拿获者，纪录三次，拿获过半者，纪录二次。”[③]

11. 引见和任用之例。对于在捕务中作出突出贡献的文武官员，清政府还给予特别的奖励，这在有清一代也是比较多见的。如河南信阳州知州慕豫生抓获湖北拒捕逃逸窃贼 9 人，将慕豫生记功注册，乾

① 赵春晨：《丁日昌集》卷 76，抚吴公牍四十一，上海古籍出版社 2010 年版，第 732 页。
② 张友渔、高潮：《中华律令集成》清卷，第 398 页。
③《世宗实录》卷 38，雍正三年十一月乙卯，第 561—562 页。

隆帝还饬令“调取来京引见”。[①]道光年间，江苏泰州一带，盐枭出没，走私猖獗，严重冲击官引，两江总督陶澍遴委文武员弁缉私。在这些委员中，缉私表现最突出的官员是试用运库大使齐承简。“自奉委巡缉以来，首先拿获私盐八万一千五百余斤，又会获私盐三万二千余斤并刀械等件，统计获犯五十二名”。在缉捕中作出特别突出贡献的兵丁，也可以被超拔为外委，乃至把总。因为缉捕有功，被拔补为低级武职，虽然其俸禄低下，额外外委甚至还没有额定俸禄，但毕竟进入了官场，对兵丁来说，这种破格任用也是有一定吸引力的。

12. 开复之例。清代律例对被处分的官员，因为在职事活动，包括捕务中，有成绩或者几年无过，准许官员复原职，也是鼓励官员的一种方法。开复之法规定：“降级留任者，三年无过开复。革职留任者，四年无过则开复。若有旨六年、八年开复者，至期无过则开复。有过则以续案计之。”[②]开复之法也是在不断调整的，如乾隆六十年（1795）增加规定，被处分者必须亲自参与缉捕，并作出贡献，才能开复。“嗣后地方疏防文武革职留缉之员，如实系自知愧悔，亲身前往协同地方捕盗之人，购线躧踪，于限内将盗犯亲行拿获者，自应照例准其开复。”[③]有清一代，开复之法在实践中作为奖励之法，也被普遍地使用。

清代律例、则例和章程对不法者和疏忽、失职官员的奖惩有众多条款，举不胜举。仅仅从上述捕务之例来看，清代捕务之法复杂、多样、严格和多变；案件的性质和社会的破坏力是捕务之法，尤其是奖惩之法首要的考量因素。案件性质越恶劣，社会破坏力越大，由于官员疏防，或者缉捕不力，捕务之法设置的捕限越短，处分越重；就对捕务主体的处分而言，同一个案件，承缉官员受到的处分更重，督缉官员的职位越高，处分越轻。也就是说，负有防守或承缉、接缉责任的州县正印官、佐杂官和汛塘官弁，是捕务处分最重和最频繁的群体；从省例、章程规定的捕务之法以及实际运行的情

---

①《高宗实录》卷712，乾隆二十九年六月乙酉，第946—947页。

②张友渔、高潮：《中华律令集成》清卷，第407页。

③《高宗实录》卷1491，乾隆六十年十一月己巳，第953页。

况看，其奖惩之法远比大清律例、会典规定的内容和形式更多样、更具体和更灵活。当然，这些规则在实际运行中难以落实，有大量非正式制度存在。

（二）缉捕程序。缉捕有一个从案件得报、查勘、差拿、上报、缉获到对承缉者奖惩的完整程序。对这个程序，清代律例自然也有一个比较全面而细致的规范。“凡民间有遭盗劫者，报于官，乃会营兵前往踏勘，饬令马、快班，踩缉务获，勒限严比，此定例也。”[①] 案件发生后，失事者或者发现者向保、甲长和官府报告，官员会同营兵，亲往失事地点，对案件进行勘验、调查，通过差票的形式，派出差役缉捕盗贼，同时将案情向上司申报，各方予以协缉，直到抓获。但不同的案件，在缉捕程序上，对勘验官员、缉捕方式和缉捕时限等要求是有所区别的。一般情况下，缉捕程序是，事主呈报盗案后，州县正印官会同营汛，赶往事主家，查勘情形，讯供填报；如果地方失事、印官公出，应令佐贰捕官一面会同汛弁查验、捕缉，一面申请邻邑印官复验。如果邻邑印官推诿附会，照徇庇例降调。[②] 对于平常窃案，无论被窃数量多少，事主都应立即告知地保，据实开明加单，飞报该管文武衙门。“文武州县接到报呈，立即差衙踩缉赃盗，该汛武弁亦即选差兵目，协同缉捕。拿获之日，即送印官，讯究得实，传主认明给领，按律究拟详报。”[③] 如果事发在交界地方，或案犯逃匿在邻境，本州县文武官弁可能因为地非所辖，必须请求邻境的文武官弁协同缉捕。比如抢劫拒捕等重案，“各省州县立即选差干捕擒拿，一面将失盗情形申报所辖之府州及关移接壤别属之州县。其专辖之知府、知州立即通饬合属，各选派干捕，悬立赏格，分路侦缉，无获则一体比追。其非本府州所属，而境地相接之州县，如遇移关到，亦即照此协力差捕搜拿”。[④]

法律对非正印官在捕务等上做了限制性规定，“凡官非正印者，

①《论官衙被盗》，《申报》，1879 年 8 月 9 日，第 1 版。
②《世宗实录》卷 64，雍正五年十二月壬辰，第 983 页。
③《湖南省例成案》卷 3，刑律贼盗，第 53—54 页。
④张友渔、高潮：《中华律令集成》清卷，第 978 页。

不得受民词。缉捕官除察访不轨妖言命盗重事外，其余军民词讼不许干预。提镇副参等官惟有告叛逆机密重情，准接受词讼，会同有司追问。若户婚田土斗殴人命，一应民词，均不得滥受。分防佐贰等官所收呈词内有命盗等案，即移交州县拘提审讯”。[①]一般来说，小的案件可由佐杂官代为查验，但由正印官复验和申报。稍微大一些的案件，州县官要亲自查验和申报。如失窃案，50 两以上，州县官带领捕官、捕役查验；40 两以下，州县官可以委托佐贰杂职代为查验。[②]如果正印官公出，或由于其他原因不能到场，“则移请临邑代验，或临邑亦公出，或相距窎远，则许派丞卒等官代验，毋得派杂职，滥派者降一级”。如果州县并未额设同城佐贰，且邻邑又距离较远，则可令吏目、典史等验立伤单，申请正印官复验，或者由吏目、典史等人会同该管巡检就近往验，申报印官复验，如印官不能及时赶回，再又请邻邑代验通详。[③]如命案，正印官必须亲自勘验。“人命呈报到官，地方正印官随带刑书、仵作，立即亲往相验。”[④]

众多案件比平常窃案复杂得多，缉获的时间要久。特别是逆反案、命案、抢劫、强盗等案，由于受多种因素的影响，在规定的期限内缉拿、破获的难度也是比较大的。因此，除了承缉之外，还有接缉、留缉、协缉和通缉等官方缉捕的多种方式。如果该案件的犯罪人还没有缉获，该案件尚未结案，但承缉官由于革职，或者其他原因离任，接任官员继续处理该案，是为接缉，即接着承缉之意。承缉是案件发生后缉捕行动的起点。对此，律例、则例特别强调承缉后查勘、缉捕的时效性。案件发生地的州县正印官，不论远近，无分风雨，立即会同营汛，“飞赴事主之家，查验前后出入情形”。如果该正印官公出，则该州县佐贰官、捕官与营汛官弁一道，先勘验、查缉，同时申

---

① 昆冈：《钦定大清会典》卷 55，刑部，光绪二十五年重修本。

② 何耿绳：《学治一得编》，第 697 页。

③ 何耿绳：《学治一得编》，第 694 页。

④ 赵尔巽等：《清史稿》卷 144，刑法志三，第 4213 页。

请邻境州县正印官“复加查验”。[①] 印官公务外出时，佐贰捕官也可代为查验。对各州县交界地的案件，律例有专门的规定。“交界处所失事呈报到官，地方官即关会接界州县，公同踏勘”。[②] 对犯罪人的缉拿，州县正印官或亲自出马，或饬令佐贰官、捕役以及民壮，会同汛塘弁兵实施。后者奉正印官的差票，四处踩缉。州县正印官、佐杂官和营汛官兵承缉和接缉案件，缉拿犯罪人，都是贯彻属地原则，即案件发生在该管地方，该管州县官和营汛负责处理该案，并由此承担可能失职的责任。尤其是在各省、府、州县的交界地，清政府或各直省首先就会明确该地的管辖权，即责任区。一旦有案件发生，对该地有管辖权的文武官员需对该案件负责。如《粤东省例》对广东肇庆府属德庆、封川、东安和西宁等州县交界地失事案件的承缉做了明文规定，[③] 以此明确责任。

案件发生后，犯罪人总会四处隐匿、逃窜。特别是在各该管地方的交界地，人犯此逃彼窜。但按照律例规定，通常情况下，捕役不得离开本境缉捕，汛塘官弁也不得擅自离开本汛地。因此，各官员、捕官、捕快和汛塘官受管辖权的限制，缉捕要比在本辖区内难得多。为了尽快缉获人犯，律例还对各责任主体规定了协缉的责任。律例称，如果交界地方失事，“盗贼窜匿邻境，有司官以地非管辖，不便径拘，必用文移关提挂号添差，方许缉拿”，[④] 予以协缉。协缉的方式，大致可以分为四类。第一类是本省内部之间以及与邻省之间的协缉。缉捕人犯，特别是重案和要案，常常需要在本省州县。“凡命案一切重案，正犯脱逃，即行差役密拿，并开明年貌事由，详请通饬本省州县一体协缉”。如嘉庆九年（1804），四川总督因风闻射洪、蓬溪等处有匪徒出没，扰害闾阎，严饬查拿。在高层严厉督促下，潼川府

① 文孚：《钦定六部处分则例》卷41，沈云龙主编：近代中国史料丛刊第34辑，文海出版社1969年版，第815页。

② 文孚：《钦定六部处分则例》卷41，第832页。

③ 参见宁立悌等：《粤东省例新纂》（下），杨一凡、刘笃才：《中国古代地方法律文献·丙编》第11册，社会科学文献出版社2012年版，第9页。

④ 嵇璜、刘墉等：《清朝文献通考》卷197，刑考三，第6616页。

会同射洪、蓬溪县令及各属以及营汛协力往拿，当即拿获邝兴祥、李应喜之弟李应先、雇工薛以富、伙匪染子贡审讯。但诸多匪徒，如李应喜等闻风远逃。四川按察使、川东道按照总督的批示，通行各府厅州，“飞饬所属一体严拿外，并移会潼绵营及严札所属各县认真协缉务获”。[①] 按照法律的规定，邻省之间也有协缉的义务。或者说，对官员之间的协缉，有明确的规定。如，凡交界地方失事，探实赃盗之处，无论隔县、隔府、隔省，一面差役执持印票，即行密拿，一面移文关会，[②] 予以协缉。法律还规定，凡各省州县，遇有抢劫拒捕等重案，立即选差干捕擒拿；一面将失盗情形，申报所辖府州，及关移接壤别属之州县，其专辖知府、知州，立即通饬所属，各选派干捕，悬立赏格，分路侦缉，无获，则一体比追；如非本府州所属，而境地相接的州县，如遇移关一到，亦即照此协力差捕搜拿。[③] 凡命盗等案要犯负罪在逃，承缉官于事发之日，开明年貌事由，一面命差役密拿，一面具详上级。该省督抚接据详文，即径檄邻省接壤州县，一体实力协缉。[④] 如，乾隆四十六年（1781）闰五月底，多名啯匪由四川进入贵州境内，抢夺商旅钱物，还杀死杀伤盐贩和官弁多人。贵州婺川县令李大铣率领营弁、兵役前往追捕，拿获匪徒多名，余犯逃入四川省正安州、南川县交界地区。李大铣“又专差飞关前途之南川、涪州、酉阳、彭水、□□□速截捕。一面督率兵差再往前追，并于川省各交界处所拨差堵御缉拿，务期凶匪全获报究”。驻守四川正安州、南川一带的外委李文龙带领兵役、乡勇进行堵截，并向南川县令报告。南川县令得知后，一面带领壮役，并令典史潘觐龙选带捕役，分路前往各关隘堵截；一方面，又飞移与南川县交界的涪州、綦江以及贵州省的桐梓县，“一体预派兵役会截督拿”。啯匪见此情景，又向与桐梓县交界的柏枝坝逃窜。南川县令带领官弁、兵役尾随追击，并与正安州知州一起围堵缉拿。贵州巡抚接报后，“飞饬黔属文武各地方官一体

---

① 四川大学历史系、四川省档案馆：《清代乾嘉道巴县档案选编》下册，第 398 页。
② 昆冈：《钦定大清会典事例》卷 836，刑部，光绪二十五年重修本。
③ 昆冈：《钦定大清会典事例》卷 837，刑部，光绪二十五年重修本。
④ 昆冈：《钦定大清会典事例》卷 837，刑部，光绪二十五年重修本。

堵截追拿务获解究”，同时又咨请四川总督派员协缉，“希即南川、涪州、酉阳、彭水各州县地方文武选拨兵役，会同黔省员弁一体实力堵截严拿，务期全获，解黔归案审解”。四川总督于是令重庆镇总兵和川东道道员及其所辖营汛、府州县官员，选派兵役，到柏枝坝一带分头追缉，又饬令“与黔省交界之各该州县移会营员，多差干练兵役严行堵截，实力搜拿，务期必获”。① 第二类是文武官员之间的协缉。清代法律有文武协缉勒拿之例，这是两大体系之间的协缉。如，陈弘谋任江苏巡抚时，鉴于“苏城窃匪易于聚集，捕役狡猾难信”，缉捕不力，除了严督府县，查比捕役外，还“责成苏州城守营参将，遴委强干汛弁，带领兵丁在于城厢、镇市水陆地方，分头查缉，或与捕役协同侦缉，或捕役、兵丁各自擒拿”，捕务取得了效果，“营员皆令督率兵丁协同缉捕，则境内匪窃不获于捕役，则获于兵丁”。② 道光七年（1827），贵州会党滋事，官方一方面会同四川、云南、湖南、广西等省协缉，另一方面，饬令贵州文武官员协力查拿，“如系文员访闻，即知照武营，协力会拿；若武弁侦知缉获，即移交文员，认真审办，不可稍分畛域”。③ 第三类是府州分防佐贰官与州县官之间的协缉。专事或兼事捕务的分防府州佐贰官，既有督缉之责，又有缉捕之责。在捕务上，后者与州县之间则具有协缉性质。这些佐贰官额设大批捕役等衙役，专职从事踩缉、缉拿事宜。从地方志的记载可见，雍正九年（1731），府州分防佐贰官除了履行督捕责任之外，是否又有缉捕之责，应否设立捕役等问题，清政府内部有过一次争论。河东总督田文镜认为，直省同知、通判不过令其督捕，不如顺天府四路同知有踩缉、勾捕之责，他不赞成直省同知、通判设立捕役。吏部也认为，同知、通判为兼辖州县的上司，对州县捕役可以按限提比，没有必要另设捕役，以防捕役养盗之弊。但原任广东总督孔毓珣等则持不同的观点，他认为，同知、通判管辖数县，有督捕和勾缉之责，如果所属地

① 四川大学历史系、四川省档案馆：《清代乾嘉道巴县档案选编》下册，第 391—393 页。

②《江苏巡抚陈弘谋奏为请饬文武同任缉捕之责以靖地方事》，乾隆二十六年五月二十七日。档案号：03-0463-037。

③《宣宗实录》卷 113，道光七年正月乙巳，第 896 页。

方失事，与州县官一同议处，而且“盗贼行径诡秘，必平日有实力访缉之人，始能得其踪迹，设有剧贼巨盗见闻既确，惟在迅速擒拿，方无逃匿窜逸。今若止令督催，不许勾缉，势必专行属县差捕往拘，不但时日稽迟，亦恐风声透露”，[①] 也就是说，如果分防同知、通判不设捕役，一旦发生盗贼案件，令州县督捕，就会丧失有利时机。有鉴于此，吏部修改自己的意见，采取折中方式，同意各直省分防同知、通判添设捕役，遇有盗贼窃发，分防同知、通判随时派差役查拿。故此，分防同知、通判兼有督捕、勾捕之责。但就捕务而言，与兼辖州县又是协缉关系。第四类是革职离任的官员与新任官员之间的协缉。有清一代，这种协缉情况是比较普遍的。如道光二十一年（1841），热河平泉州所属回子地被矿匪挟嫌放火延烧，但文武官员在失事后两个月未能将嫌犯抓获，朝廷将失职的平泉州知州英宝撤职，留在平泉州协缉。[②] 这种革职后的协缉，也为留缉。

重犯或要犯没有被缉获，直省地方官员按规定上报督抚，督抚再咨请相近或相关省份，乃至在全国范围内协同缉捕，即为通缉。可见，通缉的区域一般为全国范围，或者是多省范围，通缉的层级一般是纵向的自上而下和横向的直省之间。通缉可分为各省咨缉、刑部咨缉和谕旨通缉等三类。[③] 别省如果发生案件，本省督抚应刑部或别省督抚之请求，合力缉拿犯罪人，是为咨缉。清律规定，脱逃要犯，务将该犯年貌籍实，有无须痣，详细开明，行文通缉。各州县于文到之日，差捕认缉，一面填写印票，分给各乡总甲，遍行访察。如果遍缉无踪，年底取具甘结，转详咨部，仍令接缉务获，知照销案。[④] 重要案件发生后，皇帝饬令文武官员缉拿要犯，为谕旨通缉。如有官员上奏说：“伏见我皇上整饬官方，凡遇地方紧要重案人

① 卢学溥：民国《乌青镇志》卷 8，建置，第 433 页。
②《宣宗实录》卷 359，道光二十一年十月辛巳，第 478—479 页。
③ 宋国华：《清代缉捕制度研究》，第 115 页。
④ 昆冈：《钦定大清会典事例》卷 830，刑部，光绪二十五年重修本。

犯，屡降谕旨，令各省勿分畛域一体严缉。”[①]谕旨通缉的犯人通常为重犯、要犯，尤其是久拿不获的重犯、要犯。

在捕务程序中的最后一环，就是对已获、未获盗贼的文武官员和捕役、兵丁等，给予不同的奖励和处罚。如前所述，对作为承缉者的官员如果在规定的限期，达到律例和则例等所规定的任务和目标，可以获得前述诸如记功、记录、加级、送部引见，乃至升迁的待遇。同样，在防守和缉捕中，做出贡献的捕役和汛塘兵丁则可以获得数量不等的金钱奖励。反之，如果在法定期限内，没有达到法律规定的要求，承缉官员就要受到上述诸如记过、罚俸、降级和革职等处分，而捕役就要受斥责和笞刑，兵丁就得挨军棍。有疏防责任的文武官员应自动上报自己职官姓名，是为开报。本员及接任之员，于奉文后，限一个月开报，以备上司题参。开报都是从下而上，文武官员按照开报的要求分别层层上报，直达总督或巡抚。督抚以此作为题参官员的依据。清代律例还规定，督抚题参下属疏防的时间不能超过四个月。督抚对疏防和缉捕不力官员进行题参，首先要分清承缉者、督缉者的责任大小，综合考虑案件性质、案件规模和案件发生地等因素，按照律例的规定，予以不同的参罚处分。

四、捕务方法

中国的专制时代漫长，且一以贯之，政治早熟和发达，在捕务上积累了诸多成熟的手段、方法和经验。清代捕务承继和发展了过去王朝的做法，在捕务方法上也是十分老到、多样。特别是一些曾任府州县官员在总结实践经验的基础上，对原有的捕务方法进行了修改和完善。与广义的捕务内涵相一致，捕务方法也分为防卫性质的捕务方法和缉捕性质的捕务方法。“盗贼未起，防守为要；盗贼既起，擒捕为要。”[②]

---

①《奏请严邻境缉捕两境员弁一体定为承缉事》，乾隆五十八年五月初八日。档案号：04-01-01-0454-023。

②陈庆门：《仕学一贯录》，徐栋：《牧令书》卷 20，《官箴书集成》第 7 册，第 482 页。

（一）防守性捕务方法。1. 保甲法是最重要、最常见，但又是最泛滥的捕务方法。“官为之防，不如民自为防之专且密也。”[①]保甲法的做法是，“定以十家合为一牌，其畸零不等者，或五六家一牌，或十二三家一牌，悉从民便，每牌止书各户家长姓名”。各家轮流查察，如果有一家为匪及容留为匪之人，九家连坐。[②]但各地保甲法花样迭出，存续时间长短不一，总不逾保甲法的基本要领和基本精神，且效力有限。“尽管对整个清廷来说，保甲体系已经失效很长时间了，但在中华帝国的某些地方，地方官对保甲体系的兴趣还持续存在。一个可能的解释是，几乎到清王朝崩溃前夕，推行保甲都还是衡量地方官政绩优劣的标准之一。”[③]

2. 栅栏法。栅栏法是防盗缉盗的常用做法，康熙年间的于成龙根据自己的捕务经验，写成了《弭盗安民条约》。其在任职省内，尤其是在两江属境，设水栅，以遏盗贼行为。在“官河大路桥梁之下，俱应设立坚固水栏，责令本地方保、甲长轮派该地方甲内之人，专司启闭”[④]。弭盗之法虽然有很多种，但潘杓灿认为，“建栅为第一妙著”[⑤]。王凤生的栅栏防盗缉盗之法分为陆路和水路，在陆路，“则街巷卫以木栅，捕保分段支更”；在水路，则桥梁下设以栅栏。[⑥]在江南地区，多河流、湖泊，水道就成为重要的交通路线，为盗贼提供了交通方便之门。因此，在江南城市和乡镇繁盛之区的河流要道，于河中安树木，置水栅，朝启暮闭。担任水栅管理的，是保甲轮派的人员，而总甲、小甲均隶属于巡检管辖。[⑦]田文镜在任职河南期间，要求在城乡要道设置栅栏，并派人值守。[⑧]

---

①四川大学历史系、四川省档案馆：《清代乾嘉道巴县档案选编》下册，第 347 页。

②《保甲简易法》，张经田：《励治撮要》，《官箴书集成》第 6 册，第 53 页。

③萧公权：《中国乡村：19 世纪的帝国控制》，张皓、张升译，九州出版社 2021 年版，第 76 页。

④于成龙：《弭盗安民条约节录》，徐栋：《牧令书》卷 20，《官箴书集成》第 7 册，第 476 页。

⑤潘杓灿：《建栅》，徐栋：《牧令书》卷 20，《官箴书集成》第 7 册，第 481 页。

⑥王凤生：《缉捕》，徐栋：《牧令书》卷 20，《官箴书集成》第 7 册，第 483 页。

⑦王卫平：《明清时期江南城市史研究：以苏州为中心》，人民出版社 1999 年版，第 156—157 页。

⑧参见田文镜：《抚豫宣化录》卷 3，文移，第 162 页。

3. 巡缉会哨法。为保证商旅平安和社会秩序，除绿营汛守、巡缉制度外，无论是朝廷，还是直省，还要求州县印、捕官及在官人役昼夜巡缉。营汛官兵也要认真落实巡缉制度，特别是夜晚和每年的冬季时分。乾隆年间，山东老瓜贼为害，山东巡抚令汛守兵目，彻夜游巡，后还在偏区僻壤、无墩汛之地，令各该州县派委佐杂，带领民壮乡保，分地巡查。① 湖南省例规定，保甲派夫夜巡时，要准备示警的装备，如梆锣。在张集馨外放任职的山西朔平府，则有更夫值更制度。在乡村设立窝铺，保护行旅。会哨本来是湖海捕务制度，但在一定条件下，陆地，特别是交界的邻境，也有会哨制度。如在广西、贵州和云南交界之地，派官弁和壮丁巡防会哨。“西隆各营汛向与滇黔两省营汛每月会哨一次，现与滇黔委员会议，每月订期于朔望会哨两次”。②

4. 冬防法。冬季是盗贼出没频繁之期，官方在节令上特别强调冬防，“捕缉之方又宜警侦，巡于冬候”，因为冬季“行旅早暮”，而“汛兵、保甲因寒畏缩巡防”，且秋收后，“民间略有盖藏，若辈必更生心涎”。③ 所以，冬季来临时，官方会采取多种措施，加强冬防。一是“夜行设禁”，④ 即在冬季晚上，实行夜禁。二是驱逐游勇，“现届冬防紧要，应将游勇严行驱逐……分饬各县，会同水陆各营亟切查逐”。⑤ 三是加派力量，昼夜巡逻。如杭州保甲局设 3 班，即总办 1 员，为知府班；总巡 3 员，为同通州县班；分巡 18 员，为佐杂各班。这些官员平常带领兵勇、巡役，分班分段巡查。到了冬防时，则每段另添分巡 1 员。⑥ 除冬防加意巡哨外，还添置民更，“令铺户居民以十家为率，雇用更夫一名，无分雨雪，通宵击柝梭巡，以补官更之不

①《高宗实录》卷 171，乾隆七年七月丙戌。第 182—183 页。

②《奏为遵旨查明三省毗连地界并无匪徒窜匿酌议缉捕会哨章程》，道光十六年十一月十七日。档案号：04-01-001-000774-0040-0000。

③《团练章程》，《申报》，1898 年 12 月 8 日，第 1 版。

④《严冬防论》，《申报》，1893 年 1 月 7 日，第 1 版。

⑤《论驱逐营勇》，《申报》，1878 年 12 月 28 日，第 3 版。

⑥《杭垣保甲述闻》，《申报》，1878 年 1 月 5 日，第 2 版。

足”。[①] 四是官员加强督查。江南地区冬防会哨的惯例是从冬月朔日起，次年三月朔日止。两江总督刘坤一面谕各高官，此时期“巡缉不可不严”。[②]

（二）缉捕性捕务方法。1.悬赏法。在缉捕盗贼中，官方惯用的手段之一就是对缉获盗贼做出贡献的捕役、兵丁及其他非官员的人员予以奖赏。悬赏法也是官方承认的习惯做法，但对缉获平常盗贼案一般不做悬赏标准的统一规定，只是由官员在执行中“临期酌办”。“如能擒获，按大小以为重轻，赏重者不过一百两。如获盗之功，有百两不足以酬者，准将得功捕役拔补千把。其寻常强劫、窃夺等案，不必议立赏格。即有量赏之处，仍照旧例，听地方官斟酌捐给”。[③] 但是，对寻常缉获私盐的文武兵役，除按例赏盐之例外，户部同意《两广盐务章程》所定的赏格规定，“在运司库内，拨充公银二千两，立为赏格”。[④] 这一做法是，只要平常缉获私盐，就赏外有赏。由于担心“巡役兵丁，贪赏滋事”，一年后，将该规定做了调整。除寻常拿获私盐，照例赏给外，只有“拿获水陆巨贩大枭、场灶积私囤户以及出力受伤等”重大事项，依功绩才能分别格外给赏。[⑤] 乾隆二十八年（1763），四川官方抓获部分啯噜分子，但仍有6名同伙未获。于是提出悬赏缉拿之法，“如能缉获伙犯一名赏银五十两，缉获匪童一名赏银二十两”。不久，绵州县差役张顺缉获该案伙犯宋良。按照悬赏办法，“其缉获宋良之差役张顺例应按数奖赏。兹本司于司库外结赃罚银内动支银五十两，饬令该州县具文将该役申送赴司具领”。[⑥]

2.除窝法。如前所述，有盗必有窝，治窝法是缉拿盗贼最高效的办法。贼窝对盗贼来说，是必不可少的巢穴。“贼之未行也，非窝则无藏身之所；其将行也，非窝则无聚谋之所；及其既行矣，非窝则无

---

①《催办民吏》，《申报》，1896年1月28日，第3版。

②《巡哨严密》，《申报》，1892年4月22日，第2版。

③《高宗实录》卷173，乾隆七年八月丙辰，第221页。

④《高宗实录》卷239，乾隆十年四月癸亥，第78页。

⑤《高宗实录》卷265，乾隆十一年四月癸未，第434页。

⑥四川大学历史系、四川省档案馆：《清代乾嘉道巴县档案选编》下册，第385页。

寄赃之所，此皆窝之为害也。”所以，除贼应首先除窝。张集馨指出，缉匪首在缉窝，“去一窝则数贼无所匿；治盗先宜治贼，惩小窃则大盗不能成，盖盗未有不自窃而来，贼未有不以窝为薮者也”。[①]在道光初年的山东，盗贼公行，而盗窃耕牛之案尤甚。其中的一个原因是“地棍土豪，敢为窝主”。所以，山东盗劫案多，是由于窝匪为害。因此，缉捕盗贼，以查拿窝主为最要。[②]

3. 速捕密捕法。缉捕盗贼、窃贼，官役要动手快，不能迟疑，耽误时间。雍正帝特别强调，“捕盗之法在于速拿”。[③]如果缉捕不速，延迟时日，盗贼已闻风远扬，即使日后拿获，盗赃也已花销，导致悬案难结。嘉庆帝认为，“刻下缉捕之法，惟密之一字，最为紧要”。[④]为了秘密缉捕，承缉者及其官弁、兵役常常采取诸多方法，其中，改装易服是常用的办法。如嘉庆年间，山东巡抚除先后派员分头密侦，又札行兖州、登州、曹州三镇，再派能干官弁，改装易服，各于所辖地方随处留心密。[⑤]光绪间，广东武官也常常采用此法，除悬重赏、购眼线外，再“每日密派安勇五名，不穿号衣，扮作搭客，杂于稠人之中，暗为保护。倘遇被劫，突起擒之”。[⑥]

4. 以盗捕盗法。通过招抚盗贼的方式，达到以盗捕盗的目的。这些盗贼熟悉盗贼的活动规律，有些还彼此熟知，有些曾是对手。因此，该法也是官方经常运用的手段。方大湜甚至说，“以捕捕盗，不如以盗捕盗”。[⑦]康熙年间，广东提督王文雄招抚山海盗贼439名，官方从中挑选愿意入伍者220名，分发到各营，专司捕盗。[⑧]道光年间，私盐横行，以黄玉林为代表的盐枭猖獗，官方盐务受到极大冲击。在官方的高压下，以黄玉林为首的私盐走私集团愿意改过自新。这一意

①张集馨：《道咸宦海见闻录》，中华书局1981年版，第36页。
②《宣宗实录》卷16，道光元年四月甲申，第297页。
③《世宗实录》卷41，雍正四年二月壬申，第605页。
④《仁宗实录》卷319，嘉庆二十一年六月乙卯，第227页。
⑤《奏报办理缉捕事宜事》，嘉庆二十三年九月二十二日。档案号：04-01-01-0578-036。
⑥《论将机就计深得捕盗之法八》，《申报》，1893年3月11日，第1版。
⑦方大湜：《平平言》卷4，第693页。
⑧《圣祖实录》卷258，康熙五十三年三月辛亥，第551页。

愿得到了两江总督蒋攸铦的支持。在黄玉林的配合下，仅仅在道光十年（1830）六月的一次缉捕行动中，官方就当场缉获私盐枭犯等 12 名，获得大小船 11 只，并在各船起出私盐 170 包，搜获一批枪刀火药枪子等。①尽管黄玉林最终被惩办，黄玉林为打击私盐走私，也出了一份力。由此说明，以盗捕盗的方法有一定效果。

五、捕务经费

保障条件是文武官兵实施捕务的物质基础，如俸禄、经费、服装、枪械、船只和抚恤等。这里以捕务经费为例，梳理和分析清政府的经费保障状况。清代的财政管理制度采取的是中央高度集权，各直省没有独立的财政权。“地方政府征收的全部收入须上报中央，征收款项扣除存留部分即全部起运报解。存留部分包括地方官的薪俸以及额定的开支两部分，没有机动的财政款项。”②迄至清季，清代长期以来也没有建立预算制度，在公共事务支出上，只有一个笼统的所谓公费。在公费中，也未单独列支一般性的捕务经费。更重要的是，直省从上到下，办公经费少得可怜，督抚每月只有 8 两，州县每月只有 1 两，完全可以忽略不计。所以，各级政府只有靠一些公私不分的陋规和节礼等弥补支出上的不足。只有在镇压一定规模的集体性反叛活动和内患，官方出动军队镇压时，所产生的经费由国家正项支出。各直省采取奏销的方式，经兵部审核以后，上报朝廷报销。不得不承认的事实是，自清代中期以来，由于各种原因，特别是大规模的内乱和持续性的外患，无论是国家，还是各直省，其财政赤字越来越大，收支矛盾越来越突出。各级官员，特别是督抚，不得不想方设法，四处罗掘捕务经费，也就成为常态和经常焦虑的事。

如嘉庆、道光两朝，捕务经费的来源主要有四种形式。第一种是官方垫支。如蒋攸铦等奏，广东各州县自乾隆五十九年（1794）

---

①《道光十年盐枭黄玉林案档案》，《历史档案》2014 年第 3 期；陶澍：《陶澍集》上册，《复奏安置投首巨枭黄玉林等情形并准鹾弊端不止私贩一节折子》，第 151—152 页。

②周育民：《晚清财政与社会变迁》，上海人民出版社 2000 年版，第 14 页。

起至嘉庆十七年（1812）止，因堵捕洋匪及应办公事，“垫用无著款项，阅年既久，垫数渐多”。至此，应补银309000两，应追银188600两。[①]

第二种形式是从各类正款盈余，如关税、盐税盈余中，拨出一部分作为捕务经费。如，道光元年（1821），广西省因为案犯繁多，缉捕经费不敷。经两广总督阮元奏请，朝廷同意在“粤东洋商捐输公用存款内，拨银二万两”，[②]遇有缉拿、移解会匪、盗匪及其获解大起案犯时，即在此款项下动支。五月，由于安徽凤阳、颍州一带缉捕事繁，需要随时选派员弁，访拿巡察，但路费、赏钱无款可筹。在安徽巡抚李鸿宾的请求下，同意在芜湖关“拨解巡抚衙门办公银一万二千两内，拨银四千两，解交藩库收存，作为存公款项”。[③]当遇有缉捕要务时，在4000两内酌量动用。[④]福建在筹措陆路捕务经费时，也是在“关税盈余项下岁额息银内，拨银六千两”，[⑤]用于陆路缉捕。道光二十五年（1845），山东曹州府匪徒猖獗，因为悬赏缉拿、购买眼线以及兵役口粮所需费用不足，山东巡抚崇恩提出，在“捐输经费项下，酌借银五万两，归入海防摊款，照案扣廉弥补”，[⑥]得到朝廷的认可。

第三种形式是从藩库中借款，发商生息，部分利息还本，部分利息作为缉捕经费。这种情况还比较多见。如闽浙总督庆保等奏请，将原闽浙总督阿林保等在嘉庆十四年（1809）奏明借拨关税盈余项下银10万两，发商生息案内岁额息银12000两，每年酌拨一半银6000两，作为陆河缉匪之用。[⑦]河南巡抚程祖洛上奏说：“欲整顿捕务，必须先筹经费。”在司库市平地租盈余等款项下，借动银50000两，交当生息。将息银2500两归本，以3500两作为缉捕经费。等10年后，

①《仁宗实录》卷273，嘉庆十八年九月戊辰，第707—708页。
②《宣宗实录》卷14，道光元年三月癸丑，第270页。
③《宣宗实录》卷18，道光元年五月乙卯，第327页。
④ 陶澍：《陶澍集》上册，《筹款饬缴凶器折子》，第392页。
⑤《宣宗实录》卷34，道光二年四月庚午，第614页。
⑥《宣宗实录》卷417，道光二十五年五月丁卯，第228页。
⑦《奏报闽省酌筹陆路缉匪经费事》，道光二年闰三月二十六日。档案号：04-01-35-0949-043。

统计扣存息银 25000 两，并提各当典本银 25000 两，凑还司库原借之款，报部分别核办。其余剩交当原本 25000 两，常年生息。[①] 道光七年（1827），广东解决捕务经费缺口的办法也是动用公款，发商生息，按期还本，以利息的一半补贴捕务。“于藩库赏借息银内借支银六万两，粮道库普济堂经费内借支银四万两，发交盐、当二商生息。自发商之日起，每年所得息银一万两，以一半归还原本，一半拨充快船弁兵口粮及修费支用。如有余存，即为悬赏获犯等项之需。俟借款全数归还，仍将发商本银。永远生息。”[②]

第四种形式是官员个人和商人的捐款，以此捐款弥补捕务经费的不足。州县凡有命盗案件，“其有情节较重者，则官出赏格，获到凶犯，赏给若干，此项赏格类多，由官捐廉，封存在库，一经缉获，立即给发，或亦有由事主增贴矣”。[③] 嘉庆十五年（1810）前，为弥补捕务经费的不足，广东采取了盐斤加价的临时方式，筹措捕务经费。从嘉庆十六年（1811）开始，由于匪帮已镇压下去，盐斤加价的方式停止。广东盐商有感于“海运盐船往返，悉藉舟师防护”，[④] 愿意每年捐输 8 万余两，作为巡洋师船兵丁的捕务补贴。但实际上盐商每年捐银 6 万两，到道光四年（1824）止，“共应捐银八十四万两。已完解银七十四万九千一百四十一两零，未完解银九万八百五十八两零”。朝廷令停止盐商捐输捕费银两，所余款项追缴后，交藩库存储。[⑤] 但也有名义上是富户捐款，实际上是勒捐的情形。如广东的花红，“即缉匪之赏格”，是曾任广东潮州镇总兵方耀创办的名目，“勒捐富户，半归私橐”，“广东独取之民”。[⑥] 可见，捕务经费来自民间的捐款，应是个别省份。多数省份的捕务经费来自官方的捐廉捐俸，“他省多取于官”。如，广东普宁县为难治之区，但该地又十分疾苦，捕务经费严

---

①《奏报筹议缉捕经费事》，道光二年十一月二十二日。档案号：04-01-35-0950-010。

②《宣宗实录》卷 123，道光七年八月乙亥，第 1057 页。

③《论缉捕之难》，《申报》，1883 年 1 月 11 日，第 1 版。

④《仁宗实录》卷 236，嘉庆十五年十一月丙子，第 189 页。

⑤《宣宗实录》卷 79，道光五年二月丁亥，第 282 页。

⑥《署两广总督袁奏禁广东缉匪花红请永远裁革以苏民困而清吏治折》，《申报》，1909 年 12 月 23 日，第 26 版。

重不足，广东省只能采取官员捐廉的方式，资助其捕费。[①]这种办法在广东等省是比较普遍的，如广东官员给佛山捕盗同知每年3000两捕务捐款。[②]

不论这些捕务经费来源和经费数量，总的来说，通过东挪西借的方式，各省官方在财政赤字越来越严重的情况下，毕竟暂时性地、而非制度化地解决了捕务经费不足的问题，为各直省捕务工作创造了基本条件。

第三节　清代中期捕务制度的调整与变动

一、文职捕务机构的调整

清代捕务制度不是一蹴而就、在短时间形成的。相对说来，雍正、乾隆时期是捕务制度变动比较大的时期，也是清代捕务制度基本定型的时期。嘉庆朝及其以后，捕务制度则在上述基础上在各个方面继续进行调整。所以说，捕务制度的改革贯穿于有清一代，毫不为过。首先看文职捕务机构调整，如嘉庆年间，将大名府河务同知改为兼河捕盗同知，驻郓城，管理府属四县捕务；通判由兼管府属七县捕务改为管理盐务，兼管府属三县捕务，驻东明县。[③]道光年间，移安徽颍州府驿口桥捕盗同知，分驻艾亭集，作为抚民总捕同知。文前裁之凤阳府司狱为巡检。[④]“凡逃盗、逃凶、私贩、私宰、赌博、打降，以及附近民人钱债、田土细故，所犯在枷杖以下者，责成该同知就近分别缉拿审理；其罪犯徒流以上、一切命、盗、奸、拐等案，仍归有司经理。”[⑤]道光年间，将江西宜春县涧富司巡检移设于龙南县大龙堡，改名为大龙司巡检，管辖大龙堡观音阁墟及新兴、太平二堡，凡

---

①参见宁立悌等:《粤东省例新纂》(上)，第447页。

②参见宁立悌等:《粤东省例新纂》(上)，第449—450页。

③《奏为专河国知请分司捕务以重巡防事》，嘉庆八年五月十一日。档案号: 04-01-13-0141-007。

④《宣宗实录》卷55，道光三年七月戊子，第980页。

⑤陶澍:《陶澍集》上册,《颍亳宿三营添设官兵移驻文武折子》，第353页。

有盗窃案件一体责令承缉，遇有打降、赌博、私宰等案，就近查拿，解县纠报。[①] 光绪十年（1884），在新疆温宿、莎车、和阗、疏勒等直隶州各设吏目，在拜城、于阗、叶城、疏附等各县设立典史，在喀喇沙尔、库车、乌什、英吉沙尔、玛喇巴什等直隶厅各设照磨，兼司监狱、缉捕，在阿克苏旧城，添设巡检；于喀喇沙尔所属布告尔设立巡检；叶城移建哈哈里克，其莎车回城设巡检。[②]

二、武职捕务机构的改革

与文职捕务机构的变动相适应，武职营汛在嘉庆以后也有不小的调整。如在嘉庆八年（1803），因为江南提督驻扎松江，距离安徽较远，"一切控制稽查鞭长莫及，自应量为变通"。[③] 安徽巡抚加提督衔后，"节制安徽通省营伍，仍管下江七府军务"。[④] 于是，改江南提督管辖的寿春镇、六安、亳州、泗州、庐州、徽州、宁国、潜山、池州、芜采、广德、十营及两江总督管辖的安庆协、游兵营、池州之分防把总，归安徽巡抚统辖。给予安徽巡抚兼提督衔关防，仍由两江总督节制。[⑤] 咸丰五年（1855），又增设皖南镇，归安徽巡抚节制。[⑥] 到光绪年间，安徽巡抚兼提督衔节制 2 镇，驻扎安庆府，统辖本标左右 2 营，兼辖安庆 1 协，游兵、潜山 2 营。[⑦] 安徽巡抚增兼提督衔，对整个江南辖境和安徽省辖境绿营的大调整，直接影响到武职机构管辖权的变动。

嘉庆十三年（1808），在陕西改设汉中镇。汉中镇统辖 13 营，除提督、总兵外，官弁还设参将 2 员、游击 6 员、都司 5 员、守备 8 员、千总 20 员、把总 32 员、经制外委 48 员和额外外委等 32 员，有

① 吴养原：《吴文节公（文镕）遗集》卷 10，近代中国史料丛刊第 34 辑，文海出版社 1969 年版，第 264—265 页。
② 刘锦棠、李续宾：《刘锦棠奏稿・李续宾奏疏》，岳麓书社 2013 年版，第 262—263 页。
③ 刘锦藻：《清朝续文献通考》卷 132，职官考十八，商务印书馆万有文库本，第 8913 页。
④ 嘉庆《松江府志》卷 34，《续修四库全书》本，第 141 页。
⑤《仁宗实录》卷 116，嘉庆八年七月丙午，第 551 页。
⑥《文宗实录》卷 170，咸丰五年六月己未，第 891 页。
⑦ 昆冈：《钦定大清会典事例》卷 592，兵部，光绪二十五年重修本。

马战兵、步战兵和守兵 6692 名。每年支出官兵廉俸、马匹、饷米、草干和公费等银，共计 195624 两。

表 1　嘉庆朝新设汉中镇标各营官弁、士兵员额及其分派分汛情况

营名驻防	官弁员额	兵数员额	分派与分防地及兵额	
镇标中营驻防汉中	游击 1 员，守备 1 员，左、右哨千总 2 员，把总 4 员，经制外委 6 员，额外外委 4 员	600，其中存营 470、分防 130	新疆乌什屯防	30
			城固汛	50
			洋县汛	50
镇标左营驻扎汉中	游击 1 员，守备 1 员，左、右哨千总 2 员，把总 4 员，经制外委 6 员，额外外委 4 员	600，其中存营 470、分防 130	乌什屯防	30
			南郑青石关汛	50
			褒城黄官岭汛	50
镇标右营驻扎沔县	都司 1 员，千总 1 员，把总 2 员，经制外委 2 员，额外外委 1 员	400，其中存营 280、分防 120	新疆塔尔巴哈台屯防	20
			褒城县汛	60
			褒城马道汛	40
汉中城守营驻汉中	都司 1 员，千总 2 员，把总 3 员，经制外委 4 员，额外外委 4 员	400，其中存营 370、分防 74	吐鲁番屯防	44
			安北关底塘、十八里铺塘、柳林铺塘、高店岭塘、长寨塘、宗家营塘	30
阳平关营驻阳平关	参将 1 员，守备 1 员，千总 1 员，把总 1 员，经制外委 4 员，额外外委 2 员	522，其中存营 414、分防 108	吐鲁番屯防	28
			大安驿汛	80
宁羌营驻宁羌州城	游击 1 员，守备 1 员，千总 1 员，把总 1 员，经制外委 4 员，额外外委 2 员	521，其中存营 389、分防 132	吐鲁番屯防	27
			黄坝驿汛	50
			铁锁关汛	55
略阳营驻略阳县城	游击 1 员，守备 1 员，千总 1 员，把总 2 员，经制外委 2 员，额外外委 2 员	531，其中存营 396、分防 135	吐鲁番屯防	35
			白水江汛	40
			何家崖汛	60

续表：

营名驻防	官弁员额	兵数员额	分派与分防地及兵额	
留坝营驻留坝厅城	游击1员，守备1员，千总2员，把总3员，经制外委3员，额外外委2员	600，其中存营445、分防155	喀什噶尔屯防	35
			江口汛	100
			废邱关汛	20
定远营驻定远厅城	游击1员，守备1员，千总2员，把总2员，经制外委5员，额外外委2员	765，其中存营384、分防381	吐鲁番屯防	57
			司上汛	50
			渔渡坝汛	50
			瓦石坪汛	240
			塔尔巴哈台屯防	16
西乡营驻西乡县城	都司1员，千总1员，把总2员，经制外委3员，额外外委1员	309，其中存营243、分防66	塔尔巴哈台屯防	20
			本营专城汛	46
华阳营驻洋县华阳	都司1员，千总2员，把总2员，经制外委2员，额外外委2员	400，其中存营220、分防180	阿克苏屯防	30
			盩厔厚畛子汛	99
			茅坪汛	50
宁陕营驻西安府宁陕厅新城	参将1员，守备1员，千总2员，把总4员，经制外委4员，额外外委3员	600，其中存营465、分防135	喀什噶尔屯防	35
			五郎汛	50
			四亩地汛	50
东江口营驻宁陕厅江口	都司1员，千总1员，把总2员，经制外委3员，额外外委3员	400，其中存营270、分防130	乌什屯防	30
			洵阳坝汛	50
			夹岭汛	50

资料来源：《（嘉庆）汉中府志校勘》卷19，军制，严如熤主修，郭鹏校勘，三秦出版社2012年版，第659—666页。

说明：1. 表中有3个营的分防汛兵数与其分防汛兵总数有出入。2. 表中员额数与该志记载的员额数也有出入。

改设的陕西汉中镇标各营汛虽然也执行汛塘制度，但其分防各塘情况，如分防驻地、分防管辖区域和弁兵规模等也随之变更。[①]从汉中镇各营分防分塘的情况看，多数营先分汛 2~4 处，各汛再分塘 2~12 处。也有的汛不设塘，如白水江汛、江口汛。

武职机构的调整还包括对绿营兵额的裁减。在嘉庆朝，从镇压白莲教起义的表现来看，绿营已经严重衰败。“近来各省塘汛，屋宇倾圮，兵额短缺，即有在汛应差者，亦多罢软无能。遇有匪徒经过，退缩不前，安能望其擒拿盗贼，保护行旅。”[②]所以，嘉庆朝绿营兵额的首次裁减正是白莲教起义的打击和绿营武备长期衰败的后果之一。裁军目标是裁减乾隆年间增补的兵额，即乾隆四十六年（1781）增添的 65000 人。嘉庆二十年（1815）后，各省分别奏报裁兵数目，除了直隶、山东、安徽、河南、陕西、甘肃等 6 省自称无可裁撤外，其他 11 个省共裁撤 14240 名，每年节省薪饷 271932 两、米 37555 石，这次仅仅裁去乾隆朝挑补实兵的 25%。[③]道光时期，继续裁减绿营。“嘉庆、道光年间两次裁兵，仅减去一万六千”，[④]裁兵没有达到原定的目标。由于八旗和绿营兵的无用没有改变，军饷开支的持续高位没有改变，因此，裁军节饷就成为清代中晚期的常态。罗尔纲说：“绿营裁汰起于嘉庆十九年（1814），迄于宣统三年（1911），前后九十多年。”[⑤]而且，越到后来，裁减绿营兵丁的频度越高，裁减的规模也越大，但绿营活而乏力，僵而不死，仅从罗尔纲记述的嘉庆以后各朝裁减绿营的情况就能证明这一点。从历史文献来看，可以说，嘉庆以后武职机构调整的各种情况均存在，如设立、移改和升降等。不过，即使是新设新改，兵制和基层汛塘的调整有的还是遵循原有规范，体现了传统性的一面。

从文职捕务机构和武职机构的变动可以得出以下结论：第一，从

---

① 参见严如熤主修，郭鹏校勘：《（嘉庆）汉中府志校勘》卷 19，军制，第 667—671 页。

②《仁宗实录》卷 344，嘉庆二十三年七月戊申，第 553 页。

③ 田玉洪：《困厄中的抉择——晚清（1864—1911 年）裁军研究（以绿营为中心）》，华东师范大学 2005 年博士论文，第 42 页。

④ 谢俊美：《翁同龢集》，中华书局 2005 年版，第 146 页。

⑤ 罗尔纲：《绿营兵志》，第 95 页。

嘉庆朝到宣统年间，有捕务之责的文武机构一直都在调整和变更中，包括机构的添设和废除、升格和降格、空间移动、职掌变化和管辖权异动等。第二，遍查《文宗实录》，咸丰朝关于捕务机构、武职机构的调整很少，这可能与陷于太平天国运动的战事而无暇顾及有关。第三，为节省行政成本，在捕务机构调整中，官方尽可能不增加新的机构和官员职数，而是多采取分防、分汛和在品级、俸廉相同相近的官员内调整等方式。第四，依据历史文献，文职捕务机构和武职机构的调整有多方面的原因。首先，是机构如道府州县和兵制的新设、移改、撤销和边疆军府改制、改土归流以及节省行政成本的考虑等。其次，是人口流动和商业兴衰等因素，城镇随之繁盛或败落。再次，交界和偏远山区是奸匪易生易藏之地以及一些地区是民情民风的复杂剽悍之地，需要加强捕务力量。再次，一些地区防守和缉捕力量本来就很弱小，力量分布不均衡。再次，因为某些原因，如会党起义被镇压下去之后，捕务力量的重新调整作为该地区善后的举措之一。再次，自然环境变迁导致河流、商路改道和关隘、要道战略地位的升降等。最后，为裁军节饷，晚清时期对绿营兵制做相应的改革。

三、营伍调遣权下移文职州县官

在清代，督抚、提督、总兵和带兵备衔的道员享有各直省的兵权，包括不同的节制权[①]和调遣权。其他官员，甚至包括两司，均与直省兵权无涉。这样的制度设计有利有弊，既能保证朝廷对兵权的独揽，又可以通过分寄的方式，使直省在维护社会秩序上具有较大的灵活性和及时性。同时，也正是这一制度，带来不少的麻烦。一是文武分途，互不统属，容易造成文武不和、互相推诿、效率低下等问题。尽

---

①《钦定大清会典事例》在“督抚兼衔”条中，详述了各巡抚兼提督衔的脉络（昆冈:《钦定大清会典事例》卷 51，吏部，光绪二十五年重修本），但在“兵部 • 绿营营制”条中，标明直省各总督、山东、河南、江西、安徽、山西等五省巡抚兼提督以及福建台湾巡抚、甘肃新疆巡抚、江苏巡抚和湖南巡抚等均节制总兵、统辖本标和兼辖协营；标明湖北巡抚、广东巡抚、广西巡抚、云南巡抚和陕西巡抚统辖本标，而未标明节制的总兵，也未标明兼辖协、营；未标明浙江巡抚节制的总兵，仅标明兼辖海防一营（参见昆冈:《钦定大清会典事例》卷 590—596，兵部，光绪二十五年重修本）。

管律例规定了文武协缉的义务，但为了避免争功推诿，相互扯皮，文武之间实际上常常各行其是，二是捕务最大量和最主要的承缉者是州县正佐官员和汛塘弁兵，但兵权集中在中上层，直省基层州县没有调遣权，一旦遇到稍大的事故，州县需要向上级申报，请求派兵支援，或合力围捕。但辗转反复，事件可能因拖延而扩大，盗贼可能因拖延而远扬。

随着清代中期社会矛盾的逐渐加深，捕务越来越繁忙，但捕务主体越来越松懈。因此，一些有识之士从各方面，包括从制度上思考原因，寻找解决之道。早在康熙年间，陶元淳基于“文武既分，势力既不相下，权任又不相辖”的制度弊端，提出仿照明代戚继光练兵之法，在文武关系上，“千把总以下监以县令，偏将参游以下监以道臣，大将协镇以下监以督抚”。如果“以县令为监，县令身任地方，熟知山川险易，盗贼出没之所，令其监督筹算，心力既齐，盗贼自然解散”。因此，他建议给予州县官对千总、把总的监督权、节制权。[①]咸丰年间，太平天国运动风起云涌，所向披靡，清廷军队不堪一击。为了迅速阻击和消灭农民起义力量，时任御史的沈葆桢提出给予州县官兵权的建议，但未被采纳。“公以贼所过无不残灭，疏请令州县吏主兵，而则以战守，部格不行。”[②]同治改元，朝廷下诏纳言，官绅纷纷应诏。御史裘德俊上《胪陈时务八条疏》，建议“府厅州县所设营汛各兵，无论同城与否，除由本管官照例统辖外，并归地方官兼辖。每月由文武衙门会同画卯，兵丁、壮役一体操防。至某营某汛有无获案，每于月终，由地方官报明该管督抚备查”。[③]其重点是给予府州县对相应营汛的兼辖权，但被否决。因为兵部、吏部等的答复是，“武职官员向归督抚提镇分别管辖，无庸再由地方官兼辖”。[④]贵州贡生

① 陶元淳：《搜捕盗贼责成文武议》，贺长龄：《皇朝经世文编》卷 75，兵政六，近代中国史料丛刊第 74 辑，文海出版社 1966 年版，第 2670—2671 页。

② 李元度：《天岳山馆文钞》卷 14，近代中国史料丛刊第 41 辑，文海出版社 1966 年版，第 879 页。

③ 王延熙、王树敏：《皇清道咸同光奏议》卷 1，近代中国史料丛刊第 34 辑，文海出版社 1966 年版，第 103 页。

④《穆宗实录》卷 51，同治元年十二月丁亥，中华书局 1987 年版，第 1409 页。

黎庶昌也积极响应号召，上奏条陈时务。他发现了绿营营制“务求其分”的不足，指出“营伍散漫，聚不能成劲旅”的弊端，由此建议，“督抚稽其数，酌量分驻于各州县城池，以备调遣。如境内有抢劫盗贼，即由守令调遣捕之”。[①]关于文官兵权之事，黎庶昌提出给予府州县对营汛的调遣权，以便有警时，及时抓捕和扑灭。对于他的这个建议，朝廷令吏部、兵部等议奏。经过会议之后，兵部的建议是，“营员归地方官兼辖，事或难行。至地方有警，则必归地方官调遣”。不赞成府州县地方官拥有兼辖权，只同意有调遣权，因为“兼辖则类于上司，地方之责，毕竟文先武后，调遣则如同官之有首领”。一旦有大事，自省会以外，同城知府调遣都司以下官兵，同知、知州可调遣守备以下官兵，知县可以调遣千把以下官兵。那么，何谓大事？大事就是指“缉拿贼盗，防守城隘”。[②]说到底，就是防守和缉捕事务，平常所做的诸如解饷、解盗等差事不在此内。这一建议得到了朝廷的支持，府州县由此得到了对相关营伍的调遣权。[③]也就是说，营伍调遣权下移到州县官，至少在制度上得到了正式确认。

四、捕务规范的变动

嘉庆朝以后，清廷的捕务规范也在不断调整中。这种调整也包括恢复旧制、新定规定和完善原有制度等等，但属于旧轨上的修修补补。无论中央层面的调整，还是直省层面的调整，总的来说，规范越来越多，规范越来越细，规范也越来越严。因此，如前所述，清代规范，包括捕务规范，是有清一代“层累”的结果。捕务规范的变动涉及多个方面，仅举例说明之。

1. 补充和完善捕务规条。从中央层面来看，捕务规则不断调整，有些规则甚至直接纂入刑部则例。如，对道光年间台湾暴乱的善后，

---

① 黎庶昌：《拙尊园丛稿》卷 1，近代中国史料丛刊第 8 辑，文海出版社 1966 年版，第 50 页。

② 黄云鹄：《兵部公牍》卷上，近代中国史料丛刊第 58 辑，文海出版社 1970 年版，第 110—111，114 页。

③《穆宗实录》卷 45，同治元年十月丁亥，第 1228 页。

就有对原有捕务制度的变动或恢复。生活在台湾嘉义县的福建省籍和广东省籍庄民经常为一些细小的事发生集体性械斗，省籍矛盾很大。道光十二年（1832），因为一方强牵牛只，发生冲突，闽籍庄民准备刀械，拟攻打粤籍庄民。台湾镇总兵和台湾府知府派官兵，前往弹压，就地正法两名首犯。[①]这一举措激起事端，该冲突演变成一场有组织的大规模暴乱。嘉义县城甚至被暴民团团围住，官府只得招募义勇，且战且守。朝廷得到闽浙总督程祖洛的急报后，连忙调兵遣将。先派出福建水陆绿营渡海入台，镇压暴乱，并以瑚松额为钦差大臣、哈哴阿为参赞大臣，赴台湾坐镇剿捕。朝廷还陆续调动几省的八旗、绿营兵赴台增援。经过4个多月的多路围剿，台湾嘉义的暴乱基本上被镇压下去。但"全功告竣"，还是在次年五月。[②]经过大半年的动荡后，朝廷令闽浙总督程祖洛和钦差大臣瑚松额做好善后工作，并查明"起衅根由"。嘉义有组织暴乱的导火线虽然是省籍矛盾，但归根结底是官员腐败无能，社会对官方缺乏权威性和信任度。按照定例，"无票之人，概不准渡"，民人不得官方批准，不准私自渡台。但粤、闽民人无以为生，纷纷逃至台湾。游民到达台湾，加剧了该地资源紧张和人民生存的危机。且"弁兵不免卖放之弊，一船恒数百人。其沿海僻静处所，在在可以偷渡。内地游手无赖及重罪逋逃之犯溷迹其间"。驻扎台湾的绿营纪律松懈，违禁犯法，无所不为。"台湾一镇设班兵一万四千六百有奇，到台即住宿倡家。日以聚赌为事，揽载违禁货物，欺虐平民。官若查拿，辄鼓噪欲变，甚至械斗杀人，不服地方官申理，不听本管官钤束。"[③]对台湾的乱象，时任台湾道道员的平庆、台湾镇总兵刘廷斌负有不可推卸的责任。

正因为善后，闽浙总督程祖洛以组合拳的形式，一是规复捕务旧例，二是新订捕务规范。前者如台湾调换弁兵，不得勒坐商船。乾隆年间台湾内乱荡平之后，互调班兵。由于船少兵多，不敷配运，权令附搭商船东渡，该做法以后被"援以为例"。但这一做法既违反了原

①《宣宗实录》卷224，道光十二年十月戊辰，第349页。
②《宣宗实录》卷240，道光十三年七月辛巳，第599页。
③《宣宗实录》卷231，道光十三年二月癸丑，第464页。

定例，又带来诸多问题。“班兵勒坐商船，既足累商，各营哨船既不载渡班兵，巡洋又属虚名。水师营务，亦就废弛。”所以，必须恢复旧例。“嗣后拨赴台湾换防兵丁务期严饬水师各营，挑选大号坚固哨船，分驾三口渡载班兵，不准一人一械附搭商船。并责成兴泉永道稽查，如有不遵纪律，勒坐商船滋生事端者，不论是兵是弁，轻则责革枷号，插箭游示，重即以军法从事。哨船到台后，责令台湾镇、道，严督各营将领，即日验收新兵，换回旧兵，统于十日内配坐原船内渡。”[①] 如果再有不遵定例，借端勒索者，无论将弁，由总督一并严参治罪。后者则专门制定了台湾善后事宜20条，其中“禁偷渡”就规定，今后渡台民人照例由地方官给票验放，台岛内管口厅员验收；私给照票者，照知情卖放例革职，口员照内地例参处。在恢复和严格营伍制度中还规定按期会哨制度，责成各汛弁于两汛交界处，无分风雨寒暑，五日会哨一次；驻防汛弁不准任意更调，如果人地未宜，由该镇详报该督批准，才准调防，违者照移驻规避例参处；制定营弁调补内地章程，如果调台各弁训练有方，缉捕勤能者，于三年期满时，“准该镇道禀请留台，其循分供职各弁，三年调回，择其才技尚堪造就者补缺，其次降等补用，再次斥革，其各弁升补班次，千总、把总期满，论俸请升；……酌减台募兵数，……召募土著入伍，不得过二十分之一，其缉捕得力量予甄拔者，亦不得过二十分之一”。在新增的则例中规定：台湾民人不得学习番语，偷越定界，散发改装，谋娶番女，名为番割。如以后拿获番割，除实犯死罪外，但讯有散发改装情事，分别充军；无散发改装情事，杖100、徒三年。台湾民人如果私煎硝磺，无论已未兴贩，分别杖、徒充军；私煎硝磺300斤以上及合成火药10斤以上者，妻子缘坐，财产入官。[②]

2. 减免州县官相关的捕务处分。如前所述，律例对盗案承缉者有“四参”之例、赔罚之例，直省还有记过之法。在程序上，还有按规范按时上报。“嗣后遇有盗案，该州县不即行详报者，即照讳盗律

① 《宣宗实录》卷264，道光十五年三月癸酉，第46页。
② 《宣宗实录》卷248，道光十四年正月己丑，第741页。

治罪。”咸丰年间还规定，“该管上司不即行参奏，以及参限将满，复改调他任，巧为开脱处分者，一体交部严加议处”。[①] 律例对州县官捕务不力、失职、讳盗和延期上报等各个方面处以很重的处罚，以致州县官动辄获咎。为了规避五花八门的处分，承缉者想方设法，予以应对。所以，官方不得不对原有制度进行调整。同治元年（1862），石赞清、裘德俊、刘毓楠等官员提出宽减州县缉捕处分的上奏。裘德俊说：“即如缉捕，为当今要务，无如处分愈严，讳匿愈深。”认为部例宜“例中议减”，对抢劫之案，与其限满予以纠参，不如“限内停其更调，责以严拿，但能获盗多名，无论本境邻境，同一奖叙”。[②] 朝廷将官员的建议交吏部议奏，吏部对上述建议或反驳，或修改，经修改的规范得以通过。“州县盗案惟情节较重，或经该督抚从严特参，限期处分较严。其余寻常盗案，四参届满，已历三年之久。若犯仍未获，有级可抵之员，仍可准其抵销，定例原未尝一概从严。”对于各省督抚常常在属员盗案参限将满时，率行纷纷迁调，以致存在“四参”定例落空的事实，吏部规定，“嗣后州县遇有盗案，该管督抚不得于四参限满以前辄行更调”。对于捕役窝盗之事，“该管州县印捕官既经查出，尚有降三级留任处分，未免过重”，为了避免“捕役挟制官长之渐，致该管官转事讳饰”，将上述规定修改为，“嗣后自行查出之州县印捕官，即著将失察处分概行宽免”。[③]

3. 捕务保举旧例不断被突破。“保举为国家酬庸之典，所以励劳勚、待有功也。历朝纂办实录，各馆奉敕修书，及各省军营、河工、征赋、缉盗有功者奖叙。”[④] 官员在各项事务中，包括在捕务中，做出了突出贡献，通过大员的保举，朝廷给予不同的奖励。在清前中期，朝廷一般给予有功官员议叙，即多为记录和加级等两种形式。有时则送部引见，官员可获得职务升迁，或升衔或虚衔。如，乾隆五十六年（1791），福建文武官弁缉获盗匪，成绩显著，乾隆诏令同知黄奠邦等

---

①《穆宗实录》卷9，咸丰十一年十一月庚寅，第245页。
② 王延熙、王树敏：《皇清道咸同光奏议》卷1，第102页。
③《穆宗实录》卷47，同治元年十月乙巳，第1276页。
④ 赵尔巽等：《清史稿》卷110，选举志五，第3214页。

8名官员，均获盗在10名以上，同意送部引见。[①]一般说来，获盗的保举奖励以获盗人数多少为主要标准，即10人以上，分别给予缉获者议叙或送部引见等。在道光初年，仍然坚持这一定例。时任福建巡抚叶世倬上奏提出："试用佐杂人员除照常例外，其陆续拿获斩决盗犯五名以上，发遣盗犯七名以上；或拿获斩决盗犯止二、三名，又获发遣盗犯三、四名，共合六名以上者，不拘一案数案，准其积算，随时奏请尽先补用。"[②]他希望给予试用佐杂官员优待，但因为未达到获盗10人以上的奖励定例，而且"尽先补用"奖励也是破格，因此，遭到道光帝的否决。

但是，到了道光后期，为了激励文武官兵、官员在各事务中积极有为，清政府逐渐突破原有的保举规定，保举开始泛滥。为此，吏部秉承皇帝旨意，在道光十八年（1838），对捕盗保举奖励定例做了修改，主要是对捕务奖励予以一定的限制。"嗣后凡遇各直省现任及候补人员，有数次获盗尚未到部者，令该督抚并案给咨赴部。将该员初次获盗案由，于引见折内声明请旨。其续获之案，逐案给予加级。其有前次获盗引见，尚未补官补缺者，续获之案仍予加级，无庸调取。至现任获盗人员已补所用之官，候补获盗人员业经尽先补缺者，又拿获盗犯例应调取者，仍照例调取。其前任获盗之案，无论升补何官，均只准于现任内给予加级。"[③]10年后，吏部奏请并得到朝廷同意，对文职获盗，例准调取人员的捕务保举奖励作出新的规定，主要解决各项获盗送部引见人员，具题咨部、专折具奏不统一和试用、实缺官员保举任用及其程序的问题。"州县以上由该督抚、府尹专折奏请，照例送部引见；州县以下由该督抚、府尹专案具题，分别试用、实缺，或遇缺尽先补用，或以应升之缺升用，请旨交部核议题覆。如奉旨允准，即毋庸送部引见。"[④]

为适应捕务大增这一客观事实，清政府对保举制度也做了重大

---

①《高宗实录》卷1379，乾隆五十六年五月己亥，第510页。

②《宣宗实录》卷49，道光三年二月庚申，第876—877页。

③《宣宗实录》卷308，道光十八年四月己巳，第803—804页。

④《宣宗实录》卷449，道光二十七年十一月丙申，第654页。

调整，适用范围也越来越大，捕务破格越来越离谱。如，咸丰五年（1855），吏部议定捕务章程。“凡获盗人员有拿获斩枭斩决一案六名以上，或两案、三案，每案均在三名以上者，毋庸分案议叙，俱准督抚核实保奏，给予应升官阶，免其送部引见。”该章程修改的总原则是“奖励不妨稍优”，以期“庶缉捕可收实效”。但此例一开，获盗请奖的保案层见叠出。其作用是双向的，一方面，刺激官兵积极投身捕务之中，另一方面，捕务保举突出旧例，对清代制度体系形成巨大冲击。因此，为了防止保举“诈伪日滋”，清政府对保举又做了一定限制。如同治二年（1863），经骆秉章建议，清政府决定“获盗人员，仍著照旧例送部引见。其由督抚指定官阶，专折保奏章程，著即停止”。[①]

晚清时期，保举奖励时紧时松，但破格保举仍占主流。同治、光绪朝多次修改保举条例，如光绪三十二年（1906），政务处、吏部、户部、兵部联合制定《限制保举章程》，对保举进行全面和统一的规定。关于捕务保举奖励的规定，如，“嗣后东三省热河马贼准俟全境肃清后汇案奏保，该处三年例保之案应即停止，其缉捕出力之员概照各直省拿获邻境盗犯之例办理。其苗蛮各匪出巢焚掠及盐枭会匪倡乱滋事平定后，准专折奏保由部照定章核奖”。对旧例关于五城练勇员绅及京城水会保案的规定作了调整。“嗣后自应责成内外巡警总厅。如遇有拿获邻境盗犯新章斩决在三名以上者，应由巡警部查明，不分文武只准保首先拿获者一员给予班次。协同拿获者准保二员，给予升衔加级；五名以上者，加保协同二员，未及三名者仍照旧章办理。至各水会三年例保旧章，每局十员，亦应酌减。此后每局不得过五员之数，照旧例，只准保虚衔，加级不得逾限，并将各员绅姓名先行咨部立案。”[②]

4. 更严厉地禁止鸦片之例。在嘉庆年间，朝廷多次发布谕旨，强令推行严禁鸦片的政策，对走私、吸食和贩卖鸦片予以严厉打击。

①《穆宗实录》卷 78，同治二年九月庚戌，第 595—596 页。

②《政务处议覆御史刘汝骥奏请限制保举酌定章程折并章程》，上海商务印书馆编译所：《大清新法令（1901—1911）点校本》第二卷，荆月新、林乾点校，商务印书馆 2011 年版，第 363—367 页。

如，嘉庆十八年（1813），刑部规定，侍卫官员买食鸦片者，革职，杖100、枷号两个月；军民人等杖100、枷号一个月；内廷主监枷号两个月，发往黑龙江给官员为奴。自嘉庆十九年（1814）以后，“清朝对外关系的紧张程度日益加剧。在这样的背景下，清政府于嘉庆二十年（1815）制定了《查禁鸦片烟章程》，作为‘外禁’政策的一环”。[①]该章程规定，官员拿获兴贩烟斤自200斤至5000斤以上，分别记录加级及送部引见，军民人等拿获，也给予奖赏。道光三年（1823）八月定失察鸦片烟条例。严禁洋船夹带鸦片烟进口，禁止私种罂粟，煎熬烟膏，开设烟馆，并定官员失察鸦片烟100斤以上者，罚俸一年，1000斤以上者，降一级留任，5000斤以上者，降一级调用。[②]道光十九年（1839），《钦定查禁鸦片章程》出台，该章程共39条，对鸦片做了严格的禁止规定。

5. 参案汇报制的修补。如前所述，《吏部处分条例》对命盗案限期不获的官员，有“四参”处分，其目的是“警牧令治盗之不力”。但当社会失序时，命盗案日多，按期缉获也越难。为了避免被参处，承缉官极力逃避。其中，一个比较普遍的办法就是盗案发生后，承缉官不按期、按程序向上司报告，“匿不开送者比比”，以致督抚无法对承缉官按限参罚。盗案破获极少，而承缉官没有得到及时的、相应的处罚。如江苏省，盗案“四参”逾限未开送的数量，仅仅从光绪三年（1877）起到光绪十一年（1885）止，就达到639件。有的参案“或仅开初二参，或开至三参而止，或印、捕开而汛弁未开，参差不一”。[③]法律执行，形同儿戏。江苏的做法是勒限三个月，将应参职名依限开送，予以补参。全国的情况也是如此，各省命盗等案讳匿不报者，比比皆是，吏部无从查考。结果是，“开参到部之案，每有迟至数年，或十数年始行开参。及至开参之后，又每以一、二参为止，咨报四参者不过十之一二。并有三、四参到部，而初、二参并未开参者，无案可稽，臣部亦无从核议。甚至严参勒限缉拿之案，亦往往不

① [日]井上裕正：《清代鸦片政策史研究》，钱杭译，西藏人民出版社2011年版，第46页。
② 孟昭华、王涵：《中国民政通史》下卷，中国社会出版社2006年版，第1042页。
③《录苏臬宪详督漕抚宪稿》，《申报》，1885年10月26日，第1版。

行复参"。对此，吏部作出新的规定，并从光绪十二年（1886）开始执行。"嗣后各直省地方官如有讳匿不报之案，该督抚一经访闻，或别经发觉，必须破除情面，据实严参。至开参报部之案，即按例限挨次查参，不得遗漏颠倒。并请自光绪十二年（1886）正月为始，由各省臬司将所属未获案件共有若干起，何件已满几参，于某日咨部议处；何件未满参限，尚未咨部，逐件分晰注明，并将事主失事日期一并声叙，汇列清单，每届半年专案咨报吏部。"[①]

6. 各省省例对捕务规则，包括捕务奖惩规则的修订。从各省的省例看，嘉庆以后，直省根据变化了的情况，对捕务规则进行补充和完善。如道光元年（1821），浙江省例对州县窃盗案者勘报的最短时间作了新订，"凡遇报劫之案，限三日，逾贯及贯窃案限六日，小窃之案限十日，即将勘估情形通详饬缉，逾延记过"；重申捕役奖励之法，"拿获斩绞贼犯一名，赏银十两，军流一名，赏银五两，徒罪以下每名赏银二两"；对提比法做了适当变动，"各属每案派一捕役为专捕，另派壮快皂班内一人为帮捕，届限无获，分别轮流提比，赃在五百两以上者，一月无获，将专捕之家属收禁，两月无获，将帮捕之家属收禁，统俟获犯日释放"。[②]

山东在道光元年（1821）制定了委员访缉盗贼劝惩章程，对派遣委员出省缉盗的津贴、奖惩进行了规范。如缉获罪犯奖励规定，委员除能拿获大盗、巨窝，例准送部引见者和拿获逃军遣流等项例准议叙者照例办理外，其例无议叙明文，所获如系斩绞重犯，现任委员每名记功1次，积至5次，文员以应升之缺升用，武弁给予升拔；试用候补委员每名记功1次，积至3次，给予寻常拔署1次，至4次，文员销去寻常拔署，给予尽先拔署1次，武弁记名升拔。如系遣军流犯，现任委员拿获3名，记功1次，徒罪人犯，每5名记功1次，以上文员以应升之缺酌量升用，武弁也给予升拔；试用、候补官员拿获遣军流，每3名记功1次，拿获徒罪人犯，每名记功1次，积至3次，给

---

①《吏部奏严定参限片》，《申报》，1886年7月13日，第11版。

②《治浙成规》卷8，臬政四，第661—662页。

予寻常拔署1次，积至4次，销去寻常拔署，给予尽先拔署1次，武弁记功拔擢。委员所带丁役眼线，随同出力，按所获人犯罪名轻重，分别犒赏银两，并规定了奖励等次，但如果限期无获，则给予处分。[①]

五、保甲制度的修补

嘉庆以后保甲制度也不断强化，不断修补。然而，其调整仍然不出旧轨，只是加以细化和落实。在这里，通过比较嘉庆十八年（1813）和道光三十年（1850）四川巴县编排保甲法，看清中期以后保甲制度的职能、架构、运作、职责、程序、奖惩和防卫设施等情况上的变化。在相距37年的前后两个阶段，四川巴县先后制定了“团首牌甲条例”23条[②]和“编查保甲条规”23条[③]。其编排的保甲职能均是“严拿匪类，以靖地方”。在组织机构上，两个规定基本上以10进位制搭建保甲组织。前者是牌甲架构，甲长被冠以团首之名，以甲为基本单元，牌头向团首负责，团首向县官负责。后者为牌—甲—保架构，甲为甲长，保为保正1人，以保为基本单元，牌头向甲长负责，甲长向保正负责，保正向县官负责；无论是牌头、团首，还是甲长和保正都必须选择德才兼备，“素无过犯”，“为一方敬服”者充任。在两个规定中，保甲编排的方法基本相同，即将保甲内各户信息详细填注在簿册之中，簿册一册由保长管理，另一册送县备查。那些不安分、犯过窃案者，或者做贼为匪、窝娼窝盗、习过邪教者，也要将其编入保甲册内，只不过前者将其列入团簿册之末，后者是在簿册中注明。两个规定对保甲制度管控的捕务客体则大同小异，主要是盗匪、窝家、流氓、越礼犯分者、酗酒打降者、强横滋事者、私宰者、娼赌者、私贩、参与邪教之人、乞丐。稽查歇店和乡村腰店等等，保、甲长一旦拿获盗匪等不法之人，即送官府究办。在用于防卫的设施上，

---

① 参见《东省通饬》(上)，杨一凡、刘笃才:《中国古代地方法律文献·丙编》第13册，第595—597页。

② 四川大学历史系、四川省档案馆:《清代乾嘉道巴县档案选编》下册，第279—281页。

③ 四川大学历史系、四川省档案馆:《清代乾嘉道巴县档案选编》下册，第290—294页。该文所标时间为道光十三年正月三十日，应为道光三十年正月十三日。

两个规定也基本相同，如设立栅栏、水卡、堆卡、梆锣等。对于保甲办理得当的奖惩办法，两个规定都做了明示，均有奖有罚。尽管两个规定的条款都是 23 条，但相对说来，“编查保甲条规”要比“团首牌甲条例”更规范、更细致和更明确。由上述档案文献所载，尽管上述两个时间段前后相差 37 年，但保甲制度的基本面并没有大变。

虽然保甲制度是由本地人负责组织和实施，以本地人之力办本地之事，但保甲制度有一系列规范。如，需要得到官方的批准和认可，保甲册还需送州县备案，州县等官员还不时对保甲法进行抽查和督促，起到监督的作用。但承平日久、地方安定时，这些规范未能长期地、很好地执行下来。为了保证直省保甲制度的延续性和有效性，官方对保甲规范不断补充和完善。如，那彦成在嘉庆十九年（1814）的改革是，保、甲长将本村户口住户查明，造册呈送，州县官亲往核查，经道府州县亲往抽查后，具禀督抚两司，督抚于年底汇总具奏。[①] 此后，全国秋收后编查保甲、层层稽核及其年底奏报，就成为一种定制。但实际执行起来，并非完全如此。不过，在直隶总督任内，那彦成每年将核查情况上报朝廷。

为避免兴办保甲所带来的滋扰，道光十六年（1836），明文规定，“嗣后著各直省督抚，责成各道府慎选委员，会同地方正佐各官亲历编查，不准携带多人”[②]。为加强对新垦区的管理，有的省还重申棚民编排保甲法。早在乾隆四年（1739），户部议准江南、福建、浙江各府、州县内，棚民照保甲例编排户口。但是保甲法“行之日久，懈弛相沿”，而且由于“国家休养生息，生齿日繁”，大量无地少地的民人离开自己的家乡，向未开垦的地区流动，如在安徽徽州、宁国、池州、广德等山区，就是如此。按照朝廷上谕，陶澍派遣委员，会同州县，对居于山区的棚民“按户编排”[③]，选择诚实棚民作为棚头，实行自我管理。浙江省在道光年间也积极整顿保甲制度。先是清查户口，

---

① 章佳容安：《那文毅公（彦成）奏议》卷 38，近代中国史料丛刊第 21 辑，文海出版社 1966 年版，第 4089—4091 页。

②《宣宗实录》卷 278，道光十六年二月甲子，第 288 页。

③ 陶澍：《陶澍集》上册，《编查皖省棚民保甲折子》，第 425 页。

再聘请并礼待保长，要求“各府属由该乡公正绅耆酌保，地方官以礼聘请，不与牌头、甲头及地保人等一体相待”。[①]

保甲制度的建立和完善，主要目的就是以保甲约束民众，以民众的集体力量防盗缉盗，确保社会的有序，巩固清代统治的社会基础。清代建立、整顿和重建保甲制度，主要有以下几种情形：一是朝廷以及直省高官的层层饬令；二是州县官的主动作为；三是各地方绅民的自发行为，但一般得到官方的大力支持。就保甲制度建立的时机来看，大多集中在以下几个时段：一是在盗抢、匪患和叛乱大案发生时，以保甲制度辅助文武官兵，缉拿违法分子；二是盗抢、匪患和叛乱大案发生后，以保甲制度来巩固捕务成果，维护平常时期的社会秩序。因此，官府和民间常常以保甲制度作为应对危机和危机善后的办法，以弥补官治的不足；三是一些官员上任，或新任地方之时，“上任三把火”，积极重建或完善保甲制度，以此显示新官上任的吏治和捕务新气象。从历史的纵轴看，保甲制度不断地向特定人群和自然空间拓展，以至于在全国城乡和陆地、江河湖海实行了全覆盖；保甲制形式也由较单一到更多样，如官督民办、官绅合办和民间自发兴办等。

如果从保甲制度的运行和结果看，保甲制度远没有设计、规定的那样简明、美妙和有效，制度设计与制度运行并不完全是一回事。保甲制度推行下来，就是一把双刃剑，有积极作用，但管理不严，也会造成极大的破坏作用。“夫保甲之设，所以弭盗逃而严奸宄，法至善也。惟行之者，不得其要，且视为具文，而又纷纷焉。”[②]因此，保甲制度就如同一块鸡肋，弃之可惜，食之无味。正如杨国安所说，清代通过保甲严密控制地方，但考察其实际效果，它明显带有地区上的不平衡性和时间上的阶段性。[③]保甲制度运行和效果的好坏和久暂，既与保、甲长的权威、公益心和能力等息息相关，更在相当程度上取

---

① 《呈办理保甲章程清单》，咸丰元年五月二十五日。档案号：03-4169-024。

② 黄六鸿：《福惠全书》卷 21，保甲部，第 449 页。

③ 杨国安：《明清两湖地区基层组织与乡村社会研究》，武汉大学出版社 2004 年版，第 219 页。

决于官员的重视、督查程度和制度本身的完善程度。结果就是，有清一代，保甲制度时存时辍。至清季的光绪三十四年（1908），贵州巡抚庞鸿书还按照朝廷的要求，复查贵阳、兴义等府的保甲、户口情况，并上报朝廷。[①]保甲制度不仅与清代相始终，甚至在民国时期再次复兴。

①《贵州巡抚庞鸿书奏贵阳等属覆查保甲片》，《政治官报》，光绪三十四年二月二十七日，第149号，第391—393页。

第二章　晚清新政之前阶段捕务制度的局部转型

清代专制统治268年，一般被分为前期、中期和晚清等三个时期。清代前、中期史属于中国古代史，晚清史属于中国近代史，以英国侵略中国的鸦片战争作为中国近代史的起点。晚清70年又可细分为新政前60年和新政阶段10年，[①]以清末新政作为区分两者的时间节点。鸦片战争将中国拖入资本主义经济体系，古老的中国开启了"数千年未有之大变局"，变化多样、变化急速和变化深刻是这个时代的主要特征。太平天国运动的爆发对晚清经济、政治、社会产生广泛而深远的影响，捕务制度有比较大的调整正是在太平天国运动结束后。如果说鸦片战争是中国近代史的开端，单就捕务制度的近代开端而言，则是在太平天国运动行将失败之时。因为近代变化、发展表现在不同方面，具有不平衡性，近代性开端也是有层次性的。从兴办练军起到八国联军侵华（1862—1900），清代的捕务制度开始向近代转型，即通过渐进性变革，使捕务制度有了近代、局部变化。变革的动力主要来自统治集团内部，而不是外部；从新政谕旨发布到清王朝覆灭（1901—1911），清代捕务制度有了全面、近代转型，变革的动力既来自外部，也来自内部。

晚清时期[②]，捕务主体发生了重大变化，除原有的文职官员和在官人役外，练军、防军、勇营和团练等大量出现，经制绿营大大式微。勇营是太平天国运动镇压力量团练的延续，是内生性质，不是外部移

① 如果以中国革命史视角看，学界又将晚清新政阶段10年称为辛亥革命前10年。如乔志强：《辛亥革命前的十年》，山西人民出版社1987年版等等。

② 本文所指晚清时期特指同治改元到清王朝覆灭。

植的，与练军一道，体现了新旧、中西的差别与特征。从职责上看，军制在设计上已经明显两分，即营勇面向内政，练军职在国防，有裂变趋势。具有过渡性质的防营和练军的出现是军队捕务主体多样、主体职能分化的起点，尽管在实际运行之中，防营和练军的使用常常混用，体现了正式制度和非正式制度同时存在，且相互为用的特点。捕务客体也更加多元和复杂，会党、枭匪和游勇呈规模化和组织化趋势。直省捕务管理在晚清时期出现新的变化，就是涌现了一批非经制、名号不一的捕务专门管理机构。直省督抚承担了对外御侮和对内镇压的双重责任，直省总督巡抚也成为晚清捕务实际和直接的领导与指挥中心。因此，大批官僚汇聚在督抚身边，从事捕务管理，科层化体制首先在省级层面诞生。这一事实既弱化了布政使、按察使，乃至府州县的捕务权力，也进一步促成了督抚专权，成为晚清时期内轻外重权力结构变化的一个侧面。从理论和实践两个层面来说，直省捕务权力集中，使捕务效能得以提高。但在晚清时期频发的规模化暴乱、起义以及不可逆转的社会失序面前，这种效能被大大地消解。捕务主体、客体的变动和捕务管理机构的大量出现，以及捕务规则、捕务手段的相应调整，直接冲击了原有的制度体系。捕务体系的新要素产生或变动，直接导致了捕务制度内涵的日益丰富，推动了捕务制度的因应变迁。或者说，原有的捕务制度体系不能容纳新的变化和新的要素，所以，晚清捕务制度有了多样化、专门化和近代化等趋向，发生了相当大但又非本质性的转型。在晚清时期捕务制度变动中，传统与近代并存，多样化和专门化并存，守旧与趋新并存，新旧杂糅，呈现出鲜明的多层性、过渡性和复杂性特征，而非由传统向近代、新旧截然两分的单线式转型。

第一节　捕务主体的多样化与专门化趋向

一、作为捕务新主体勇营和防军的兴起

从广义捕务来说，军队是捕务主体之一，军制改革即捕务制度改革。晚清的防军又称防营、防勇。勇营留防，即防营，是勇营存在的

主要形式。清代防营的渊源是乡兵，即团练之兵。“乡兵始自雍、乾，旋募旋散，初非经制之师。”[①]经过咸丰和同治朝时期农民运动的打击，清代经制八旗和绿营基本上被消灭，尚存部分力量苟延残喘，不过只是一种耗费军饷的名号而已。所以，有文献说，道光“中叶已还，绿营积重难用……仅足供接官办差之役而已。此种情形，各省皆然”[②]。所以，各地绅士或者受朝廷之令，或者自行举办团练，以抵抗太平军的威胁和进攻。到咸丰二年（1852），朝廷令官绅办理团练。在籍侍郎曾国藩“疏言先行练勇一千人，所办者乃官勇非团丁，是为乡团改勇营之始”[③]。到此时，勇营与乡兵或团练完全异途，已经“另成一种完备之体系与制度”[④]。尽管得到清政府的承认，但仍属于非经制。晚清时期，“各省为了维护权威、防止出现和镇压扰乱秩序者，都拥有各自的武装力量，但这种武装力量所做的工作实际属于警察的工作”[⑤]。清政府正是依靠这些勇营的力量，艰难地战胜各种反叛势力，显示了勇营不可或缺、不可替代的作用。

太平军、捻军被镇压下去后，由于内忧外患的局面没有得到根本性改变和绿营的窳败无用，仍然需要留存部分勇营，用于防守和镇压。这些勇营成为晚清捕务实际上的主要和专门力量。就勇营所分担的责任而论，“各省留防勇营，原为剿办大股盗匪之用”[⑥]。如广西罗城县，光绪二十九年（1903）春，广西巡抚派绥靖军叶姓管带率兵一营到县属各处驻防。[⑦]也就是说，勇营或防军的职责就是直接镇压规模较大的盗匪、反叛事件以及驻防各地。尽管绿营余部尚存，实际上已经退出御外、防守和缉捕的军事体系和捕务体系。“粤省绿营自有

---

① 赵尔巽等：《清史稿》卷 133，兵志四，第 3949 页。
② 龙云、周钟岳：《新纂云南通志》卷 128，军制考二，李春龙、王珏点校，云南人民出版社 2007 年版，第 379 页。
③ 赵尔巽等：《清史稿》卷 133，兵志四，第 3951 页。
④ 王尔敏：《清季军事史论集》，广西师范大学出版社 2008 年版，第 2 页。
⑤［英］赫德：《这些从秦国来——中国问题论集》，叶凤美译，天津古籍出版社 2005 年版，第 114 页。
⑥《德宗实录》卷 343，光绪二十年六月戊辰，中华书局 1987 年版，第 391 页。
⑦ 江碧秋、潘宝箓：《罗城县志》，军事，第 231 页。

裁七留三之议，各该绿营漠视捕务，一切均委于防营，实属误会规避。”[①] 所以，在晚清时期，勇营实际上又充当了国防军的角色，承担国内防守、缉捕的任务。

清政府一再要求裁汰勇营，裁汰勇营贯穿于晚清时期，尽管其实力相对较强、风气较正。如同治年间，按照吏部左侍郎胡家玉的奏请，朝廷要求督抚“将各省防勇陆续裁汰，多不过暂留七八千人。少或酌留三四千人，自为节饷起见”。[②] 光绪年间，朝廷又多次要求裁减防军和勇营。如，光绪四年（1878）五月，兵部会同户部，奏准“将各处勇营，分别裁减归并”。[③] 各省也多少裁撤一些，以此做做样子。如，安徽省有留防勇营 5774 名，在已裁 1856 名的基础上，光绪二十三年（1897）又裁马队、水勇共 271 名。[④] 不过，绝大多数省份以治安形势严峻为由，采取打折的方式来执行，导致大量的勇营留防。以督抚为领导中心，建立起独有的直省地方防军、勇营制度，直接冲击了原有的捕务制度。

遇事临时招募壮丁是晚清勇营存在的另一种形式，这种情况也非常普遍。当事件发生而镇压力量不足时，不断地招募乡勇，组建新的勇营。当事件完结后，立即裁撤。这些非经制的勇营旋募旋裁，成为晚清的常态。刚毅的《晋政辑要》记述到光绪十三年（1887），对此前山西勇营的设立、裁汰和改编做了详细的记载，从一个侧面说明了晚清时期勇营旋募旋裁的真实性。[⑤] 山西勇营大致仿照湘军营制，但招募和裁汰、改编比较随意，比较频繁。勇营的名号繁多，来源也十分多样，勇营兵制十分混乱，山西一省如此，其他省也大致相同，是晚清时期兵制状况的一个真实写照。

朝廷虽然承认勇营留防的必要性和合法性，但防军、勇营的招

---

①《不准绿营弁兵借端规避》，《申报》，1907 年 10 月 9 日，第 11 版。

②《穆宗实录》卷 325，同治十年十二月癸亥，第 299 页。

③《德宗实录》卷 96，光绪五年六月辛亥，第 430 页。

④《德宗实录》卷 409，光绪二十三年八月甲戌，第 336 页。

⑤ 参见刚毅、安颐：《晋政辑要》卷 25，兵制、营制五，《续修四库全书》本，第 336—338 页。

募、组建、名号、营制、军械、操练和饷章等标准，中央并没有统一的规定。所以，各省防军、勇营在上述方面也并非完全一致，由督抚、驻防将军等自主决定。即使在同一省份，不同时期任职的督抚在防军、勇营标准、做法上也不尽相同，带有强烈的个人色彩。如同光之际，云南采取的办法是易勇补兵。“各营勇丁多籍隶本省，皆百战之余，若挑拨精壮充补绿营兵额，无事勤加操演，有警抽调出征，就熟驾轻，事半功倍。其余勇丁，令其归农归厂，各自谋生。”[①]但后因边防和消弭内乱的需要，又招募壮丁，组建勇营。光绪十六年（1890），云贵总督王文韶、云南巡抚谭钧培对防军进行新的改组。大致仿效湘军营制，“将挑练战兵变去绿营名号，改为防军、土勇”，直接掌控的勇营力量就达到 18900 名左右。[②]四川防军人数，在不同时期也不同，“分布郡县，遇寇警则隶于专征将帅”。在同光之际，除川勇外，四川“益以湖南、贵州各军，多至六万余人”。尔后次第裁并，到光绪三年（1877），实存防军 10000 余人，分守四川各要隘。[③]

对于晚清勇营、防军的特点，诸多学者从不同的角度有多种概括。[④]兵勇的不同根植于绿营制度和勇营制度的差异，这是两种完全平行、相异的体系。或者说，勇营制度就是吸取了绿营制度的教训而设计的。所以，如果与绿营相比，勇营的特点更突出和更鲜明。一是采用与湘军相同相近的营制和饷章。防军以营为单位，实行营—哨—队（棚）体制，设抬枪队、刀矛队、小枪队。淮军在同治初年改练洋枪，建立洋枪队。不过各省勇营的营制在不同时期，甚至同一时期也

---

① 岑毓英：《岑毓英集》卷 9，黄振南、白耀天标点，广西民族出版社 2005 年版，第 128 页。

② 参见龙云、周钟岳：《新纂云南通志》卷 129，军制考三，第 417—418 页。

③ 朱之洪、向楚：《民国巴县志》卷 15，军警，《中国地方志集成·四川府县志辑 6》巴蜀书社 1992 年版，第 491 页。

④ 王尔敏总结为八个方面（王尔敏：《清季军事史论集》，第 28—32 页），刘伟从节制权和其职责及其兵额角度将防军、勇营的特点概括为两个方面（刘伟：《晚清督抚政治——中央与地方关系研究》，湖北教育出版社 2003 年版，第 280—281 页），李英全将晚清防军的特点总结为三个方面（李英全：《更新而不去旧——晚清旧式军队的整顿和改造》，华中师范大学出版社 2014 年版，第 264—265 页）。关于兵、勇的区别和各自的特点，其实晚清高官已有论及。如，李宗羲等（方宗诚：《开县李尚书（宗羲）政书》卷 6，近代中国史料丛刊第 47 辑，文海出版社 1966 年版，第 367—371 页）。

不尽相同，勇营一般为500人。但还有所谓的大营、小营之别，大营一般在600~700人之间，而小营则只有220~300人。就饷章而言，如勇营中的正勇，每日有薪银0.14两，即月薪4.2两。[①]结果是，“绿营兵月饷不及防勇四分之一，升擢拥滞，咸辞兵就勇”[②]。二是勇营的地方化，“具有地域派系性”[③]；这里所指的地方化是勇营直接归督抚统辖、督察和考核，其官员甚至统领均由督抚任命。“统领、管带、哨官皆由总督量才委用，不以各员之本职为轩轾”[④]；在奏报得到朝廷认可后，督抚有全面的调遣权；其经费由督抚筹措，主要来源于直省的各种捐税，尤其是厘金，非国家的正项，由督抚专案奏销。防营地方化是晚清政府权力下移的主要表现，是督抚权力膨胀的重要基础；三是集中驻防，不是分散布防，有事即整体调遣；且勇营是营官在家乡招募，负责组织和指挥，以乡亲乡谊为纽带，具有私属性，有较强的团结力和战斗力；四是勇营相对专门化。绿营承担多种角色，如国防军、地方治安力量、差使、杂役和河夫等，晚清裁余的绿营兵仍然在承担官差之役。防军、勇营常常被当作国防军使用，又承担国内镇抚的专门任务，并充当捕务主力，职责相对单一；五是勇营的兵额不是固定的。从各省，乃至全国的情况看，防军不断裁撤，或者旋募旋撤，不像八旗、绿营，有相对固定的兵额，兵部也按兵额拨付军饷。

二、练军的近代化趋势

练军、防军、文官捕务体系和官绅合办的团练构成了晚清官方主要的捕务主体，而残存的绿营基本上只是职司差务。在太平天国运动基本被镇压下去后，个别省份的督抚依据“减兵加饷，就饷练兵”的原则，在不增加军饷总额的前提下，开始在本省抽调精壮的绿营制兵和勇丁，按照西法，装备西械，进行练兵，所形成的军队就是练军。练军的兵制不同于绿营，更多地吸收了湘军、淮军的优点。练

① 参见王尔敏：《清季军事史论集》，第33—34页；罗尔纲：《绿营兵志》，第345页。
② 赵尔巽等：《清史稿》卷132，兵志三，第3930页。
③ 杜家骥：《杜家骥讲清代制度》，天津古籍出版社2014年版，第386页。
④ 周询：《蜀海丛谈》，第96页。

军开始于同治初年的直隶，同治元年（1862），天津创练洋枪队。时任兵部侍郎、三口通商大臣的崇厚以“捻匪北趋，由大沽协标六营官兵内选练五百名为一营，历年增练”。不久增为5营，共有兵丁2500名。[①]次年，直隶总督刘长佑在此基础上，建议“增练精勇五千名，一千马队、四千步队。或募楚勇，或即本省挑选，分为两军，共为七军”[②]。以直隶绿营额兵，“简其锐”，而有练兵之议。直隶练军的抽练、独立成营，直接冲击已有的绿营体制。练军如防军一样，也集中驻防，“于保定、正定、大名、宣化、天津各驻一军，无事勿弛，有警则调”[③]。同治四年（1865），兵部、户部诸臣“会议选练直隶六军”，最后确定练军之名。直隶练军六军练成后，分驻本省各地，分别被称为保定练军、古北口练军、宣化练军、正定练军、大名练军、通永练军。[④]尔后各直省仿效直隶练兵的做法和练军营制，开始在本省练军。[⑤]同治七年（1868），两广总督瑞麟将裁减后的绿营兵额抽调二成，即8400多人，“以所减兵军饷加给口粮，就营操练，此为广东练军之始”。[⑥]在一些省份，八旗也开始练军。如，同治十三年（1874），盛京将军都兴阿在八旗六十六佐领下，挑选马队2000名，挑选苏拉[⑦]1000名作为余兵，[⑧]开始练军，此为盛京地区练军之始。

通过练兵，建立练军，各省的具体做法有很大区别。从练军的兵源来说，各省包括直隶，练军兵丁的来源主要是经过挑选的精壮制兵，但也有一些是招募来的乡勇，并非完全是抽调的绿营兵丁。[⑨]如，

---

① 王守恂：《天津政俗沿革记》卷14，天津市地方志编修委员会：《天津通志·旧志点校卷》下，南开大学出版社2001年版，第65页。

② 刘长佑：《刘长佑集一》卷6，陈书良等校点，岳麓书社2010年版，第243页。

③ 王守恂：《天津政俗沿革记》卷14，第66页。

④ 李鸿章、黄彭年等：《（光绪）畿辅通志》卷120，经政略，《续修四库全书》本，第114—116页。

⑤ 赵尔巽等：《清史稿》卷132，兵三，第3930页。

⑥ 方志钦、廖伟章：《广东通史》近代上，广东高等教育出版社2010年版，第586页。

⑦ 苏拉，满语，即执役之人。

⑧《穆宗实录》卷364，同治十三年三月壬戌，第819页。

⑨ 黄细嘉认为，抽练绿营以设立练军。（《黄细嘉：绿营、勇营的互渗——防军和练军兵制》，《历史教学》1996年第3期）其实，并不完全如此，有的省也抽练防勇，设立练军。

直隶练军马队兵丁一部分是制兵，但一部分是招募而来。营制就是："直省练军马、步合为一营，难于训练。今另立马队营，即募本省朴实健捷之人，充当马勇，其督队官以上之员不拘省分，其募马勇概募直隶人，即令带私马入营。"[①]有的省还从勇营中抽调了部分精壮勇丁，来进行操练，被称为练营。如贵州，同治十二年（1873），岑毓英改防勇为练军，[②]先补齐绿营的缺额，然后以绿营制兵的名义分办上、下游练军。[③]总体看来，各省练军的规模不大。相对防军而言，在晚清捕务中，练军所起的作用有限。

由于晚清时期财政收支严重不平衡，加之大量的对外赔款，政府财政十分困难，只能裁兵节饷练军。练军第一步就是裁汰老弱兵勇，腾出饷项，开展练军。山西练军也是设裁无常，常常是前任巡抚设立，后任巡抚裁撤和改编，既体现了督抚在练军中带有的个人色彩，也与捕务紧松状态、财政状态有直接的关系。甲午战争中国惨败后，在光绪二十一年（1895）六月初，翁同龢建议，"将原有制兵认真简阅，除丁壮可用者酌量挑留编作练军外，其余老弱一概裁撤"[④]。清政府加快了裁汰制兵、勇营的步伐，积极推进练兵之举。

不论怎样，练军在向军队专门化、近代化方向迈进。具体来说，虽在额设制兵内选择，而营哨、饷章，都采用湘军、淮军之制。绿营制兵分布于各郡县汛地，但练军则"屯聚于通都重镇，简器械，勤训练，以散为整，重在屯防要地，其用亦与防军同，故练军亦防军也"。[⑤]由于聘请西方专家、购买洋枪洋炮、练习西操，中央主持练军的机构最初是总理各国事务衙门，但具体实际负责练军的是各省督抚，掌握练军实权的也是各省督抚，故此，练军地方化趋势同样十分明显。"从各省督抚方面来说，是使原来属于国家经制军队的一部分

① 李鸿章、黄彭年等：《（光绪）畿辅通志》卷 120，经政略，第 122 页。
② 《岑毓英奏稿》卷 12，黄盛陆等标点，广西人民出版社 1989 年版，第 396 页。
③ 《岑毓英奏稿》卷 14，第 463 页。
④ 谢俊美：《翁同龢集》，第 147 页。
⑤ 赵尔巽等：《清史稿》卷 132，兵志三，第 3930 页。

转化成了由督抚直接控制的军队”[①]。

与防军不同的是，尽管各省练军的薪水标准不一，但其军饷是由兵部拨付和报销。晚清时期的练军，实际上是给绿营一次新的契机，企图让老树发新芽、开新枝，制衡督抚及其防军，提高御外防内的能力，并维护中央的权威。但由于受各种因素的制约，练军并非一帆风顺，效果也差强人意。如在四川，练军称“精兵”，但精兵不精，与旧日制兵无异。“省城编练十营，各镇总名［兵］所在地编练数营，每营不过二百人，且亦只更易名目。其平日之兼谋恒业，及临时之荷戈应伍，仍与精兵之制兵无异。”[②]所以，在国防和对内捕务上，练军尽管拥有新式装备，练习西操，但形式大于内容，无论其规模，还是战斗力，仍然比防营逊色。

三、团练大量涌现

为镇压白莲教起义，团练在嘉道年间曾经兴起，事实证明有效。晚清时期是清代团练兴起的第二个高峰。团练作为晚清捕务一支不可缺少的新兴、主要力量，还是清代捕务主体走向多元化的又一个标志。如前所述，到了晚清时期，保甲制度依然存在并发挥一定的作用。不过，此时的保甲制度越来越多地带有官方色彩，与清代前期官督民办的保甲制度，已有天壤之别。到咸丰和同治朝后，团练兴起，团练制度已有逐步取代保甲制度之势，成为城乡捕务最大的官绅合办组织。“团练”一词有多种完全不同的解释。一是“团”和“练”均为名词。如“办团之举，始则合一乡为一团，继则联众团为一练”；[③]二是“团”和“练”均为动词。如“夫众志成城，民心固结，谓之团；器械精良，操演纯熟，谓之练”。[④]三是“团练”为动词，或为名词。如“若使各省乡村皆能行联乡团练，互相救护之法，又何患盗贼

① 刘伟：《晚清督抚政治——中央与地方关系研究》，第290—291页。

② 周询：《蜀海丛谈》，第93页。

③ 赵尔巽等：《清史稿》卷133，兵志四，第3959页。

④《论团练之难》，《申报》，1900年12月28日，第1版。

不能日绝哉？”[①]；此处的“团练”一词，即为名词。团练的名目众多，如乡兵、乡团、民团、民兵和练勇等等，不一而足。

从清政府的角度来说，它只强调保甲、团练的结果导向，只要捕务认真积极，只要不费多少金钱，社会比较安定，没有出现众多的盗匪案件和反叛的大动荡，也就不会过多关注团练组织。而民间、官方编撰大量有关保甲、团练以及官箴书籍，对官绅举办保甲和团练给予直接的指导。官员只要认真落实，办好保甲、团练，不是难事。所以，晚清的团练十分兴盛，组建方法五花八门，极不统一。如果从团练与保甲关系来论团练的具体形式，晚清时期的团练大致有三种组织形式。（1）与保甲关系密切的团练。从历史文献的记载来看，晚清时期最常见的团练是保甲团练，即团练是依托保甲制度建立起来的。团练以保甲为基础，保甲与团练合一。但保甲为虚，团练则为实，从晚清的团练文献看，这种情况最多见。“一团或由保甲组织中的一保构成，或由二三保乃至四五保构成；一大团或一场或由数团、十数团构成，或由数十团构成。”[②]如湖南湘乡，每家出一二人，每十家、数十家组成一团，数团总成一大团。十家立一十长，牌长主之；百家立一百长，保甲长主之。另外，每都“选派劲勇百名，遇有窃发，以作冲锋”。[③]四川团练也是以保甲为基础，建立团练，“以十家为牌，十牌为甲，数甲为团，或数团，或十余团，以成一场。牌有首，甲有长，团有正，场无论大小俱设总监正，以统制之”。[④]江苏在光绪二十五年（1899）再次整顿保甲团练，也是以保甲制度为基础，从下往上建立团练，具体做法有所不同，“以十户为一牌，十牌为一甲，十甲为一团。团设团总，以统甲，甲设甲长，以统牌，牌设牌长，以统散户，是为一册统名之曰保甲团丁”，再在团丁的基础上抽调练丁。这种团练方式比较规范衔接自如，优势明显，使更多的练丁拥有自卫

---

①《论团练实为靖盗之法》，《申报》，1877年3月26日，第1版。

②王先明、常书红：《晚清保甲制的历史演变与乡村权力结构——国家与社会在乡村社会控制中的关系变化》，《史学月刊》2000年第5期。

③齐德五、黄楷盛等：《同治湘乡县志》卷5，兵防志二，岳麓书社2009版，第192页。

④朱之洪、向楚：《民国巴县志》卷17，自治，第531页。

之技，又易筹经费和不伤民力。[①] 应该说，这种方法是比较多见的。不过，其前提是保甲制度比较完善，官绅认真落实。（2）保甲团练加乡勇。怀宁县将团练分为三类：一是练团；二是户团；三是乡团。练团设城内，通过招募而来，[②] 团勇必须是 20 岁以上 30 岁以下身强力壮、家世清白的壮丁，专事训练和警备，以一半驻保甲总局、一半驻各分局。户团是“城乡居民、铺户，团而不练”，各备器械，有警时给予救援。乡团是团与练兼行，“每大保由各乡董每次挑选壮丁四五名，小保二三名”，送入总局，随同团勇训练，分批轮训。其实，户团、乡团与保甲制息息相关，“家出一人，轮流支更，每牌之中，互为守望，其实与保甲无异”。[③] 因此，在一些州县，团练实际是离乡的勇丁和不离乡的乡团组合结构，而不仅仅是保甲制度基础上的乡团。（3）有的团练与保甲制没有特别的关联，就是直接招募乡勇而成。如，有的团练直接从市镇铺户的店伙、村庄富家的雇工派定，经费由富家捐给，每团几十人不等，设立公所，由老成绅耆主持其事。团丁或于闲暇时操练，或昼夜巡防。有警即鸣锣吹号，邻团听见号声，立即前往支援。[④] 还如，咸丰三年（1853）九月，知县唐逢辰到任湘乡，捐廉募勇 200 名，在县城操练，是为练勇。[⑤] 又如，光绪二十四年（1898），广西罗城县兴办团练，禀请县署批准。“各自购枪募练，以维治安。其募练之多寡，视各团管辖地是否冲要以为衡。如募十名以内者，仅设什长一人率领，募二三十名以上者，则由阖团父老公举练长一人率领，薪饷由各团自行筹给。”[⑥] 不过，此时该知县招募的勇丁，尽管规模不大，基本上已经失去了团练的本意。有的官绅纯粹为了应付，做得更过分。“所办团练，类皆雇募勇丁，虚张声势，甚有并无勇丁，仅于冲衢处所虚插旗帜，以粉饰者。”[⑦] 但也说明，招募勇

① 《保甲新章》，《申报》，1899 年 10 月 22 日，第 2 版。
② 姚锡光：《吏皖存牍》卷上，《官箴书集成》第 9 册，第 676 页。
③ 姚锡光：《吏皖存牍》卷中，第 687 页。
④ 《呈酌议团练章程清单》，咸丰元年六月初一日。档案号：03-4169-027。
⑤ 齐德五、黄楷盛等：《同治湘乡县志》卷 5，兵防志二，第 192 页。
⑥ 江碧秋、潘宝箓：《罗城县志》，军事，第 232 页。
⑦ 《宪札照登》，《申报》，1899 年 6 月 7 日，第 3 版。

丁，是团练的另一种形式，相当于州县官的亲军。

值得注意的是，晚清团练有明显的时代特征。首先，团练主办者多元化。团练逐渐成为捕务主要社会力量，如果控制不当，可能成为有组织的反叛势力。所以，官绅合办是团练的主要形式，官员以差委的形式领导团练组织，充分利用官方力量和地方权威控制团练，充分利用各种利益笼络团练，使之为其所用。官员不时下乡抽查、点验和校阅团练，对保、甲长“督率有方……请给功牌”，[①]以示重视和监督。有的团练在官方支持下，基本上由绅士主持。如，光绪六年（1880），两广总督张之洞招募“沙民千人助守虎门”，杨玉科“增募千人及惠清营五百人，郑绍忠募安勇二千人，所募乡兵”，以防勇规制编成。[②]很显然，这里所说的乡兵与勇营已无多大的差别。还有绅民自发组成的乡团，如广东三水绅士陈炳常家被劫窃，“陈苦之，倡于众，劝设乡团”。陈炳常慨然捐资，制定规章，重赏勇者。“盗复扰其乡，陈谕众曰，……非大破之不足以惩其后，鸣金集众四出”，盗贼逃之夭夭。[③]

其次，团练组织化和半军事化。晚清社会秩序已经非常混乱，有组织的犯罪活动非常猖獗。只有有组织的、规模较大的团练才能对付有组织的盗匪、会党等势力。而保甲制度在这样的背景下，其作用基本失灵，只能稽查内部盗贼，或者作为团练制度的依托而存在。府州县官员通过团练，招募乡勇，使自身又增添了一支新的捕务力量，弥补了捕役的不足，由于保甲团练化，团练军事化，团练组织化、兵械合法化和近代化，官方的捕务效率也更高，至少在理论上是如此。火药枪刀矛等兵器本来是清政府法律严行禁止的。但官方倡导且官绅合办的团练一旦成立，其装备突破了律例的规范，配备兵械，只不过要求在器械上刻上自己的姓名，以免落入匪人之手，或者监守自盗。特别是同治朝以后，在官方的支持下，一些团练还使用了前膛枪和后膛枪，装备逐渐实现了近代化。如，光绪二十四年（1898），上海县知

① 刚毅：《牧令须知》卷 1，近代中国史料丛刊第 65 辑，文海出版社 1966 年版，第 41 页。
② 赵尔巽等：《清史稿》卷 133，兵志四，第 3960 页。
③《乡团获盗》,《申报》，1872 年 6 月 1 日，第 4 版。

县就请“制造局宪，选拨洋枪二十杆以及铜帽药弹，给领备用”[①]。团练的主要对手是有组织的盗贼和会党，因此是系统和系统之间的对抗，这也就是团练大量产生并得以快速发展的主要原因。到光绪中后期，随着中国军事教育的发展，专门人士愈多，即使团练的团勇在训练上也更多地参用西法，由受过专业教育的官绅来指挥。如，安徽怀宁县的团勇由湖北武备学堂徐生、候选县丞叶亭珠等分班管带，仿照德国操练方式训练团勇，有警时，负责指挥。[②]县级团练由专业人士操练、指挥，那么，省府级就更不用说了。

最后，团练已经长期化、全域化。晚清时期，中国的内外交困使团练长期与普遍存在成为必要。当然，团练的存在与官方的提倡和支持是分不开的。原因在于经过嘉庆和咸丰、同治朝的实践检验，团练是官方有效的防守、缉捕和镇压的支持力量，有时还变为主要力量。又由于晚清时期社会动荡不已，官方捕务力量羸弱，不得不动用社会力量，来维护基本的社会秩序。“一县之地方，总在百里以外，文武各官不过数员，捕役、弓兵、马步兵丁惟数无多，安能村村布置?”[③]特别是从同治朝开始，清政府大量地裁军，捕务力量更显单薄。“所有防、绿各营兵勇几经裁减，其力甚单，不足以资分布，除办理团练之外，别无善策。”[④]再加之练军、防勇和勇营都是集中，或分片（路）驻防，完全舍弃了绿营控面的汛塘制度。在这种变化了的背景下，广大乡村腹地的防控力量只有州县、佐杂官及其捕役等，此时保甲、团练的必要性和重要性就更加凸显出来。“乡团者，捕务之佐也。”[⑤]一方面，团练制度与保甲制度彼此依托，相互配合，彼此合流。而“保甲属自治，团练属自卫，保甲清内奸，团练御外盗，其实皆为诘奸禁暴计，名虽殊，事则一也”。[⑥]所以，这两种制度设计并行

①《抽捐办团》,《申报》，1898年10月9日，第3版。

②姚锡光:《吏皖存牍》卷上，第676页。

③《论团练实为靖盗之法》,《申报》，1877年3月26日，第1版。

④《松江团练章程》,《申报》，1899年2月26日，第2版。

⑤《乡团获盗》,《申报》，1872年6月1日，第4版。

⑥朱之洪、向楚:《民国巴县志》卷17，自治，第531页。

不悖，在实际运动中也是相辅而行。“团练不专资御侮，兼可弭盗。练总约束练长，练长约束散勇。……团练之法与保甲之法相辅而行者也。”[①]晚清时期，官绅以团练为架构，彼此合作，共同维护脆弱的社会秩序。应该指出的是，晚清时期团练常态化，只是相对清前中期所说的。比如在广西，“正规地说来，广西团练的发展，是到近代以后的事”。[②]但时兴时废、时紧时松仍然是比较普遍的现象，“然昔日办团，有事则奋，事过则已，无以常练闻者”。[③]所谓因人而异，主要是指官绅对团练工作的重视与得当与否，“亦视办理者之威望如何，才具如何耳，果能威足服人，才足济众，则所办之事，自能切实无弊”。[④]

晚清时期，团练作为有组织的军事化实体存在，更多地介入乡村社会，行使捕务和与捕务相关的事务，产生了系列后果。如，官方权力进一步深入基层，绅士权威和所发挥作用上升，州县权力结构发生了重大变化；有的团练甚至成为官绅泄私的工具，成为家族之间械斗的主力，成为捕务客体。

四、捕务专营在晚清的扩展

捕务营包括捕盗营、盐捕营等两种形式。捕盗营专司防范、缉捕盗贼，一般设立在京畿和沿边地区，如直隶省、山西省、顺天府。而盐捕营是专司防守盐务、缉拿食盐私贩、私枭的军事单位，一般设立在产盐区，如直隶、山东、江苏和浙江省。一般说来，捕盗营和盐捕营除了属于督抚的统辖，还受地方同知、通判，或者运司的兼辖，其设立的时间有先有后。如前所述，除了专营之外，各级文武官员及其捕役、巡役和盐场保甲等均有捕盗、缉私等职责。这些捕务专营设置的时间大都在清代前期的康熙和雍正两朝。如，康熙五十七年（1718），

---

① 齐德五、黄楷盛等：《同治湘乡县志》卷 5，兵防志二，第 191 页。

② 刘小林：《近代广西团练的兴起》，钟文典：《近代广西社会研究》，广西人民出版社 1990 年版，第 169 页。

③ 朱之洪、向楚：《民国巴县志》卷 17，自治，第 531—532 页。

④《论团练之难》，《申报》，1900 年 12 月 28 日，第 1 版。

在扬州三江营添驻兵丁，缉防私贩。“京口将军标下派兵一百五十名、千总一员赴三江营地方驻防”，并由江宁府江防同知兼辖。[①]此时的三江营尽管不是盐捕专营，但行使的专门职责就是巡缉私盐，已具有专营性质：“缉私之政，领于三江营守备。”[②]雍正十一年（1733），清政府在扬州仪征设立盐捕专营，是专营之始。“仪征县之青山头请立一专营，设守备一、把总一、外委把总一、兵一百名。江都县之马家桥、甘泉县之邵伯镇、北坝僧道桥各添设把总一、兵三十名，分驻巡缉”。[③]以后扬州盐捕营的规模逐渐扩大，到乾隆年间，其规模达到顶峰。扬州盐捕营设游击 1 员、守备 2 员、千总 2 员、把总 4 员、外委 6 员以及哨官 2 员、马战兵 27 名、步战兵 135 名、守兵 628 名、坐马 25 匹、兵战马 27 匹、巡船 13 只，各有防守区域。[④]后盐捕营不断撤并、调整和裁汰，几经反复。

除了顺天府捕盗营外，直隶总督辖下还有多个捕盗营，有“承德府捕盗把总一人、兵三十名，乌兰哈达捕盗千总一人、兵五十名，平泉州喀喇沁汛捕盗千总一人、兵二十八名，卧佛寺汛捕盗把总一人、兵十五名，建昌县汛捕盗千总一人、兵五十五名，朝阳县汛捕盗把总一人、兵二十名”。[⑤]各捕盗营同时由各地方同知、通判兼辖。到光绪时期，上述捕盗营的官兵设置发生了一些变化。在光绪七年（1881）前，直隶张家口厅、独石口厅等二厅也设有捕盗营，“各设捕盗营经制千总一员、把总一员、外委一员、马兵三十九名”，归地方同知兼辖，专司捕盗。

与社会秩序失序相适应，晚清时期的捕务专营在盐场和北方边区

---

①《圣祖实录》卷 281，康熙五十七年闰八月甲子，第 751 页。

②谢延庚、刘寿曾等：《光绪江都续志》卷 15，盐法考，《中国地方志集成·江苏府县志辑 61》，江苏古籍出版社 1991 年版，第 220 页。

③江苏省地方志编纂委员会：《江苏省通志稿·大事志》，江苏古籍出版社 1991 年版，第 688 页。

④参见阿克当阿、姚文田、江藩：《嘉庆重修扬州府志》卷 24，兵志三，第 396 页；谢延庚、刘寿曾等：《光绪江都续志》卷 17，兵防考，第 228 页。

⑤嵇璜、刘墉等：《清朝通典》卷 71，兵四，王云五主编：《万有文库》第二集，商务印书馆 1936 年版，第 2543 页。

相继设立，数量不断增加，这些专职捕务的防营专门化、专业化趋向明显。如，道光二十六年（1846），在扬州江都县添设盐捕营。盐捕营设都司1员、千总2员、外委2员、额外外委4员和马步兵460名。都司驻霍家桥，专司缉私事宜。[①]光绪初年，在浦东松江还特设浙西盐捕营，[②]在浦东各江河口设卡稽查，并有巡船缉拿盐贩。浙西盐捕营在缉私中有积极作用，如有报道称，浙西盐捕营在一次缉捕盐枭的行动中大胜，格杀枭匪10余名，并枪毙渠魁董某，而巡勇只受伤5人，其中1人伤势严重。[③]又称，管带浙西盐捕护卫营黄一桂到差以后，带领2艘炮船，至各处查哨。巡至太湖口地方，见有私枭船10余号，舱中则满载私盐，舱面则遍列刀枪剑戟，声势汹汹。黄一桂身先士卒，奋不顾身，开枪射击。该私枭自知势力不敌，只得弃船逃走，所有私船10余艘、私盐30000多斤均被缴获。[④]在山东，道光七年（1827），山东开始设立官巡运司，官方拨银300两，充作缉私经费，成为清代山东设立官巡的开端。道光十一年（1831），莒县、日照、沂水、蒙阴、兰山、郯城等地开始设立巡役。到同治元年（1862），山东设立盐捕专营，即海（阳）阳（信）霑（化）巡营，有盐巡360名。光绪十一年（1885），山东又设立泰安、曲阜、宁阳、邹县、泗水盐捕营，计有盐巡100名。光绪三十一年（1905），山东盐运使张莲芬上奏，请求把海阳、霑化巡营并入丰盛营。两者合并后，改为济北盐巡营，计马、步队各哨官弁、勇丁251人，以马、步

① 方浚颐、吴端书等：《同治续纂扬州府志》卷4，兵志，第691页。一说扬州盐捕营设于道光二十二年，“盐捕营设立于道光二十二年，专司缉捕私枭兼助江防，统以都司一员，与扬州营表里相辅，呼吸相关”，（《精操火器》，《申报》，1880年12月8日，第2版）但该说不确。

② 张乃清：《春申潮》，上海人民出版社2009年版，第47页。该著作认为浙西盐捕营设立于光绪二十三年。但光绪二十一年，就有“记名提督李新燕统带江苏太湖水师，暨浙西盐捕等水陆十三营，缉枭捕盗，系其专责”之奏（《德宗实录》卷376，光绪二十一年九月辛酉，第924页）。所以，设立于光绪二十三年之说，显系错误。又检索《申报》，关于浙西盐捕营的最早记录是在光绪七年（1881）三月。因此，浙西盐捕营设立于光绪初年，大致属实。

③《三泖秋波》，《申报》，1886年9月13日，第2版。

④《缉获私盐》，《申报》，1895年8月17日，第3版。

队各一哨分驻7县，另以马、步队各一哨分驻海阳、阳信、霑化等3县。这些专营官兵平时巡查各汛地，遇紧急情况可以互相调遣。① 由此可见，山东一直在强化盐务捕务，其盐捕专营数量扩大，兵丁和巡役一直保持较大的规模。

清季宪政改革前，东北在省级层面实行的是军府制度。在将军、副都统的辖下，设有为数不多的府厅州县。即使州县在晚清时期逐渐增置，但相对辽阔的地域，东北各府州县负有捕务责任的正印官和佐贰、佐杂官以及在官人役依旧数量不足。因此，东北各地区也不断设立捕务专营。如，道光二十四年（1844），盛京将军禧恩奏请设立捕盗专营，设捕盗千总3员、把总3员、经制外委6员、虚顶外委12员。有马兵80名、步兵108名，并筹措弁兵等饷银，缉捕犒赏则“准于发商生息项下动支，分别付给”。② 咸丰九年（1859），盛京将军玉明等设马枪马箭专营，兼充缉捕捷捕营，拣派协领2员作为营总，选派佐领4员作为翼长，选骁骑校8员作为扎兰章京，在省城八旗内共挑选精壮兵400名，由该营总等专司训练，并添设捕盗马200匹，所需马价银两由盛京户部发给。③ 该营实际上是从盛京八旗兵中抽调一部分，专门操练马枪马箭等技艺，具有练军的性质，只不过是传统性质的练军，与西操洋枪的练兵，不可同日而语。同治十三年（1874），盛京将军都兴阿鉴于奉天各属原设捕盗弁兵为数太少，添设马步各兵，每年需银4万余两，奏请由福建、广东两省海关筹拨。④ 奉天捕盗营系绿营兵，归直隶总督兼辖，同治十三年（1874年）派驻昌图，以千总为首。⑤ 奉天捕盗营25营，分驻各府州县，即属各该驻地长官统辖，缉捕地方盗贼。奉天捕盗营“以后因地方情形所宜，各城官兵增减，

① 宋志东：《近代山东的盐务缉私方式及其法规建设》，曾凡英：《盐文化研究论丛》第3辑，巴蜀书社2009年版，第33—34页。

②《宣宗实录》卷409，道光二十四年九月丁亥，第137页。

③《文宗实录》卷281，咸丰九年四月甲子，第127页。

④《穆宗实录》卷364，同治十三年三月壬戌，第819页。

⑤ 辽宁省地方志编纂委员会办公室：《辽宁省志》，军事志，辽宁科学技术出版社1999年版，第17页。

时有不同也”。[①] 光绪初年，在吉林府伊通州、敦化县和长春府五常厅、宾州厅、双城州、磨盘州设捕盗营，由本厅州县正印官或佐贰官统辖，专司缉捕。[②] 清季东三省改制时，东北也新设了一些捕盗营。如光绪三十一年（1905），署黑龙江将军程德全设立各官厅捕盗营。如，呼兰捕盗营，“置哨官一员，月薪十六两；什长五名，月饷各四两八钱；步兵四十五名，月饷各四两五钱，月另津贴东钱一百二十吊”。[③]

晚清时期，在直隶口外三厅，有文职官员、马快和武职官兵分汛巡守，但由于辖地辽阔，荒地渐垦，远近流民闻风而至，马贼也出没无常，盗劫、狱讼之繁数倍于过去，且有对外交涉事务，官方力量不敷调拨。直隶总督李鸿章奏请，添给张家口厅外委 1 员、马兵 39 名，独石口厅马兵 20 名。多伦厅新设捕盗营，“添设经制千总一员、把总一员、外委一员、马兵三十九名”。[④] 张家口厅、独石口厅捕盗营仍然属于绿营系统，其官兵被分汛派拨。由于有多伦协分设营汛，多伦厅捕盗营则集中驻扎诺营，“遇有盗案，责令随即往拿，平时分投巡缉”。[⑤] 山西捕盗营提议于光绪九年（1883），正式设立于光绪十年（1884）。时任山西巡抚张之洞奏请比照光绪七年（1881）的直隶张、独、多三厅章程，“设立捕盗弁兵，以为缉匪巡防之用”。但这个奏请经部议驳。[⑥] 次年，署山西巡抚奎斌奏请在原基础上减少员弁人数，着手设立各捕盗营，以便捕务有专司，而于邮政亦可兼顾。至此，山西设归化等 7 厅捕盗营，有官弁 14 人、兵 250 名、官马 14 匹和兵马 250 匹，专门行使山西边外 7 厅的缉捕之责，进一步扩大了捕务专门力量。

概括起来说，十九世纪中后期以后，经过战争的无情淘汰和清政

---

① 王树楠、吴廷燮、金毓黻：《奉天通志》卷 171，军备志，东北文史丛书编辑委员会 1983 年出版，第 3998—3999 页。

② 长顺、讷钦、李桂林、顾云：《光绪吉林通志》卷 50，武备志，《中国地方志集成·省志辑》吉林 1，凤凰出版社 2009 年版，第 846—847 页。

③ 黄维翰：民国《呼兰县志》，黑龙江省呼兰县志编审委员会 1983 年重印本，第 251 页。

④ 顾廷龙、戴逸：《李鸿章全集》9，奏议九，安徽教育出版社 2008 年版，第 370 页。

⑤ 顾廷龙、戴逸：《李鸿章全集》9，奏议九，第 498 页。

⑥ 苑书义等：《张之洞全集》卷 6，奏议六，河北人民出版社 1998 年版，第 175—176 页。

府的主动改革，清代捕务主体沿着多元化方向发展。除了原有行政机构和在保甲制度基础上日益军事化的团练之外，军事力量包括形式大于内容的裁余绿营兵、经过挑选后留下的精干所组成的练军和刚被认可、大量存在的防军等。这些官方力量成为晚清时期捕务的多元主体和主要力量。这种变化打破了过去八旗、绿营等制兵一统军事、捕务的局面，各捕务主体有了专门化或近代化的趋势。防军除了防守、抵御外敌等国防任务之外，更多地和更经常地用于各地巡守，缉捕大股盗匪，镇压国内各地的骚乱；府州县正印官和佐贰、佐杂官及其所属在官人役，由于力量微弱，主要承担防守和缉捕常规性的盗贼之责；而团练则协助官方防守和缉捕，承担的捕务任务逐渐加重。故此，在捕务层级和烈度管控上，捕务主体至少在形式上有了一定的分野，这也是捕务制度在晚清时期的渐进式、多层次变动的一个侧面。总体来看，这些捕务主体主次有别，共同担任防守、缉捕和镇压的职责，但也造成防守力量不足、协缉严重不力和缉捕不及时等各种窘境。因此，捕务主体的多元化、捕务专营的添建以及主体的近代化趋势，并不意味着晚清捕务效能的提高。

第二节　科层化捕务管理机构创制及其合理性

一、捕务管理机构的创制

在晚清时期，各直省从省到县出现了各类性质的局所，尤以省为多。这些局所直接分别受命于直省督抚等官员，是非经制的官僚机构，官员以差使的方式和委员的身份存在其中，亦官亦幕。有一部分机构是捕务局所，或者与捕务有关的局所，如营务处、善后局、保甲局、保甲总局、团练局、团防局、保卫局、缉捕局、捕盗局、守望局和巡防局等等。这些非经制的局所对直省官僚制度冲击很大，导致权力重新分配，也呈现管理机构专门化指向。

（一）营务处。营务处的大量兴起始于咸丰、同治时期，以后逐渐成为非经制的、实际常设的省级军事领导机构。太平天国被镇压下去后，由于勇营留防，或者募裁勇营以及练兵事务，各省一般设立营务处和善后局，处理相关事务。如光绪元年（1875），云贵总督岑毓英奏准，抽调绿营兵设立练军，并奏设云南全省善后局，统筹全省饷糈、军装、军械等事务，同时设立练军营务处，执掌监察、营伍及编制、铨叙、赏罚等事务。[①]

防军、勇营是督抚控制的武装力量，练兵之责也归属于直省督抚、驻防将军。营务处和善后局等直接对直省督抚、军府将军负责，一般设总办、会办，“充之者非道员即提镇或京秩或知府，有僚属”。[②]这些总办、会办、帮办等名目，是差事，而不是职位；有文官，也有武职，均由督抚直接委用，具有临时性质。营务处相当于督抚参谋部和指挥部，在防军、练军的人、财、物调配和内外防守、军事行动以及缉捕活动中，承担组织、指挥、协调、整改、考核和后勤的具体责任。“大帅之下，营务处最尊，大帅若不知兵，则其权恒在营务处。”[③]《蜀海丛谈》将四川营务处的设立、职责、部门设置和官员构成做了十分明确的记载。四川通省防军均由总督统辖，后又以四川提督为全军翼长。各军除每月饷项直接到筹饷局承领外，其余“训练、调遣，与夫官兵之奖惩、协缉盗匪之勤惰，关于军事之审判、军服军械之缴领，皆由营务处司之”。[④]由此可见，营务处的权力是比较大的。广东营务处的职责主要是防军的驻防、调遣、后勤和改革等事务。由于广东地方辽阔，防营分扎四处，“一旦遇警，援助亦属迟延兵力单薄”，捕务废弛。光绪三十三年（1907）粤省营务处采取两种办法，予以调整：一是改分散驻扎为扼要驻扎，“先将属内最险要地方，酌发勇营驰往扼要专驻”；一是派出机动勇营来回巡缉，“酌留营队若干，分路驰赴属内各处来往梭巡，闻警即知会附近勇营合剿”。[⑤]几年后，粤省营务处又根据新的捕务状况，进行改革，制定了十分详尽的水陆营务捕务各章程。该章程包括“守堂章程六条、纪律章程十二条、军火赏

① 龙云、周钟岳：《新纂云南通志》卷 129，军制考三，第 415 页。
② 徐珂：《清稗类钞》第 2 册，兵刑类，中华书局 1984 年版，第 759 页。
③ 徐珂：《清稗类钞》第 2 册，兵刑类，第 759 页。
④ 周询：《蜀海丛谈》，第 300 页。
⑤《营务处整顿捕务办法》，《申报》，1907 年 10 月 17 日，第 11 版。

罚十条、轮扒地段巡缉章程十七条、清乡章程九条、招降章程八条、缴红章程六条、文武印委缉捕权限六条”[①]等。经两广总督批准，水陆新旧各营及地方文武官员一律遵照执行。如果说，晚清时期，捕务责任主要在督抚，其属下营务处，由监司大员为总办，[②]就成为各省防军、勇营的军事和捕务的实际领导中心。

各省营务处不仅有权处理勇丁之间、勇丁与民众之间的纷争，而且直接介入州县官员审理的案件审讯权。如，光绪元年（1875）七月，直隶武职员弁拿获结伙抢劫20多年、多次漏网的匪首葛洛立并其子葛砂之。经直隶营务处司道讯明，将葛洛立、葛砂之就地斩决，葛洛立还被枭首示众。[③]光绪十六年（1890）六月初三日，营务处“曾观察率营县上院，请令在箮市桥头斩盗犯两名”。[④]光绪三十二年（1906），两江总督端方在江苏海州拿获的匪首严惩，也是由营务处审判处置的。[⑤]按照清代律例，武职官兵只有本地缉捕权，没有审判权，绿营营汛捕获盗贼，不得自行审问，须交地方州县审判，重案还要依程序上报、复审。但到晚清时期，营务处有了被获盗贼的审判权，打破了清代原有审判权的边界，使审判体制变得更加混乱，也成了清代捕务制度变动的一个缩影。营务处作为防军、勇营军事力量的领导机构和捕务组织中心，成为督抚的直接执行机构，一方面，体现了省级层面科层体制的初步形成，另一方面，也表明了在晚清比较长的时期军事、民事仍然不分，军警边界模糊。

（二）捕盗局、缉捕局。就目力所及，从咸丰朝开始，一些省份先后设立了专门的捕务机构，如捕盗局、缉捕局等。如早在咸丰年间，江苏即有会捕局之设。“中西人合力查察，颇著成效，今其名尚存而已，无所事事矣。”[⑥]作为督抚非经制、官方的捕务执行机关，尽

---

①《新定整顿水陆捕务章程》，《申报》，1910年1月16日，第11版。

②《署闽浙督李奏闽省设立军政局整理营务折》，《申报》，1904年3月6日，第14版。

③《光绪元年八月十七日京报全录》，《申报》，1875年9月25日，第4版。

④《弭盗安良》，《申报》，1890年7月31日，第1版。

⑤参见中国第一历史档案馆、北京师范大学历史系：《辛亥革命前十年间民变档案史料》上册，中华书局1985年版，第278页。

⑥《筹缉捕之法以辅捕房说》，《申报》，1883年1月29日，第1版。

管未遍设，常常也是时设时撤，存续时间长短不一，所募勇丁也没有经过专门训练，但这些机构的科层化和专门化十分明显。同治年间，广东省城即设有缉捕局。戴肇辰同治年间任广州府知府时，由于本地捕务力量不足，而“各盗得以乘间肆扰，而靡所不为”，戴肇辰向督抚请求，派遣“省城缉捕局邓参将部下，尽有熟悉地方人情，长于缉捕之弁”，会商地方文武予以缉拿。[①]由此可知，省城缉捕局不仅要维护省城的治安，还有协助省内其他地方缉拿的义务。光绪十三年（1887），广东省城“盗案之多，甲于外郡”，广东巡抚张之洞决定在省城专设缉务总局，派广东臬司以及曾任浙江臬司、广东营务处总办等负责，“合文武为一途，联水陆为一体”，专职巡缉和缉匪事宜。[②]广东缉务总局与营务处实际上是一套人马、两块牌子，只不过招募了一些专门的捕勇。根据报道，广东缉捕局成立几个月后，捕务效果得以迅速显现，“巡查慎密，地方赖以乂安。”弁兵缉拿盗贼后，解交番禺县知县讯办。[③]

光绪中叶，经江苏巡抚批准，在江苏苏州府同知署设立专门的捕盗局，选募捕勇，专门负责巡缉事宜，但“历年既久，渐成具文”。新捕盗同知上任后，力图整顿。“如有年力富强、技艺精通之人，愿充捕盗局捕勇者，准其来署，挂号候选。连日投报者已有六十余名，司马亲自升座，令若辈各献所长，当选得技艺高强，兼熟苏垣路径者二十名，饬取保结入卯当差。”该同知挑选捕勇 20 名，每夜亲自率领捕勇，到城内各处巡查。他又将捕盗局中的捕勇分为四队，在城内大街小巷四路巡缉，“每夜限三鼓后出局，非天明不准回局”。该同知又自购枪船 2 艘，各派捕勇 4 名，每于夜深人静时驶往各水关梭巡，起到了稳定社会秩序的作用。[④]湖北也曾设有缉捕局，光绪二十四年（1898），充任湖北省练军营教习的某甲，“偕同伴数人，赴汉皋作狎

---

①戴肇辰：《从公三录》，《官箴书集成》第 8 册，第 314 页。

②苑书义等：《张之洞全集》卷 94，公牍九，第 2544—2545 页。

③《珠海灯痕》，《申报》，1887 年 9 月 1 日，第 2 版。

④《整顿捕务》，《申报》，1894 年 1 月 8 日，第 3 版。

邪游，七十鸟[①]见系赳赳武夫，不甚款接”。某甲老羞成怒，敲台拍案，吵闹不休，妓家遂报知缉捕局。缉捕局官员带领多名局勇，将甲等拘送汉阳县究办。[②]安徽芜湖也设有缉捕局，光绪二十六年（1900）安徽大通起义前数日，“徽宁池太广兵备道、芜湖关监督吴季卿观察已饬缉捕局李副戎侦悉”。[③]不论兵变情况如何，安徽省设有专门的缉捕局，确属事实。

由上述可知，晚清时期，一些省份新设的官办缉捕局，其总办、会办等均是官员，招募专门捕勇，主要任务就是巡缉和缉捕。但该局只有缉捕权，而无审判权和处置权。因此，至少在省、府级层面，形成了两大捕务体系，一是督抚、知府直接领导的缉捕局、捕盗局，一是原有的知府、州县正佐官员以及捕役等组成的捕务力量。从表面上看，捕勇的加入使晚清捕务力量的数量和规模有所扩大，但也会由于捕勇素质不高、业务不精、捕务推诿、捕务经费更加短缺等原因，带来捕务效率不高等负面影响。

（三）保甲局。如果说营务处是国防、内政并重的官办非经制机构，捕盗局、缉捕局是官办捕务机构的话，那么，晚清时期大量涌现的保甲局、巡防局就是官绅合办的非经制捕务机构，但官方色彩浓厚。在各省督抚的直接领导下，文职道府、州县等官员多以委员的身份充斥其间，使之成为一个官方、半官方机构。这些局所设置比较随意，在各省的名称也各异，只是所办事务比较一致。相对说来，保甲局、保甲总局名称比较多见。保甲事务在直省层面为臬司之责，但督抚设立保甲等类局所，直接将保甲、巡防事务纳入麾下，侵害了臬司、州县之权。因为直省督抚常设，臬司实际上已变成督抚的下属，督查保甲之权旁落，也何乐而不为。另一方面，保甲事务一般为官督民办，以民间之力，办民间之事，但自保甲等类局所设立之后，城乡巡查、缉捕之事多改为官绅合办，甚至一些巡丁也招募而来，经费一般是官方支出，渐渐失去了保甲制度民治本意。保甲局的责任是编

---

①鸨母。

②《整顿营规》,《申报》，1898年8月15日，第2版。

③《详述大通匪乱情形》,《申报》，1900年9月13日，第2版。

查保甲、督查保甲、练丁巡防和缉捕匪类。有报纸明确说，保甲局各委员的专责“不过缉拿匪类，弹压打架，盘诘形迹可疑之人，查禁开场聚赌之事”。[①]所以，编查、督查保甲往往流于形式和表面，是普遍的现象。“各省设保甲总局，以专责成，然亦不过一纸门牌，挨家高贴其于各乡各镇，虽填明户口年岁，亦只虚行故事，即不扰民而实无利民之处”，[②]而巡逻、防守和缉捕才是保甲局真正的工作重点。同捕盗局一样，保甲局只有巡守、缉捕权，审讯权和处置权仍归州县正印官。如，金陵城外保甲刘总办率领局勇，曾拿获“水西门犁头尖地方赌犯蒋七父子，送江宁县讯，责八百板，各以巨枷枷号示众，一时‘剥皮赌’为之敛迹”。[③]即使金陵保甲局官员是道员，对于违反律例的案件，缉获之后，也要交江宁首县正印官审讯和处置。不过，一些省的保甲局有轻微案件的审判权和处置权。如，光绪三年（1877），浙江巡抚鉴于保甲局各案均须移县办理，而杭地“民俗刁健，各分巡日有拿获案犯”，若仍全部由县审讯，“未免太烦，故拟添设保甲会审局一所，除命盗大案由局仅取口供，送县办理外，余如寻常案件，即由局员讯断，或科罪，或开释，悉照例拟议，不必移县再究”。[④]

保甲局在直省各个层级设立，但管辖范围实际上多限于各城厢内外。“自近来另设保甲之局，派委道府大员督办其事。而各处纷纷设立分局，一省城也竟多至数十局，一府城也亦多至数十局，甚而至于一县城也亦多至十数局。”[⑤]各省保甲局设立的时期横跨同治、光绪朝。如，同治十年（1871），湖南巡抚李瀚章奏请在省城设立保甲局，责成臬司，会督当地绅士，认真办理，是官绅合办性质，是督抚在捕务上的直接执行机构。保甲事务在官方号召下，廉正绅耆，挨户稽查保

①《书芜湖保甲章程后》，《申报》，1892年12月30日，第1版。
②《与客论保甲团练》，《申报》，1899年8月15日，第1版。
③《弭盗安良》，《申报》，1890年7月31日，第1版。
④《浙省拟设保甲会审局》，《申报》，1877年8月24日，第2版。
⑤《论刘岘帅严查匪类》，《申报》，1894年3月28日，第1版。

甲；在省城内外的水陆各扼要之处，分拨各营兵勇，节节巡防。[①] 四川省城保甲总局也成立于光绪朝以前，管辖区域只以省城内及城外附郭街道为限，其责任主要是在区域内清查户口及诘奸、防盗等事。四川省城保甲总局又将全城内外分为东、南、西、北等四分局。各分局地面分段负责，下设局丁若干人，每夜自总办、提调均要择地会哨。尤其是每年的十月初一以后，冬防任务重。四川在光绪季年开办警察后，此局裁撤。[②] 在光绪朝前，广东省城治安主要由八旗、绿营或防勇负责。光绪改元，省城设保甲局，“分段巡查街道，其事权属于按察使，则广协防兵而外，各段保甲亦有防御之责”。[③] 在捕务职责上，广东省城保甲局作为督抚直辖机构，分权于军队，收权于首府、首县。浙江省城在光绪初年也设立保甲总局，起初纯为官办，且其官员的任命、职掌和经费来源等相对健全。在浙江巡抚的直接领导下，保甲局设有总办 1 名，为知府班，总巡 3 名，为同通州县班，分巡 18 名，为佐杂班。在浙江省城的保甲局，无论是知府、同通州县班，还是佐杂班的岗位，不是经制的职位，而是差委性质的差遣，对各班采取轮委的方式来补差。巡抚通过差委调剂，使忍饥挨饿的官场候补、候选官员得以生存。保甲局将杭州城分为上、中、下三城，每城各派总巡 1 名、分巡 6 名，总办总其事。从报道来看，由于雇佣栅夫、更夫，又要修理栅栏、更篷，杭州府收取铺捐，专门用于支付上述款项。铺捐的收取方法比较正规，由杭州知府和保甲局出面劝捐，除铺户外，“凡公馆、客寓、住家均须捐助。若铺户，则分上中下三等，届时分巡委员协同司事，挨户劝收，收款按旬交总巡处，由总巡官转缴总办，共计上中下三城，历年捐款总在四千串左右”。光绪中叶，浙江省大吏又将保甲局改为官绅合办，以此更多体现自治性质，同时便于官绅彼此协助和监督。[④] 夜间巡守的更夫作为捕务力量的一部分，

①《穆宗实录》卷 325，同治十年十二月己巳，第 305 页。

②周询：《蜀海丛谈》，第 301 页。

③梁鼎芬、丁仁长、吴道镕等：《宣统番禺县续志》卷 8，经政志二，《中国地方志集成・广东府县志辑 7》，上海书店出版社 2003 年版，第 127 页。

④参见《保甲积弊说》，《申报》，1893 年 5 月 13 日，第 1 版。

杭州城还有所谓的官梆和义梆之分，体现了官绅合办捕务之意。官梆归保甲局督查，义梆归义民局督查。按照已制定的办法，杭州城分为三部分 18 段，每段设有夜巡更夫 1 名，由官方出资雇佣，为官梆。但是户口繁盛，店铺林立，仅官梆 1 名，耳目难周。各店主愿意捐资，另雇更夫，是为义梆。保甲局司道官员随即邀请绅士公议，每段添设更夫 15 名，公举本段绅士 1 名，专管义梆之事。[①] 杭州城义梆归义民局的绅士查办，与官梆并行。在杭州城，起更以二鼓为始，“近则于黄昏后，即已柝声阁阁，为第一更也。每一更则往来三次，每一段则更夫十五人，加以夜巡委员、武弁、巡丁，每段段董及巡更绅士人等，此往彼来，梭巡不断”。入夜，浙江巡抚等高官有时还亲自巡查。[②]

光绪二十四年（1898），朝廷令各省设立保甲局。[③] 各省积极响应朝廷的号召，恢复保甲局或者完善保甲局就成为举国行动，尽管保甲局仍然不是经制机构。湖南则是将维新时期湖南保卫局又重新恢复为保甲局。[④] 河南巡抚刘树棠按照谕旨认真办理，将重点放在基层，在全省上下遍设保甲团练局。他派出委员，与府州县地方官一道，各成立保甲总局，并于四乡集镇择要设立保甲分局，公举绅耆，就近参与管理，并订立奖惩章程，“仍照印官缉捕之例，分记功过。功多者，汇案奖录委用，有过者，核记次数撤参”。[⑤] 保甲局的设立及其专门化，对晚清捕务有重要的促进作用。光绪二十四年（1898）春，金陵坊口大街豫昌钱庄被盗劫去宝银 1600 两，报经江宁县赵知县。赵知县咨请保甲总局，会同督捕营弁，截获一船，起出赃银 1200 两，但盗匪逃走。讯据船户供称，“诸盗将逸时，曾有赴扬之语，遂禀明上宪，一面饬差勒限，四出追缉，一面移请督捕营弁勇，乘杉板船二艘，用小火轮船，带往镇江、扬州、瓜洲、仪征等处踪迹，在扬多日明察暗

---

①《绅董巡更》，《申报》，1878 年 12 月 18 日，第 2 版。

②《冬防严密》，《申报》，1878 年 12 月 26 日，第 2 版。

③《德宗实录》卷 425，光绪二十四年七月辛未，第 568 页。

④《德宗实录》卷 431，光绪二十四年十月壬辰，第 665 页。

⑤《德宗实录》卷 433，光绪二十四年十一月甲子，第 693—694 页。

访，迄无盗踪”。[①]盗犯虽然未获，但保甲局官弁以及督捕营勇在捕务上的态度是认真的，行动是积极的。

（四）团练局、团防局。晚清时期在一些直省有团练局、团防局机构之设，是本省团练的管理部门，是以捕务为主的官绅合办非经制机构。它直接听命督抚和地方各级正印官，是其科层化了的官方执行机构。从其形成过程看，有的保甲局与团练合一，被称为保甲团练局；有的保甲局、团练局是分立的，有的是先分后合，有的先合后分。如，广西设立团练总局，筹办团练，仅仅一年，“团练事宜规模已定”，各地因地制宜，已办理有效，但是，由于广西团练总局的经费、薪粮出自劝捐，难以为继。[②]光绪二十七年（1901），督办广西团练、前礼部右侍郎唐景崇曾上奏，撤销广西团练总局，并入保甲局办理，并裁遣所召募的各团丁，[③]得到了朝廷的批准。可见，广西团练总局设立于光绪二十六年（1900）。如果从严格意义层面来看其职责和性质，保甲局和团练局是有区别的。保甲局职在捕务，保甲经费来自官方和民间，自治的色彩稍浓；而团练局以捕务为主，但兼顾国防，经费一般来自官方。二者各有侧重，并相辅而成，“团练以御外匪，保甲以清内奸”。这里所说的外匪是广义的外匪，指本地以外的盗贼、骚乱者和外国入侵者。

团练和团练局也在咸丰朝以后比较普遍设立，与其他捕务性质的局所相类似，也是时断时续。“惟是从前办理团练，或因剿匪，或因海防，只求取效于一时，事竣即行裁撤。”[④]如扬州团防四局在光绪二十四年（1898）冬建立，冬防结束后，该年底即撤销。次年，扬州知县以经费缺乏为由，撤销了团练局，恢复绅董主办的团防四局。不久，又奉上层官僚的饬令，裁并团防四局，招募团丁，设立团练总局。[⑤]可

---

①《缉盗未获》，《申报》，1898 年 3 月 31 日，第 2 版。

②《奏请团练归并保甲局兼办事》，光绪二十七年三月二十八日。档案号：04-01-01-1045-021。

③《德宗实录》卷 486，光绪二十七年八月壬子，第 429 页。

④《团练局示》，《申报》，1899 年 2 月 6 日，第 9 版。

⑤《归并团局》，《申报》，1899 年 8 月 16 日，第 9 版。

见，团练局、团防局时设时撤是常态，不仅仅是经费不足的原因。

晚清时期，一般来说，一旦内忧外患比较严重，就是保甲和保甲局、团练和团练局创办的高峰。团练局、团防局的绅士是团练这一准军事力量的实际组织者、管理者和领导者，受官方监督，与官方合作，并听命于官方。光绪二十四年（1898）以后，在朝廷多次严厉的饬令下，各地又一次掀起了编练保甲、团练高潮，是保甲局、团练局创办的最后一个高峰期。但全国并没有统一规范，而由各省、府厅、州县自行决定。所以，与以前类似，各地几乎同时创办团练，但形式多不相同，即使是名称，也常常各异。如，江苏省松江府所属娄县，共计 184 图，招募团丁 1000 名，平均每图招募五六人。娄县分设团练八局，采取官督绅办的方式，每局公举绅耆 1 人，最多不超过 3 人，作为团董，所有团勇应支薪粮、按期操练、并团丁会哨、分发赏款以及一切约束巡缉、捕盗各事，均责成其认真照章督办，并由知县随时稽查。团练经费取自民间，主要是征收的烟灯捐和绅富的捐助。娄县还将原巡防各局改为团练各局，各局实行分区管辖。[①] 从《申报》的报道看，娄县团练局的设置和管辖地比较细致、具体，借助于保甲制这个外壳，且实际上代替保甲制，行使乡村的捕务职能。其团练局的武装力量主要由招募而来、脱产的团勇 100 人和不脱产、农闲操练的团丁 1000 人构成。湖北夏口厅团防局则是在原来的基础上，不断扩大团防局的力量。在绅士余福田的建议下，湖北夏口厅加募团丁 80 名，加上已有的 120 名，计有团丁 200 名。团防局由此扩大的经费在厘金项下支取，即每千加收 10 文。团丁分区驻扎，分段巡查。[②] 安徽怀宁县在光绪庚子年设立团练管理机构，由绅士主导，官员督察。管理机构设置科学，彼此区分，但又相互制约，职责明确，分工细致，“总局以操练为主，管带率之；分局以巡逻为主，分局绅董率之”，体现了近代化的趋势。怀宁县在城内设团练总局和操练总局各一所，前者为领导、考核机关和后勤保障机关，后者为操练机关，专

①《松江团练章程》,《申报》，1899 年 2 月 26 日，第 2 版。

②《添募团丁》,《申报》，1900 年 8 月 4 日，第 2 版。

门从事训练组织工作；借住育婴堂，为训练团勇总汇之所，“所招团勇除分拨城厢内外各分局，以备巡查，仍每日调回操练一次以外，其余勇丁均住本局，专主操练，内设管带一员，教习二员，均常川住局”；再设团练巡查分局，专事巡查、缉捕工作，为分段巡查办公之所。①

二、科层化捕务管理机构存在的合理性

直省营务处和各地捕盗局、保甲局、团练局等捕务机构从咸丰、同治年间开始普遍设立，名称各异，时断时续，一直延续到清季新政阶段。即使巡警制度全面实施，有的直省各地，捕盗局、保甲局、团练局仍与巡警局同时存在并行不悖，彼此互为协助和补充。直省各层级捕盗局、保甲局、团练局等遍布城市和乡村，整合官方和民间力量，支撑社会危局，在捕务上起到了重要的作用。或者说，晚清捕务有一定的积极结果，与捕务各类局所的有组织行为是分不开的。这也是直省各类局所在晚清时期很难被裁汰的一个主要原因，即使朝廷多次严格饬令。如，杭州保甲局自设立以来，其捕务作用是明显的。“总巡每夜带丁役周查，分巡亦同武弁时刻出街查察，宵小不敢窃发，地方颇称安谧，向来夜间街头设摊聚赌者，到处皆有，今已一律敛迹。”② 又如，光绪十八年（1892）底，有湖北窜匪张道士乘轮到达芜湖，潜匿福星栈中，为保甲总局所闻，保甲局兵丁蜂拥而至，将张拿获，交芜湖县，收入狱中。③ 光绪三十四年（1908），江苏太湖厅在太湖前山和后山各设团练总局，前山设在漾桥村惠安堂，后山设在杨湾村体仁堂。各乡村还筹建八处分局，将团练组织向乡村社会延伸。依据保甲制，团练局选派团丁入夜巡缉，看守水栅，缉捕盗匪，④ 维护乡村社会治安。

各地政府，尤其在省级政府层面上，大批非经制的机构⑤ 和半官半绅的局所人员楔入原有的官僚体系，冲击了原有的官僚体制、规

① 姚锡光：《吏皖存牍》卷上，第676—677页。
②《杭垣保甲述闻》，《申报》，1878年1月5日，第2版。
③《匪案近闻》，《申报》，1892年1月21日，第2版。
④《太湖厅办理团练章程》，《申报》，1908年3月23日，第18版。
⑤ 朱寿朋：《光绪朝东华录》，第1879页。

则，带来了包括捕务在内的权力结构错动和涨落以及官僚利益的重新调整。由此，既带来了一些新动向、新趋势，甚至近代化的趋势，但也带来诸多负面影响。如这些捕务局所作为督抚执行机构，自身权力很大，且还不断向边界模糊地段伸展权力，既侵蚀了臬司、藩司的权力体系，将捕务权力收紧于督抚，又扰乱了州县官的管控体系，使官治受损，绅权扩大。这些机构容纳大批官员，而这些差委的官员不断地被保举，有碍选官、任官制度；这些官员为了获得好去处，四处奔竞，有碍于官场风气；这些局所更有甚者，这些捕务局所官绅直接听命于督抚和各级地方官，形成了以权力不断扩张的督抚为中心的集团势力，利益团体若隐若现，导致中央权力和权威内轻外重等等；一些捕盗局、保甲局和团练局所作所为突破了清代律例的相关规定。如审判、处罚权在州县正印官，保甲局等局所委员只有巡防、缉拿和查验职权，"委员之专责不过缉拿匪类，弹压打架盘诘形迹可疑之人，查禁开场聚赌之事"。清代法律严禁委员滥受民词，"民间词讼，则自有县令为之审判，不烦他人越俎代谋"。但实际上，这些捕务局所常常干涉司法，此类委员"凡遇民间户婚田产之事，滥受呈词，擅自讯问，甚至任意用刑，定制有所不顾，物议有所不恤"。[①] 还如，依照清代的律例，清政府严禁制造和携带凶器，严禁与凶器有关的私硝、私磺；铁匠打制铁器也要受到严格的限制，需要官方注册登记。在光绪二十六年（1900），广东仍有凶器、军械民间之禁的重申，"惟文武上下各衙门、各关卡、各州县、城乡团练局及候补人员公馆，准其蓄贮，武弁、团练局有军械，可以保卫地方，文员贮有军械，有事以资弹压"。[②] 其结果是，一方面，在晚清时期，关于这些方面的律例禁令已经被突破，律例的严肃性受到挑战；另一方面，这些武器如果管理不当，被不当使用时，就可能会成为盗贼，甚至叛乱者的工具。即使团练局，拥有军械，也有可能强化其抗官和族群械斗的能力。正所谓"除盗贼则不足，以之抗官府则有余"，流弊很多很大。"擅造军器，

---

①《书芜湖保甲章程后》，《申报》，1892 年 12 月 30 日，第 1 版。

②《上两广总督靖乱条陈》，《申报》，1900 年 6 月 3 日，第 3 版。

私藏违禁刀械，不由官发，以致良法美意，坏于一旦”[①]。因此，为了避免受到律例的制裁，绅民打起了擦边球，所使用的武器都统一存放，由保甲局、团练局统一管理，需要时取出使用，且需要得到官方的登记和批准；最后，捕务等新的局所作为非经制临时性质的机构，律例缺乏明确的规定。“临时设置的各类局所，虽不断扩张与固定化，但在组织、人事、经费、隶属关系等方面毕竟没有规制可循，这使得清季直省局所的运行管理十分复杂。”[②]捕务类局所同样也是如此，冲击着固有规制。最后由于捕务局所权力与责任不清，相互之间扯皮和牵制。“保甲一事本隶于臬宪……另设保甲之局，派委道府大员督办其事。……虽仍与臬宪会衔，而权不归一，即责可互诿矣。”[③]而且，新的机构与原有机构由于分工不明确，彼此矛盾冲突。如，两江只设藩司，臬司在苏州。所以金陵保甲各事长期以来由善后局主持。在差委用人上，善后局酌派，与保甲总局会衔札委，保甲局还负责保甲督办事务。但自从保甲局由道员管理后，与善后局同级，两局常常为差委用人，争执不下。[④]这就是多头管理的典型案例，显性和隐性权力的争夺和错动使得各省管理层矛盾重重，使这些捕务局所功能丧失，或者功能异化。“团练云者，团则练，不团即不练，势不能常团，即势不能常练，常练之兵，尚且无用，而欲以不练之团丁御侮，无论有时之事，一时恐难招集，即能招集，恐亦无济于事也。”[⑤]敷衍了事，沿袭敷衍、得过且过的老套，缺乏新的气象，都与捕务制度不当、制度缺失和机构重叠有关。

不论直省捕务机构的成效，也不论其存在的问题，直省包括捕务局所在内的各局所的创制有其必然性和合理性。从纵向看，清代捕务管理体制是单向的，而无经制行政机构，官员只在幕友和为数不多、

① 《团练议》,《申报》, 1872 年 5 月 22 日，第 2 版。

② 关晓红：《从幕府到职官：清季外官制的转型与困扰》，生活 • 读书 • 新知三联书店 2014 年版，第 94 页。

③ 《论刘岘帅严查匪类》,《申报》, 1894 年 3 月 28 日，第 1 版。

④ 《一秉至公论》,《申报》, 1889 年 7 月 20 日，第 1 版。

⑤ 《与客论保甲团练》,《申报》, 1899 年 8 月 15 日，第 1 版。

级别低下、负责杂务的佐杂官协助下开展工作，没有建立科层式的体制，缺乏直接的执行机构。直省督抚、藩臬两司拥有很大的但又彼此制约的权力，从刑名钱粮到军事、民政、司法、审判、人事、考试等，事务无所不包。有文称，省府都会所辖地域较大，“阛市通衢最易藏奸”，官方往往“特设公局”，委任候补官员，专办案件，“所以辅地方官之不及”。[①] 州县官虽然有佐杂官分任部分事务，但“一人政府”的本质没有变，负全面的责任。督抚、两司、道府，再到州县，主要以督缉形式，行使自己的职责。一般来说，纵向体制之中的层级越多，越往底层，执行上级指令的效力就越低，呈递减之势。当然，督抚、道还可以动用军队来镇压较大规模的盗匪行为。即使如此，这种单一的纵向体系只适合政治清明、社会稳定和事务简略的朝代。与此相对，到清代中晚期，由于内忧外患和社会转型加剧，社会越来越失序，且经济、政治、军事、社会和外交等新式事务层出不穷，与清代前中期，已不可同日而语，此时直省纵向、单一和经制管理官员缺乏的官僚体系已经完全不适应新形势的发展变化。“大规模行政管理所提出的种种难题有助于产生组织的科层化。换言之，如果没有科层化，大规模的集中行政就很难得到维持。”也就是说，科层制是现代社会事务越来越烦琐的必然产物，并事实上成了“现代性的缩影”。[②] 众多局所应运而生，其必要性和合理性根植于清代直省管理体制的结构性缺陷，即“管官之官多，管事之官少”。督抚以及以下各级正印官难以应付日益繁多而复杂的事务，按定制，“又缺少相应属官和办事机构，指挥实缺各官，往往不如兼差或专职办事的局员得心应手”。[③] 正是如此，包括捕务在内的这些局所是内生性的，是近代中国当时时势发展的自然结果，不是西方制度移植的产物，更不是外部力量强制的结果。

---

①《都察院请饬拨款生息作为缉捕经费折书后》，《申报》，1884 年 4 月 1 日，第 1 版。

②［美］彼得·布劳、马歇尔·梅耶：《现代社会中的科层制》，马戎等译，学林出版社 2001 年版，第 9 页。

③关晓红：《从幕府到职官：清季外官制的转型与困扰》，第 104 页。

第三节　捕务客体、规则和手段的变动

一、捕务客体多元化复杂化

晚清时期，除原有的盗窃、抢劫、走私、命案、叛逆等捕务客体外，由于人地矛盾、中外冲突、天灾频发、不时的战争以及清代政府治理无能等等，流民、游勇、教案、民教冲突、鸦片和军火走私、闹教等新的、大量的捕务客体产生，而且邪教和会党分子与游勇、枭匪日益合流，相互勾结，并呈组织化的状态，破坏性更大。晚清时期捕务客体呈现多元性、复杂性状态。这些捕务客体破坏行动经常化，破坏结果严重化，对清代政府提出了严峻的挑战，也撬动着原有的捕务制度。

（一）猖獗的鸦片烟。鸦片走私、贩卖到中国开始于清代中期。鸦片是外来物品，由罂粟提炼而成。而罂粟也是外来物种，在中国种植开始于十九世纪三十年代末，所产鸦片烟土名号众多。[①]因为鸦片烟于国于民危害极大，严禁鸦片成为清政府的一贯政策。第二次鸦片战争后，中英签署了《中英通商章程善后条约》。其中规定“洋药准其进口，议定每百斤，税银 30 两”，正式承认鸦片贸易在中国由非法变为合法。咸丰九年（1859），清廷重新颁布的鸦片章程虽然继续禁止兵丁、官员、太监等人贩运、吸食，但解除了对民间的禁令，以往对于私种罂粟，处以死刑的条款也同时废止，种植罂粟、熬制土膏开始公开地进行。[②]晚清时期鸦片泛滥，吸食人口猛增，对社会，乃至官场产生了很大的负面影响，严禁鸦片之声不绝于耳。但鸦片烟利润丰厚，直省还可以收取土药厘金，是直省地方财政的重要来源，因此，一般官员对种植罂粟，熬制、贩卖和吸食鸦片常常放任自流。民间罂粟种植，鸦片贩卖、吸食屡禁不止，甚至一些官员和兵丁也

---

① 参见《论鸦片宜禁种并行》，《申报》，1891 年 5 月 3 日，第 1 版。

② 连东：《鸦片罂粟通史：欲望、利益与正义的战争》，上海社会科学院出版社 2018 年版，第 181 页。

屡屡突破律例规定，实际上鸦片已经半合法化。一方面，罂粟的种植和鸦片土烟的生产、销售成了新的捕务客体，另一方面，禁止鸦片的捕务行动常常成呈阶段性，严禁与弛禁取决于督抚等官员的态度和决心。

一些比较开明的官僚和有识之士主张严禁鸦片走私、鸦片烟馆，或者限制鸦片烟馆以及严禁种植罂粟。但是，允许洋药进口，并由中国商人销售，而又严禁土药种植、生产和贩运，这样的双轨政策本身就是有问题的：在市场上，洋药和土药鱼目混珠、利益攸关，在实际工作中很难操作，而且，只有那些正直、有远见的官员才会严格执行禁土药、禁种罂粟的政策。因此，禁止鸦片烟的工作带有地方性和强烈的人治色彩，当该高官离任后，该地鸦片烟就会弛禁。丁日昌在江苏巡抚任内，左宗棠在陕甘总督任内，都严禁栽种罂粟。如丁日昌要求所属各州县"即于栽种罂粟之区出示禁止，并于下乡时留心察看，传集佃户、地保人等剀切面谕，令其改种粮食，酌予限期，使之迁业"。[①]张之洞任山西巡抚后，也是大力禁止种植鸦片烟，从源头上消除鸦片之害，以倡导和劝勉为始，继之派文武官兵威慑，乃至镇压。他提出，禁种罂粟，要"用威"，如有著名之处，"客民负固，地方官令不能行，准其请兵弹压。既可借壮声威，亦便分任拔毁，以为一劳永逸之计"。[②]

晚清时期，在城镇街头巷尾，烟馆林立。这些烟馆、烟灯不仅有碍观瞻，败坏社会风气，而且损害人们的身体健康，耗费金钱。更有甚者，烟馆藏污纳垢，"匪类潜踪，谋篇不轨，大半在此"[③]。在这种情况下，"禁烟不能，则禁烟馆"[④]。从禁止的严厉程度来划分，禁烟馆主要是三种形式，如果违背相关规定，清代捕务机构会给予不同形式、不同程度的处罚。一是禁止开设烟馆，并将已有的烟馆关闭。张之洞在山西，要求山西保甲局禁止烟馆。"严饬查夜查街正佐各员，将省

① 赵春晨:《丁日昌集》卷71，抚吴公牍三十六，第695页。
② 苑书义等:《张之洞全集》卷86，公牍一，第2311页。
③《禁鸦片烟论》,《申报》，1873年4月23日，第1版。
④《论禁烟馆》,《申报》，1876年1月7日，第1版。

城所有烟馆，一律驱逐，不准容留一家。该委员等平素于各路巡查，本有专责，又当编换门牌之际，更可无虞疏漏。如敢虚应故事，或稍涉庇徇，一经本部院访察得实，定将该员立即撤差，记过停委。”[①]光绪初年，丁日昌任江苏巡抚时，授权金陵保甲局，严厉查禁烟灯。如，有高淳学武生某者，“向在敷教营开设烟灯，昨因被查犯禁。当经分局委员解送总局宪刘公处，旋即发学，戒饬该生”；[②]二是主要从社会治安的角度考虑，不准夜晚开放烟馆。浙江省官员借鉴金陵禁止烟馆之举，但又有所变通。浙江藩臬两司饬令保甲各员，传谕各烟馆以二炮为度，即闭门，不准开灯，如违反，即将烟馆封闭，店主枷责。[③]湖北东湖县也是禁夜开烟馆，查禁烟馆极为认真，文武员弁逐夜逡巡，“前日东湖柳明府及刘委员、张捕厅于夜半查出南门烟馆，将该处保正龚某、由某唤至，各责数百板，并将吸烟之人责打释放，旋拘到卖烟之人，枷责示众矣”；[④]三是不准新开烟馆，或在规定的一段时间内逐步减少原有烟馆数量，直到烟馆全部关闭。如，南昌严禁烟馆就是如此。南昌保甲局“饬严加查核，……任其照常理业。惟不准新添及顶开转当，即子承父业，亦以三年为率，过期勒令歇闭”。[⑤]两江总督饬令城守协及保甲总局、营务处、江宁府，通查省城厢内外所有烟馆，造册呈报，不准再有添开。城守协各官拟定烟馆章程，对烟馆作出五项禁令，即背街小巷、草房和有妇女住家的，不准开设烟馆；自一张铺起至三张铺止的小烟馆，不准开张；准开的大烟馆，二炮以后一律熄灯等等。[⑥]如果不遵守上述禁令，官方即将该烟馆封闭，并对开设者严加惩办。

（二）普遍化的游勇。晚清时期，社会秩序十分混乱。而清政府的镇抚力量又严重不足，只好不断地招募营勇，滥竽充数。但是，又

---

①苑书义等：《张之洞全集》卷 86，公牍一，第 2313 页。

②《禁烟馆续闻》，《申报》，1876 年 1 月 7 日，第 3 版。

③《抽查烟馆》，《申报》，1876 年 7 月 13 日，第 2 版。

④《宜昌近事》，《申报》，1884 年 6 月 16 日，第 2 版。

⑤《稽查烟馆》，《申报》，1877 年 8 月 29 日，第 2 版。

⑥《查禁烟馆》，《申报》，1898 年 11 月 5 日，第 2 版。

由于财政十分困难，且担心营勇成为敌对的异己势力，当威胁解除后，或事件平息后，清政府立即裁撤营勇。营勇认领恩饷后，被遣散回家，即为散勇。这些散勇仍然在外游荡的，即为游勇。游勇的规模十分庞大，晚清社会因此积压了大批不农、不工、不商的游手好闲之辈，也就成为捕务新客体。晚清时期，会党遍立，会党分子多如牛毛，究其根源，还是游勇存在之故。“中国每当边陲自警，即先以招勇为事，或十营或二十营，数日之间立即募足，迅速成行，固甚便也。迨事已敉平，则为节饷起见，次第裁撤，给资遣散”。按照清代的惯例，遣散营勇，一般发给勇丁两个月的恩饷等。但“无如若辈在营挥霍已惯……其所得之资，不数日而早已用罄”。[①]因为欠饷，湘军就曾哗变，反抗官府。延及光绪年间，散勇反叛之事也时有所闻。光绪二十二年（1896）正月，在天津就发生了因闹饷而杀人的事件。时在天津的老湘军虎字十营奉令遣撤，营官照额数认领勇营恩饷，但从中克扣，勇丁“有未发者，有虽发而不足者”。二月初四日，勇丁乘车到达塘沽，该勇等仍索恩饷不成，杀官弁 8 人。次日，勇丁又杀官弁 3 人。所以，舆论时评认为，“论散勇闹事，罪固在勇，而论其所以闹事，则罪固不能独归于勇矣”。[②]但是，散勇的无法无天和桀骜不驯，也由此表露无遗。

由于又有哥老会等互相煽结，各处会党“无非此等裁撤之勇”。归结起来，“会党之多，大都由于散勇；散勇之故，仍不外乎招勇”，[③]已形成一个恶性循环。游勇与枭党、会党结合，已普遍化、规模化和组织化，也是晚清时期捕务客体大变化的重要表现。游勇与民间会党、枭党合流，彼此相互勾结，频频发生盗窃、抢劫和抗击官府之事。“近来各处滋事之案，无论为窃为盗为骗为攫，大半系游勇所为者居多，即斋匪、会党亦多属游勇，实则游勇与营兵本属一鼻孔出气。”[④]

①《论游勇扰民》，《申报》，1893 年 10 月 10 日，第 1 版。
②《论散勇闹事》，《申报》，1896 年 4 月 16 日，第 1 版。
③《书各处会匪信息后》，《申报》，1887 年 7 月 7 日，第 1 版。
④《说兵》，《申报》，1887 年 11 月 29 日，第 1 版。

（三）组织化和严重化的会党。秘密会党在中国一直存在，是中国专制社会的毒瘤。晚清时期，会党、教匪大量涌现，名号繁多，数量惊人。“三点匪会，入会者，以广东高、廉、雷、琼等属愚民为最多，蔓延广西，愈聚愈众，其数不可究诘”。两江、两湖则有哥老会，“盖即发逆肃清后，遣散各勇游荡无归者为之，其数亦愈聚愈多。较之三点会党羽尤盛，其余大刀会、天地会等名目，几于悉数难终”。[①]各种名号的邪教成员也不少，“其数不可以更仆数，几乎无地无之”。[②]这些说法确是事实，而非夸张之辞。到光绪二十年（1894），会党已经遍布全国各个角落，而官方对此几乎处于失控状态。晚清时期，散布空间最大、存续时间最长和破坏力最大的会党组织就是哥老会。

会党与游勇、枭匪、教匪的合流及其深化，都只是以生存为主要目的，是比较盲目的社会破坏力量。但到20世纪初，反清的各类政治组织登上舞台，开始与各类会党合流合作，至少临时借助会党外壳，举行自觉的反清活动。反清政治势力和革命党人企图利用这些乌合之众，以推翻清朝统治为目的，在一定程度上使这些会党成为有组织的政治力量。当南方各省的自立会、自立军起义被镇压下去后，革命党人又在广东等地发起了反清起义。当时保守的报纸将反清起义视作暴乱，对此进行诋毁。“粤中惠州各处会匪又复跳梁，虽未必与自立会匪联为一气，然以仇视满洲为名，其宗旨与自立会异而同，同而异。”该报也发现了这些反清革命组织与处于社会底层的会党有所区别，反清政治人士与会党分子有所不同，但未能解释此现象的根本原因。“三点、哥老等会匪类皆凶暴之徒，而此两会中人多有读书文人及缙绅子弟。”[③]但不管是会党，还是自立会、兴中会，在清政府看来，只要是破坏社会，反抗其统治，都是捕务对象，不会有任何差别。

（四）新式军火走私。在19世纪40年代后的近50年里，西方军事技术突飞猛进，军队素质、弹药技术、枪械技术、火炮技术、舰船技术、通信技术和后勤保障都有了革命性突破，武器装备日新月异。

①《会匪不能成大事论》,《申报》，1901年7月8日，第3版。
②《治教匪探源说》,《申报》，1883年6月16日，第1版。
③《会匪不能成大事论》,《申报》，1901年7月8日，第3版。

但是，军火一旦落入民间，对社会稳定就是一个潜在的威胁。为了增强自己的力量，会党、枭匪、教匪、自立会和革命党等千方百计地寻求新式武器。通过军火走私、抢夺官方的武器、游勇携枪入会以及在与军队对抗中缴获枪支等方式获得。到了光绪年中期，民间拥有新式军火的现象已经十分普遍。“近日以来，匪党之枪炮亦渐见其多。”特别是盗贼和反叛者，更将新式军火视为利器。[①] 这些枪械还是当时非常先进的后膛快枪，“闻通、海各盐枭多有后膛快枪，散在民间者不少”，[②] 甚至比官军的枪械还要先进，“查出军火两车，讯系青岛教民为贼包办，以故贼火器精甚，远过官军”。[③] 这些反叛力量和盗贼分子一旦拥有现代武器，如虎添翼，敢于与防军、练军和武装团练对垒。

清政府一直严格禁止民间制造武器、拥有武器，官方对枪支和军火库的管理也十分严格。如前所述，一旦拥有、盗卖违禁军火，百姓会处以严厉的惩罚。如，“咸丰十年，田畯在金陵盗卖军火，遂致决裂万状”，[④] 被处以极刑。即使用于制造火药的硝磺，仍然在严禁之列，只能由官方专卖。“民间需用硝磺，向系由官设所专卖，各有辖境，既不得越境售卖，尤不准私相授受。”[⑤] 晚清时期，新式枪械诞生，清政府也是严禁新式军械走私内地，以此作为消解破坏力量的一贯政策和重要手段，新式军火在晚清时期也就成为捕务新的对象。官方按照律例的规定，不断地严禁新式军火武器，严禁民间走私、购买、拥有和使用。“以津关查出德商夹运大批军火，显有匪党隐谋，饬道会同税务司，凡有轮船抵埠过境，务须加意严查，随时防范，杜绝私运，以消隐患。”[⑥] 再就是对拥有、使用军火的盗贼分子和异己势力进行严厉打击。金陵城内外保甲总局在光绪三十三年（1907）就拘获私售军

①《论人心之肆》，《申报》，1893 年 4 月 8 日，第 1 版。
②《江督皖抚为查禁军火事咨各督抚文》，《申报》，1907 年 7 月 6 日，第 10 版。
③ 中国第一历史档案馆、北京师范大学历史系：《辛亥革命前十年间民变档案史料》上册，第 156 页。
④《军火失窃》，《申报》，1879 年 3 月 22 日，第 1 版。
⑤《严禁私贩硝磺》，《申报》，1911 年 5 月 30 日，第 20 版。
⑥《江督皖抚为查禁军火事咨各督抚文》，《申报》，1907 年 7 月 6 日，第 10 版。

火之犯，并按律处罚。[①]次年，浙江巡警局为防范匪党私运军火，还拟定专条。[②]

（五）民众闹教。通过不平等条约，外国宗教在中国传播的禁令被取消，外国获准在五口通商之处修建教堂，进行传教。后来又获得进入中国内地传教的权利，外国教会势力开始大规模地渗入中国腹地。如天主教，自道光二十年（1840）至宣统三年（1911），罗马教廷在中国建立了25个教区，加上以前所建，天主教区基本上已覆盖全国各个省区；基督教（新教）在鸦片战争前在中国只有小规模的传播，但到咸丰八年（1858）《天津条约》签订后，新教各教派传教士大量涌入中国，到光绪三十二年（1906），全国共有新教传教差会82个，教士达3832人。[③]这些传教士伴随着外国商品、鸦片和炮舰，源源不断地来到中国，深入腹地。而教会也在外国侵略势力的操纵下，逐渐发展成为干涉内政、包揽词讼、刺探情报、霸占田产和欺压民众的罪恶机构。[④]相当部分传教士在中国无恶不作，郭嵩焘在光绪三年（1877）说："府县厅镇，凡有建天主教堂者，地方辄不能安其生，而教士之势乃张，其为祸乃至无穷。"[⑤]因此，晚清时期，在中国大地上掀起了反洋教运动。与会党势力、民变相结合，反洋教运动不断形成高潮。各地士绅不时煽动大众的排外情绪，他们印发揭帖，攻击基督教。排教者，在各省首府散发揭帖，呼吁百姓行动起来反对洋教。[⑥]清政府和各直省督抚为了避免难缠的教案纠纷，只能按照条约制度，对传教士和教民的人身和财产及其活动予以保护，甚至派兵护卫。所以，禁止闹教和保护教堂、教士、教民也成为清政府捕务的新客体。

特别是在十九世纪九十年代到二十世纪初期，反洋教运动达到顶

①《秦淮画舫》，《申报》，1903年8月8日，第9版。
②《条陈防范私运军火办法》，《申报》，1908年12月27日，第11版。
③史革新：《中国社会通史》，晚清卷，山西教育出版社1996年版，第255—256页。
④姜涛、卞修跃：《中国近代通史》第2卷《近代中国的开端（1840—1864）》，江苏人民出版社2009年版，第196页。
⑤郭嵩焘：《郭嵩焘奏稿》，杨坚校补，岳麓书社1983年版，第370页。
⑥［美］费正清：《中国：传统与变迁》，张沛、张源、顾思兼译，吉林出版集团有限责任公司2013版，第280页。

峰。“今者教堂之衅，则又为从前所未有。”[①]民教冲突一旦爆发而不能遏制，会产生很大的负面作用和不好的影响。反洋教行动“逞一时快意，而国家就要遭受无穷之累”。所以，对于西方宗教教士和教民的人身财产及其活动，清政府主要采取三种方式予以保护。一是严饬官绅民予以保护，即保教。各省督抚不时谕令“府县保甲营汛各官，加意保护教堂，毋使酿成教案，并通饬所属，凡有教堂之处，务宜格外妥慎保护，以免生事”；[②]二是当教案发生后，清政府饬令官方，对于教民冲突，“持平办理”。民教冲突，常常是官员凭个人好恶感情，办理不当一手造成的。所以，在办理民教冲突中，朝廷和直省督抚一再重申，要以事实为依据，持平办理，按照律例，进行处罚；三是严惩闹教之人或势力。光绪十七年（1891），一些匪徒聚集在江苏丹阳天主教堂前，“大肆滋扰，胆敢秉炬以投，将三百年创建之教堂，付之劫火”。丹阳县知县会同城守营，督兵保护，但匪徒愍不畏死，负隅顽抗，以致城守兵数名身受重伤。知县只得向镇江城发电报，请求派遣援兵，前往保护。镇江“黄观察接电后，急令保甲总局孙委员、焦参戎，并易军门手下之某哨官，率兵一哨星驰而去”。[③]这些匪首被官方抓获，一律就地正法。

二、捕务规则的变更

随着新的捕务客体和破坏形式的出现，为应对新的形势，清政府对律例、捕务章程也不断地进行修改、完善，并不断改变捕务手段和方式，以适应不断恶化的治安形势和逐渐失控的局面。

（一）走私、贩卖和使用军火处罚之例。新式军火对中国来说，是一个新生事物，律例、规章对此作出了新的规定。如，光绪年间，新增“专为洋枪杀人通行罪名”的部定条例。该条例规定，“凡强盗行劫，结夥十人以上，在场内但有一人执持洋枪鸟枪者，不论曾否伤

①《论会匪宜有处置之法》，《申报》，1899年11月20日，第1版。
②《饬保教堂》，《申报》，1898年5月28日，第2版。
③《丹阳闹教续闻》，《申报》，1891年6月6日，第2版。

人，不分首从，均拟斩立决枭示；结伙三人以上抢夺案内之犯，执持鸟枪、洋枪者，系首犯，斩立决枭示，从犯斩立决，伤人者仍加枭示；强盗拒捕，系手持洋枪鸟枪者，皆拟斩监候，秋审入于情实杀人者，仍拟斩立决枭示；寻常窃盗仅止一二人，但系执持洋枪鸟枪，并未拒捕伤人，均发极边充军；其有纠众互殴、伤毙人命等案，如系火器杀人，均照故杀例，均拟斩监候”。[①]

（二）禁烟法。有清一代，清政府不时禁烟，但结果不佳。真正动真格的、全国性禁止鸦片烟是在光绪三十二年（1906）。禁烟运动由官方从上至下发动，“清末预备立宪，内外官制，均有更张，执行禁烟者，除各督抚藩臬守巡道各府州厅县外，内而民政部、外而民政司或巡警道，均为新设机关，各有专司禁毒之责”。[②] 为更好地开展禁烟运动，政务处专门发布了《筹拟禁烟章程》，作为清季新政新气象的一项重要举措。它在“限种罂粟以净根株”“分给牌照以杜新吸”“勒限减瘾以苏痼疾”“禁止烟馆以清渊薮”“清查烟店以资稽察”“官制方药以便医治”“设戒烟会以宏善举”“责成地方官督率绅董以期实行”“严禁官员吸食以端表率”“商禁洋药进口以遏来源”等10个方面做了规定。[③] 清政府要求官民分年限减种、减吸和停售。

在随后的几年里，中央和各省出台了诸多禁烟章程，如光绪三十四年（1908）五月，禁烟大臣按照朝廷谕旨，制定了《政务处奏定禁烟章程》。[④] 民政部、度支部还会订稽核禁烟章程。该章程共十条，对罂粟减种、公行买卖及烟店、烟馆、烟具、吸食、戒烟管理做了明确的规定，特别是对官员禁烟工作的考成做了规范。[⑤] 七月，吏部专门制定了对官员考成奖励的规定，是对上述考成奖励规定的进一

①《禁购军火议》，《申报》，1888年5月24日，第1版。

②马模贞：《中国禁毒史资料》，天津人民出版社第1998年版，第457页。

③《内务：会议政务处大臣奏筹拟禁烟章程折》，《东方杂志》，1906年第13期，第286—292页。

④参见《政务处奏定禁烟章程》，《申报》，1906年12月2日，第3版；《续政务处奏定禁烟章程》，《申报》，1906年12月3日，第4版。

⑤《禁烟大臣奏定禁烟查验章程》，《申报》，1908年6月22日，第10版。

步细化。[①]宣统元年（1909）十二月，宪政编查馆奏拟、颁行新的《禁烟条例》，对违背定章者，按现行条例治罪；对从事鸦片种植、贩卖、吸食者，分别处以徒刑或罚金；规定官员包庇烟贩者，与犯人同罪。[②]这些规定使禁烟有了法律保障。此后，为切实考核、督促官员戒断烟瘾，1911年4月20日禁烟大臣又奏定了《续拟严定禁烟查验章程》10条，与已颁布的《禁烟查验章程》10条、《续禁烟查验章程》、《续拟禁烟办法》10条，成为检验官员是否吸食鸦片的主要政策依据。[③]

自光绪三十二年（1906）以来，清政府禁烟措施有力，也比较有成效。据统计，宣统元年（1909），山东、山西、陕西、福建、浙江五省的罂粟栽种面积各为近100万亩，已减少75%。种植面积最多的四川省也大大减少。[④]如湖北按照禁烟章程，严禁鸦片烟，到光绪三十三年（1907），湖北武昌省城的烟馆已一律封禁，汉口的烟馆亦即勒令停歇，并派委员稽查。[⑤]据禁烟大臣、恭亲王溥伟等在宣统二年（1910）奏称，自禁烟公所开办以来，"京内各衙门咨称，实已断净者一千八百六十四员，陈明断戒者七百十三员；外省咨称，验过实已断净者四千一百二十六员，陈明断戒者一千二百七十三员。内外奏咨，办戒烟不力革职、休致者二百七十一员，自行呈明开缺者十九员，因戒吸而病故者一百八十六员。各省公私立戒烟社会局所计已断戒者共四十三万四千五百余人"。[⑥]魏志良在署广西义宁县知县任内，造报境内实无私种烟亩，隐瞒真相，照禁烟处分新章，未经查禁，捏称禁绝者，按蒙混革职私罪例，给予革职处分。[⑦]

（三）对团练奖惩之例。对团练成员奖惩规定，是团练章程的一个组成部分。当然，各直省州县对团练练丁、壮丁奖惩的规定不尽相

①参见《吏部奏定地方官禁烟考成》，《申报》，1908年8月28日，第4版。
②《宪政编查馆奏核订禁烟条例折》，《申报》，1910年2月13日，第35版。
③黄志红：《论清末"新政"时期的禁烟运动》，湘潭大学2006年硕士论文，第23页。
④周积明、宋德金：《中国社会史论》下，湖北教育出版社2000年版，第687页。
⑤参见《鄂督派员查禁烟馆》，《申报》，1907年8月12日，第10版。
⑥《宣统政纪》卷33，宣统二年三月乙卯，近代中国史料丛刊三编第18辑，文海出版社1989年版，第582—583页。
⑦《奏革广西禁烟朦蔽之县令》，《申报》，1909年9月25日，第4版。

同。如，刘衡在广东四会县任职时，在所拟章程中，对团练成员的奖惩作出了规范。奖励之条就规定“壮丁擒获夥盗一名，本县赏银二十两。如盗匪拒捕，该壮丁登时格杀一名，亦赏银五两。如擒获盗首，本县赏银五十两，格杀亦赏银二十两。如有拿获积案巨盗者，从优奖赏”。惩罚之条就规定“壮丁有怀挟私嫌、诬拿良民者审实，照诬良为盗例严办；壮丁应听董事稽查，如有抗违不遵，及不在望楼支更、值宿者，立提究处”。[①]

锡良任山西巡抚时，按照朝廷整顿保甲团练的要求，在光绪二十四年（1898）详定保甲团练制度，对保、甲长、练丁、练总的奖惩规定得十分详尽和细致。其规定，此后各属遇有盗案，练丁、练总能格捕者，无论获盗名数多少，州县皆准免其记过。于盗匪来抢来劫，而能设法抓捕，不致失事，兼获盗犯，无论名数多少，皆记大功 1 次，获邻境盗犯者另记大功 1 次。反之，遇有盗案，该州县练丁不能捕盗格盗者，除照现拟盗案功过记过外，仍记过 1 次。至二案以上，而练丁无一案能获犯格捕者，即另记大过 1 次。如果团练、保长办理认真者，一年无盗，由州县分别禀明，传知嘉奖，或赏给功牌。[②]浙江宁波团练的奖励规定，遇有盗匪拒捕，各巡丁不得不格伤倒地，不得再殴打，即捆获送县，酌量给赏。讯系首盗，赏洋 50 元，伙盗赏洋 20 元，以示鼓励；如有巡丁被匪拒伤，由该董事查明伤痕，分别轻重，酌给医药之资。[③]

（四）就地正法之章。清代的案件分为自理案件和命盗案件。自理词讼是指州县有权对笞、杖罪案件自行审理结案，其余徒罪以上的命盗案件却须逐级审勘复核。其程序为，府所属州县厅审理的案件由府审转，直隶厅直隶州直接审理的案件由道审转，府或道审转案件由按察司复审，再申详督抚。督抚对徒罪案件可以批结，重要案件即军流、死罪人犯需专案咨报刑部批复，其中死罪案件，由督抚

① 刘衡：《州县须知》，《中国古代地方法律文献・丙编》第六册，第 453—454 页。

②《锡良呈抚宪办理保甲团练会同酌议功过章程六条清折》，光绪二十四年，虞和平：《近代史所藏清代名人稿本抄本》第三辑，第 127 册，大象出版社 2017 年版，第 367—375 页。

③《宁波团练章程》，《申报》，1900 年 7 月 15 日，第 2 版。

审拟具奏或具题。

太平天国运动爆发以后，各地枭雄蜂起，为迅速将农民起义镇压下去，军兴省份奏请将盗匪就地正法。咸丰三年（1853），朝廷发布谕旨，批准就地正法之章。该章程规定："如有土匪啸聚成群，肆行抢劫，该地方官于捕获、讯明后，即行就地正法。"但就地正法章程同时规定："至寻常盗案仍著照例讯办，毋枉毋纵。"因此，就就地正法对象而言，为"啸聚成群，肆行抢劫"的土匪；就程序而言，就地正法之章允许先行正法、事后备案，即所谓先斩后奏；就执法者而言，可以为军队、督抚、地方官和团练，甚至绅民。自此以后，就地正法适用范围逐渐扩大。同治二年（1863），政府规定，就地正法的范围为逆匪盗犯，具体程序是州县审实，转该管道复审，再由督抚核实，由督抚饬令就地正法。也就是说，就地正法之案，直省有权定案。[①] 光绪七年（1881）刑部奏定的章程进一步扩大就地正法的适用范围，土匪、马贼、会匪和游勇等俱可归入强盗之列，故就地正法章程在当时常被称为盗犯（盗案、盗匪）就地正法章程，[②] 但是，仍然强调"寻常强盗，不得滥引"，且自光绪九年（1883）五月初八日为始，寻常强盗案件规复旧制。[③] 不过，所谓的强盗，在晚清时期实际上难以甄别。因此，按照章程的规定，实难操作。如广东省，"盗匪无一案非纠伙，无一盗不持械。所持之械无非洋枪洋炮，及获械讯供，无一犯非迭劫多次……其情节实与寻常盗贼迥异"。[④] 晚清时期的就地正法之条也适用于内河捕务。"广东内河劫案伙聚四十人以上，或行劫三次，或脱逃二三年后就获，应斩决者，均加枭示，恭请王命，先行正法。"[⑤] 因此，就地正法章程的限制性条款难以落地，各直省仍然我行我素，以致该法依然长期通行，枉杀就成为必然。特别是就地正

---

① 苑书义等：《张之洞全集》卷 13，奏议十三，第 372 页。

② 刘伟：《晚清州县"就地正法"司法程序之再考察》，《社会科学》，2015 年第 7 期；张本照：《论清代"就地正法"之制的产生时间》，《历史档案》，2016 年第 1 期。

③ 赵尔巽等：《清史稿》卷 143，刑法志二，第 4203 页。

④ 苑书义等：《张之洞全集》卷 13，奏议十三，第 374 页。

⑤《论苏省盗匪之多》，《申报》，1897 年 5 月 16 日，第 1 版。

法适用范围、适用空间不断扩大，轻罪重判的可能性大大提高。按定例，只有土匪、马贼、会匪和游勇等四项，一旦抓获，就地正法。后经江苏巡抚奏准，“将淮、徐、海三属凡强盗、杀人、放火、强奸有干例载六项，并窃盗执持火器拒捕杀伤人，例应斩枭之犯，均即先行处决”。后此例的适用空间又扩大到宁属、苏属各州县。张之洞任两江总督时，又奏请“宁苏各属斩决盗犯，如聚众至五人以上，执持刀械，或强劫得赃，或拒捕伤人，或伙劫二次，或连劫数家，并强盗案内造意分赃之窝户及平空抢夺良家妇女已成之犯，均照湖北奏定章程，即行就地正法”。[①]

就地正法在晚清时期一般由各省自行奏请，获得批准后，其他省份援例而行。当就地正法之条扩大适用范围时，常常也是一省奏请，其他省援例而行。因此，就地正法之制在空间、适用范围上畅通无阻，全国施行，影响很大。但就地正法之制执行下来，治安效果并不十分明显，未能达到恢复和稳定社会秩序的目标，反而由于各省地方官“惮于解勘，借图简便，草菅人命，恐所不免”。所以，在光绪二十四年（1898），对就地正法章程进行了重申，“嗣后除现有军务省分，及实系土匪、马贼、会匪、游勇情节较重者，仍暂准就地正法外，其余寻常盗案，著一律规复旧制”。[②]也就是说，寻常盗案，不再适用就地正法制度，而依原来的律例惩罚。但不久，这些规定又一次被突破。“直隶、四川、广西等省又经奏定，仍将盗劫重犯就地正法在案”，河南省也援例紧跟其后。[③]此次重申无法阻止各省以各种理由继续执行就地正法之制，尤其是寻常盗案就地正法之制。宣统元年（1909），广东、云南、湖南也奏请盗劫重犯就地正法，法部坚持原议，“各省拿获盗案，除东三省为根本重地，现尚剿办胡匪以及各省实系土匪、马贼、会匪、游勇啸聚薮泽，抗拒官兵，形同叛逆者，仍暂准就地正法外，其余寻常盗案一律照例解勘，不得仍援就地正法章程，先行处决”，并强调，“嗣后有再请暂照就地正法章程办理者，以违制论，并

---

①《严申定例》，《申报》，1897年5月27日，第1版。

②《德宗实录》卷430，光绪二十四年九月甲戌，第647页。

③《续录奏参讳盗县令及增订缉捕章程》，《申报》，1901年4月5日，第2版。

随时奏请交部议处”，对盗犯重案就地正法的奏请，才有所遏止。[①]

三、捕务手段和方法的变化

（一）经常化的差委捕务法。派遣官员，包括钦差大臣办理特定、交办的事务，在清代前期已经存在。差委交办的事务众多，一般都是临时事务，不是固定职位，但不是绝对的，也有极少数职位是以差使的形式安排的。派委官员从事，只是差使的一个组成部分，差委捕务法在清代前期也已经存在。在盗贼猖狂的地方，或者是盗贼久拖未获，案件久拖不破，上至朝廷、督抚和提督，下到州县，除了饬令该地文武官员、捕役加紧缉捕外，有时还派出文武官员，在一段时间内，专职巡查、督缉和缉捕。派委专员的目的就是尽可能早地恢复社会秩序，或者尽早将犯罪人抓获，以除后患。这一做法，有清一代，也是比较常用的。如，为了查拿老瓜贼，抑制老瓜贼的猖獗，经曾任山东巡抚朱定元奏请，除汛守兵目彻夜游巡，州县派拨民壮参与缉捕外，山东还采取了另外一个办法：“于通省州县内选委八员，名曰分统，分拿盗贼。又委巡道三员，以为总统，考核勤惰。复委知府数员，以为兼统，稽查捕役。又于捕盗同知通判内遴选才能之员，分带干役，四散查拿。”道光初年，山东素多盗贼，山东巡抚琦善“择其素能缉捕之员，一一面询，其何处熟悉，何处有土著戚友，可以相助，便于踩访，即委令在于该处踩缉。……俾临时察看机宜，知会协捕”。[②]需要强调的是，清代前中期的差委法多数具有临时性质，当事件结束后，差委终止。

晚清时期的差委捕务法既是对过去的继承，又有新的发展，与过去有很大的区别。所谓继承，就是指差委捕务法都是临时性质，不是正式的职位，当事件消除后，差委即停止，官员回归原来的职位。所谓发展，就是指晚清时期的差委捕务法变得更加频繁，基本上已经变

①《法部奏遵议署理两广总督袁树勋奏广东盗风甚炽仍请照历年变通章程办理等折》，《申报》，1910年2月2日，第26版。

②《奏请毋庸报销缉捕经费并呈览缉捕惩劝章程事》，道光元年九月二十六日。档案号：04-01-35-0949-024。

为常态。差委的官员主要是候补、候选官员，其所依托的机构就是大量存在的各类局所，如前述的营务处、保甲局、团练局等。行使差委的官僚主要是朝廷、督抚，还有两司、道府和州县。当然，差委捕务法还成为督抚安置闲员的手段。如同治年间，河南藩司卞宝第曾对下属指出："候补、试用州县、佐贰杂职等官，分派道、府、州，听候差委，各员人数众多。一经出省，即归各道、府、州统属。"[①]又如，光绪五年（1879）七月，甘醴铭奏，"各省督抚差遣者，例有委员"。[②]可见，委员差遣在全国十分普遍。从事差委的人员主要由两部分人构成。一是专门请调的官员，其中绝大多数是候补京官或候补地方官，朝廷有时根据各项需要，特旨选派官员交地方差遣委用；一是在地方补用的各类候补、候选正印和佐杂官员。一般情况下，地方大员按差委官员的成绩和表现来决定差委和停委。

差委缉盗法长期存在并普遍使用，其作用是比较明显的。就捕务而言，它一定程度上解决了效率低下和文武协缉难两个问题。通过差委法，派遣专门官员管理捕务、承缉捕务，能更好地掌控捕务事务。这些被差委的文武官员，大多数不是现任官员，而是待缺的候补官员。这种差委办法为其生存与发展创造了条件，是过去专委法的进一步发展和变异。

（二）清乡之法。如前所述，晚清时期，越到光绪、宣统年间，社会失序越严重。会党、邪教、游勇、枭匪和民变、械斗交织在一起，几乎无地无匪，无时无匪。而且在一些地方，民与匪互相庇护，百姓和匪徒混杂，俨然成为匪乡。就目力所及，"匪乡"的公开、正式的说法大致出现于同治、光绪年间。两广总督张之洞说："溯查同治七年（1868）有查办潮州匪乡之案……光绪三年（1877）有查办惠州匪乡之案……近来匪类勾煽较前滋多，现经本部堂、院会同奏明分任文武大员，酌派营勇查办著名匪乡。"所谓匪乡、匪村，是官方夸大之词。"往往因村中有匪，即指为匪村，带勇围剿，实则村中匪徒，

---

① 卞宝第：《卞制军（颂臣）政书》，近代中国史料丛刊第20辑，文海出版社1966年版，第74—75页。

② 朱寿朋：《光绪朝东华录》，第789页。

少只数人，多亦不过数十人，良民十居八九。”[1]但揆诸史实，在光绪朝后期，尤其在广东，无村无匪，又是真实的说法。清乡之法开始于十九世纪八十年代的广东，发明者为时任广东水师提督方耀。匪徒“外结党援，内恃族众，民间受害而不□言，县役力微而不能缉，经前提臣方耀创为清乡之法，分投捕治”。[2]清乡之法是晚清后期社会混乱的必然结果，与大规模裁军也有必然的联系，是维护社会秩序的制度因应。广东清乡之法大致可分为三步：第一步，派多路官军，深入匪乡围剿，缉拿各匪徒；第二步，与乡绅联络，团练协助大军围剿。饬令各乡绅揭露匪党分子，收缴武器，平毁寨堡，清理匪产；第三步就是重建乡村秩序，建立保甲、团练，清查户口，训练乡团，强化内治。仿照潮州章程，散姓乡设立约正、约副，大姓聚族乡设立族正、族副，“责成稽察劝导”。[3]但在广东，其督抚所开展的清乡之法，前后也有些不同。如光绪二十一年（1895）谭钟麟任两广总督时，兴办保甲、乡团，选择公正的，“合数十村为一村，设局于适中之地，有事鸣锣，众村壮丁咸集，互相保护，邻族有匪，共驱逐之。强悍不服，送官治之，即寓保甲于乡团之内”。与此同时，“咨商水师提臣何长清，于督办广州府属清乡之便，即办团练保甲，现准覆称从东莞、新安两县办起”。[4]动用大军对少数治安恶化的乡村进行清乡，采取保甲团练和清乡相结合、军民结合的办法，“清乡以资攻剿，尤必有团练以佐声援”，[5]双管齐下。

广东的清乡办法被其他各省，尤其是南方各省仿效，但各省的做法有所区别。宣统元年（1909），两江总督端方草拟清乡办法，朝廷肯定这一做法，要求广东、湖南、江西等督抚，“严饬所属，合力搜捕，认真筹办”。[6]光绪三十一年（1905），江西龙南、定南、长宁、

①《清乡防弊》，《申报》，1901年4月29日，第2版。

②《光绪十八年二月廿六日京报全录》，《申报》，1892年4月3日，第11版。

③苑书义等：《张之洞全集》卷167，公牍八十二，第4861页。

④《光绪二十五年正月二十一日京报全录》，《申报》，1899年3月16日，第14版。

⑤《广东同乡京官伍侍郎廷芳戴侍郎鸿慈等奏请实行清乡团练折》，《申报》，1904年11月9日，第1版。

⑥《宣统政纪》卷7，宣统元年正月癸卯，第123页。

会昌和信丰等县，均与闽粤边境接壤，强盗明目张胆，“掠人之财，夺人之妻，杀人之命，火人之屋”。赣南道决定仿广东省清乡办法，一边派军队驻扎，一边在龙南等县举办乡团，清查保甲，一一造册，“宽既往而儆将来”。[①]在河南、山西和陕西交界地，散勇、游民、会党众多，时常四出抢劫。当军队出征时，东窜西逃。三省决定联合清乡，“各州县协力缉捕”，严捕首要，解散胁从，地方稍安。[②]湖南浏阳、醴陵一带，编查保甲，办理清乡，也是两者同步，官方和乡团合作进行。[③]山东曹州、济宁的清乡“已渐著成效”。但专治一隅，匪徒就会窜匿邻近地区，仍为地方之害。山东巡抚认为“自非普办清乡，不足以清盗”，饬令兖州、沂州、泰安、东昌和临清等五府州，“一律切实办理清乡”。[④]

综上所述，清季清乡之法的基本前提是当地匪患十分严重，匪民难分，且规模较大，呈持续作恶状态，而州县难以凭借自身之力镇压下去。在这种情况下，经过州县和乡绅的请求，官方出动军队。几路大军从驻防地出发，对所谓的匪乡形成威慑之势。同时，官方一般先发布示谕，令该乡绅士、族长清查户口，建立保甲团练，限期交出匪徒，诸途并用。如果不交出，即在当地团练的支持下，防勇或新军和巡防队等军队大肆围捕，收缴武器和匪产，将匪首和顽固者就地正法。乡村被扫荡后，官绅重建保甲或团练体系，恢复乡村秩序。应该说，残酷的清乡之法是清季治安愈来愈恶化、社会日益混乱的治标之举。

（三）自卫自护法。民团即乡团、工团、商团、渔团等，与乡勇不同。“给饷糈招募入伍与兵同者，为乡勇；地方官绅督率守御，各顾乡里，不能征调，与兵异者，为民团。勇多游闲无籍之人，团有身家性命之系，此则其人之不同者。而勇之可以驱赴大敌，民团之不能

① 《赣边清查匪类》，《申报》，1905年7月8日，第3版。

② 《查复河陕匪踪》，《申报》，1905年10月20日，第3版。

③ 《谕令团保办理清乡》，《申报》，1907年6月24日，第11版。

④ 《鲁抚奏办五属清乡》，《申报》，1908年2月29日，第2版。

出乡里，亦即于是分焉”。[①]乡团等民团属于自卫性质，不离土不离乡。它在得到官方同意和支持的前提下，自办半军事化组织，经费、人员、枪械和管理一般自行负责，为乡民、渔民和商民提供保护，民间的自治色彩比较浓厚。“民间欲自卫者，乡团之法。”[②]这些各类名号民团的自卫自护在晚清时期，也不是个案。虽然晚清时期保甲局、缉捕局和团练局等相继设立，且比较普遍设立，但其捕务力量防守防卫的区域主要集中于省、府和州县城及其附近的城厢。而广大乡村、山区水乡的防守、缉拿的主要力量是绅民，其方法主要是保甲法、乡团法。就是说，在官方备案和督查下，民间力量自主管理，自主组织，其效果好坏取决于绅民的认真程度。如在广东乡村，公局遍设，也得到了官方的支持和批准。公局在多数情况下，指士绅在乡村地区的办事机构，通常是“团练公局”的简称，其领导人物主要是乡村绅士。从《续修南海县志》等方志的人物传记来看，任县以下公局局绅者多为贡、举、生员，出身进士或任过较高官职的高级士绅很少见。士绅有时可以在自己家乡之外的公局担任局绅。公局与宗族通常密不可分，如番禺县沙湾仁让公局的局绅，同时也是何姓宗族的族绅，公局在实际运作中无疑必须同宗族配合。由于宗族之间的矛盾，有时同一地点还会成立不同宗族控制的公局。如同治年间广宁县妙村陈姓、谢姓两家族不和，知县谕令该地建立公局，结果两姓各建立了一个。[③]如在湖南衡阳县，委派官员先将村落分段，“街市铺户及乡镇村落约分二三十户为一段，或四五十户为一段，每段公雇更夫二名，给以更锣一面，彻夜巡逻”，遇有盗警，敲击梆锣，各村民闻声齐出，围捕强盗。有功的村民直接由知县给予现金奖赏，“村民获抢劫首犯一名到县，赏钱一百千，拿获抢劫从犯一名赏钱五十千”，以激励村民自卫自护。[④]互相救护法还是有些效果，“广东盗贼之横行

---

①《近时团练海疆先于陆省说》,《申报》，1885年2月4日，第1版。

②《乡团获盗》,《申报》，1872年6月1日，第4版。

③邱捷：《晚清广东的“公局”——士绅控制乡村基层社会的权力机构》,《中山大学学报》2005年第4期。

④《警盗章程》,《申报》，1891年7月31日，第2版。

实甲于各省，然河南[①]一带乡村能行此联乡团练互相救援之法，而盗贼居然绝迹”。[②]

光绪二十年（1894），天津绅士张鸿翰在家乡举办商团铺民总局，挑选精壮练勇300名，所有饷械及司事薪水均由该绅捐办。他又劝城厢内外各铺户捐资，设立分局64处，共募勇1800余名，核计用银12000余两。张鸿翰昼则督勇操练，夜则亲莅巡查，地方得以安定，张鸿翰被赏加二品顶戴。[③]光绪三十三年（1907），上海商团公会经过官方批准成立，并建立商团。[④]上海商团公会总董曾铸、李钟珏为此制定了公会简章和商团规则。商团规则共10条，其中规定，团丁操时须整齐严肃，不得戏笑；枪械不得携回家中；凡有警告，一经报知，限定时刻，须一律齐集等等。[⑤]从以上文献看，在新政阶段，各地商团已组织化和军事化，其主要任务就是保护商业。

光绪二十年（1894）前后，浙江、福建和江苏沿海省份渔商采用自护之法。“况各省水陆聚会之区，如闽浙之渔商，则雇船出洋自护矣。”[⑥]有商人以海洋盗贼充斥，按照自雇自护之法，在甬江、镇海、吴淞等处设立利济公所，“经理其事，延请举人陈某为董事，以候补守备何杰、李承衔等为正副管带”。该事还未议定，即开办，但不到半年，即被撤销，原因是“办理不得其人，而章程未尽周密，以致无益有损”。[⑦]不久，各商又请求设立护船，雇勇护商，公举定海右营守备黄文琮为管带，禀请提督札委，一切事务由董事陈汉章主持。官方同意试办，但强调，“此举系归商办，责成于绅董，倘办理未妥，滋弊生事，咎在绅董”。官方为慎重起见，还制定章程8条，为之约束。它规定，护商收捐应听各商号船户等自便，护船收支银钱应由各商号

---

①此处河南，是指广州省城珠江以南地区。

②《论团练实为靖盗之法》，《申报》，1877年3月26日，第1版。

③《光绪二十一年八月初十日京报全录》，《申报》，1895年10月7日，第11版。

④《批奖组织商团公会》，《申报》，1907年10月30日，第19版。

⑤《商团公会总董曾铸李钟珏禀沪道文》，《申报》，1907年10月26日，第19版。

⑥胡燏棻：《上变法自强条陈疏》，郑振铎编：《晚清文选》卷下，中国社会科学出版社2002年版，第7页。

⑦《停撤护船》，《申报》，1894年5月14日，第2版。

公选诚实可靠之人充任，公所其余应办事宜由陈汉章经理，管带招募勇丁，必须认真遴选，遇盗匪在洋行劫，商船拒捕格斗，施放洋枪，必须审察情形；收支款项按月详细开明榜示；公所收支应按季造册送由鄞县复核，转呈送府查考；地方官责令鄞县，随时抽查稽察。[①]该护船之法在江浙运行多久，尚不得而知。

①《会议设立护船示》，《申报》，1894 年 5 月 28 日，第 9 版。

第三章　晚清新政阶段捕务制度的全面转型

庚子事变后，清政府于 1901 年 1 月发布改革谕旨，标志着晚清进入新政阶段。新政阶段是清季制度近代性大变的关键时期。受西方势力入侵、国内动荡和自我革新等内外驱力的影响，清政府开始进行大规模的改革。捕务制度变革是清末新政题中应有之义，是一场近代意义上的变革。相继出台、修订和完善了众多关于捕务制度的法规、章程，捕务制度的法治水平迅速提升，成为捕务制度近代化的主要标志。大量的捕务新主体不断涌现。如常备军、续备军、巡警军、各省警务总局、中央巡警部和直省巡警道以及基层警务长等陆续成立。捕务制度由军警不分到军警分离，由职责模糊到逐渐清晰。清季警务制度逐渐建立起来，担负起内务的主责，捕务的专业化、职业化正在深化。各省的咨议局和各地各层的董事会、议事会等地方自治机构介入捕务制度，起到监督，乃至促进的作用，政治参与度扩大。各省的咨议局和各地各层的董事会、议事会等地方自治机构介入捕务制度，起到监督，乃至促进的作用。因此，到光宣之际，最终形成了文职警察、国防军、地方巡防队和民间团练“四位一体”、分工合作的捕务制度。就捕务客体来说，除了原有的各种异己势力外，新涌现的、新式的捕务对象就是保皇党和革命党。这些政治势力不同以往，带有鲜明的政治色彩，组织化程度更高，动员力量也更强，参与的阶层也更广，追求的目标更明确。与此同时，诸多旧式的捕务主体和捕务相关制度正在消失，如清代的汛塘制度、佐杂制度以及捕役、民壮和弓兵等。且一些捕务新因素代替旧式因素，如佐治员代替了佐杂，职能发生了本质的改变，佐治员作为州县所属，只是完成州县交办的工作，捕务由新设的警务长负责。捕务考核与奖惩制度的变化推动了捕务制度的近代化。

但是，新政阶段捕务制度的变革缺乏顶层和长远设计，各省督抚各行其是，既不统一，也不同步，呈现出五花八门的状态。如警察制度，一般是由旧设之保甲总局、缉捕局、清道局及绿营、巡防军等改办。[①]即使新的警察制度建立，其职能并不是单一的，往往包括清洁、道路管理、卫生、消防等。到光绪三十年（1904）以后，各方面的改革，包括捕务制度的改革，才在中央的领导下，基本统一规制，过去由各省督抚推动、主持的局面才有所改变。从总体来看，新政10年改革面广，变动过速。清政府政出多门，朝令夕改，使各省应接不暇。而且，各省督抚和驻防将军以各种借口，对变革方案进行变通，与中央的部署不一致。当然，捕务制度在近代化过程中还带有强烈的传统和旧式色彩，如保甲制、团练制和旧式巡防队依然遗存，并发挥着不小的作用。

第一节　捕务主体近代化的全面启动

一、近代化的军制改革

清末新政大致分为两个阶段：一是官制改革，以督办政务处的成立为标志；一是宪政改革，以五大臣“出洋考察政治”和宪政编查馆的建立为标志。第二个阶段是第一个阶段的本质性深化，中国也由局部走向全面的近代化。在改革军制方面，朝廷和会议政务处要求各省开始编练新式军队。袁世凯以西方军制为蓝本，继承了小站和山东练兵的成功经验，不断探索军制改革的方式和途径。他改清代的募兵制为征兵制，“军制一切，较前亦大加变更，多仿照我邦师团制度。以从前招募之兵，属于雇佣，居然仿征兵之制”[②]。袁世凯建立常备军和预备役制度，在中国也是比较早的。“窃查练兵之道，区分三等。曰

① 刘子扬：《清代地方官制考》，故宫出版社2014年版，第120页。

② ［日］佐腾铁治郎：《袁世凯》，章开沅、罗福惠、严昌洪：《辛亥革命史资料新编》第二卷，湖北人民出版社2006年版，第326页。

常备军，曰续备军，曰后备军”。[①] 袁世凯聘请德国、日本等国军官为顾问，并建立一套规章制度，如《募练新军章程》《北洋常备军营制饷章》等；设立军政司，对所属军队进行统一管理。[②] 袁世凯亲自兼任督办，掌管军事大权，领导新军改革。他通过严格的征兵，确保士兵品行端正，而又使其无后顾之忧。袁世凯强调：“兵必合格，人必土著。应募之后，按名注册，交地方官，分存备案，以便稽考，并分饷以赡其家属，计亩以免其徭役。”[③] 他建立分级和分兵种的军事学堂，养成新一代军国民和知识型军官，培养有不同技能的专业军官：前者如陆军小学堂、陆军中学堂和陆军大学堂，后者如测绘学堂、军械学堂、军医学堂和马医学堂等。还建立北洋讲武堂，培训在职军官。由于直隶军制改革走在前列，而且办得比较成功，深得朝廷的褒奖和各省官绅的好评，“各行省咸派员考察，藉为取法之资”。[④] 但由上述可知，直隶的军制改革与中央的要求还是有所不同的。

尽管中央有一个大致的改革要求和三个月的时间表，多数督抚也效仿直隶模式，但各省军制改革还有相当的不同，步调也不一致。且各省军制改革由各省督抚自行主导，除裁军节饷外，军改的大部分费用自筹。结果是，清季的军制，包括营制、饷章、枪械、规则和具体步骤，甚至兵力来源，仍然五花八门。对于多数省份来说，督抚都是一次性地将本省现存军队编为常备军、续备军和巡警军。如，江西省将全省防军划分为5路，分别编为5军，其军队编制为军—营—哨—队四级，按5进位制编排。全省5军，共计7500员。以中军作为常备军，驻省城，日夕操练。前军、后军、左军和右军均为续备军，分驻各府州县，防守险要地段。巡警军的编立办法是将绿营制兵和练兵汰弱留强，[⑤] 绿营和练军官弁则“裁去都司九缺、守备五缺，千把则同

①廖一中、罗真容：《袁世凯奏议》中，天津古籍出版社1987年版，第511页。
②廖一中、罗真容：《袁世凯奏议》中，第537页。
③朱寿朋：《光绪朝东华录》，第4828页。
④甘厚慈：《北洋公牍类纂续编》序，沈云龙：《袁世凯史料汇刊》，文海出版社1966年版，第1页。
⑤《续录江西巡抚李勉林大中丞奏改军制折》，《申报》，1902年3月4日，第2版。

营二缺者，裁一留一”。[①]

云南地处边疆贫瘠之区，难以另练新军。云贵总督魏光焘改防营为常备军和续备军，改裁余的绿营为巡警军，进行新式训练。在全省设常备兵步队12营，每营300名，炮队3哨、工程队1哨，合共4000人；续备兵步队24营，每营250名，合共6000人；常备军设辎重队12个大哨、3个零哨。另外，设立标营新操学堂，挑选都守以下的年力精壮、志趣向上的官弁，入堂肄习，“以备将领、教习之材”。[②]丁振铎接署云贵总督后，为节省军费和实现俸饷的均等化，除炮队、工程、辎重各队和督抚署卫队、提镇亲兵、城守营水兵外，他对常备军、续备军的其他各营营制、饷章进行了调整。[③]他还将统裁三成后的未裁制兵作为巡警军。由于巡警军人数少，云南不得不充分发挥各府州县团练性质的所谓团营、团哨在维护治安中的作用，“以补兵力之不足”。

山东在光绪二十五年（1899）即开始编练新军，署山东巡抚袁世凯将防军嵩武军和东字等34营大加淘汰，编为马步炮队20营，计14000人，定名为武卫右军先锋队；将飞虎佐字、济字等营编为曹州、兖州等两镇防军8营，又将登荣练军编为沿海防军5营。绿营制兵被多次裁汰，到光绪二十六年（1900），只剩下抚标、镇标5479名和济宁城守营397名，计5876名。[④]按照朝廷兴办新军的要求，山东巡抚周馥全裁这些制兵，将武卫右军先锋队20营改编为常备军，将曹州、兖州等两镇防军8营及沿海防军2营、抚标前军2营编为续备军。[⑤]经过上述整顿，全省有新军步、马和炮队32营。[⑥]

有的驻防将军也进行军事改革。如绥远将军信恪考虑到绥远制兵需要养家糊口，难以时常操练，所以，他不是在所有制兵中挑选强壮

---

①《赣兴警察》，《申报》，1902年6月3日，第2版。

②《会奏滇省操练新军折》，《申报》，1902年4月25日，第2版。

③参见《署云贵总督丁奏酌议变通营制折》，《申报》，1903年12月12日，第12版。

④《东抚周大中丞奏改制兵为巡警军折》，《申报》，1903年2月5日，第2版。

⑤杨士骧、孙葆田等：《宣统山东通志》卷114，兵防志八，《中国地方志集成·省志辑山东6》，凤凰出版社2010年版，第3280—3281页。

⑥汪志国：《周馥与晚清社会》，合肥工业大学出版社2004年版，第40页。

兵丁，组建新军，而是在1700余名马甲兵中挑选25岁以下、身体强壮、稍识文字者300名以及练军300名，作为常备军。他还从驻扎在大青山的防营马队中挑选50名，作为巡警军。该巡警军专为巡查地面而设，就是履行警察的职责。

尽管常备军、续备军为国防军性质，多集中驻扎省城和战略要地，主要任务是操练、防守和征调作战，但在清代最后10年里，规模化的反叛、骚乱、民变此起彼伏，且由于主要用于消弭内患，担负维护社会稳定主责的巡警军、防营和州县捕务力量严重不足，这些国防力量实际上担负了比较多的内政责任，直接参与要地防守、大股匪贼的镇压。如，光绪二十九年（1903），浙江宁波府所属慈溪、余姚一带，抢劫之案时有所闻。浙江提督派常备军中营的前、左两哨官兵，驰往缉拿。在余姚县辖境，常备军拿获匪贼10余名，包括2名著名匪首。[①]同年，直隶易州一带土匪猖獗，大员派常备军马队40名、步队60名，开往易州、广易一带，还随带快炮4尊及地雷、快枪等先进的军械，防剿土匪。[②]从军制设计看，常备军、后备军和巡警军平时责任有别，但在治安形势严峻时，都担负治安责任，充当捕务力量。

二、日益专门化的巡警军

就捕务专门化程度及责任主要担负者而言，当数巡警军。在全国范围，首次有了巡警军的名号和设置。巡警军一般分布在州县，“专为巡防、警察之用”，并受州县官兼辖。由此可见，巡警军的主要责任是捕务，但还包括消防、卫生、建筑和道路管理等。相对于国防军而言，无论名称和职责，还是实际运行，此时的巡警军实际上已十分接近警察。不过，其多数仍属于军队系统，清代军警不分的状态仍然没有得到根本性改变。但在一些省份，巡警军归属于督抚直接领导的警务局管理，且均受州县兼辖，巡警军有了地方化的趋势，是由军队

---

①《匪犯成禽》,《申报》，1903年7月25日，第2版。

②《拨队剿匪》,《申报》，1903年10月5日，第2版。

序列向内政体系、从军人到警察过渡的中间形态。

巡警军改制也由各省督抚、将军主导，各行其是是其共同面相。因此，各省巡警军的兵力来源、饷章、营制、军械和布防等也呈五花八门的状态。从来源看，有从绿营制兵改编而来的，如福建、云南、贵州、河南，但具体办法也有差别，福建将绿营尽数归并，贵州除塘汛外酌留七成，云南就现额统裁三成，河南裁二成；有从防营中挑选编练的，如广东；有将绿营、练军合并改编的，如两江、陕西；也有从练军挑改的，如伊犁。此外，直隶、湖北、山东等省，未见编练巡警军，而是筹办警察局所。从饷章看，大多取资裁汰绿营所节留的饷项。从结局来看，随着改革的深化，直省有的巡警军直接转化为巡警，有的被整合于新军中，有的改编为巡防队，也有的继续留存。

具体来说，如福建，在改编常备军、续备军的同时，对巡警军进行了比较大的改动，"陆路巡警军，为缉捕、巡防、弹压、保护之用"，将福强、福锐、福毅等防军改编为23队巡警军，共4600人，分防省城内外和各府州县。福建不仅改编军队，还变革巡警军营制、饷章和分防地。为了加强冬令防务，增派分驻省城的巡警军200人，并将其纳入省保甲总局体制，归"保甲总局节制、遣用"。尽管这些巡警军担负的事务只是临时性质，但巡警军军人身份开始朝警察身份转换。在省城，保甲总局仿巡捕之例，分段设立8处驻宿所，由巡警军分段夜巡，各管各段。巡警军的武器由枪械换成了刀械，"提小灯一盏，带叫子一个"，也是军人渐变为巡警的证据。这些巡警军的职责比较广泛，履行防止或盘获行窃、盗贼、纵火匪徒以及迷失孩妇等事务。[①] 到光绪二十九年（1903）十一月，福建在省城设立警察总局，从城守中军副将所辖的巡警军中挑选400人，"悉除其绿营兵籍"，"虽用其人而仍去其籍"[②]，作为巡警。这些巡警军人是福建省的首批职业警察，已无军籍，完成了从军人到警察的彻底蜕变。清季捕务制度

①《闽中保甲新章》，《申报》，1903年1月25日，第2版。

②《江西巡抚李奏为闽省设立警务局实行警察之政谨将办理情形折》，《申报》，1904年7月20日，第12版。

本质性变动，由此可见一斑。

安徽将全部练军改为巡警军，并将寿春镇标7营裁汰制兵420名后留下的1000人改作巡警军，调扎城镇要隘。也就是说，安徽巡警军的兵力来源主要是绿营制兵。安徽巡警军的职责，除按期操练外，平时由各哨弁率领，巡缉城厢内外以及扼要镇市，捕盗、缉匪等事宜随时与地方官妥商办理。该7营分4旗，以六安参将管带1旗，分扎六安、庐州两处。中营游击管带1旗，分扎寿州、凤阳两处。龙山游击管带1旗，分扎龙山、亳州两处。颍州游击管带1旗，驻扎颍州，分1哨驻蒙城，仍不时会操，四季调换。①

黑龙江将全省裁余的制兵改为巡警军，有统领3员、营官7员，官兵共3300余名。②全军分中、左、右3军，共10营，中军马队2营、步队2营，左军马队1营、步队2营，右军马队1营、步队2营；每营各分8队，每队再分中、前、后、左、右5哨。设立营务处，负责巡警军改革、组织和管理工作。③

各省巡警军建立后，社会治安状况有了一些新的改变。巡警军比较积极履行巡守、缉捕职责，在捕务上有一定的威慑力和缉捕力。如，有报道说，光绪二十九年（1903），安徽芜湖自设立巡警军以来，“常有巡勇植立街头，用心逻察，以故匪类虽甚狡悍，不敢发难于通衢大道之中”。曾有盗贼多人，分乘小船，准备抢劫芜湖宝善长钱肆，但被芜湖巡警军管带饶翼卿所闻。他督率巡警军上船盘查，抓获陈耀启等7名贼犯，收缴其所携带的洋枪、铁尺、利刀，并将这些人犯解往芜湖县，收禁候讯。④还如在奉天新民府，“有马贼勾结蒙地积匪，聚众千余人，约期扑犯彰武县城。经该县周令极力抵拒，十分危急，因发电禀请调发省兵，前往剿捕”。巡抚札派巡警军数队，驰往会剿。⑤再如江西巡警军，拿获广信府玉山县匪党黄月亮，并搜出票

①《练勇章程》,《申报》，1902年1月11日，第1版。

②《奏报黑龙江酌改营制饷章折》,《申报》，1904年11月23日，第2版。

③《奏定报黑龙江酌改营制饷章程》,《申报》，1904年11月24日，第2版。

④《巡警获盗》,《申报》，1903年7月28日，第3版。

⑤《马贼犯彰武县》,《申报》，1905年2月12日，第4版。

布，交玉山县审讯。[①] 但由于巡警军的力量总体弱小，且不断成为被改革的对象，有的省甚至没有建立巡警军，其所发挥的捕务作用十分有限。

三、新式武备学堂陆续建立

新政之前，李鸿章于光绪十一年（1885），在天津创办了北洋武备学堂，是清末第一个新式陆军学堂。光绪二十一年（1895），小站新建陆军吸收一批文武学堂的毕业生，充当新建陆军骨干。袁世凯在光绪二十二年（1896），于天津小站创办了德文、炮队、步队、马队等四项武备学堂以及随营学堂。张之洞办了江南陆军学堂和湖北武备学堂，刘坤一办了练将学堂。这些学堂的章制和课程，大都参照北洋武备学堂成法。袁世凯升任直隶总督兼北洋大臣后，大规模兴办军事学堂，如北洋将弁学堂、武备速成学堂、讲武堂以及陆军师范、宪兵、军医、马医、军械、经理等各专科学堂。新政开始后，湖南巡抚俞廉三秉承朝廷“亟应于各直、省会建立武备学堂，以期培养将才，练成劲旅”的旨意，[②] 经过筹备，于光绪二十九年（1903）开办武备学堂，后又附设将弁、兵目、陆军三所速成学堂。光绪三十一年（1905），武备学堂停办，湖南陆军小学堂在原址设立。[③] 光绪三十年（1904）后，随着新军的编练，清政府也令各省广设军事学堂，练兵处和兵部公布陆军学堂办法、章程。按章程规定，各省还办起了陆军小学堂。有些省还开办了讲武堂，“为现带兵者研究武学之所”。兵部在北京、南京、武昌、西安办了四所陆军中学堂，招收各省陆军小学堂毕业生。清代统治者还派了大量留学生，赴外国学习军事。[④] 这些举措使部分捕务主体知识化、正规化有了可能。

---

① 《都昌玉山等县各获匪党》，《申报》，1906 年 7 月 30 日，第 3 版。

② 周正云：《晚清湖南新政奏折章程选编》，岳麓书社 2010 年版，第 93—94 页。

③ 杨锡贵、刘觅知：《近代湖湘与近代中国历史进程》，岳麓书社 2017 年版，第 270 页。

④ 中国社会科学院近代史研究所中华民国史组：《中华民国史资料丛稿专题资料选辑》第 2 辑，《清末新军编练沿革》，中华书局 1978 年版，第 295—296 页。

四、各省试办警察

从二十世纪的第一年开始，为挽救岌岌可危的统治，清政府痛下决心，推行新政，其中就包括设立巡警军，推进警政改革，建立巡警制度。警察制度是晚清捕务制度的主要组成部分，是学习租界和西方的结果。但由于中央缺乏统一规划，且清政府将改革的重担推给各省督抚，警察制度在各省的改革有早有迟，效果有好有坏，捕务改革理念、管理体制、规则、警员来源和薪水等，参差不齐。尽管如此，警察是新式捕务主体和清季防守、缉捕的主力。从历史文献来看，沿海、内地省份试办警察制度，要比边疆、偏远省份要早和完善，因而也更有成效一些。而且各省试办警察制度，一般从省城开始实施，然后推及中小城市和乡村。

警察制度在中国的建立与发展，以光绪三十一年（1905）九月中央设立巡警部为界，分为两个阶段：一是各省自主试办阶段；一是全国统一建警阶段。[①] 在第一个阶段，地方警政的发展带有很大的盲目性和混乱性。当时中央未设统一的警政管理专门机关，以致各省甚至一省所属各府厅、州县，警察制度多不相同。[②] 在各直省督抚中，最早推行警政改革实践的官员，当数袁世凯。袁世凯率先以军队改为巡警，光绪二十七年（1901）底，抽调例应退伍之兵，施以短期训练，在北京试行站岗，维持秩序，不久，又招募3000名，编成10局，暂驻省垣保定。袁世凯接管天津后，将这些招募的人员编为“巡警营北

---

① 王家俭将清末中国警察制度的现代化过程分为两个阶段：一是警察制度的试办阶段（1901—1905），一是警察制度的确立阶段（1905—1911）。（王家俭：《清末民初我国警察制度现代化的历程（1901—1928）》，台湾商务印书馆1984年版，第145页）这一划分是符合历史事实的，是比较科学的。熊月之也持这一观点，只是提法有所区别：“从京师工巡局、保定警务局的成立到清朝灭亡，清政府举办警政十年，大体可以1905年为界，划分为前后两个时期。前期为分散建警时期，警政建设大率‘省自为政’。后期为统一建警时期，清政府设立巡警部，加强对各地警政的监督、协调和控制，逐步建立完善了覆盖全国的警察网络体系。”（熊月之：《西制东渐——近代制度的嬗变》，长春出版社2008年版，第87—88页）

② 韩延龙、苏亦工等：《中国近代警察史》上册，社会科学文献出版社2000年版，第124页。

段”，以警察名义进驻此地。他建立了专门的警察机构，即保定警务总局，管理警察事务，[①]其组织机构较为健全，人员的素质较好。他还制定一系列严格的警务规则，如在警务顾问、日本人三浦喜传的帮助下，制定了《保定警务局站岗规矩》《保定警务局巡逻规矩》等。[②]警务是专门学问，为培养合格的警务人才，光绪二十八年（1902）七月，袁世凯在保定创办警务学堂，责令“巡兵分班学习，并令警务各官弁，入堂讲习”，不久在天津又设立巡警学堂，聘请警务洋员当教习，轮训各巡局官弁、兵丁。次年，袁世凯合并两学堂，在天津成立北洋巡警学堂。[③]光绪三十一年（1905），直隶省首先将巡警推广到四乡，拟定了《天津四乡巡警章程》，并在天津府乡村试办。[④]在天津府属各地，设区分段，建立巡警分局，将警察体制向县级以下（区）基层延伸。[⑤]直隶是试办城市警察最早的省份，也是试办乡村巡警比较早的省份，而且比较成功，成为各省学习的榜样。

山西巡抚岑春煊在光绪二十七年（1901）开始编练巡警，将原有保甲团丁改为巡警兵，设总局1处，[⑥]在省城分设东、西、南、北、中等5分局。还参照日本警察部局章程，制定了一个40条的《山西巡警局详定章程》，作为建警的张本。光绪二十九年（1903）初，护理山西巡抚赵尔巽将保甲局改为巡警总局，由山西按察使丰伸泰兼任督办，主持局务。总局之下，在省城城厢设置5个分局、南北关各设巡卡数所。[⑦]赵尔巽将全省地域分为四个层级，采取不尽相同的办法，推行山西巡警制度。一在省城和归化两处设局，分别调练巡警军300人和200人，履行巡警职责；二是裁汰各州县的捕役、民壮和铺

①《北洋大臣袁慰帅奏请创兴警务折》，《申报》，1902年9月3日，第1版。

②韩延龙、苏亦工等：《中国近代警察史》上册，第157页。

③甘厚慈：《北洋公牍类纂》卷7，警察一，沈云龙：《袁世凯史料汇刊》，1966年版，第501页。

④刘子扬：《清代地方官制考》，第121页。

⑤参见《直督奏拟定天津四乡巡警章程折》，《申报》，1905年8月23日，第10版。

⑥原喜泽：《清末山西巡警总局的建立》，《河北广播电视大学学报》2018年第5期。

⑦王家俭：《清末民初我国警察制度现代化的历程（1901—1928）》，台湾商务印书馆1984年版，第87页。

兵人等，招募乡间朴勇壮丁，作为巡警。无驿州县，巡警还兼管递发文书，各州县招募的壮丁巡警有 20~50 名不等；三是将山西口外七厅的捕盗专营改为巡警；四是在州县各乡镇，将乡社所抽壮丁改编为巡警。“日夕站街查缉，即以绿营撤存之军械，畀资捍卫。”[①] 就山西一省来看，其巡警人员的来源比较广泛和杂乱。赵尔巽在山西不仅推行了与其他省有所区别的巡警制度改革，而且开先河地废除捕役、民壮等在官人役，在清代传统的捕务体系中又打开了一个缺口，使新式的和近代性的捕务制度得以逐渐生成。

四川省在未开办警察之前，省城设有保甲总局。光绪二十八年（1902），岑春煊署四川总督，锐意改革，设立警察传习所，遴选候补佐贰杂职，乃至候补州县官，共数十人入所充学员，以六个月为期毕业。同时招选身家清白、体格强壮并识字之人 1000 人，将其编为巡警两营，入所训练。[②] 次年，省城成都警察总局成立，保甲总局则同时撤销。该局管辖的区域为成都城区、城郭附近的街道，不分成都县或华阳县。成都警察总局将所辖区域划分为东、西、南、北、中以及外东 6 个区。每区分设一个警察正局，设正委、司法、书记各 1 人。正局（区）下设分局，其中，中、东、外东 3 个正局（区）各设 6 个分局，南、西正局（区）各设 7 个分局，北区正局（区）下设 8 个分局。每区又分数段，段设派出所。每个分局设副委 2 人、正副巡目各 1 人。各分局配置的警士不等，多的 30 余人，少的则只 10 余人。全总局警官和警士总数约 800 余人，后增至 1200 余人。各警察分局成立后，撤销原来负责维持城市治安及社会秩序的保甲、街班、海察等机构和人员。岑春煊还借鉴京师、天津创办警察的经验，制定了《四川省警察学堂章程》，在成都兴办四川通省警务学堂，挑选文武员弁、年轻体壮、粗通文理、朴实耐劳者 150 名，入堂学习，“简易速成”。巡警第 1 班三个月毕业，第 2 班六个月毕业。[③] 该警务学堂大都是聘请留日警务毕业生担任教师，所用教材和训练方法也采自日本，成为

---

①《光绪二十九年二月初十日京报全录》，《申报》，1903 年 3 月 19 日，第 14 版。

②周询：《蜀海丛谈》，第 142 页。

③《光绪二十九年正月十一十二日京报全录》，《申报》，1903 年 2 月 23 日，第 12 版。

培养全省警务人员的摇篮。[①]四川试办警察还有一个独特之举，就是光绪二十九年（1903）设立巡警预备兵队。岑春煊招募300人，平时训练，兼为补助巡兵开革换补之用，每两月则更替一次，以在营之兵派出而抽选值巡。[②]为做好试办警政的工作，岑春煊还专门制定了用人、立法、筹款等基本规则。[③]同年，锡良调任四川总督后，继承岑春煊的巡警改革事业，将四川绿营全部裁汰，"但取其饷，而并不用其人"，[④]招募巡警兵，推广警政。成都轰轰烈烈地试办警察，也影响到了成都八旗驻防军。署成都将军、都统苏噜岱制定《试办巡警简明章程》，在满城单独设立巡警局，将旗兵振威1营改为巡警，专管满城街道昼夜巡查之事，巡警兵由将军、总督节制。[⑤]

湖北省城原有保甲局，负责治安、巡查和缉捕工作。城内保甲局以候补知府为总办，城外保甲总局则委候补州县为总办，城内外分局共设18处，皆以候补佐杂人员为之。但奉行日久，渐成空文。[⑥]新政开始后，湖广总督张之洞决定不设巡警军，直接在全省试办警察，建立警察总局，选募精壮勇丁识字晓事有铺担保者，充当警察，名为警察勇。其责任是安抚良善、保卫生理、维持风化、整齐人心、巡防奸宄、缉捕盗贼、稽查户口、防救火灾等。[⑦]警察总局将省城内分中、东、西、南、北等5局，城外分设东、西、水、陆等4局；募练警察步军550名、警察马军30名和清道夫202名；以省城房捐，作为警察常年经费。为了做好巡警工作，张之洞除委亲信总办警察局务外，还

①何一民：《变革与发展：中国内陆城市成都现代化研究》，四川大学出版社2002年版，第314页。

②《署川督岑奏请续募巡警兵片》，《申报》，1903年7月17日，第13版。

③参见《署川督岑奏开办警察拟定用人立法筹款大概缘由折》，《申报》，1903年7月17日，第14版。

④《江西巡抚李奏为闽省设立警务局实行警察之政谨将办理情形折》，《申报》，1904年7月20日，第12版。

⑤《成都将军苏四川总督岑奏陈旗营改办警察折并拟简明章程》，《申报》，1903年7月9日，第9版。

⑥《保甲改章》，《申报》，1902年3月29日，第1版。

⑦《鄂垣创行警察示》，《申报》，1902年6月9日，第2版。

雇请英国人珀蓝斯充当警察总目。[①] 从光绪二十八年（1902）五月初一日起，湖北省城警察勇开始分赴各段，巡查街道，维护治安。光绪三十一年（1905），湖北制定武昌警察学堂章程，开办警务学堂，又延聘日本警务省毕业生 3 人来堂助教，每人月支薪水 80 元。[②] 为促使巡警官、勇认真履职，湖北还对巡警进行严格考核，对官勇，分别其功过，准予委署，或立即撤参。[③] 除省城外，湖北沙市巡警局开办得也比较早。因为经费不足，沙市巡警局仅有巡勇两棚。除了防守、巡查和缉捕外，卫生、防疫、道路维护和管理都是其责任。“官民通力合作，街道独见洁净。”[④] 在湖北宜昌，就城内财神殿保甲总局，设立巡警局，招募勇丁 70 余人，以 50 人巡街，20 余人专门管理和整治道路。[⑤]

浙江早在光绪二十三年（1897），仿照上海租界章程，设立巡捕房，成立浙江警察，为全国兴办警察的先声。光绪二十九年（1903），时任护理浙江巡抚的翁曾桂仿照京师、直隶巡警制度，在省城设浙江巡警总局。总局下设立分局 3 所，选勤奋干练员弁，分司巡查。将常备亲军 1 营以及从抚标 2 营制兵中挑选出的精壮，改编为警察军，计弁兵 375 名。又加募巡捕兵 50 名，添设教习警务帮带官 1 员，分巡城内上、中、下等 19 段。[⑥] 同时拟订了《试办警察章程》，规定巡警的任务是，梭巡分管地段，缉拿盗贼，处理居民争闹斗殴等事件，管理路灯，清查户口，管理道路交通。总局下还设清道局，负责清扫街道、疏通沟渠、清运垃圾等。[⑦] 为了培养警务人员，在警察总局内设立学堂，由教习董率官弁、巡兵，分班讲习。

由于军警的改制或兴办，朝廷没有统一的规划、统一的要求和统

---

① 苑书义等：《张之洞全集》卷 56，奏议五十六，第 1476 页。
② 《警察学堂添延助教》，《申报》，1905 年 4 月 19 日，第 17 版。
③ 《鄂督整顿警务》，《申报》，1905 年 10 月 3 日，第 3 版。
④ 《荆沙警务》，《申报》，1903 年 10 月 1 日，第 9 版。
⑤ 《宜兴警察》，《申报》，1903 年 11 月 3 日，第 2 版。
⑥ 《护理浙江巡抚翁筱山大中丞奏陈浙省开办警察情形折》，《申报》，1903 年 8 月 26 日，第 2 版。
⑦ 汪林茂：《浙江通史》卷 10，清代卷（下），浙江人民出版社 2005 版，第 92 页。

一的经费支持，只是一声令下，各省督抚、将军各自为政，结果是军警改革五花八门，效果不一。有的建立常备军、续备军，没有建立巡警军，有的建立续备军，而没有建立常备军；各直省创办巡警，也是差别很大，有的省巡警由制兵改造而来，有的从防军改练而来，有的从保甲、团练勇而来，有的省则直接招募土勇而成；有的省是巡警军与文职巡警并存，有的省是巡警与保甲、团练并存，加之常备军、续备军，均参与捕务事宜。捕务事务是多头参与，多方负责，彼此分割，难以形成捕务合力。无论是军警的创办者，还是管理者和督率者，均是旧式官僚。有的捕务机构用的是新名号，实则保甲、团练的翻版；而且旧式的保甲、团练、捕役及其制度大量地遗存。所以，尽管各省督抚不断地学习西方和西方列强在华租界以及京师、直隶新的捕务制度，但清季捕务制度仍然带有十分强烈的旧式色彩。

第二节　捕务主体全面和深度变动

一、全国统一建军

（一）新式陆军。新政启动后，在军制改革方面，各省自成风气。“军制、操法、器械未能一律”，且军队的指挥权有旁落督抚的危险。在袁世凯的建议下，光绪二十九年（1903），练兵处如期成立，作为统筹全国编练新式陆军事宜的总机关。在练兵处的供职官员多为袁世凯的亲信，练兵处的实权完全掌握在袁世凯手中。中央练兵处的建立，名义上是考察、督练全国的新军，“以期画一”，但隐然有收回军权之意，又的确是全国统一建军的标志。为了军队的专业化、近代化以及全国的统一，练兵处自成立后，做了大量的工作。光绪三十年（1904）夏，练兵处为整军和军队现代化准备了一个冗长而详尽的计划。陆军营制、饷章，“为中华帝国陆军现代化过程的最后重要阶段奠定了基础”[①]。袁世凯等制定章则法令，从编制、官制、训练、装备、饷、级衔等各方面，对各省练军、防军和八旗、绿营等旧军进行

① [美] 拉尔夫·尔·鲍威尔：《1895—1912 年中国军事力量的兴起》，第 103 页。

改革，以集中统一兵权。其中最重要的一项是拟定了一套《军营制饷章》，包括立军、督练、设官、募兵、军令、训练、校阅、奖惩、恤赏、薪饷、营舍、军器等规定。关于陆军营制，规定各省设督练处，负责编练新军，建立统一的新军编制。[①]可以说，晚清的军制乱于咸丰朝，改制在同治、光绪之际，定制于光绪三十年（1904）。光绪三十三年（1907），陆军部又拟定全国陆军编制 36 镇，按省分配编练任务，但至宣统三年（1911）仍未完成。随着全国统一建军，陆军的营制、兵役、军械和士兵招募等齐备规范。官兵发生了变化，相当多的军官由学堂毕业生中产生，或经过新式培训而成。新军的中下级军官多选自武备学堂的毕业生，还有军事专业的留学生，这些人思想比较先进。清季军队合成性、正规化发生了本质性的变化。新式陆军，包括常备军、续备军和后备军，具有国防军性质，后两者遇有战事，立即征调。但它们也有国内防守的任务，续备军“平时如有缉捕弹压要事，准各牧令会同该驻弁酌量调用”。因此，从广义的捕务制度来说，新式军制是捕务制度的组成部分。换句话说，新式陆军的建立是清代捕务制度近代性变动的一个方面。

从实际运行看，新军起到防内奸、缉盗贼的捕务作用。特别当大股匪患猖獗时，新军是重要的镇压工具。如，光绪三十年（1904）秋，河南祥符县正在清查粮账，但在其东乡地区的簿镇等村，民众借端抗阻。河南巡抚陈夔龙遴委官兵，亲赴各乡，查拿解散。杨荣泰督队进至该村，忽闻撞钟，又见四面举火。他严禁队勇擅自开枪，对聚集的民众好言劝解。“匪等置若罔闻，竟敢抗拒，蜂拥直前。该分统仍仅令放空枪虚张声势。不料该匪等暋不畏法，首先放枪，击伤弁兵崔振河等数名。”新军不得已放枪还击，击毙数人，匪贼才相继溃退。分统杨荣泰当即召集乡长开导，解散贼众。[②]再如，光绪三十二年（1906），山东省曹州所属地方为匪徒渊薮，官方此拿彼窜，缉捕

① 参见《练兵处奏拟定营制饷章折》，上海商务印书馆编译所：《大清新法令（1901—1911）点校本》第三卷，韩君玲、王健、闫晓君点校，商务印书馆 2011 年版，第 654—687 页。
② 中国第一历史档案馆、北京师范大学历史系：《辛亥革命前十年间民变档案史料》上册，第 204—205 页。

难得实效。山东巡抚杨士骧调派驻省先锋营队，会同在曹防营合力剿办，抓获不少，但未能尽绝根株，仍为一大隐患。他奏请朝廷派出得力干将和军队，予以支持。陆军第五镇出征，擒斩首犯、从犯数十名，在围剿曹州匪贼的战斗中"攻力最著"。[①]同年，江西巡抚电饬九江道，将驻扎九江的常备陆军一协二标陈得龙部，派拨第三营督队官伍云超，率领其后队黄队官、兵200名，前往都昌，会拿藏匿的匪贼。[②]由此可见，陆军在镇压内乱中也是重要力量。

（二）全国统一巡防队营制。巡防队又称巡防营，或简称防营。如果说新式陆军是国防军，其主要责任是对外防御，那么，巡防队的主要责任是防备内乱，归督抚直接控制和调遣。"无事之时可以缉获盗贼，为地方捍卫；有事之时可以协力守御，为陆军声援，于军事、防务两有裨益。"[③]"遇有陆军攻守之事，当协力辅助以为声援；遇有巡警缉捕盗贼、逃犯，当协同缉拿；遇有地方人民作奸犯禁，妨害治安，或聚众械斗暨盗贼滋扰，土匪潜伏，当随时随地分别弹压、解散、捕剿、拘拿。"[④]由此可见，巡防队有协助防御外敌和重点防止内乱的双重职能，均属于捕务范畴。巡防队与巡警"均为巡缉匪类而设，责任相同"，[⑤]相对来说，巡防队的首要责任是追捕股匪，平息骚乱，与内政性质的巡警，重在处理社会公共事务、平常盗贼事件和维护社会治安秩序，稍有不同，又与陆军对外防御的职能有根本区别，是军队性质的直省警备力量。巡防队由督抚管辖，是全省各地捕务经常性的防守、巡查和缉捕股匪的主力。至此，清季捕务制度的三大力量，即正规军、地方军和警察均已形成，军队之间、军警之间已经完全分野，职能上实行了分工。三大武装力量"构成了近代国家完整的

① 中国第一历史档案馆、北京师范大学历史系：《辛亥革命前十年间民变档案史料》上册，第165—166页。

②《拨兵会拿都昌匿匪》，《申报》，1906年6月16日，第3版。

③ 刘锦藻：《清朝续文献通考》卷204，兵考三，第9525页。

④《陆军部奏拟订〈巡防队试办章程〉折并清单》，《大清新法令（1901—1911）点校本》第三卷，第693—694页。

⑤《巡防队拨充巡警》，《申报》，1908年9月17日，第11版。

武装力量配置，这预示着近代国防体制的建立”。[①] 同理，如果从捕务制度的角度来说，三大强力部门的建立与分野，也标志着近代捕务体制代替了旧制度。不过，在捕务实际执行过程中，不同职责的陆军、巡防队和巡警等三者，尤其是后两者，难以绝对划清界限，而是协同承担防守、缉捕之责。各省巡防队一般按方位，以路的名称，将所有巡防队区分为若干路，驻扎在水陆通衢、形势险要和各省界犬牙交错之地。但又“改散为整”，成建制地分路驻扎，巡防队已完全取代汛塘兵。因此说，从练军、防军创立和改编开始，到新军、巡防队的建立，清代“化整为散”的旧城守、汛塘体系逐渐瓦解，城守、汛塘制度逐渐消失。

练兵处在光绪三十年（1904）《奏拟营制饷章折》指出，现行的续备军不符合军制。“续备军系常备军训练期满退伍之兵，断未有不充常备，而可强名为续备者，即各省续备军就各防营裁改，大凡防营未挑入常备，及尚有驻防巡缉之责者，则名之曰续备军。”因此，为统一军制，“各省嗣后除由常备退充续备，仍照旧办理外，凡由防营改练者，一律改名为巡防队”。[②] 而朝廷在光绪三十二年（1906）进一步明确，将各省续备军改为巡防队。[③] 这一规定至少在名义上为全国统一巡防队军制打下了基础，也规范了巡防队官兵的来源。次年，陆军部奏定《巡防队试办章程》，将各省所有各类军队，已遵章改为新军和巡警外，绿营、团练等杂项队伍，经挑选，汰弱留强，年龄在20~35岁之间、身体强者，一律改为巡防队。相比一年前的规定，该章程对巡防队的改编来源做了适当的扩大。并对巡防队的步队编制、马队编制、兵丁选练、官长充补、巡缉分区和驻扎定所以及出防、会操、军械、军服等，做了详细的规定。[④] 因巡防营系从防军、练军以

---

① 田玉洪：《困厄中的抉择——晚清（1864—1911年）裁军研究（以绿营为中心）》，第143页。

②《练兵处奏请将续备军改为巡防队》，《申报》，1906年3月19日，第3版。

③《德宗实录》卷559，光绪三十二年闰四月壬辰，第413页。

④ 参见《陆军部奏拟订〈巡防队试办章程〉折并清单》，《大清新法令（1901—1911）点校本》第三卷，第691—694页。

及绿营制兵中汰弱留强改编而成，营制也多袭旧制，名义上是经过整顿改造，有所加强，其实仍是有名无实，一如既往之勇，故巡防队亦称旧军。它和新军相比，在武器、军饷、编制等方面都不及新军，活动范围也只限于本省，无全国统一番号。据1911年《中华年鉴》刊载的数字，当时全国巡防营总数为276981人，[①]比绿营制兵中的20万汛塘兵人数略多。

到宣统年间，清政府有人主张裁撤巡防队，或者至少减少巡防队规模。但不少中央高官和督抚持不同意见。如在中央，学部左侍郎宝熙认为，各直省幅员辽阔，交通不便，而巡警尚未普遍设立，保卫城镇乡村，消除内患，只能依靠巡防队。他主张缓裁，“预算非无可减，而防营为保卫地方治安，实难议减。防营亦非不可裁，而目前巡警未备，更未便裁撤”。[②]江苏巡抚程德全等也力主缓裁，认为：“苏属防营无多，各属巡警又未一律成立，全恃防营弹压，地方及剿办各帮土匪，往往不敷调遣。现拟全裁绿营，防务更形吃重，实难同时议裁。”经过力争，两江、江苏巡防队不再裁减，其绿营也延迟全裁。[③]可以说，巡防队与清代共始终，且在宣统三年（1911）武昌起义爆发时，有些省的巡防队还得到了强化。

因为陆军部制定的章程规定，巡防队的服饰制度不得变通，但其他制度可根据各省的实际情况改变。所以，该章程的实施在全国实际上难以保持一致，但至少在一省内，地方防卫、警备军队实现了正规化和标准化。在四川，四川总督锡良将续备军改为巡防队，“川省之续备六军，系就各防营编改，与新章常备期满退为续备者不符，自应一律改为巡防队，以免混淆。所有营制饷章，一切照旧”。[④]他的改编做法简单直接、明快易行，但又与“认真整饬”的精神不太相符。

按照练兵处的要求，两江地区除专练新军1镇，即陆军第九镇外，再将苏属水陆各营改名苏省浦东巡防队，苏州原有的陆师中营巡警第

①转自张玉田等：《中国近代军事史》，辽宁人民出版社1983年版，第443—444页。

②《宝侍郎主张保存巡防队》，《申报》，1911年1月13日，第4版。

③《江南缓裁防绿各营之商榷》，《申报》，1911年5月7日，第11版。

④锡良：《锡良遗稿》卷5，奏稿，中华书局1959年版，第582页。

一、二、三旗，也改为苏省巡防队。[①]所有驻镇江防军第六标与分驻要地的防军第五、七、八标均改编为巡防队。[②]江苏省巡防队也有改自常备军的。如，驻扎太仓、昭文的江苏常备军第6营共140余名，因为该营多为客籍，与定章“本地籍”的要求不符，也被改编为巡防队。[③]江苏各路或某地巡防队一般下辖3营。如由江南常备第八标改编而来的巡防队，其第一营统领由袁熙龙兼带，第二营由陆厚培管带，第三营由周锦堂管带，仍分驻镇江。[④]巡防队每营官兵、夫役编制为409名，大、小建月每月军费分别支饷1954、1910.6两。光绪三十三年（1907），江苏再次统一巡防队编制，并分左、右两路，将分别驻扎在黄渡、震泽的第一旗、第二旗和驻扎在浦东的苏捕陆师，一律改为左路巡防队第一、二、三营，以林开武为统领；将苏垣陆师中营、抚辕卫队以及分驻宜兴的第三营，合成第一、二、三营，即为右路巡防队，以陈有珍为统领。[⑤]此外，江苏在改编中，将护军中营改编为所谓的留防兵，名曰松江留防兵一、二、三队。[⑥]到宣统年间，为尽快完成新编陆军1镇的任务，又将现有左、右两路巡防队改编为新式陆军1标，并抽调部分水师巡防队组成另外1标，[⑦]再将招募的新兵中、副两营和松江留防第一、二、三队，改为巡防队第一、二、三营，再另编1哨，作为提督卫队。[⑧]江苏的军制改革反反复复，花样不断翻新。

江西将常备军两标整编为一标，再招募陆军第二标，并添设炮、马、辎重、工程各队，编为混成协；所有老弱士兵则在九江改编为巡防队二营，“归浔道节制”。[⑨]尽管如此，江西已有的巡防队各营“更

---

①《水陆各营改用巡防队关防》，《申报》，1906年10月7日，第9版。
②《镇郡六标奉练兵处改编巡防队》，《申报》，1906年2月1日，第3版。
③《留防营改为巡防队》，《申报》，1906年2月22日，第10版。
④《颁发巡防队木质关防》，《申报》，1906年9月19日，第9版。
⑤《苏抚批准改编巡防队》，《申报》，1907年10月16日，第11版。
⑥《苏抚陈明改编巡防队办法》，《申报》，1908年3月29日，第11版。
⑦《苏抚变通本省军制之意见》，《申报》，1910年11月13日，第4版。
⑧《江督续奏苏省裁营节饷办法》，《申报》，1911年2月26日，第10版。
⑨《赣省编练新军之计画》，《申报》，1907年9月9日，第11版。浔道，即江西广南九南道，参见周振鹤主编；林涓、傅林祥、任玉雪等著：《中国行政区划通史》，清代卷，复旦大学出版社2013年版，第288页。

调抽拨，不敷分布”，江西巡抚瑞良决定再招募巡防队5营，其中在江西省招募2营，在河南省招募3营。该5营作为巡防队中军，充游击之师，以3营分扎三路适中之地，以2营驻扎省城。[①]

由于财力和新式人才的缺乏，新疆的新政改革，包括军制改革相对比较迟缓。在光绪三十一年（1905）联魁任新疆巡抚前，新疆对制兵、防军、练军已经过多次的裁汰和改编。此时，全省马、步队仅存14000余人。步队每营、旗存留多者不过200名，少者仅120或160名不等，马队每旗只存留50名，而编练的新军也只有2700多人，改编时间迟缓，规模不大，军力严重不足。联魁到任后，将全省旧有各营旗一律改编为巡防队，重新整顿，全省马队、步队共计设59营，共设官弁、兵夫14639名、马3645匹、额外马夫1701、额外马594匹。[②]他将巡防队分为5路，分驻各要地。

光绪三十年（1904）后，巡防队防守要隘，消灭股匪，成为各省镇压内乱的主要捕务力量，在直省督抚的直接领导和指挥下，还是起到了其应有的作用。一是分路布控威慑。巡防队各路成建制地分驻分防于省属各地，或调整防区。如，光绪三十三年（1907），根据治安变化了的情况，江西对其巡防队的分驻地进行调整：以前营管带胡应龙仍驻安源，分1哨驻草市，分1哨驻湘东；栗市桐木一带，调右营管带余承恩驻扎，栗市分1哨驻桐木，分1哨驻金瑞，分1哨驻袁州；调后营管带朱鼎炎驻扎慈化，以1哨分驻黄茅，1哨分防株潭，1哨分防曲源周密；调左营管带李国斌移扎新昌，分1哨驻临江，1哨驻瑞州，1哨驻新喻；拨巡防中军朱上清一营，驻扎义定，兼防铜鼓。各防营每月会哨1次。[③]同年，在成功镇压匪乱后，为防止治安状况出现反复，湖南巡防队也及时地调整驻防和分防区：湖南西路和南路巡防队统领、游戎陈斌生将所管第二队移驻晃州，第八队移驻绥宁，仍留一哨，轮流更替，责成分防双江及巡缉青林界、长安堡、临口等处，以一哨驻梅口、武阳；原驻绥宁的第七队长铺子、梅口、武

①《赣省添募新军》，《申报》，1907年1月16日，第9版。

②《新疆巡抚联魁奏改编防练各营旗折》，《申报》，1908年3月18日，第10版。

③《张统领咨报分布军队办法》，《申报》，1907年6月1日，第11版。

阳两哨移驻洪江，兼顾安江铜湾，其驻水口一哨，暂仍其旧；原驻洪江的第六队拨回，再行酌量布防；原驻安江、铜湾的第四队移驻中方，第五队调驻沅州府城；[①]二是巡查防堵。光绪三十三年（1907），在广东、江西交界，因为山多丛杂，易藏匪类，且匪乱刚刚平定，“南安府会同管带巡防队后军后营申玉衡，亲赴粤属中站地方，与南雄州秦牧会哨，并至大庾县上乡一带边境认真搜巡”；[②]三是直接镇压。江苏镇江西南榨树岗九里山等地方，“盗匪出入，商民裹足”，丹徒县令已差捕密拿，并请求驻防镇江的巡防队第三营督带周德标，派兵弁侦探，帮同协缉。[③]

除巡防队外，清代还建立其他巡防队性质的捕务力量，如巡缉队、探访队、侦探队和保卫队等捕务组织，也是警备力量细化和专业化的一个表现。除了按照部颁章程改编巡防队之外，有些省还建立有各种名号的地方警备部队。这些部队并没有纳入巡防队体制，也归各直省督抚管辖和调遣。从捕务制度的角度来说，自晚清以来，军队体系内部的名号越来越多，职能分工也越来越细。就这些名号不一的警备力量的职能而言，在防守、巡查、侦察和缉捕等方面，与巡防队没有本质的区别。如，两江巡缉队成立于光绪三十二年（1906）十一月。次年，两江总督端方鉴于南洋一带伏莽甚多，非认真侦探严密缉拿，不足以重地方，而清匪乱。他挑选兵丁编练侦探队，分布各要隘，切实探访。[④]侦探队原额60名，后续添募官勇，人数达到113员。江苏省也紧随其后，创建侦探队。巡抚陈夔龙以近来匪党充斥，全省军营及长江内地匪党溷迹，因饬督练公所，添设巡缉侦探队100名。他自任督办，以藩、臬两司为会办，苏州府知府为提调；札委欧阳少臣为中队管带，督领40人；王海峰为左队官，张连陞为右队官，各带30人。[⑤]光绪三十四年（1908）三月，端方等遵旨在筹议长江巡

①《防营布置之周密》，《申报》，1908年8月8日，第11版。
②《会营搜山》，《申报》，1907年1月29日，第3版。
③《请兵协缉盗匪》，《申报》，1907年1月23日，第17版。
④《江督咨取侦探队章程》，《申报》，1907年7月23日，第11版。
⑤《苏省添设侦探队》，《申报》，1907年9月12日，第11版。

缉章程内，又奏请设立江南巡缉队。[①]张人骏任两江总督后，在宣统二年（1910），按照民政部章程，改巡缉队为探防队；[②]张人骏还提出，探防队和金陵巡警水师等“两项队伍均与巡警性质相近，拟请改归民政部管辖”。[③]这些原来属于军队序列的探防队正式退出军队系统，改归各省内政系统管辖。因为长江中下游时有会匪出没，长江流域各省先后设立侦探队等名目，这些所谓的巡缉队、侦探队一般为秘密机构。安徽巡抚冯煦仿照两江的办法，拟定筹建侦探队大纲四条。光绪三十三年（1907）八月，安徽侦探队成立，有管带、侦探长和侦探士等105名。以其7/10分驻省内外长江交通要道，如安庆、华阳镇、九江、汉口、枞阳镇、大通、南京、镇江和上海等21处，以其3/10驻扎芜湖。[④]

二、全国统一建警

光绪二十八年（1902），朝廷发布谕旨，要求各直省督抚，仿照直隶章程，办理警务。全国各直省于是各显神通，多与军事性质的巡警军平行，开办内政性质的警察，开启了部分军人、捕役、保甲、团练改为警察以及招募警察的进程。光绪三十一年（1905）九月，中央设立“俾资统率”的巡警部，“所有京城内外工巡事务均归管理，以专责成，其各省巡警并著该部督饬办理”。[⑤]巡警部的建立使全国的建警进入第二个阶段，是全国统一建警的标志，也是捕务中主要制度近代化的标志。清代中央政府开始直接领导和推动捕务制度的改革，捕务制度的正规化、法治化和专门化加深，其权威性大大提高。同时，捕务开始舍弃捕役、壮丁、保甲和巡勇等主体，警务开始从军事、政务中独立出来，二百多年军警混沌的状态得以改变。警察成为一个独

---

①《江督奏改巡缉队为探访队》，《申报》，1910年8月4日，第14版。

②刘锦藻：《清朝续文献通考》卷120，职官考六，第8807页。

③《奏为两江巡缉队及金陵巡警水师请改归民政部管辖事》，宣统二年五月二十六日。档案号：04-01-01-1105-027。

④冯煦、陈师礼：《皖政辑要》卷68，军政科，第653—655页。

⑤刘锦藻：《清朝续文献通考》卷119，职官考五，第8790页。

立行业，警察专门化、职业化正在推进之中。一年后，“巡警为民政之一端，拟正名为民政部”。[①] 原来巡警所管事务变为民政中相互平行的警务、卫生、道路、营缮等事务，警察所管事务相对缩小，职能进一步细分。各省巡警道建立后，主要致力于两个方面的工作：一是努力完善自身机构设置，并逐渐向州县、乡镇推广巡警组织；二是在治安、市政管理的多个方面有所作为。[②] “具有多功能专门化的城市管理机构——警察的出现，是城市管理和社会控制向现代化转变的产物及标志。”[③]

（一）各省全面建警。中央有统一的号令和统一的要求，但仅仅就巡警来源和巡警完备程度来看，各直省统一建警并不完全一致。越到基层，囿于专业人才的缺乏和办警经费的短绌，巡警创制和改革就越因陋就简，越随意化。各省府厅、州县及乡镇地方创制和改革警察，“有循保甲之规制而变其名者，有以团营、巡勇、乡勇改者，有以绿营兵改者，有以乡镇原有之巡夫人等改者，有专用巡警者，粉饰因循，在所不免”。[④] 当然，各省全面建警，直隶仍然走在前列，其他省则紧随其后。如，云贵总督丁振铎、云南巡抚林绍年等在光绪三十年（1904）五月在昆明试办警察，首先从三个方面着手。一是建机构，归并原有保甲，设云南通省警察总局；二是划定巡查区域，城内分为四区，再各分 4 段，城外分 8 段，共计 24 段；三是组建巡警队伍。城内外设文总巡各 1 名，兼裁判事；武总巡各 1 名，兼督操事。每段设分巡 1 名、巡目 1 名、巡兵 16 名。每个城门还另设武分巡 1 名、巡记 1 名、巡兵 4 名，以稽查出入城门者。局旁设自新所，收容违警罪犯。光绪三十二年（1906）二月，将全省团营一律改为警察，按照繁盛和战略重要程度，将所属州县和要地分为四等，设置不同的巡警规模。光绪三十四年（1908）四月，云南通省警察总局再次进行改组，局内分设 7 课，将城内外原设的 24 段划为 9 区，即城内 5 区、

---

① 《总核大臣奏改阁部院官制折》，《申报》，1906 年 11 月 16 日，第 2 版。
② 关晓红：《从幕府到职官：清季外官制的转型与困扰》，第 350 页。
③ 何一民：《中国城市史》，武汉大学出版社 2012 年版，第 555 页。
④ 刘锦藻：《清朝续文献通考》卷 119，职官考五，第 8795 页。

城外4区，按所辖地面大小，每区设置5~9所派出所，每所设警士6名，又在总局附设拘留所和待质所。宣统元年（1909）十一月，警务公所只分为总务、行政、司法、卫生等4科；每区设区官、巡官各1名，见习员3名、巡长4名，每所设巡警6名。此外，每区另设预备巡警6~9名，“以备缺额时之补充”。①

河南建警在光绪三十二年（1906）前后，河南巡抚陈夔龙仿照北洋巡警章程，在河南省城开封陆续添设巡兵，并派委武员，管带城厢八隅治安，只不过仍袭保甲之名。张人骏到任后，在省城设立巡警总局，并将城厢区域分为东、南、西、北等4区。自南关铁路开通后，南关地区人烟繁盛，决定另置南关一区。城关厢共五区，名曰分巡警局，各区委员改称区官。“将城关巡兵归该属委员管带，名曰总巡官”。总局及各分区的年度经费为55000两。并仿照天津、保定两处章程，募练探访1队，专为侦缉地方要案。②吴重憙在光绪三十四年（1908）就任河南巡抚后，设立河南巡警道，分总务、行政、司法、卫生等科，还设司书生16名、警卫长1名、警卫队16名、探访队10名；将巡警总局改为警务公所，作为全省警政的总机关；省城巡警区划分为五区，“以区官、巡官等员为之督率，而仍受成于公所”，③省城开封共有巡警官、巡长和巡警等755名。④

周馥在江宁创办巡警的做法与其他省相比，本质一致，但做法有所不同。江苏省在光绪二十九年（1903）五月，改保甲总局为警察总局，为以后警务改革打下了基础。光绪三十二年（1906），按照巡警部的官制等改革要求，出台全省《巡警试办章程》，对机构设立、官员和警员资格、警服装备、经费额数与薪水标准、巡警责任与奖惩办法等做了详细规定，大大促进了江苏巡警制度规范化。江苏又将省城警察总局更名为巡警总局，总局之下设立分局，将原七路总察改为

① 龙云、周钟岳：《新纂云南通志6》卷126，庶政考六，第357页。

②《奏为豫省添设开封巡警局及募练探访队事》，光绪三十三年六月十四日。档案号：03-5521-044。

③《河南巡抚吴重憙奏胪陈整顿巡警情形折》，《申报》，1910年3月2日，第18版。

④《中州警务编制大改革》，《申报》，1910年6月5日，第11版。

中路巡警分局、东路巡警分局、南路巡警分局、西路巡警分局、北路巡警分局、阊胥门外巡警分局和娄齐葑门外巡警分局等。各巡警分局设巡官 1 员、巡弁 4 员，将每局的管辖地划为 4 区，巡官总辖 4 区，巡弁各辖 1 区，又设巡记 1 员，协助巡官办理公牍。[①] 由于警力不够，江苏随后不断扩充巡警队伍。先从抚标中军城守两营中挑选兵丁 277 名，归入巡警局，使巡警达到 700 名；将城守营裁汰后的余兵作为巡警军左、右队，归督练公所节制，负责守护城门、衙署、监库等。[②] 光绪三十四年（1908），又拨调巡防队 300 名，充实巡警力量。[③] 这些巡防队军人脱离军籍，归巡警道节制。到该年底，江苏巡警已达到 1000 多名，并重新议定分路分区。城内设中、东、南、西、北等 5 路，阊胥门外设 2 路，共 7 路，每路警员计 144 名，7 路合计 1008 名。[④]

全国各州县兴办警察，也在积极地推行之中。如，到光绪三十三年（1907），四川省 144 个厅州县中，有 108 个厅州县相继开办了警察，配备巡警 5060 人。迄至宣统二年（1910），全省 140 个厅州县开办了警察，[⑤] 已达到 97.2%，进步很快。在四川巴县，光绪三十一年（1905）十月，创设警察局。以重庆府知府为监督，巴县知县为坐办，负专责者为会办（后改会办为坐办），设警察传习所，召集治城四十八坊厢保甲委员，短期训习，即以充任警员，此为县城警察之始。后改设巡警总局于行台，将巴县城厢分为东、西、外三路，各设正局 1 个，每路设四分局。至此，巴县“警察体制于是乃备”。宣统三年（1911）五月，将警察局坐办改为警务长。巴县乡镇警察也于同年开办，以地方官为监督，设乡镇警务长 1 人，分县境为 6 分区，即白市驿、龙隐场、鱼洞镇、龙冈场、木洞镇和小观音场，分区

---

①《苏州省城巡警试办章程》，《申报》，1906 年 5 月 14 日，第 4 版；《续苏州省城巡警试办章程》，《申报》，1906 年 5 月 16 日，第 4 版。

②《苏抚改城守两营为巡警片》，《申报》，1906 年 9 月 19 日，第 9 版。

③《巡防队拨充巡警》，《申报》，1908 年 9 月 17 日，第 11 版。

④《苏省整顿巡警》，《申报》，1908 年 12 月 28 日，第 10 版。

⑤贾大泉、陈世松：《四川通史》卷 6，清代，四川人民出版社 2010 年版，第 217—218 页。

置区官 1 人、巡官 1 人。乡镇巡警总署及六分区计巡长 37 人、巡警约 300 人、夫役约 30 人。[①] 南部县乡镇巡警创办于宣统元年（1909），警员主要招募当地壮丁，警官一般毕业于高等巡警学堂。从宣统二年（1910）开始，招募而来的学员需受训两个月，期满毕业，[②] 才能任职。

山西变通州县巡警办法，将全省厅州县分为四等，分设不同数量的巡警。其中，上等 10 属，每属额定 80 名以上；中等 26 属，每属额定 60 名以上；下等 40 属，每属额定 40 名以上；最下等 37 属，每属额定 20 名以上。全省应有巡警 4700 余名，年需经费 20 余万两。到宣统二年（1910）年中，有巡警 4160 余名，经费筹得 182900 余两；各属教练所开始招生，按村保送 5390 余名，其经费由各村社承担，已筹有 30000 余两。[③] 到宣统二年（1910），湖南巡警数量逐年增加，湘乡、新化、衡阳、巴陵、武陵、永顺等县，巡警在 100 名以上。省城高等巡警学堂已毕业者 561 名、未毕业者 100 名，巡警教练所各属已设立巡士，并由巡警毕业生担任，另派官员充当厅州县警务长。[④] 尽管存在各种困难，在中央的统一领导、支持，甚至派员督促下，直省各督抚比较积极地作为，在短时间内，全国警政工作有了比较大的发展。特别是在州县以及乡村推广巡警，由于警政知识少，人才缺乏和经费不足等，其难度更大。客观地说，全国警政改革取得了如此的成绩，确实不易。

（二）通过警学，培养和造就新的职业警察，促进警察近代化和捕务制度变轨。与晚清时期兴办军事学堂一样，清代中央在新政阶段也大兴警学。警学的外在具体形式，就是巡警学堂和各类警察培训、研究机构。选拔官弁、兵勇、旧式士人和新式学生以及朴实壮丁入巡警学堂学习，或者开办培训机构培训巡警人员，促使巡警知识化、职

---

① 朱之洪、向楚：民国《巴县志》卷 15，军警，第 495 页。

② 李彦峰、李庆宏：《清末四川南部县乡镇巡警创办研究——以〈南部档案〉为基本史料的考察》，《西南石油大学学报（社会科学版）》2015 年第 6 期。

③《山西巡抚丁宝铨奏胪陈晋省第四届筹备宪政情形折》，《申报》，1910 年 10 月 25 日，第 18 版。

④ 杨鹏程：《湖南咨议局文献汇编》，湖南人民出版社 2010 年版，第 42 页。

业化和近代化。光绪三十一年（1905）后，作为捕务制度核心的警察制度建立及其在全国范围的推广，有中央和直省两种力量在起作用，改变了过去只有直省督抚单一力量推动的状态。因为大办警政，“需用警官以下人材日多，加以各省举办巡警”，民政部及时开办高等巡警学堂，延聘中外各科教习，酌定课程，以资讲授。在首次招考中，有6000余人报考，经过考试，民政部正取240名，备取300名，竞争还是相当激烈的。该学堂计分三科：一曰正科，授以高等警察学及各项法律，分6期毕业，挑取举贡以下和在职巡警入堂学习。一曰简易科，授以简易警察学，以应急需，分2期毕业，挑取各级各类官员入堂学习。一曰专科，授以必修警，分2期毕业，各厅队警官以下人员入堂学习。[①]

各直省在光绪二十八年（1902）后，陆续开办巡警学堂。比较早的，如天津巡警学堂，即北洋高等巡警学堂，设于光绪二十八年（1902）。“无论本省、客籍，由堂招考文理通顺之人，入堂肄业，原定学员额数一百名，期以二年毕业；兵学生额数一百六十名，期以一年毕业。”[②]直隶省城巡警学堂于光绪三十二年（1906）由直隶总督袁世凯创办，学生由本省各府厅州县申送和贡生监考选，分为高等、普通两班。高等学生一年毕业，普通学生六个月毕业。按毕业生的不同学历，分别派充各厅州县教员、巡官和区长等差。光绪三十三年（1907）陈夔龙到任后，再在省城、天津的巡警学堂添设完全高等警察1班，定期四年毕业。北洋巡警学堂学生多数来自京城各部院及江苏、浙江、河南、甘肃、黑龙江、吉林等省，前后共计录取官学生766名，毕业者676名。除在直隶、各省当差以及咨送回籍者，毕业留堂学生50名，未毕业者50名。“天津为通商口岸，华洋错居，保护地方，巡警尤为注重，且此间所用警员、警兵多取材于该学堂。”该学堂设立多年，“成效昭著，与各省外府向未设立者情形不同，应请仍旧办理”。直隶所属各厅州县所设巡警传习所，则遵章改为教练所。[③]

---

①《民政部奏办高等巡警学堂折》，《申报》，1906年11月27日，第4版。
②《直督奏陈改设巡警学堂情形》，《申报》，1909年4月3日，第4版。
③《直督奏陈改设巡警学堂情形》，《申报》，1909年4月3日，第4版。

但各直省开办巡警学堂的高潮集中在光绪三十二年（1906）。如，浙江巡警学堂分为两班：官学生速成班，其学制为一年，学生主要来自浙省文武官员和各地方绅士，专门培养警官；兵学生班，三个月毕业，充巡士之用。同年秋天，宁波也设立巡警学堂，仿照省城巡警学堂设班和学制办法，分为官班和普通班。光绪三十四年（1908），按照民政部的要求，浙江将原巡警学堂改为高等巡警学堂。该学堂分为高等班和简易班，令省内各地选派学生参加考试，考试合格，入学就读，为本省培养更高档次的警务人才。[①]浙江省比较强调巡警学生和毕业生理论与实践的结合，在警务处附设警务研究所，令从前的毕业生先赴省城各巡警局、区实习，两个月后再调入该所练习课程，学习一段时间后，派赴各府厅、州县充当巡官、教习。[②]宣统元年（1909），浙江高等巡警学堂于正月间举行考试，录取高等班学生100名、简易班学生300名，学堂规则、课程均照民政部章程办理。[③]

陕西巡警学堂于光绪三十二年（1906）八月开办，分设速成科、简易科。其中，简易科开办三年以来，已毕业学生600余人，小有成就。宣统元年（1909），遵章将该学堂改为高等巡警学堂，自此后不再办简易科新班，专办完全科，所设课程除警察、法律各科外，酌加国文，以培文化根底。学生额数先取100名，作为甲班，后每年续取50名，分为乙、丙等班，甲班毕业后，再招丁班，递相推嬗。[④]

吉林省于光绪三十二年（1906）奏设巡警学堂1所，因警务人员不足，先开简易科，分为学员、学生两班，毕业之后充警官、警兵之用。到宣统元年（1909），先后毕业学员一班50人、学生五班400多人、附办监狱科学员60人、司法警察班学生40人。按章将巡警学堂改为高等巡警学堂后，招收本省举贡生员及中学以上毕业生。但吉林地处边陲，风气后开，合格学生难招，只得将完全科学员改为高等班学生，按照部定课目教授，三年毕业；将原有简易科的学生，调整到

①汪林茂：《浙江通史》第10卷，清代卷（下），第92页。
②《浙抚奏报筹办巡警情形》，《申报》，1909年4月28日，第10版。
③《浙抚奏报改办高等巡警学堂》，《申报》，1909年5月14日，第4版。
④《陕省改办巡警高等学堂》，《申报》，1909年6月7日，第10版。

巡警学堂附设的教练所中，继续学习，直到毕业；将吉林、长春两府，宾州、延吉、绥芬、双城四厅，农安、磐石二县的巡警传习所，改作巡警教练所。[①]

（三）警察新形象的生成。在清代新政前，中国没有警察称谓和警察的专门设置，到新政改革始有巡警之设。因为中国近代警察的最初来源是兵、勇和团丁，因此，时人对警察的早期认知，就来自对兵、勇和团丁的认知。而兵、勇和团丁在中国历代都没有好名声，"好铁不打钉，好男不当兵"就是这种认识的通俗而普遍的写照。在清代，特别是太平天国运动以后，大量的散勇、游勇为贼为匪。即使是吃皇粮的兵、勇，不仅无能为力，而且常常欺压百姓，勾结匪徒，无恶不作，兵、勇、匪实为一家，其名声和形象是差的和恶的。这种形象大量充斥于清代，尤其是晚清的历史文献中。"警政初萌，在职之人杂以文、武候补员弁充之，巡兵亦招自市井，既无学识，亦鲜经历，于其职权时或不免出入，而人民不惯干涉，以致动相龃龉。"[②]最初的一批巡警，其巡官"大抵均为州县、佐杂之流，于警察之学理茫无所知，不过视为差委之一耳"，巡长和巡士各员"则或为逃伍之兵卒，或为市井之无赖"。[③]社会上的人将"警察称曰警兵，人民向以当兵为耻，遂以贱兵者贱警察，自爱者每不肯为"。[④]但是，又不得不承认，清季中国自开办警察制度以来，警察的名声和形象悄悄地在向正面、积极的方向转化，如同军人形象也由旧到新、由坏到好地转换一样。

警察新形象是清季官方改革的结果，也是绅民共同推动的结果。首先，兴办警学，以警学塑造警察的形象。官方派人到日本等国家留学，学习警察制度。《申报》光绪三十一年（1905）的一则报道说："清国各省陆续遣学生来习警察事务。此次毕业者江苏省十八名、北京三十四名。其留学未卒业者，计北京八名、湖南十八名、四川

①《东督锡良吉抚陈昭常奏遵章改设高等巡警学堂及教练所办理情形折》，《申报》，1909年8月26日，第26版。
②龙云、周钟岳：《新纂云南通志》卷126，庶政考六，第356页。
③《论我国警察之弊及其整顿之方》，《申报》，1909年9月18日，第3版。
④龙云、周钟岳：《新纂云南通志》卷126，庶政考六，第356页。

二十七名、湖北五十三名、江苏二十名。”[①]国内大办警务学堂，“招选士人，学习警务，而又须优予出身，荣以名誉，使通国之人，皆知警察为最重要之政务”。[②]官方还开办各类培训机构，对在职巡警进行教育，如巡警养成所、巡警教练所、巡警营等，招收士人、学生和朴实壮丁入堂学习，学习警察、法律和国文知识，进行严格的操练。

其次，招收的巡警官员一般为留学生和巡警学堂毕业生，所招巡警则是“既须身家清白，亦须粗通文义，一切无赖游民不得滥竽充数”。具体来说，就是身家清白、平日毫无过犯，有人作保；性情和平，朴实耐劳，不吸洋烟；五官齐整，身无残废暗疾；语言清楚，粗知文义，能抄写不误；年在18~35岁之间，以前未充当差役。[③]开办这些警学机构，目的是明确的：“如设警务学堂，以增长其才识；设巡警教练所，以补助其学问。”[④]

再次，官方给予巡警身份、升迁的“阶梯”、优厚的薪水、统一的服饰，建立抚恤制度。湖南巡警道接到民政部颁行的新定巡警规则后，“即将所办巡警各区，每区派委员绅各一人。员则称为警官，绅则称为巡官，前之部长改名巡长，其余列为一、二、三等巡警，不用伍长、警兵之名”。[⑤]一般的巡警不再被称为巡兵或巡勇，而被称为巡士。“改设学堂，易名警士，示所以尊异之。”[⑥]给予巡警优厚而体面的待遇。如，江西将巡警分为巡长、巡目、巡兵等三等，每等工食又分为三等。巡长一等每月10两、二等9两、三等8两；巡目一等8两、二等7两、三等6两；巡兵一等6两、二等5两、三等4两。学习毕业后，派令当差，巡警的家属“由地方官妥为保护，勿任土豪、痞棍欺凌”。[⑦]建立相对优越的抚恤制度，如果巡警因公受伤和缉盗拒捕殒命者，在外海、内河缉盗遭风漂没，或触礁殒命者，警官恤银400

---

①《调查留学日本警务学生》，《申报》，1905年5月20日，第4版。
②《论京城改练勇为巡警事》，《申报》，1905年8月7日，第2版。
③《招考警察示》，《申报》，1903年2月28日，第2版。
④《敬告握有警察权诸公》，《申报》，1910年3月10日，第2版。
⑤《改良巡警规则》，《申报》，1908年9月25日，第10版。
⑥龙云、周钟岳：《新纂云南通志》卷126，军制三，第356页。
⑦《招考警察示》，《申报》，1903年2月28日，第2版。

两、巡官恤银 300 两、巡长恤银 200 两、巡警恤银 100 两。①

最后，对巡警官士进行严格管理，依法奖惩。民政部和各直省出台系列法规，对警察官制、警察选用、警察权利义务、警察考核奖惩、警察待遇以及警察的职务行为给予全面的规范。②这些规范严格而多样，其权威性要强得多，效力更持久一些。对警察的规范，还有一些效力稍弱的章程、通饬和诫令，如，因为各警务长都是刚刚从学堂毕业的学生，对外间情形或有不谙，安徽巡抚严厉告诫所属各府厅、州县警务长，务必遵守馆章和省章，遇事与各地方官商量办理，非警务范围之内的事务一概不准干预，如有不服指挥、不受监督，允许地方官据实禀揭，一旦查实，即分别惩处。③这些系列规范将在本章第三节中详细阐述，在此不再赘述。

三、基层捕务体制的新替

（一）有专业知识的警务长、巡官逐渐取代旧式的分任、分任分防佐杂官，成为基层捕务的主要专门官员。按照光绪三十三年（1907）《各省官制通则》和光绪三十四年（1908）《考核直省巡警道官制细则》的规定，各省府厅、州县设置佐治各员。其中，各厅州县设警务长 1 员、各区官若干员。区官以下设巡官、巡长和巡警。④设立新式捕务官员的同时，撤销旧式府厅州县的分任分防佐贰、佐杂官员，“直隶州、直隶厅及各州县所有佐贰杂职应即一律裁撤，酌量改用”。⑤这些佐杂官员经过培训，直接充当佐治员，也包括充当警务长、巡官和巡士。如宣统元年（1909），湖南省一次就裁撤佐杂 6 缺。即长沙府属茶陵州州判、浏阳县县丞、永绥厅茶峒知事、乾州厅河溪

---

①《民政部奏定巡警官弁议恤章程》，《申报》，1907 年 1 月 15 日，第 9 版。

②参见《宪政编查馆奏考核巡警道属官任用章程折》，《申报》，1910 年 12 月 30 日，第 18 版。

③《规定各属警务长办事权限》，《申报》，1910 年 9 月 15 日，第 11 版。

④《宪政编查馆奏考核直省巡警道官制细则折并清单》，《大清新法令（1901—1911）点校本》第二卷，第 191—192 页。

⑤《总核官制大臣奏改订外省官制折并清单》，《大清新法令（1901—1911）点校本》第二卷，第 174 页。

巡检、澧州顺林巡检、桃源县郑家巡检。[①]广西布政司经历、按察司经历，广西柳州府通判，郁林州州判，各府经历、知事，各土州土县州同、州判、吏目、典史等30缺，均属闲曹，一无责任，先行裁撤。此外，佐贰杂职等缺，因为府州县佐治官猝难照章遍设，该佐贰杂职等或任分防，或典监狱，有一定责任，待设立佐治员时，再行逐渐裁改。[②]

浙江省佐杂总计有200缺之多，除府司狱、州吏目、各县典史有监狱之责，待各级审判厅成立后再议改置外，其余经历、照磨、县丞、巡检各缺均遵章裁撤。有分防所者，由该厅州县将该处巡警及地方自治迅速办成。“所裁实缺人员，如量其才质，堪胜佐治员缺，并堪充监司以上各衙门科员等职者，得由主管官厅札派，或由府厅州县禀留委用，其年力富强才堪造就者，并准投考相当之学堂，或酌予赀遣，以示体恤，其不堪造就者，则咨令回籍。”[③]浙江各州县奉命裁去的主簿、巡检等官及各房典吏、书办，改设警务长（或警务公所）、视学员（或劝学所）、劝业员（或劝业所）、典狱员、主计员、统计编纂员等。如宣统年间德清县新设的警务长，掌消防、户籍、巡整[警]、卫生。[④]从实际推行的情况看，裁汰佐杂，浙江省采取的是渐进、逐渐替代的办法。其对各类佐杂49缺的裁撤次序，是“自以同城为先，分防次之，而分防各缺中则又以巡警及地方自治已、未办，成为入手之先后”；[⑤]当巡警在乡村建立时，即裁撤该地佐杂官，也就是巡警制度代替佐杂分任分防制度。

广东进行府厅州县改革，其佐治官约有两三百缺之多。“该项人员非谙习法政各学者，断难胜任。”但是，广东现任、候补佐杂班中，通谙法政学术者寥寥，派入法政学堂肄业人员也少，肯定不足以供将来任缺之需。广东决定对这批佐杂官员进行查验和分流，派入法政学

①《裁撤闲冗佐杂》，《申报》，1909年3月22日，第10版。

②《宪政编查馆会奏议覆桂抚张鸣岐议裁冗员折》，《申报》，1909年8月23日，第26版。

③《札司核议裁撤佐贰善后办法》，《申报》，1910年6月12日，第11版。

④汪林茂：《浙江通史》第10卷，清代卷（下），第99页。

⑤《浙藩详覆酌议裁撤佐贰办法》，《申报》，1910年9月3日，第10版。

堂，补习法政各科。待改设佐治官时，在这些通晓法政人员中选用，其余不谙法政及学习并无成绩者，则一律遣回原籍。[①]

（二）巡警逐渐取代捕役、民壮、保甲等在官人役，行使捕务之权。如前所述，长期以来，清代州县雇佣大批差役，甚至“一县白役，多至数百名”，大量的捕役、民壮、团丁和巡勇等充斥于捕务之中。这些在官人役依仗官方的权威，成事不足，败事有余，对老百姓更是“百般扰害”。所以，在光绪二十七年（1901），光绪帝发布上谕：“各督抚通饬所属，……额设书吏均分别裁汰，差役尤当痛加裁革，以期除弊安民。”[②]有的直省督抚对裁汰书吏动手早，如曾任山西巡抚的赵尔巽就认识到，“州县原有之捕役、民壮、铺兵人等，平日于缉捕盗贼、递送公文，全无实际，徒足以生事扰民”。因此，他在山西，先裁汰这些在官人役，重新招募乡间朴勇壮丁作为巡警。无驿站的州县，这些巡警还“兼管递发文书”。他按照山西地方的冲僻和形势险易的不同，确定巡兵数量的多寡。“有按马二步八分设者，有另设马兵者，有专设步兵者，现虽均已招有二十名至三五十名不等。”[③]在直隶，直隶总督也是“扩充巡警，抽换差役”，但采取的是渐进的办法。袁世凯认为，因为直隶基层巡警尚未办齐，应先革去白役，在“红名中择用数名，凡马快向能捕贼作线者，挑某巡警局，暗巡月给工食，重赏在前，峻法在后。其解勘之费，按照里数由官发给；传讯催粮之费，按照里数由民发给；各州县传呼出票，必亲自酌判，不准家丁粘签，按程限目标明旅费，人传到案，票随缴销，先问两造有无勒索，违者严惩”。其巡警办成的地方，有事之时，即派巡警担任。对已被裁汰的衙役，也给予出路，“酌拨习艺，以广谋生之路”。直隶最终的目标就是“以巡警完全之日，为差役革除之期”。[④]

一些直省裁汰差役的改革也反过来推动了全国裁汰差役的工作，

①《限制佐杂人员补习法政》，《申报》，1911 年 2 月 13 日，第 11 版。

②《德宗实录》卷 482，光绪二十七年四月壬子，第 366 页。

③《光绪二十九年二月初十日京报全录》，《申报》，1903 年 3 月 19 日，第 14 版。

④《直督札饬以巡警易差役公文差役》，《申报》，1906 年 6 月 4 日，第 3 版。

民政部在光绪三十三年（1907）直接要求各直省裁汰民壮、捕役等。清代的巡警制度逐渐取代了职役制度，开启了基层捕务制度的近代化。“州县原有民壮、捕役等项，每县额设不过百名，工食至微而白役之数多且逾千。”这些差役“日以生事扰民为业。小民一讼之扰累，一票之诛求，虽有循良，亦为蒙蔽荼毒靡穷，实民生之蟊贼”。[①]所以，各直省裁汰各省民壮、捕役、乡勇等，一律以巡警代替，具有进步意义。但实际运作情况并非完全如此，这些差役并不是一纸空文所能解决的。在清季宪政改革和地方自治的背景下，差役仍然存在，或者还在新设。如，江西袁州府水利缉捕同知久驻省城，并不到郡，实为虚设。因为光绪三十二年（1906）萍乡会党乱事，江西盐法道改为瑞袁临兵备道，移驻萍乡；袁州府同知改为上栗市厅抚民同知，[②]移驻上栗市。该抚民同知添设的差役有：“仵作一名、学习仵作二名、禁卒四名、捕役四名、弓兵八名。”[③]光绪三十三年（1907）四月，经民政部奏请，募练巡警，设置佐治员，民壮各役的裁汰才合法地正式启动。从制度的角度来说，捕役、民壮和弓兵等已成为历史的遗迹。但是，实际执行下来，还是有一个过程，这些差役在一些地方仍然存在，直到清代垮台。如捕役，宣统三年（1911），在江西鄱阳县的金盘岭，有俗称英雄会的几百会众聚会，该会头目是抢劫杀人犯，驻扎于此的巡防营左哨哨长禀报县中，知县“飞饬捕役”，协同官弁往拿。[④]对民壮的裁汰，各地进度也不一样。如，苏州府属长洲、元和及吴县等三县，“向有民壮各二三十人，系由县主出资雇用”。三县县令一致决定，将民壮一律裁撤，其所遗之事改由巡警办理，由此节省的经费也改为巡警赏款项目。[⑤]黑龙江“裁旧有之捕盗营、民壮等名目，而分设司法、行政巡警，以树新政之基”[⑥]。上述这些省、县，裁汰民壮是

①《民政部奏请通饬各省酌裁民壮募练巡警折》，《大清新法令（1901—1911）点校本》第三卷，第7页。

②《德宗实录》卷568，光绪三十二年十二月丙子，第516页。

③《部电质询改驻同知办法》，《申报》，1911年5月29日，第11版。

④《时山会匪余党就擒》，《申报》，1911年5月14日，第11版。

⑤《长元吴三县裁汰民壮》，《申报》，1907年6月15日，第12版。

⑥《宣统政纪》卷7，宣统元年正月戊申，第131页。

比较快的。但有的地方，如浙江台州府各县，由于绿营裁汰和经费缺乏，巡警还未能遍布乡镇，而匪盗纵横不法，于是决定延期裁汰民壮。[①]弓兵也是如此，在宪政改革时期，也是裁汰的对象，但几近清代灭亡，仍然存在。如，据宣统三年（1911）的报道，太湖水师第五营管带杨玉贵一日坐船外出公干，与同舱的商人张书卿争执，甚至令其勇丁揪殴，事后不久，“忽有黄浦司衙门弓兵吴震等手持朱单，会同营勇到店”，提拿张书卿。[②]不论该事是非曲直，到宣统三年（1911）年中，上海黄浦巡检司仍设有弓兵，则是确定无疑的。顺便值得一提的是，裁汰佐杂官，设置佐治官，是清季地方行政体制的重要内容，但一些基层还在设置佐杂官员，与改革方向和改革方案相逆而行。因此，任何制度的出台、运行和废除以及评价这种制度的状态，不仅要看纸面上的规定，还要看实际运行，才能有真实和全面的判断。如宣统二年（1910），四川西昌县普济、威龙等地方改土归流，添设流官巡检，也相应地设立衙役、弓兵等差役。[③]可见，在清季宪政改革和地方自治的背景下，差役仍然存在。

如前所述，由于各种原因，不得不承认，在清季基层州县的警察制度改革中，职役制度实际存在多种状态。如，有的地方还存在大量职役，甚至有的地方还在新设旧式职役，但更多的地方是将职役裁汰，将部分职役、乡勇和团练直接转换成为巡警。所以，新的警察制度容纳了不少原来的在官人役，司法警察也容留了一些差役。如直隶鸡泽县知县提议“将旧例各衙役一律并改为司法巡兵，专供法衙搜捕、传拘之用”，直隶总督批准这一提议，且“通饬各属一体遵办”。[④]

四、直省自治机构对捕务制度的介入

从历史文献来看，在清政府实施地方自治之前，直省的一些地

---

①《裁撤各县民壮展限》，《申报》，1911 年 5 月 19 日，第 11 版。

②《管带欺侮商人之公愤》，《申报》，1911 年 8 月 16 日，第 18 版。

③《民政部会奏议覆川督奏西昌县境请添设巡检员缺折》，《申报》，1910 年 10 月 10 日，第 18 版。

④《各省内务汇志》，《东方杂志》第 4 年（1907）第 2 期，第 563 页。

方已建立起自治体，并开始介入地方事务，包括捕务。如，在光绪三十二年（1906），浙江湖州沈谱琴邀集当地士绅会议，成立了地方会议公所，并拟定章程，选举产生了议员、议长等。嘉兴新丰镇的绅士计廷拨发起创立公益社，“以为地方自治之准备，凡振兴教育，办理警察、卫生、劝业及查禁茶寮、烟室、赌厂等事，皆在该社权限之内”。鄞县的范清笙等发起成立了鄞邑自治会，并订立章程6条，涉及禁赌、防淫、戒烟、正俗、弭盗和劝学等事务。孝丰县士绅组织自治公益社，章程简明而有新意，其中，就涉及“推广全邑警察，议办全邑善政”等事。[①]光绪三十三年（1907），清廷颁发谕旨，令各省设立咨议局，不久，又通电各省，要求以“明年三月为期”，设立咨议局。[②]但是全国性的咨议局章程没有出台，各省各行其是，甚至连名称都不一致。次年，宪政编查馆制定的《咨议局章程》和《咨议局议员选举章程》终于公布。朝廷要求“各督抚迅速举办，实力奉行，自奉到章程之日起，限一年内一律办齐”。[③]关于咨议局的权力，《各省咨议局章程》只是笼统地规定“咨议局为各省采取舆论之地，以指陈通省利病，筹计地方治安为宗旨”。咨议局可议决本省应兴应革事件，决议本省财政预算、决算、税法、公债，收受本省自治会或者人民的建议事项等；对本省官绅如有纳贿及违法等事可纠举；关于议员资格，该章程明确规定，停止本省官吏、常备军人和征调期间的续备、后备军人和巡警官吏等的选举权和被选举权。[④]严格说来，咨议局只是一个咨询、建议机构，但法律又给予了一定的建议权、咨询权和监督权。从实际运行情况看，咨议局的绅士们超越法律规定，常常以地方立法、监督机关和代议者为己任，超越章程规定的范围行使权力。当时的舆论界也认为，咨议局是民意机关，“朝廷以议政之权给予国民，许国民预闻国政之权舆”。那么，咨议局就是“握监督政府之枢

① 汪林茂：《浙江通史》第10卷，清代卷（下），第112页。

②《光绪三十三年十月中国大事记》，《东方杂志》第4年第11期，第28页。

③ 朱寿朋：《光绪朝东华录》，第5949页。

④ 故宫博物院明清档案部：《清末筹备立宪档案史料》（下册），中华书局1979版，第678页。

键”。[①]

各直省咨议局和各级基层议事会、董事会相继建立后，地方各级自治机构的议员、董事等以此为平台，开始大规模介入本省地方各项事务，其中也介入捕务事务，成为捕务制度的组成部分。一方面，捕务制度吸纳了民意代议要素，成为近代化的一个新形式。另一方面，捕务权更多地作为一种行政权，已受到了准立法权的制约，体现了权力分离和权力制衡的近代理念。直省各级自治机构介入捕务制度，主要有四种形式。

其一，这些准议会机构对巡警年度预算经费进行审查。如，宣统二年（1910），四川巡警机构提出了巡警经费的提案。该提案指出，省区巡警经费，除每年奉拨解部银30000两，拨助劝工局、幼孩厂20000两，又拨充高等巡警学堂、省城巡警教练所常年经费30000余两，归警察之用的实际经费仅为147000两；且次年省城、重庆成立两处审判厅，其司法巡警也由省区经费支出，约需10000余两；再加之消防、卫生等需要继续扩充，也需要大批经费，所以，巡警经费严重短缺，是一个现实问题。巡警道据此提出，裁并四川练费，划归警察。如果有的地方练费是临时筹集的，则酌量改为常款。等各乡团练裁尽后，各乡练费再行全充警费；仿照其他省的做法，开办家屋税、营业税。“办成之后，先尽省渝及各州县城厢警察用款，有余即拨归乡镇。”当该提案提交咨议局讨论时，咨议局议员提出了修改意见。“一谓各属治城内练丁、堂勇、亲兵之费，应一律裁并，勿庸截留二成。一谓练费向系临时筹集者，不能与裁并旧款并为一谈。一谓乡镇警察尚不完备之时，各乡练费不克骤提。一谓营业、家屋等税窒碍滋多，现在均不可行。”[②]四川总督基本上同意咨议局的修正案，予以正式批复。

其二，对兴办警察，完善巡警制度提出建议，或议决案件要求行政官员予以执行。如江苏咨议局对警察组织、警察选任资格和警察权

① 问天：《各省咨议局议案记略》，《东方杂志》，第6卷（1909）第13期，第478—479页。
② 隗瀛涛、赵清：《四川辛亥革命史料》（上），四川人民出版社1981年版，第16—18页。

限等诸多方面作出决议，以规范厅州县警察制度。其中，关于警察选任资格，它规定，警官选任之资格定为四等："一为本省与他省巡警学堂及法政毕业生，一为外国学习巡警及法政之毕业生，此两项得由各厅州县遴选任用。……此外，或在本省中学堂以上毕业得有文凭者，或曾办警察颇有经验者，此两项应由各厅州县酌加考语，送省城巡警总局考验后，方准任用。"关于警厅的组织及权限，它规定，"省城巡警总局之组织兼有发布命令及执行命令之权，则凡各厅州县应办之巡警，宜以省城总局为上级之警厅，受其指挥监督"。关于宪兵组织，它规定，"宪兵为军队组织，行军事上警察之职务，则地处冲要为海陆军常驻之所，凡为警察之力所不及者，必以宪兵为之补助"。关于警察经费，它规定，"警察经费有应属于国家者，有应属于地方者。现在如省城巡警多系取给于官款，各厅州县有以原有之保甲、团练经费改充，系取资于地方公款者，亦有无款可拨，暂由该厅州县捐募者"。[①] 因为国家税、地方税和国家行政经费、地方行政经费尚未划分妥当，其旧有经费不足者，由各厅州县自筹。在宣统元年（1909）湖南省咨议局第一届议事会上，涉及包括警察在内的诸多事务。在警察事务中，议员提出和讨论了"组织混同消防案"等。该案指出，义务消防和公家消防队自应混同，一处教练，办事轮流充当，以三年为限，省城轿夫、箩夫、东洋车夫及瓦木匠均编入消防队，得到议员的赞成。议事会讨论了禁烟案，要求明定烟律，制定递减终止之法，以一年作为禁止种烟、吸烟的限期，并通过了《议决实行禁烟办法案》。上述咨议局通过的议决案，由湖南巡抚施行。[②]

其三，对巡警官员捕务不力进行质询和建议。宣统二年（1910），粤省盗贼横行，匪风甚炽，焚劫掳杀，无日不闻，甚至省城重地，兵警森严，盗贼"竟敢杀人于大道之中，掠物于光天之下，猖獗情形为十年来所未睹"。有鉴于此，广东粤商自治会向广东咨议局呈请，建议由团保总局联合各大团体，商议缉捕办法。咨议局召开会议，以咨

---

①《苏省筹办宪政会议厅议决案》，《申报》，1909年6月14日，第26版；《苏省筹办宪政会议厅议决案》，《申报》，1909年6月15日，第26版。

②杨鹏程：《湖南咨议局文献汇编》，第102、114、170—173页。

议局名义提出议案，请两广总督督院审核。两广总督回复咨议局该案，并已照会团保总局，由该总局核办。[①]在宣统三年（1911）江苏咨议局第四届第二年度临时会上，议决“徐州盗贼纷扰，应速设法整顿，认真剿缉，以保治安案”。该议案称，徐州所属丰、沛、萧、砀、铜山等县盗贼蜂起，入冬时节扰乱地方更为严重。著名土匪张化思、王金妮、吕四、李献金等勾结外匪巨魁商永贵、刘三等人，“啸聚党夥数百人，各持快枪，横行铜山西北境内萧、砀间，掠人勒赎，焚掠抢劫，动辄数庄村，防营坐视，乡民束手”。江苏咨议局要求官方整顿防营，对匪贼予以有效镇压。为此，该咨议局还提出了整顿该地防营的方法，可谓周到细致：一是裁汰老弱，归并数营；二是腾出裁汰防军的底饷，增加其余防军的饷项，并酌留数成，用作探缉经费；三是挑出马兵、步兵数营，作为游击之兵，不时往来梭巡。各防营的分防处所，也要“酌量缓急，随时变易，不得安坐不动，仍划分汛地，以专责成”。[②]

其四，对巡警官员的违规、违法行为进行纠举。如在宣统二年（1910）四川第二届常年会上，除提议案外，四川咨议局按照法定程序，纠举巡警道违法扰民案，纠举崇庆州牧张溥酷刑虐民案，纠举江津、西昌、通江等各县县令违法殃民案等，[③]提请督抚核办。周肇祥自任巡警道以来，寻隙苛罚，滥施权力，对偶有触犯者，以修理街道为名，罚石板数十、百块不等；还以抓赌为名，夜闯民宅，蹂躏民户。[④]咨议局列举事实，请总督赵尔巽从严查办。崇庆州牧张溥，借称地方多盗，派遣巡防军及团勇、差役四处搜缉，凡认为形迹可疑者，甚至姓名相同者，即拘捕严讯。这些人被施用“满底抬榼”“塌背烧香”“懒板凳”“鸭儿浮水”“打马鞭”“吊高笼”等酷刑，冤死者数以百计，因刑致残废者，不计其数。四川咨议局纠举张溥不法，请求四川

①《粤督札复弭盗治匪议案》,《申报》，1910年7月13日，第10版。

②《江苏咨议局呈报议决徐州盗贼纷扰应速设法整顿以保治安案》,《申报》，1911年3月28日，第26版。

③隗瀛涛、赵清:《四川辛亥革命史料》(上)，第152页。

④隗瀛涛、赵清:《四川辛亥革命史料》(上)，第154页。

总督严办。[①]总督迫不得已，将该州牧撤任。还如，宣统二年（1910）九月，宜昌警察坐办舒承荫“在东湖县勒捐滥刑，经该县议事会董事会纠举该牧劣迹，陈请咨议局筹议对付之法”。[②]该陈请书称，宜昌警察坐办舒承荫于八月初九日照会自治公所开会，磋商警察改良办法，欲创办灯火捐，“议员等均未认可，府县亦未允”。舒坐办竟于二十五日并不会同地方官绅，“亲率勇丁，随带刑具按户勒捐”，并将沿街安慰的“保正刘洪胜于是晚传去，诬以造谣，重责二千，次日枷号游历十二区，以示威而压众”。咨议局呈请“督部堂暂撤去宜昌警察局坐办舒牧差使，一面电饬东湖县将杖枷情形禀报核办”。湖广总督对此有不同的看法：“咨议局据人民陈请，转请查办，自系照章办理，惟未经行政裁判，遽请将该员撤差，似觉操切。应俟李道孺查实具复，即予惩究。”经过派员调查，发现双方的说法出入很大，且各方均有过错，决定给予不同的处罚。舒坐办“有违警章，卤莽操切”，决定对其撤差；东湖议员傅麟祥、王宗增“不取议长之同意，辄用议事会名义饰请纠举，营私武断，可见一斑，应由县照章议予相当之罚则详请核办”；东湖牛县令“身任地方，责无旁贷，此事既疏觉查于前，又不能持平办理于后……应行司记过一次”。[③]

第三节 捕务规则和捕务客体近代性变动

一、捕务规则的变动

在清季，旧的捕务制度在转换和瓦解中，新的捕务制度正在建立，处在一个新旧转换的过渡时期。随着捕务制度的变化，其中捕务权划分、捕务规则，包括犯罪行为和犯罪人的惩处，自然也做了重大调整。这种调整既包括废除旧的捕务规则，建立新的捕务规则，又包括将旧的捕务规则做修改、补充。正如捕务制度的过渡性特征一样，作为其组成部分的捕务规则也带有明显的过渡性，旧的已落后，需要

① 隗瀛涛、赵清：《四川辛亥革命史料》（上），第158—161页。

②《鄂咨议局对付警官办法》，《申报》，1910年10月24日，第10版。

③ 吴剑杰：《湖北咨议局文献资料汇编》，武汉大学出版社1991年版，第584—589页。

修改，更多的是正在制定、试办中的新规则。

（一）缉捕权划分。1. 行政、司法的分权下警务权划分。新政阶段，由于军制不断改革，多省建立巡警军，主要担负内政事务，即使归属军队系统，但开军警分离之端。武职官员具有缉捕权，按照法律规定，仍然不具有审判权，缉获罪犯，只是交州县审判。“向例，军民词讼均由州县起诉，行政、司法之权寄于牧令一人。”与此同时，不少省开始创办警察，警察制度肇始。对权力混沌不分的传统中国来说，警察制度是一个全新的增量制度，警务权实际上从无所不包的权力中开始分离出来，警察权成为行政权的组成部分。光绪三十二年（1906），朝廷决定，以官制改革入手，实行预备立宪，其最终要达到立法、司法和行政权的三权分立与制约，建立立宪国家。于是，在中央有民政部和法部等部的设立，在地方有巡警道和审判机构、检察机构的设立。各机构的设立，其实就是权力的分配、再分配及细化。与此相适应，已有的警察职业也越分越细，如行政警察、司法警察、水上警察、铁路警察和消防警察等等。这些职业警察承担共同的捕务职责，责任却越来越细化。毫无疑问，警务权的划分是工作开展和责任承担的前提，尤其是司法警察和行政警察之间的权力划分，这是摆在当时改革者和执行者面前亟待解决的问题。按照时人的理解，“警务要领，无非司法、行政两端，司法警务者，专管业经犯罪之人捕拿惩治，以儆梗顽，而保安乐；行政警务者，戒防祸患，必使公众得享利益”[①]。这种理解原则上固然不错，但司法警察和行政警察还有彼此协作的一面。而在实际操作中，彼此的划分、协作、具体程序、主管部门和相关责任，还不得而知，以致“因地方官不明司法、行政分权之故，而于应负行政责任，亦复随意诿卸。每遇命盗重案或坐视不理，而以应归审判为词，或徒袭具文，而以照例饬缉了事”。

到宣统三年（1911），民政部、法部会奏《行政、司法分权声明地方官责任折》，司法权和行政权的细化才基本画上一个句号。关于其权力划分，就刑事案件而言，承审属于司法，承缉则属于行政。可

①《五续江西全省警察局兼学堂章程》，《申报》，1903 年 7 月 23 日，第 9 版。

见，缉捕权在直省州县，审判机构只有承审权。“司法警察官、营翼兵弁、地方印佐各员，俱为检察厅之补助机关。州县系地方印官，巡警归其管理。无论查照旧例新章，其分权于司法官吏者，仅承审一端，非并承缉之责，而亦不属于州县也。”因此，各省文官，包括行政警察的缉捕责任就是，在直省已设审判厅的地方，凡直辖地面府、直隶厅州县承缉权限“互相维持，以期共济，其刑事人犯，不论系司法衙门移缉之案，或巡警官署发觉之案，如果事犯在逃，即责成该府直隶厅州、州县，督饬巡警暨应捕人员，分别协同地方营汛兵弁，勒限认真查缉，均于捕获后，移送该管检察厅起诉，由该管审判厅按律讯办，其盗贼之如何妨范，奸宄之如何稽查，尤应责成该管地方官，督率巡警及应捕人员先时筹备，为犯罪之预防”。[①] 按照民政部和法部的规定，府直隶厅、州县文职官员，如果有疏防、承缉处分，在文官惩戒章程未经颁行以前，暂照现行律例分别参办。“捕获人犯，除业经移送起诉案件判决后，由该司法衙门查照奏章，分别报部外，该府直隶厅州、州县应将该管境内所出命盗重案及一切刑事案件起数，分别已捕获、未捕获两种，按月造具案由清册，报由该省民政司或巡警道查核，详督抚严加考核，按季咨报民政部查考。如有任意不报，或报而不实不尽者，即由民政部暨该督抚查明，据实参处。”[②]

2. 军制改革背景下捕务权细分及处罚权变动。清末实施新政，其中有一项主要的任务，就是进一步裁减绿营和防勇，且练军、防勇、新军和巡防队均相对集中驻扎，有事出击。其直接结果就是绿营汛塘制度逐步瓦解，与之相配套的捕务规则失效或变化。如，安徽寿春镇标 7 营官弁仍各归各汛，“惟有官无兵，若由营酌拨，未免畸零，尽裁又无从安置，拟请饬无营州县举办保甲，归汛官兼带，以资弹压。……各汛所带团勇应归州县就近节制，遇有警事，仍归营主调遣。……各汛既归巡警营制，拟请自千、把以下，朔望免去香班，均改行装。再汛兵既经裁调以后，递解红犯饷鞘，均请归地方文武办

---

①《民政部会奏行政司法分权声明地方官责任折》,《申报》, 1911 年 9 月 5 日，第 18 版。
②《民政部会奏行政司法分权声明地方官责任折》,《申报》, 1911 年 9 月 6 日，第 26 版。

理”。[1] 裁兵以后，缉捕事宜以及巡护城池、监狱、解送人犯、饷鞘，一概由州县负责。其巡勇所驻地方，如出有盗案缉捕不力，自应将带勇弁，从重议处。“凡绿营汛官向来照例承缉处分，本属具文，应请免其置议。”[2]

如前所述，绿营和部分练军有地方职责，主要承担护饷、护鞘、公文传递、商旅保护和解犯等杂事。当新式军制全面改革后，常备、续备各军，“断宜令其专意操防，不再兼管地方之事”，因此也就不承担地方失事的责任，“所有例定武职处分”等规则就有相应的变更。但在山西，由于担负护送任务的巡警军数量太少，“如有来往过境要差，仍饬驻扎该处之续备军拨兵护送，倘有疏虞，即惟该旗官兵是问。其缉捕等事，则专责成巡警军”。[3] 也就是说，护送和缉捕责任归于后备军和巡警军，与常备军无关，职责进一步细分。在广东，续备军负责缉捕、清乡等事，土勇负责护饷、解犯等事。因此，武职专汛、统辖关于护饷、解犯的责任处分，就要免除。[4]

（二）关于现行刑律和治安管理规定的出台或新订。1.《大清刑律》的出台与修改。到清代末年，《大清律例》已经不能适应形势发展的需要，急待制定新的刑法典。但在新刑律未正式颁布之前，朝廷决定以原《大清律例》为基础，略加修改，先行实施，以应急需。遵照清廷的旨意，光绪二十九年（1903），袁世凯、刘坤一和张之洞推荐沈家本、伍廷芳，在京主持修律馆，修订法律。沈家本等受命，上奏《编定现行律例以立推行新律基础折》，提出了制定过渡性刑律的基本思路。“现在新律之颁布，尚待时日，则旧律之删订，万难再缓。臣等公同商酌，拟请踵续其事，以竟前功。……定其名曰《现行刑律》，由该总纂等按照修改、修并、续纂、删除四项，逐加案语，分门编录。并责令克期告成，分别缮具清单，恭候钦定。一俟新律颁布

---

①《练勇章程》，《申报》，1902 年 1 月 11 日，第 1 版。

②《东抚周大中丞奏改制兵为巡警军折》，《申报》，1903 年 2 月 5 日，第 2 版。

③ 谭群玉、曹天忠编：《岑春煊集》（贰），广东人民出版社 2019 年版，第 70 页。

④《署两广总督岑等奏为拟将广东水师绿营官兵悉数裁撤腾出饷项专供本省练兵之用折》，《申报》，1904 年 6 月 9 日，第 13 版。

之日，此项刑律再行作废。持之以恒，行之以渐，则他日推暨新律不致有扞格之虞矣。”[①] 由上所知，该《现行刑律》只是一部从《大清律例》到《大清新刑律》的过渡性法律。

宣统二年（1910），《大清现行刑律》正式公布。该刑律在体例方面，删除了按六部分职的编目方法，改为30门，计律文389条，另附例文1327条，分别就有关刑事、民事、行政事、诉讼事等方面的违法犯罪行为，规定了处刑办法。有些纯属民法规范的内容，分出另行起草民法典。在刑制上，除废除凌迟、枭首、戮尸、缘坐、刺字以及枷号外，采用罚金、徒、流、遣、死，取代原有的笞、杖、徒、流、死。罚金分10等，从银5钱至15两；徒刑分为5等，由一年至三年，依限工作，可以用银收赎；流刑分为3等，由2000里至3000里，工作由六年、八年至十年，收赎银由25两至35两，徒刑与流刑不加杖；遣刑分为二等，一为极边至四千里及烟瘴地方安置，一为新疆当差，工作十二年，收赎银35两；死刑仍为绞与斩。[②] 将原律例内凌迟、斩枭各条，俱改为斩决；其斩决各条，俱改为绞决；绞决各条，俱改为绞监候入于秋审情实；斩监候各条，俱改为绞监候，与绞候人犯仍入于秋审，分别实缓办理。“至缘坐各条，除知情者仍治罪外，余著悉以宽免。其刺字等项，亦著概行革除”。与缘坐有关，还有强盗窃案内，“父兄不能禁约子弟为强盗，应杖一百；不能禁约子弟为盗窃，应笞四十”之条文。这是依照封建宗法家族精神而确立的亲属连带责任条款。缘坐制度是家族连带责任的集中表现，缘坐已废，这一条款已无存在之必要。因此，废除重刑后不久，经沈家本的陈请，清廷批准，将不能禁约子弟为强盗窃之犯父兄应得笞杖，概予宽免。“强盗犯和窃盗犯之父兄，不再负连带责任”。[③]

需要强调的是，《大清现行刑律》虽然在宣统二年（1910）正式、整体公布，但实际上在五年前这一段时期内已经对一些旧刑律进行

① 沈家本等：《钦定大清现行新律例（大清现行刑律案语三十九卷核订现行刑律六卷）》，《续修四库全书》本，第2—3页。

② 张晋藩：《中国近代社会与法制文明》，中国政法大学出版社2003年版，第299页。

③ 李贵连：《沈家本评传：增补版》，中国民主法制出版社2016年版，第71—72页。

了修订和废除，有些条款并立即实施。如，在光绪二十九年（1903），刑部将充军刑制改为安置，将军、流徒刑改为入工艺厂做工。光绪三十一年（1905）改笞杖为罚金。盗窃罪之笞杖，旧律为盗窃40两以下，科罚止于笞、杖。改革后，凡窃盗应拟笞杖者，改拟工作一月；杖60者，改拟工作两个月；杖70~100者，每等递加两个月。① 原律中的《督捕则例》110条，是专为严缉逃旗而设，"现在情形迥异，将全例删除，择其有关紧要者，仍移入刑律"。② 同时也增加了一些毁坏铁路、私铸银元罪等旧律中没有的新罪名。如光绪十八年（1892），民政部制定窃毁电报杆线治罪专条、承缉处分例。"窃毁电报杆线，不论官电、商电，是窃、是毁，不计杆数，均比依驿站马夫，递交公文，事干军情机密沉匿例，分别科罪追赔。至聚众拔毁，逞凶拒捕，情节重大，仍察看情形，分别首从，照土匪滋事，从严重惩，不得复拘成例。其该管地方文武职官应得处分，亦经吏部、兵部会议，分别按照定例比拟"。在宣统元年（1909），为保障铁路线的安全，清代比照窃毁电报杆线治罪专条和承缉处分例，规定毁坏铁路罪及其处分办法。"凡属窃毁铁路、铁轨、枕木、道钉及关行车一切重要机件之罪犯，暂照奏定窃毁电报杆线，比拟治罪专条定议，通饬遵办。至失察及承缉之地方官应得处分，分别重轻并请由吏部、陆军部从严议定。"③

2.《大清新刑律》。在修订《现行刑律》的过程中，编订《大清新刑律》的工作也在进行中。新刑律的起草与现行刑律的删除修订完全不同，前者不仅从多种渠道引进了西方国家的刑法作为参照，而且聘请日本法学博士冈田朝太郎"帮同考订，易稿数四"。光绪三十三年（1907），已编订总则十七章，分则三十六章，共387条。宣统二年十二月二十五日（1911年1月25日）颁布的《大清新刑律》，将死

---

① 戴逸、李文海、迟云飞：《清通鉴》卷262，山西人民出版社1999版，第8813页。

② 沈家本：《钦定大清现行新律例（大清现行刑律案语三十九卷核订现行刑律六卷）》，第2、7页。

③《邮传部奏匪徒窃毁铁路要件请明定治罪专条及承缉处分折》，《申报》，1909年7月21日，第26版。

刑、徒刑、拘留、罚金等定为主刑，将褫夺公权和没收等定为从刑，在刑罚的执行方面，首次规定了“缓刑、假释、时效”等制度。[①]但《大清新刑律》还来不及实施，清王朝灭亡。因此，《大清新刑律》在这里没有必要展开讨论。

3. 关于社会秩序和治安管理的法规和章程大批新定和出台。[②]随着经济、技术和社会的发展，其事务越来越复杂，分工越加细化，职业越来越多样。与之相适应，捕务制度也越来越多，捕务规则越来越细。而治安管理制度就成为捕务制度的重要组成部分，治安规则也是捕务规则的一部分。这些众多的规则主要规范各社会组织及个人的行为。如《结社聚会律》《报律》《检阅报章规则》《火场救护规则》《管理镖局枪支规则》《管理娼妓规则》《管理人力车规则》《呈报建筑规则》《呈报营业规则》等等。[③]

在社会治安管理上，各省先后制定管理办法。如直隶巡警新章规定，夜至10点钟，行人不得多携包裹，违者拘局；遇赌博，一律拘罚；夜至12点钟，所有车辆不得装载包裹货物，违者拘罚；通衢大道小街僻巷各处路口及贮水池等处，不许大小便、倒溺器及倾弃灰渣秽物，违者拘罚；夜间有在屋角堆积秽物者，也一律拘罚；不准赤身裸体；不准在狭道驰马；车马行人须靠左边行走，故意抗违者拘罚；街道两旁不得摆设货摊；路口转角之处不准结队成群；浮桥关合时，往来车马行人均须陆续过去；不准在各衙署、公家屋宇粘贴告白；各项车辆不准争先夺路；凡有在酒馆戏园书场滋扰喧闹者，均应拘局惩罚；夜深逾限而酒馆尚未闭门或戏园演剧未散，迟至子时者，亦俱应拘罚。[④]人力车是晚清才在成都出现的交通工具，也频繁地引发交通事故，为了改变这种局面，成都警方颁布了《整齐舆马及行人往来规则》，要求所有轿夫、马车夫遵守交通信号，违者将受到处罚，同时，

① 张晋藩：《中国近代社会与法制文明》，第301页。

② 韩延龙、苏亦工等称之为“行政警察法规”（韩延龙、苏亦工等：《中国近代警察史》上册，第263页）。

③ 韩延龙、苏亦工等：《中国近代警察史》上册，第263页。

④《巡警新章》，《申报》，1902年8月30日，第2版。

警察要求轿子和马车在晚上必须点灯，马车还要挂上铃铛。[①]

江西警察局还制定章程，对全省社会秩序进行规范，包括对市场、街道、卫生和消防等实施严格的管理，尽管采取罚的方式，但这对于规范人的行为习惯和生活方式，维护市容市貌，具有积极意义，推动了社会生活的近代化。它要求，街道两旁摆摊不得碍人行路，鱼虾蔬菜等均入市场售卖，收市余剩之货只准回家时顺道肩挑唤卖，违者罚款等。[②]

基于“以息祸患于未萌，期秩序之共守”的目的，为确保社会治安秩序，借鉴东西各国的规章，光绪三十三年（1907）八月，民政部制定并向宪政编查馆提交《酌拟大清违警律草案》。[③]该草案将刑罚种类分为七等，设总则、国安政务、公共危害、交通、邮电、秩序、风俗、身体、卫生、财产等10章，共44条，又附则2条。宪政编查馆经过审查，对该草案进行了一些修改，于次年通过。修改后，将违警律厘定为10章45条，除总则和附条外，有关于政务、公共危害、交通、通信、秩序、风俗、身体及卫生、财产等8个方面的违警罪；将违警律所定罚例，分为七种。[④]从违警罪的罪名、刑种看，《违警律》应该属于社会治安法规范畴。宣统元年（1909）又进一步补充规定，骂殴以下罪名，且殴未成伤，一并划归警察官署办理，不由审判厅讯办。[⑤]

4. 对负有捕务职责正印官主体的新考核规定。如，随着考核州县事实制度的出台，朝廷从光绪三十一年（1905）五月开始，每届年终由督抚考核上一年各州县事实。考核项目包括学堂、巡警、工艺、种植、命盗、词讼、监押、钱漕等八项。清政府考核州县官不

① 王笛：《街头控制——清末民初城市改良、警察与下层民众》，中国人民大学出版社2005年版，第127页。

②《四续江西全省警察局兼学堂章程》，《申报》，1903年7月22日，第9版。

③《民政部酌拟大清违警律草案》，《申报》，1907年10月15日，第10版。

④ 参见《宪政编查馆奏考核违警律折并单》，《大清新法令（1901—1911）点校本》第三卷，第9页。

⑤《附法部咨复民政部骂殴以下罪名一并划归警察官署管理各节通行遵照文》，《大清新法令（1901—1911）点校本》第六卷，蒋传光点校，第301页。

再用“四格六法”，而是考核州县官的上述事实。每项有评判标准及上、中、下等次，综计而评为最优、优等、平等、次等四个等次，分别给予不同的奖惩。列入最优等者，由吏部带领引见，以备升补；列入优等者，交部议叙；列入平等者，准其照前任职；列入次等者，督抚饬令、督促该员，如果该员始终不知奋勉，则参撤。[①]政务处、考察政治馆、宪政编查馆先后主持了光绪三十年（1904）至光绪三十二年（1906）的州县事实考核。其后的两年，则由宪政编查馆和民政部共同负责。从宣统元年（1909）起，又转由民政部、学部、巡警部和法部等主管衙门考核。这一制度是在原来三年一度大计之外新增的年度考核，缩短了考核周期，尤其是不再沿用延续了260年之久的才、守、政、年等“四格”标准，“更注重官员任内的各项实际政绩；考核项目也超越既往刑名钱谷的单一内容，增加了教育、种植、工艺、巡警四项新政执行情况的考察，并要求每项内容量化统计后上报。这一被称为州县事实考核的新制度，是清代官吏考核制度的重大改革”。[②]与捕务制度相关的巡警、命盗、词讼和监押等被纳入州县事实考核之中，有利于州县捕务，有利于推动捕务制度的改革和完善。

如前所述，禁烟历来是清代的捕务客体，是官员职责之一。到清季，朝廷厉行禁烟，也将官员的禁烟工作纳入考核范围。如，光绪三十四年（1908）出台的《禁烟稽核章程》和《禁烟考成议叙议处条例》，[③]将禁烟成绩与官员政绩考核联系，虽然可以起到督促地方官实力禁烟的作用，但也有可能使其弄虚作假。为了杜绝地方官粉饰邀功，清政府在制定《禁烟稽核章程》《禁烟考成议叙议处条例》后，又多次颁旨督促各地加强禁烟，同时还要求度支部派员密查禁烟实绩。宣统二年（1910），朝廷降旨将禁种迟于自定计划的吉林、黑龙

①《政务处奏考核各省州县事实分别劝惩并拟画一章程折》，《大清新法令（1901—1911）点校本》第二卷，第431页。

②关晓红：《从幕府到职官：清季外官制的转型与困扰》，第394页。

③《吏部奏严定禁烟考成议叙议处各案折并清单》，《大清新法令（1901—1911）点校本》第二卷，第442—443页。

江、河南、山西、福建、广西、云南、新疆等省督抚交部议处。①

5. 关于警察官制、官规②的专门新规和章程。从中央到各省，从《大清律例》到行业规则、章程，大批法律法规出台。就有关捕务的法律法规而言，也是如此。各直省相继制定了关于警察官制、官规的专门法律和章程。（1）关于警察招募的要求，各直省大同小异。如，直隶省保定招募警察之例，要求巡警由委员会同地方官，责令村长举保，必是土著且有家属者，方准充任；巡兵必须性情和平、朴实耐劳者，以粗知文字者为上等，需报明三代、住址、箕斗；年岁限 20 岁以上 35 岁以下，身材限工部营造尺四尺八寸以上，五官齐整，言语清楚，身体强壮，无残废、暗疾者。凡是曾犯案被刑责者，充当兵役革退者，有逾分之债务者，吸食洋烟或嗜酒滋事者，性情强暴者等几种情况，均不能选充。③（2）关于巡警职守之例，要求警务人员无论官职大小，必须举止端方、作为严正；清理街面，保卫人民是其专责，本段户口数目、衙署、庙宇、教堂、坐落桥梁、沟渠等一切情形悉应留心考察。④违反社会秩序行为，如遇有斗殴、强抢、劫盗、小窃、诱拐人等，当即拘捕；如有匿名揭帖，干犯法律者，无论贴于何处，即应拘拿；如有聚众结会，刊刻谣帖，煽惑人心者，立即捕拿；遇卖违禁对象，如火药、枪弹、军器之类者，均应拘局究办。⑤（3）关于警察奖惩之例，分巡官巡弁、巡兵等类。对巡官巡弁的罚禁是“一记过、二撤差、三详参”。对巡兵的罚禁是“一责二革三斩”。对巡官巡弁奖赏是“一记功二奖叙”。如，勤奋供职，不避劳怨，每三个月内无疏虞者，记功 1 次；凡窃案登时破获者，记功 1 次；凡劫案拒伤事主登时破获者，记大功 1 次；凡大功记至 3 次者，禀请给外

① 覃珠坚、张晓春：《中国禁毒法规介评与适用》，中国人民公安大学出版社 2012 年版，第 19 页。

② 韩延龙、苏亦工等将其称为“组织法规”（韩延龙、苏亦工等：《中国近代警察史》上册，第 262 页）。

③《北洋大臣袁慰帅创设保定警务局暨警务学堂章程》，《申报》，1902 年 9 月 4 日，第 1 版。

④《续录北洋大臣袁慰帅创设保定警务局暨警务学堂章程》，《申报》，1902 年 9 月 6 日，第 2 版。

⑤《巡警新章》，《申报》，1902 年 8 月 30 日，第 2 版。

奖。对巡兵的奖赏是一赏二升三给功牌。如赏花红，分为三等：一等赏银6两，二等赏4两，三等赏2两。[①]

广东省巡警总局自光绪二十九年（1903）三月初一日起，开始派兵站岗巡逻。为此，广东巡警总局制定了巡查章程，规范巡兵昼夜巡查，要求巡目、巡兵巡街时，不准坐卧，不准入铺户人家闲坐，不准吸烟；各局员弁及巡目、巡兵不准在娼寮、赌馆、烟馆等处收取一文陋规。[②]山东巡警局在光绪二十九年（1903）制定了类似广东禁令的章程，对巡警的职业行为专门作出详细的规范。如，巡目、巡捕等无论何事必须照章办理，不准倚势凌人，尤不准挟嫌妄指滋生事端；站段或巡街时，应在所管界内加意巡查，不准闲论踞坐跛倚，不准购买物件、饮茶、吸烟；值班时应在指派之地，小心当差，非奉该管命令，不准擅离；如遇大雪、大雨，准其避立檐下；无论各生、巡目、巡捕均不准私入娼寮、妓馆、酒馆、烟室等等。[③]从该禁令可见，相对广东禁令，山东巡警局的规范更加细致，面面俱到，也更加严格。但执行中是否如此严格，就不得而知了。江西警察局在光绪二十九年（1903）制定了警察巡查、巡逻、卫生[④]和赏罚规则[⑤]等方面的章程。光绪三十四年（1908），江苏制定了全省警察章程，对巡查、会合、设防、清窝和赏罚等五个方面做了规定，[⑥]湖北制定了《侦探弁兵办事规则》[⑦]等。

各省警察各项规则的先后制定和实施，对中央巡警部和随后的民政部也是一个直接的推动和促进。同时，由于全国各直省在建警和制定警察规则时，步调不一，规则有别，甚至彼此时有抵牾，因此，这些问题和矛盾也要求中央制定基本一致的规则，以统一警务。此外，

①《续录北洋大臣袁慰帅创设保定警务局暨警务学堂章程》，《申报》，1902年9月12日，第2版。

②《粤兴巡政》，《申报》，1903年5月6日，第2版。

③《山东巡警局条禁》，《申报》，1903年10月2日，第9版。

④《六续江西全省警察局兼学堂章程》，《申报》，1903年7月29日，第9版。

⑤《七续江西全省警察局兼学堂章程》，《申报》，1903年7月31日，第9版。

⑥《苏省巡警总局整顿警察章程》，《申报》，1908年2月12日，第10版。

⑦《侦探弁兵办事规则》，《申报》，1908年6月22日，第11版。

清季筹备宪政之后，开始实施以三权分立为导向的全面性、本质性变革，民政和警务改革自然要与其他方面的改革相配套和相适应。尤其是中央，巡警部、民政部大力推行警察制度的建立和完善，包括对警察法规和章程的制定和完善。光绪三十四年（1908）三月，民政部出台《考核直省巡警道官制细则》，对各省巡警官制设置、职掌和用人做了规定，[①]全国各省开始统一设立警察制度。同年八月初八日，民政部奏拟订出《考核巡警官吏章程》。该章程提出，京师自巡警总厅厅丞以下，各省自巡警道以下，均适用该考核办法。[②]宣统二年（1910），又有宪政编查馆奏《考核巡警道属官任用章程》的出台。[③]这些规则章程是清季警察制度的重要组成部分，是清代警察制度进一步完善的重要标志。

二、作为捕务客体的近代性政党

除传统意义的捕务客体继续存在外，在光宣之际，近代性政党出现。这些政党以改变清代国体、政体，甚至推翻清代统治为职守，在国内外开展一系列的反清活动。这些政党遭到清政府严密防范和残酷镇压，成为清代新的捕务客体，也是捕务制度变动的内容和标志之一。

（一）康党及其勤王运动。康有为和梁启超等在戊戌变法失败后，逃往海外，但还是继续推进中国的维新、保皇事业，遭到清政府的追捕。光绪二十四年（1898）十月，清政府悬赏缉拿康有为、梁启超和王照等康党首领。“逆匪康有为等煽乱远遁，朝廷宽大为怀，不肯概行株连，惟近闻该逆等仍复往来各处，结党旧谋，肆意簧鼓，为人心风俗之害，未便任其幸逃法纲，著沿海沿江各督抚随时严密查拿，毋稍松劲，康有为、梁启超、王照等罪大恶极，均应按名弋获，朝廷不惜破格之赏以待有功，其胆敢附和邪说，显与该逆等结

①《宪政编查馆奏考核直省巡警道官制细则折》，《申报》，1908 年 6 月 5 日，第 10 版。

②《民政部奏拟订考核巡警官吏章程折并清单》，《大清新法令（1901—1911）点校本》第二卷，第 444—445 页。

③《宪政编查馆奏考核巡警道属官任用章程折》，《申报》，1910 年 12 月 30 日，第 18 版。

为党羽之徒，一经访查确实，亦应一并严拿惩办，以遏乱萌而肃法纪。”[①]次年春，毕永年、唐才常等先后至日本，康有为命令唐才常回国，“运动哥老会等会党组织，起兵勤王”，[②]这是以康有为为首的保皇派发动的一次大规模武力反抗事件。唐才常回到上海后，以日本人田野橘次郎“教授日文”的名义，创设东文社，实际上是勤王起事的领导机关。他主要开展了联络同道中人、延纳革命派部分成员、鼓动哥老会起义等工作。光绪二十六年（1900）正月，唐才常、林圭在上海发起成立正气会，不久改为自立会，其宗旨是“消灭封建专制制度、摆脱殖民主义之桎梏，建造自由民主之国家，树立文明政治之模范，尊敬农民，振兴农业，以时鼓励农民、合力救国”。[③]同时，他们策动长江流域各省的起义。有报道对康党的起事进行抨击，称康有为“近且暗通会匪，思肇乱于汉皋，戕官据城，徐图大举。康有为之党可谓多矣，康有为之计可谓工矣，康有为之心可谓狠且狡矣”。清政府对此极力防范，“朝廷患之，而访拿之诏迭下；官吏患之，而购缉之示屡颁”。[④]

七月初，唐才常等在汉口设立自立军总机关，分设7军。秦力山统前军驻大通，田邦濬统后军驻安庆，陈犹龙统左军驻常德，沈荩统右军驻新堤，林圭统中军驻汉口，另置总会亲军及先锋军，唐才常任诸军督办。这些人仿照会党的方式，大量散发富有票，特别是在长江流域，收罗各种势力。“康梁诸逆党之以富有票骗人也，谓持此以附轮船，非惟不索船资，反赠青蚨千翼。”[⑤]这场波及长江中下游地区的起义还没有正式全面发动，就遭到了清政府及其军队的分头镇压。如在武汉，唐才常约期二十九日之夜起事，“二十四五六等日下游羽党之附轮船至汉者，为数甚众，携带火药颇多”。一理发匠看出其中

① 中国第一历史档案馆：《光绪朝上谕档》第24册，广西师范大学出版社1996年版，第544页。
② 冯自由：《中华民国开国前革命史》上编，上海书店据良友印刷公司1928年版影印，第306页。
③ 杜迈之、刘泱泱、李龙如：《自立会史料集》，岳麓书社1983年版，第70—71页。
④《康党不足为患说》，《申报》，1900年9月3日，第1版。
⑤《与客论康梁逆党私售富有匪票事》，《申报》，1900年9月26日，第1版。

的破绽，赴官方禀报。[①] 湖广总督张之洞立即密饬员弁，在汉口地方李慎德堂及宝顺里内，拿获两湖分会唐才常、林圭、李虎生等 30 余名。[②]

（二）革命党及其革命运动。以孙中山、黄兴等为首的革命派，先后成立区域性的革命组织兴中会和华兴会等。光绪三十一年（1905），中国同盟会成立，这是中国第一个全国性的资产阶级政治组织。革命党以暴力方式推翻清代专制统治，为此发动了一系列的武装起义。仅仅孙中山领导的起义就先后有广州起义（1895）、惠州起义（1900）、潮州黄冈起义（1907）、惠州七女湖起义（1907）、防城起义（1907）、镇南关起义（1907）、马笃山起义（1908）、河口起义（1908）、广州新军起义（1910）、广州黄花岗起义（1911）等。特别是中国同盟会成立后，革命党发动的起义一浪高过一浪，严重威胁到清政府的统治。

清代官绅将革命党的起义视为猛兽，视革命党为乱党。“朝廷亦以孙汶为莫大之竞敌。以为孙汶一日尚存，则朝廷有一日不得安卧之势。”[③] 因此，清政府采取多种措施，应对革命党的反清活动，严禁革命党走私军火。光绪三十三年（1907），两广总督称，“孙汶谋乱，诱人入会，购买军火，毫无疑义。闻其谋乱地方并无一定处所，总在省会及大市镇为多，以便事起易于呼应。又闻孙汶近来贫窘，假此入会名目骗取财物，以资度活各等情。总之孙汶一日不死，总宜严防一日”，提出一致严防。[④] 当传闻革命党私运军火时，发生江宁城和津海关相继搜出军火的案件。[⑤] 袁世凯认为，“孙汶逆谋方张，洋商夹运大批军火，显有隐谋”[⑥]，又电告端方，22000 余杆毛瑟枪已由德商瑞记运至香港、青岛及各口岸，“迄今尚未破获，恐有后患”。[⑦] 端方综合

①《鄂中诛乱记》，《申报》，1900 年 9 月 10 日，第 1 版。

②苑书义等：《张之洞全集》卷 51，奏议五十一，第 1374 页。

③《论滇省革命党乱事原因》，《申报》，1908 年 5 月 15 日，第 2 版。

④《粤督密请严查孙党私购军火》，《申报》，1907 年 4 月 12 日，第 3 版。

⑤《渔人捞出军火纪实》，《时报》，1907 年 4 月 18 日，第 5 版。

⑥骆宝善、刘路生：《袁世凯全集》第 15 卷，河南大学出版社 2013 年，第 127 页。

⑦《江督饬查尚未破获之军火》，《申报》，1907 年 6 月 16 日，第 3 版。

各方信息和线索，确认这些消息确实可靠。为防患于未然，端方秘密布防，还密派候补知府何宸章驻扎香港，侦探孙文等人的活动。[①]各州县也按照督抚要求，将禁止贩运军火落实到底。如，广东揭阳县令得到上级“孙党现又密运军火至潮、嘉两属，用渔船、石船装载”的密令，[②]即仿照光绪初年总理衙门所定船钞驳艇章程，将海口所有渔船编号，严密防范，并派官兵巡查。次年，端方接到清政府密电，闻孙文派人潜向长江通商各埠，私购枪械子药，运往云南、广西边境，接济革命党人。他要求各关道详细稽查，并派员密查军界人等有无通匪情事。[③]宣统元年（1909），江苏巡抚听闻革命党由外洋购运大批军火，私行运入内地的消息，立即通电江海各关一律严密搜查。[④]宣统三年（1911），两江总督张人骏致电上海道，“访悉革党魁首孙汶勾结无领事管束西人，译名非其司，并派党羽巢星山、郭锦标等潜入各省，订购大批军火，私运内地，各属约期谋乱”，饬令上海道防范孙中山等革命党人的反清活动，“分饬各关卡，一体严拿，务获惩办”。[⑤]

清政府对革命党的镇压无所不用其极。光绪三十二年（1906）十月的萍醴浏起义，“当举事时，革军之行动，极有节制”。在萍乡起义者多煤矿工人，在醴陵起义者多防勇、兵勇，在浏阳起义者多会党，起义军的成分十分复杂。这次起义遭到了江西、两江和湖北5万新军的联合镇压。《建国月刊》称，“是役起事声势之大，为从前革命诸役所无，而牺牲革党之众多，亦为从前所未有”。[⑥]光绪三十四年（1908）十月，安徽安庆炮兵营队官熊成基率新军起义。起义军“劫药库，戕委员，城门紧闭，东西门外，几为枪林弹雨之场”。[⑦]兵变旋为官军击

---

①叶秀云：《两江总督端方侦缉孙中山革命活动史料》，《历史档案》，1986年第2期。

②《札饬密查孙党私运军火》，《申报》，1907年9月23日，第5版。

③《严查革党私运军火》，《申报》，1908年5月21日，第18版。

④《严查革党私运军火》，《申报》，1909年4月14日，第11版。

⑤《孙汶果有此大举乎》，《申报》，1911年5月24日，第18版。

⑥转引自严昌洪、左洪涛：《辛亥革命史事长编》第五册，武汉出版社2011年版，第149—150页。

⑦《安徽马炮营兵变感言》，《申报》，1908年11月22日，第3版。

败，余党纷窜。[①] 尽管清政府大肆缉捕、残酷镇压，革命党力量仍然未能扑灭。革命党人屡败屡战，仍然在全国各地起义。清政府也不得不承认，“近来逆党势力愈大”。[②]

三、捕务经费预算制度的建立

在晚清新政阶段前，清政府没有预算制度，对于公用经费，督抚采取钱粮题销形式，向朝廷报销。光绪二十七年（1901）八月，清廷决定“废止题本、改用奏折”，[③] 钱粮题销制度改为奏销制度。捕务经费也是如此，无专款，一般执行题销或奏销制度。如前所述，当社会秩序日益混乱、捕务经费严重不足时，各直省的捕务经费只能从关税、盐税等盈余或地方杂项中开支，或者通过官员捐廉俸、商人绅士捐款来补贴。清季建立巡警军，开办巡警时，部分警察经费来源于裁军节饷后的余额以及征收的各种名目的捐税。除中央和京师以外，“地方办警同样面临着十分严重的经费困难。清末，地方警察经费向来不列入中央财政的预算之内，均由各级地方当局自行筹措，或者借助于地方绅董、土豪。所以各省的情况，甚或同省内各地区的情况，往往都是千差万别、很不一致的。从光绪二十七年（1901）起，清廷谕令各省编练巡警军，在地方警政建设的初期，各省警察经费主要来源于裁撤绿营制兵后空闲下来的款项”。[④] 因此，总的来说，清代的捕务经费不仅不固定，且数量十分有限。这一长期和突出的问题直接制约了清代政府的捕务能力，是清代捕务长期松弛的重要客观原因。

晚清时期，中央集权与地方分权并存的二元财政管理体制形成，而清季新政改革使二元财政管理体制的矛盾愈加突出和严重。“晚清政府财政管理体制发生了深刻危机，其主要表现在财政收支极不平

---

①《再论安徽马炮营兵变事》,《申报》，1908年11月30日，第3版。
②《枢府通电各省严防革党》,《申报》，1910年8月10日，第4版。
③ 王澈、霍华:《光绪二十七年改题为奏上谕》,《历史档案》2010年第3期。
④ 韩延龙:《中国近代警察制度》，中国人民公安大学出版社1993年版，第214页。

衡、税收制度极为紊乱、中央财权旁落和财政主权丧失等方面。”[①]在这种背景下，朝野人士向朝廷呼吁，改革财政制度，建立预算、决算制度。如，福建道监察御史赵炳麟认为，财政管理应实行中央与地方的分税制和预算制。应由度支部收发，不得各自为计。每年责令各衙门分造概算书及预定经费要求书，送度支部办理，如是，则各部财政可一。然后通盘算定，事先预筹海陆军经费应如何指定，京外官薪俸如何平均，振实业，广教育，应如何补助，以收其效”。[②]由于内外的压力，清政府决定将编制中央和地方预算作为预备立宪的重要措施。[③]但要建立预算制度，清理财政、编查户籍是第一步。清政府在宪政编查馆下，设编制和统计局，其中，统计局第一科掌外交、民政和财政之事。度支部在光绪三十四年（1908）如期奏定清理财政办法六条，并拟定具体的《清理财政章程》。度支部设立清理财政处，各省随之设立清理财政局，全面调查晚清的各直省出入款项，编制财政说明书。宣统元年（1909）咨议局在各省正式成立，议决地方行政经费预算是其主要议题之一。与此同时，议定国家岁出入预算、决算的资政院亦同时成立。这样，中央和地方预算的议定机构初具规模。[④]宣统三年（1911），度支部拟定《预算册式及例言》，规定预算年度应以每年正月初一到十二月底为止；预算体系框架是先列岁入，后列岁出；岁入与岁出各分“经常”与“临时”两门，门内分类，类下分款，款下分项，项下分子目；出入银数均以库平银为标准，并以“两”为记账单位，小数至“厘”为止，这完全是现代财政预算的体例。[⑤]

江苏苏属在宣统二年（1910）试办下一年度的地方行政经费预算。仅在第一类中，民政费预算共计库平银600095.567两。其中，第一款咨议局经费共库平银3000两。第二款苏州省城及各厅州县巡警

---

① 邓绍辉：《晚清财政与中国近代化》，四川人民出版社1998年版，第220页。

② 朱寿朋：《光绪朝东华录》，第5921页。

③ 周育民：《晚清财政与社会变迁》，第413页。

④ 邹进文：《民国财政思想史研究》，武汉大学出版社2008年版，第67页。

⑤ 马金华：《近代中国财政预算制度的转型与国家治理》，《安徽师范大学学报（人文社会科学版）》2018年第3期。

费预算共库平银 447892.23 两，占到民政费预算的 74.6%，巡警费成为民政费的主要开支。在苏州省城及各厅州县巡警费预算中，第一项为省城巡警费银，计 128429.374 两。第二项为上海巡警经费银，计 188063.856 两。第三项为各厅州县巡警费银，计 131399 两。[①] 第三款巡警学堂经费共库平银为 22182.356 两，在该经费预算中，第一项为省城高等巡警学堂经费银，计 10715.111 两，包括员司薪水银、仆役工资银、全堂膳食银、纸张杂支银、服装银、奖赏银；第二项为上海巡警学堂经费银，计 11467.247 两，包括员司薪水银、仆役工资银、全堂膳食银、纸张杂支银、服装费银、奖赏银等。第四款善举经费共库平银为 68442.328 两。[②] 还有医学堂经费和公私医院、各州县医局的补助经费等等。[③] 仅仅从上述民政的预算情况看，各款项子预算已经超过民政费预算，超支就是必然的了。

在湖北省，地方行政经费岁出经常门也按照民政部要求，分为几类。其中，第一类就是民政费，为库平银 488310 两。在民政费预算下，第一款咨议局经费 54049 两。第二款省城及各府厅州县巡警经费为库平银 342338 两。第二款中，第一项省城警费为 85934 两，包括各区薪资饷、各区公费、消防费、服装费、各区房租及修理费、经理收捐用费、人役伙食费。第二项省城巡警教练所经费为 3741 两。第五项夏口厅汉镇巡警费为 98874 两，包括薪资饷项、局区公费、清道费、服装费、房租及修理费。第三款巡警学堂经费库平银为 14340 两，包括额支委员、教员、司事薪水和工食费、伙食费、纸张费、印刷费、学生军装费、报费及各项杂费，活支临时添用缮写费、修理费、房屋岁修费。第四款游民习艺所经费共库平银 3900 两。第五款善举经费库平银为 73681 两。很显然，这个预算册是湖北行政官厅提交咨议局，咨议局议决的预算表。所以，对预算有调整的地方，咨议局做了详细的说明；没有调整或修改的项目，则保持原案。在咨议局议决案中，该预算名目有新增和删除，有合并或单列；预算数

①《江苏苏属试办宣统三年地方行政经费预算册》,《申报》, 1910 年 11 月 16 日，第 26 版。
②《江苏苏属试办宣统三年地方行政经费预算册》,《申报》, 1910 年 11 月 18 日，第 26 版。
③《江苏苏属试办宣统三年地方行政经费预算册》,《申报》, 1910 年 11 月 22 日，第 26 版。

额则有增有减。[①]

新式的预算决算制度在清季正式确立，启动了中国财政制度近代化的步伐。从此，各种公费支出列入预算，包括捕务经费，执行预算决算制度。预算决算制度的建立是中国近代化的重要标志。尽管捕务经费数量有限，但通过公开的预算制度，在直省咨议局的制约和支持下，警察经费有了合法、公开和相对稳定的来源，终于不再东拼西凑了。

① 吴剑杰：《湖北咨议局文献资料汇编》下，武汉大学出版社 2017 年版，第 722—729 页。说明：该书 1991 年由武汉大学出版社出版，2017 年被列入“荆楚文库”再版，且分为上、下两册，出版社不变。

第四章　京畿捕务制度及其转型

清代的京畿由朝廷与中央机构所在地的京师和顺天府所属大兴、宛平等两京县所组成，具体包括紫禁城、皇城、内城、外城和顺天府大兴、宛平所属区域。由于京畿特殊不二的地位和战略重要性，清代对此重兵防守，多方拱卫，捕务力量特别强大，在捕务制度上采取多元和多层形式。官方力量是多元的，首先是京师禁旅，继则步军统领衙门和巡城御史等力量。“夫京中之管理捕务者，第一为步军统领衙门，即俗所称九门提督，古执金吾之职也。随带番役，动辄数百人。……步军衙门以外，又有巡城御史，亦所以诘奸宄禁暴乱，有犯必惩，其权亦重。东西南北中分为五城，每城皆有满汉御史，专司巡视，昼夜严稽无或稍懈。……御史以下，又有各正副指挥坊官，具权亦足禁暴除奸，其势颇赫，其数殊多”。[①] 步军统领衙门雇佣番役，巡城御史则雇佣大批巡役、巡勇，充当捕务力量。还有保甲局、水会，参与捕务活动，发挥民间捕务作用。除此之外，顺天府所属捕务各种力量，特别是四路捕盗同知所辖捕务力量，也是不可忽视的重要组成部分。京师外围，还有数量不菲的直隶驻防八旗。这种制度安排既可以多方牵制，防止京畿一方力量的坐大，从而保证了朝廷对京师捕务力量的绝对掌控，又可以使各种捕务力量的职责进一步细分和各有侧重。但这也带来了多头负责、多头管理和协调困难等诸多问题。京师的捕务力量还会随着内外形势的变化，主动地做出调整。但无论怎样调整，京师防守的重心不变，皇城保卫的重点不变。

为了确保京师的安全和稳定，除一般规则外，清代的律例、章程

---

①《论京畿盗风之炽》，《申报》，1888 年 10 月 2 日，第 1 版。

等对京畿捕务还作了专门的规定。这些规定包括对捕务官员和杂役的规定、不法事项、捕获期限、程序、区域所作出的要求以及在行政方面所作出的奖惩和对不法事项所作出的刑罚。而且，清代无论律例，还是其事例；无论是对京师，还是对直省的规定，不是一成不变的，而是历年累积而成的。总的趋向也是条文愈来愈繁、愈来愈细和愈来愈严。到20世纪初，清廷进行了一系列的新政改革，包括对京畿捕务体系进行了实质性的改革，使捕务制度开始由传统向近代转型。

第一节　京畿分层式捕务制度

一、京畿分层式捕务制度

按照重要性和管辖权的不同，清政府将京畿划分为两大区域：京师和顺天府。京师是朝廷和中央各部门所在地，是核心区域，是清代的政治中心。“京师者，天下之本”；而顺天府（除大兴、宛平外）和直隶省又属于畿辅之地。顺天府所辖区域和直隶省是关键区域，“畿甸者，又京师之辅”，其独特地位不容小觑。“畿辅之地，乃天下根本。”[①] 畿辅拱卫京师的安全，京师和畿辅彼此之间是唇齿相依的关系。“畿甸之民安，则天下之民举安，是畿甸重地，固宜盗贼衰息，比屋可封，迥异于他省矣”。[②] 正是因为这种特殊的、不言自明的原因，清政府在京师和畿辅地区，按照上述三大区域，相应建立既相互区别又彼此依存的捕务制度。

京师作为全国的政治中心，自然也是全国防御的重点，仅从全国八旗兵力的分布足可证明这一点。清代八旗军队“合禁旅与驻防统计，满蒙汉军约兵额二十万人。……其在京师者为禁旅，分隶于八都统”，除了隶属于京师各都统的禁旅八旗外，还有各种名号的八旗精锐，[③] 京师禁旅总数始终保持在10万人以上。从广义捕务制度来说，

---

①李鸿章、黄彭年等:《(光绪)畿辅通志》卷1，帝制纪，《续修四库全书》本，第23页。

②中国人民大学清史研究所等:《康雍乾时期城乡人民反抗斗争资料》上册，中华书局1979年版，第1页。

③参见《论营兵》,《申报》，1880年12月16日，第1版。

京师禁旅八旗也属于捕务体系。

根据京师各区域重要性的不同，采取差异化的捕务制度，其捕务力量的配置、管辖权和处分规则是不同的。在不同的空间，内而紫禁城、皇城和内城，外而外城以及近郊，再就是京师远郊，乃至畿辅之地，都有大批的文武官兵镇守和官民巡缉。京师的防守、捕务体系是分层的。“当时的京畿地区，存在三个管理圈层。其中皇城主要属于京师禁卫军系统，由皇帝掌控；内城、外城以及近郊，由步军统领和五城察院、兵马司管理；再外围的区域则由顺天府下辖的大兴、宛平二县负责。”[①] 当然，还包括顺天府辖四路同知体系。

（一）紫禁城、皇城和内城是京畿防守和捕务的核心层。紫禁城是清代文武官兵防御的核心区域，是防守的绝对要地。皇帝身边除了贴身侍卫外，还有骁骑营、护军营、前锋营等 9 营禁卫军，驻扎在紫禁城内外，专门为其服务。他在自己统率的镶黄旗、正黄旗、正白旗（即所谓的上三旗）中分别挑选武艺出众的子弟组成亲军，如骁骑营等，负责紫禁城的宿卫事宜。他还在八旗的满洲、蒙古兵内挑选精锐，别组为营，为护军营。护军营平日守卫宫殿门户，稽查出入，皇帝出巡则担任扈从，驻跸则保卫御营。其中，来自上三旗的官兵守卫紫禁城城内，来自下五旗的官兵守卫紫禁城城外。骁骑营、护军营先由领侍卫内大臣统领，康熙十三年（1674）改隶内务府。皇帝另一支嫡系军队是前锋营，在乾隆十三年（1748）成立。前锋营也由最精锐的八旗满洲、蒙古兵组成。遇皇帝检阅，前锋营为其前队，当皇帝出巡驻跸时，在御营前后一二里外立前锋旗，以为门户。[②] 除此之外，还有诸如火器营、健锐营等几个特种营。这些禁卫军主要起到扈从、守卫、防御和巡查的作用，但作为一支威慑力量，对破坏社会秩序的不法行为也有较强的震慑力。

紫禁城被皇城环绕，满族贵族、王公大臣和服务皇室的内务府旗人居于其间，分布四周。因此，皇城也是清代防御体系的核心区域，

---

① 孙文晔：《“一府两县”掌京畿》，《北京日报》，2019 年 1 月 22 日，第 13 版。

② 张德泽：《清代国家机关考略》，学苑出版社 2001 年版，第 86—94、175 页。

由满洲八旗军防守，“各汛专用满洲”，[①]也是清代首崇满洲原则的具体落实。也就是说，守卫皇城的是满洲八旗，不是蒙古八旗和汉军八旗。在皇城区域内，以栅栏划分八旗管辖的地界，满洲八旗军再进行分汛，划出各汛的责任区，守卫皇城内各处汛守，分旗画界。[②]清代皇城的面积不到 7 平方公里，在这样一个狭窄的区域，设立 200 多处栅栏、汛地，其空间防守密度是非常高的。

皇城高墙之外就是内城。清代建都北京后，将汉人驱逐出内城，只准八旗官兵及其家眷、从属在内城居住，对旗人和非旗人采取空间上分离、治理上分治的政策。京师八旗是拱卫京师，保卫皇室、王公大臣的防卫主力军队，对内主要起到警戒和威慑作用。各旗依旗划界，集中居住，分汛防守。内城的巡查、缉捕、卫生和道路等诸多事务，则由步军统领衙门所辖的八旗步军营负责。步军统领衙门管辖北京的内城、外城及城外之词讼和内城及城外（不包括外城）的警察事项。[③]又说，步军营有“肃清辇毂、协助刑名、缉捕盗贼”责任，由步军统领统辖，[④]所辖八旗步军达到 21000 多人。[⑤]在内城，各八旗共分汛 547 处，设堆拨 626 处，各旗设栅栏共 1043 处。[⑥]光绪年间，京师内城仍然分旗划界，但各旗分汛数和栅栏数均有较大的减少[⑦]。每旗以满洲步军校 5 人，蒙古、汉军步军校各 2 人统领各汛，每汛设步军满、蒙、汉军各 12 名。栅栏每处设置步军 3 人，其附近如果设有堆拨，则由堆拨步军兼管。步军统领所属步军，绝大多数的任务是防卫、汛守和夜值。但在康熙三十四年（1695），在八旗步军营中，专门增设捕盗步军校，其职责相对比较专一，额定步军校满洲旗 24 人、

① 赵尔巽等：《清史稿》卷 130，兵志一，第 3862 页。

② 参见刘子扬：《清代地方官制考》，第 248 页。

③［日］服部宇之吉：《清末北京志资料》，北京燕山出版社 1991 年版，第 308 页。

④［日］服部宇之吉：《清末北京志资料》，第 310 页。

⑤ 张德泽：《清代国家机关考略》，第 97 页。《清末北京志资料》记八旗步军兵额为 23122 人（《清末北京志资料》，第 312 页）。

⑥ 有文献称“分汛 625 处，栅栏 1199 处”（《北京市志稿》卷 9，民政志，警察一，北京燕山出版社 1989 年版，第 387 页）。

⑦ 昆冈：《钦定大清会典事例》卷 1156，步军统领，光绪二十五年重修本。

蒙古旗8人、汉军旗8人，统领捕盗步军320人，专司缉捕盗贼、稽查奸宄之事。在内城，内务府慎刑司和步军统领衙门还设有一定数量被称为番役的在官人役，其来源是顺天府民人。这些番役“专司缉捕盗贼，访拿逃亡及娼赌、凶棍等事，其他概不能预，以官领之，其横亦戢”。内务府番役行使缉捕权的区域应该主要在皇城，其缉捕对象应该是服务于皇帝事务的不法旗人和其他人员。因为慎刑司掌内务府刑名，其衙署设在皇城内，“慎刑司番子，俗称内大班”。但步军统领衙门所属番役的职责空间区域除了内城外，还包括外城，“步军署番子，称外大班”。[①]

在内城，作为捕务制度体系的组成部分，还有什家户（又称十家户）制度之设，其性质如同各直省的保甲制度。所不同的是，什家户制度直接由官方负责，如八旗和步军统领衙门，后者直接编册和督查，与直省保甲制度相比，联防联保连坐的所谓“自治”色彩较少。康熙以后，民人开始向内城流动，从事商业等事务，内外城旗人和民人的双向流动已不可逆转。所以，旗民分城而居的空间格局和分城而治的治理格局被打破。[②]相应地，旗民分治的治理格局就必须调整，为此，什家户制度所覆盖的居民不再仅仅是旗人。什家户制度相沿已久，与保甲制度一样，时存时废。当京师内城出现社会混乱，治安事件频发时，如同直省的保甲制度一样，什家户制度也被当作应对举措，起死回生。嘉庆十八年（1813）的上谕强调，“内城地面，向系步军统领管辖，旧有十家户名目，即仿照保甲规制，核实编查”。所有内城旗民的户口编查保甲事宜，责成步军统领衙门办理。除王公满汉文武官员三品以上者令其自行查察外，其四品以下职官均与旗民一体编查。[③]在所辖地段内，如果有外来之人，“必须详究来历，以免不法之徒潜住”。[④]京师内城稽查什家户，按照一贯的做法，由步军统

---

①福格：《听雨丛谈》卷5，中华书局1984年版，第124页。

②参见刘小萌：《清代北京的旗民关系——以商铺为中心的考察》，《清史研究》2011年第1期。

③《仁宗实录》卷278，嘉庆十八年十一月丙寅，第792页。

④刘子扬：《清代地方官制考》，第254页。

领衙门造具印册，分交八旗，各旗再令看街兵逐户问明姓氏，于册内注明。也就是说，步军统领衙门负责登记造册，各旗令看街兵逐户查验、注明，上述两个衙门既相互合作，又分工负责。但是，内城各胡同所住兵民之家和庵观、寺院以及大小铺户，都在同册中登注，并不是分册造报。因为兵民之家众多，这样的登记和注册机制，稽考起来难度很大。道光九年（1829），实施新的《十家户章程》。该章程规定：各散居的兵民人等、庵观、寺院及大小铺户，均专立一册，将旗民姓氏、籍贯等详载册内；如兵民有迁居者，责令该旗官将其原居何处，迁往何处登记在册，以便查其往来。如有来历不明及为匪不法者，即使该住持实不知情，也将其于本庙前枷号示众；步军统领衙门派委司员、笔帖式等，每月按册到各胡同抽查，查验各旗协副尉及步军校等勤惰，分别记功、记过；看街兵丁等若有勒索，严行惩办。如一月之失察容留匪人、窝隐窃贼等在 4 案以上，将主管校尉交部议处，将看街兵丁负责该地面的催领在犯事地点枷责。[①] 在嘉庆十八年（1813）和道光九年（1829），还两次对什家户制度进行修改和完善，使什家户制度成为定制。晚清时期各朝基本上是萧规曹随，主要解决的是怎样执行的问题。如咸丰、同治和光绪年间，由于京城治安混乱，官员都曾议及什家户制度的适当调整，但基本上被朝廷否决。因为从文献来看，什家户制度的执行结果不是很差。“京师前曾举办什家户门牌，闾阎安谧，盗贼潜踪，立法甚属妥协。”[②] 因此，各朝只是申明旧制，要求各衙门实力奉行，科道和步军统领衙门严密稽查。

（二）外城和京师近郊是京畿防守和捕务的中间层。在清代，以九城门为界，将京师中心区域划分为内城和外城。康熙十三年（1674），始命步军统领提督九门事务，且有专门的八旗军管理内、外城门。在内城 9 门，每门设满洲城门领 2 人、城门吏 2 人。在外城 7 门，每门设汉军城门领 1 人、城门吏 1 人。内外门设千总，每门 2

①《宣宗实录》卷 156，道光九年五月丙午，第 398 页。

②《德宗实录》卷 439，光绪二十五年二月丁亥，第 774—775 页。

人，设骁骑320名、门军640名，炮手每门2名。[1]乾隆时期的京师地图表明，从东便门、西便门以南到广渠门以西、广宁门以东以及左安门、永定门和右安门以北的区域为京师外城，上述7门就是所谓的外城之门。负责外城和京师近郊的治安力量主要由两部分组成：一是步军统领衙门所属巡捕营，一是五城御史所属兵马司。或者说，步军统领衙门下辖的绿营马步兵，即巡捕五营，是外城和京师近郊捕务的主要承担者。步军统领官专辖巡捕中营，兼辖巡捕南、左、北、右四营。其左翼总兵管辖巡捕南营和左营，右翼总兵管辖巡捕北营和右营。[2]作为京师禁旅的一部分，捕盗营是唯一的绿营军队，但其职能与其他京师禁旅八旗相比有所侧重，责在缉捕盗贼。巡捕五营有马兵5080人，战兵、守兵各3000人，巡捕五营的总兵力是11080人。[3]

负责外城和京师近郊的汛守、捕务力量，除上述步军统领辖下的巡捕五营外，还有隶属于都察院、文职的巡城御史所属兵马司。都察院分派御史巡城，故称“五城察院”或“五城御史衙门”，简称“五城”。从制度上说，在清代，内城、外城各分为五城。但内城由八旗居住和巡守，且分旗而居，责任界限十分清晰。所以，内城五城的划分对五城兵马司来说没有多大的实质意义。外城五城的划分，正阳门街居中，则为中城，街东则为南城、东城，街西则为北城、西城。所以清代京师的“五城”之称，实际上指的就是外城，其坊的建制也只在外城才是实体。因为京师在清代时，外城和京师近郊地区被划分为东、西、南、北、中城，五城御史实行分区管理，实际上就是责任区，不仅包括捕务，还有诉讼、赈恤、宣讲等事务。就捕务而言，在顺治年间，对五城御史的职责作了明确的规定，其任务主要是督办。“缉捕盗贼，审理人命，盘获逃人，及禁约赌博，稽查奸宄，邪教谣言，扇惑人心，恶棍衙蠹，指官吓诈，奸徒恶官，潜往地方，聚伙烧香，并僧道寺院坊店等项事务，责令巡城御史通行严饬。”[4]就管辖区

①李鸿章、黄彭年等:《(光绪)畿辅通志》卷12，帝制纪，第504页。
②李鸿章、黄彭年等:《(光绪)畿辅通志》卷120，经政略，第83页。
③张德泽:《清代国家机关考略》，第97页。
④昆冈:《钦定大清会典事例》卷1031，都察院五城，光绪二十五年重修本。

域而言，中城管辖区域仅限于京师外城，其他四城各辖外城和京师近郊一部分。在外城和近郊，实行城、坊和街道等垂直性的三级管理体制。每城设满、汉御史各1人。五城御史又统辖兵马司，该司设“五城兵马司指挥汉各一人，正六品。副指挥五城汉各一人，正七品。吏目五城汉各一人，未入流”。[①]每城分为2坊，五城就有10坊，即京师只有10坊，而且多数的坊兼辖内、外城，并非集中于一处。具体而言，这10个坊中，只有东南坊所属皆外厢，日南坊所属皆外城，而其他八个坊，均兼属内、外城或内城、外厢，从而使大部分坊，在内、外城各有一个辖区。[②]但内城的管辖权实际归属于八旗，如前所述，内城的坊建制是名义上的。各城的兵马司副指挥、吏目分别掌管1坊，被称作司坊官。司坊官的所辖区就是其责任区，凡是10坊内所发生的命案、盗案等一切案件，统归五城审理。人命案件则由五城指挥相验；盗窃案件由10坊副指挥、吏目查勘，均准拿犯审解。其余词讼，皆由巡城御史听断。凡杖罪以下各案，自行完结；徒罪以上案件，送交刑部。[③]按照规定，中城无城外辖区，其他各城副指挥驻扎城外，正指挥与吏目分管外城。[④]捕务是官兵的当然责任，但在外城和近郊的官方管理机构中，也有捕役和保甲长等两类在官人役，受官方的雇佣和指派，如同直省一样，为官方捕务效力。五城兵马司各城副指挥和吏目衙门各额设24名捕役，捕役总数则达到240名，专门负责缉捕之责。各城副指挥和吏目在各自辖区内督率捕役，分段巡查，维护京师地面的秩序。巡城科道则有监察权，随时对上述官员和捕役进行稽查。每月逢五、逢十，各城司坊官还要带领各自所统捕役，在固定地点会哨，并交换职名，以求互相稽查。[⑤]制度设计不可谓不密。

清王朝建立后，在外城和京师郊区，乃至畿辅之地，则普遍推行

---

① 黄本骥:《黄本骥集》(二)，刘范弟点校，岳麓书社2009年版，第863页。

② 吴建雍:《清代北京外城管理制度》,《首都博物馆丛刊》2002年第1期。

③ 刘子扬:《清代地方官制考》，第258页。

④ 吴建雍:《清代北京外城管理制度》。

⑤ 周勇进:《清代五城察院职官吏役构成及其选任》,《兰州学刊》2009年第6期。

保甲制度，与直省并无二致。保甲制是国家政权从上层结构向基层乡村社会延伸的触角，负有调处民事纠纷、宣扬封建礼教、值更巡夜、什伍连坐、缉捕奸盗、管理户籍和维护治安等多种职责。[①] 保甲制度也成为维护京畿社会治安的重要力量，是官民共管共治、协力捕务的主要手段。如，乾隆二十二年（1757），官方更定保甲之法，完善京畿保甲制度。[②] 嘉庆十七年（1812）上谕要求，京城文武官员由本家自查，其他各人户由保甲互查和官府稽查。"所有五城地方王公及大小文武官员第宅，著遵照前旨，令该本家自行严查，其余军民、商贾、吏役人等以及庵观等院，均令一体编次，添设门牌，注明人口数目，责令互相稽察。"[③]

清代京畿保甲法有明确的制度规定，但执行起来又是另外一回事，与各直省相同，时兴时废也是常态，但又贯穿有清一代。如同治初年，太平天国运动和捻军运动刚刚镇压下去，社会秩序严重混乱，也波及京畿地区。"京师地方，马贼肆行，京城内外俱有窝主。"朝廷认为保甲制度是正本清源之良策，令步军统领衙门、五城御史"克日举办，实力稽查"。[④] 就保甲制度的管理权限来说，保甲也实行分界的管理。内城什家户由步军统领衙门管理，而外城以及京师近郊的保甲，则归五城御史管理。"城外设立门牌保甲，城内设立什家户，实为弭盗安民良法。城外门牌保甲，向例归于五城管理"。[⑤] 由此可见，保甲的管辖区域与各自的治安、捕务责任区是重叠的。

（三）京师远郊和畿辅之地是京畿防守、捕务的外围层。在外城和京师近郊以外的空间区域，也就是京师远郊，其管理包括捕务、治安等诸事务，则由顺天府负责，与五城兵马司和步军统领下的巡捕五营分壤而治。顺天府下辖的四路同知捕盗营以及巡检、典史、捕役、民壮、保甲，是京师远郊的捕务主力。顺天府属四路同知管辖捕盗弁

---

① 王开玺：《嘉道年间的京城保甲制度与社会治安》，《历史档案》2002 年第 2 期。

② 参见嵇璜、刘墉等：《清朝文献通考》卷 19，户口考一，第 5029 页。

③ 张友渔、高潮：《中华律令集成》清卷，第 535 页。

④《穆宗实录》卷 149，同治四年七月己丑，第 495 页。

⑤《奏为遵旨议奏整顿捕务事》，道光三十年九月十一日。档案号：03-2856-025。

兵始于康熙二十七年（1688），到道光十年（1830），有千总、把总、外委和兵丁380名、马236匹，有各类经费13880两。“此项弁兵向不操演，既无护送饷鞘、人犯差使，亦无武职大员统辖”，由四路厅捕盗同知统带，专事缉捕。[①]但是，顺天境内的驻防八旗和绿营军队也起到了防守、威慑的作用。如前所述，在京畿地区，实行独特的捕务管理体制，各机构权责纵横交错，既相互牵制、彼此制约，又突出皇权的独尊地位。在京师远郊的顺天府辖境，驻有八旗左右翼、密云副都统等八旗驻防军和统属分散的绿营军队。不过，顺天府尹对八旗军队没有兼辖权；驻防顺天境内的绿营分别统辖于直隶总督、直隶提督、马兰镇总兵、泰宁镇总兵和天津镇总兵等，顺天府尹对其境内的绿营有兼辖权。[②]这些驻扎在顺天府属州县城，或者战略要地的协和营，又分汛多处。[③]与各直省一致，各营汛之间，划分责任区，负担分区防守、巡缉责任。

就文职系统而言，顺天府不仅与直省一样，承担辖区所有事务，还要承担朝廷祭祀等事务。其直属机构也设有多个部门，涉及捕务的机构主要是兵科和刑科。兵科负责有关捕盗事项和保甲事项，刑科负责有关处理人命案事项，有关遣、军、流、徒犯人事项，有关搜查赃品事项和有关监狱事项。[④]顺天府尹也设有各类差役，为其个人服务。步快、皂隶、马快等差役虽然地位低下，但担负巡查、看守和传达令书等职。[⑤]从垂直的管理层级看，顺天府“统辖分隶霸昌、通永二道，设东、西、南、北四路厅，分辖领州五，县十九”。[⑥]那么，在顺天府下辖的道与州县之间，还有一个管理层级，即四路捕盗同知。康熙二十七年（1688），按照方位，将顺天府划分为四个责任区，设官管理，即东、西、南、北四路同知。四路同知为文职官员，但兼辖武

①《奏为裁减捕盗弁兵添设捕役事》，道光七年二月十六日。档案号：04-01-12-0393-040。
②参见周家楣、缪荃孙：光绪《顺天府志》卷63，经政志十，《续修四库全书》本，第602页。
③李鸿章、黄彭年等：《（光绪）畿辅通志》卷121，经政略，第124—140页。
④［日］服部宇之吉：《清末北京志资料》，第290页。
⑤［日］服部宇之吉：《清末北京志资料》，第293页。
⑥李鸿章、黄彭年等：《（光绪）畿辅通志》卷16，沿革表，第554页。

职四营。同治十年（1871），在捕盗四营的基础上，又在府尹衙署增设捕盗中营。巡捕营的序列编制是营、哨、队和伍。“其兵五人为伍，二伍为队，一马队，一步队，合为一哨，外委领之。”①

顺便要说的是，顺天府四路捕盗同知之设与各直省的机构设置有所不同，直省的同知是府的佐贰官，而四路捕盗同知不是顺天府尹的佐贰官，治中才是顺天府的佐贰官。四路捕盗同知起初是捕盗专官，但在乾隆时期，其职责扩展。乾隆十九年（1754），四路同知兼管各州县钱粮，五年后，又令各州县刑名案件归四路同知审转。到此时，四路同知已经成为有方面之责的正印官。② 当时的档案足以证明这一点。如，乾隆年间，先后有直隶总督奏称，“东路同知管辖两州五县刑名钱谷，并督率弁兵缉捕逃盗，系冲繁难三项要缺”；“顺天府北路同知管辖昌平、顺义、怀柔、密云、平谷等五州县，一切刑名钱审转案件，并督率千、把等弁缉捕逃盗”；“南路捕盗同知一缺管辖霸州、文安等七州县，地方辽阔，旗民杂处，审转刑名钱谷案件最为殷繁，且有督率千、把总马步兵丁，巡缉逃匪逸盗及协缉城属之责”。③ 顺天府四路同知管辖刑名钱谷事务，一直延续到晚清时期。光绪年间，吏部尚书兼管顺天府尹事务孙家鼐奏称，“西路同知一缺，附近京畿，职司缉捕，管理大兴、宛平、涿州、房山、良乡五州县一切刑钱缉捕

---

① 光绪《顺天府志》卷 63，经政志，第 602 页。

② 昆冈：《钦定大清会典事例》第 1090 卷，顺天府，第 916 页。

③《奏为委任张在署理顺天府东路捕盗同知事》，乾隆四十六年七月十六日。档案号：04-01-12-0201-130；《奏请以甄时济升授顺天府北路捕盗同知事》，乾隆五十年二月初四日。档案号：04-01-12-0209-089；《奏请以杨随尧署顺天府属南路捕盗同知事》，乾隆六十年四月初七日。档案号：04-01-13-0097-025。服部宇之吉也称，顺天府管辖区域分为东、西、南、北四路，各路捕盗厅以同知为长官。同知掌管管内有关刑（诉讼）、钱（租税）、捕盗（即警察）之事务，且有监督管下州县之任（《清末北京志资料》第 289 页）。该书编成于清末 1908 年，应该还是比较可信的。档案也记载说：“自乾隆三十年间，将顺天府属州县刑钱案件，归四路同知覆转，地方事务较繁。”（《直隶总督那彦成兼管顺天府尹陆川庄顺天府尹何凌汉跪奏》，道光十年二月十六日。档案号：04-01-12-0393-040）。但有的文献说，四路捕盗同知仅有捕盗责任，不经管钱粮刑名事务。“顺天府属各州县钱谷事件向隶霸昌、通永二道管辖，至四路同知，原为专司捕盗而设，并未经管钱粮”（《光绪顺天府志》卷 51，食货志・田赋上，第 429 页）。这一记载应该是错误的。

事宜”。[①] 当然，顺天府四路捕盗同知的首要职责是缉捕盗贼，维护社会治安。且四路同知各有属县，“西路厅属大兴、宛平二京县，良乡、房山二县；东路厅属香河、三河、武清、宝坻、宁河五县；南路厅属固安、永清、东安、文安、大城、保定六县；北路厅属顺义、密云、怀柔、平谷四县”。[②]

顺天府属下的京兆 5 州 19 县，均在直隶总督辖区之内。其中，大兴、宛平两京县由顺天府直接领导，其余 22 个州县由直隶总督和顺天府尹双重领导。[③] 大兴、宛平等两京县地位特殊，且十分尴尬，还要接受诸多机构的领导。从制度安排来看，如大兴县，管辖东城、六镇和二百四十八村。[④] 但两京县所谓管辖内城、外城，只是一个名义而已，实际管辖的区域只是京师远郊。[⑤] 以捕务管辖权来说，两京县一方面要向直隶和顺天府汇报，一方面又要与步军统领衙门、五城兵马司相协调，还要接受中央刑部、都察院的命令和指导。[⑥] 就捕务力量来说，两京县与直省的州县没有多大区别，担负捕务之责的既有官，又有在官人役；官员中有正印官和佐贰官，民人中有捕役、民壮、弓兵和保、甲长，共同筑起秩序之网，承担缉捕之责。两京县的正印官和佐贰官是缉捕主体，大兴县、宛平县额设知县 1 人，掌其县之政令，与五城兵马司分壤而治，“抚辑良民，缉禁奸匪，以安畿辅”。大兴县设县丞 2 人、典史 1 人、巡检 3 人、闸官 1 人；宛平县设县丞 2 人、主簿 1 人、典史 1 人、巡检 4 人、闸官 1 人，“咸佐知县，以分掌其事焉”。[⑦] 从顺天府、四路同知到两京县等县还雇佣大批的在官人役。这些杂役大部分专职从事治安和缉捕事务，一

---

①《奏请以林绍清开西路捕盗同知事》，光绪二十四年八月初十日，档案号：03-5364-068。

②周家楣、缪荃孙：《光绪顺天府志》卷 54，经政志一，第 499 页。

③叶瑞昕：《清末民初北京国民道德建设的社会文化史考察》，光明日报出版社 2014 年版，第 28 页。

④［日］服部宇之吉：《清末北京志资料》，第 299 页。

⑤田涛、郭成伟：《清末北京城市管理法规（1906—1910）》，北京燕山出版社 1996 年版，第 1 页。

⑥马玉生：《中国近代中央警察机构建立、发展与演变》，中国政法大学出版社 2015 年版，第 89 页。

⑦嵇璜、刘墉等：《清朝通典》卷 33，职官十一，第 2205 页。

部分协助从事缉捕事务，[①]各县杂役额设数量在30人到100多人不等，且杂役名目繁多。但两京县的杂役相对较多，也比较整齐。文献还显示，从上至下，州县正印官、佐杂官的杂役要比府尹、同知的杂役数量更多。这在一定程度上佐证了州县事务繁忙、州县官是管事之官的结论。所以说，在京畿和畿辅之域，八旗驻防和绿营等武职官兵、专职捕务官员，与各正印官、佐杂官等文职官员以及各类在官人役一道，共同构成了拱卫京师的力量，成为京畿捕务多头的外部防线。

二、捕务主体的变动

在清代前期，实际上，防卫体系和捕务体系也在不断调整中，如新设机构、裁革和合并、撤分机构，变动机构人员的额数，改变管辖关系，调整责任区以及改革防卫、捕务规则等，以适应不断变化的治安形势。但相对说来，京畿防卫、捕务体系及其制度在康雍乾时期基本定型，以后各朝均较少变动。但从太平天国运动爆发开始，一直到清代的覆灭，清代社会进入到高风险时期，清廷不得不对捕务制度体系进行比较多和比较大的调整。作为全方位、多领域调整的一部分，京畿捕务体系也多有变动，成为清代捕务制度体系全面变迁的一个缩影。不过，这种变动既有传统性质，是在原有的基础上修改，又有近代性变革，将西学、西制移植其中。这些捕务主体有的是官办，具有临时性；有的是官绅合办，以官方为主；有的是民办，而得到官方的承认和支持。不论是哪一种主体，都绝对增加了京师捕务的力量，但也使彼此之间的职责更加重叠，责任也更加不明。因此，京城捕务效果并没有随着其机构的添加、捕务力量的增加而倍增。

（一）禁旅八旗的增设和新式练兵。同治元年（1862），清廷批准了奕䜣等人奉旨拟定的练兵章程，神机营正式成立，[②]有马、步队25营、官兵14000多人，分马、步、炮等兵种，武器以火器为主。还从

① 参见周家楣、缪荃孙：《光绪顺天府志》卷51，食货志•田赋上，第429—432页。
② 张德泽：《清代国家机关考略》，第277页。

火器营、健锐营、圆明园八旗等三营中，每营挑选才力富强的兵丁40名，共120人，[①]在6名章京的带领下，赴天津交英国军官训练。直隶总督文煜也从天津大沽防营中挑选620人，会同训练。五月，又加派京营官兵376名，赴天津进行新式训练。[②]因甲午中日战争爆发，京畿防务紧要，载漪奏请挑选旗兵，操演枪炮。经朝廷批准，组建了一支5000余人的营队，由载漪掌管，初定名为武胜新队，后改为虎神营。从广义捕务制度来说，两支新式禁卫军的建立，一定程度上增强了京师捕务力量，对京师的防守起到威慑和镇压的作用。1900年初，虎神营兵力已达15000多人，拥有的武器基本上是快枪和火炮。[③]甲午战争后，清廷开始大规模地练军，京旗禁旅也不例外。练军主要有两个方面：一是留强汰弱。"现已酌拟凡神机营马步各队中，年届六十暨精力衰迈之练兵，一律裁汰"；[④]一是西式练兵和更换装备。如，光绪二十四年（1898），骁骑营和两翼前锋护军营以五成练习洋操，五成改习洋机抬枪。从神机营中挑选马步官兵10000人，作为先锋队，全部使用洋枪、洋炮，以新式洋操训练，且炮兵兵种开始独立分设。神机营的武器得到更新，训练内容上有所改进，整体战斗力得到提升。京畿除增设禁旅八旗和新式练兵外，还将袁世凯的新建陆军、聂士成的武毅军、董福祥的甘军和宋庆的毅军等新式陆军调防京畿一带。再加之荣禄新编的中军，上述5军合成武卫军，由荣禄统一节制。[⑤]

（二）京城巡防处和团防局的设立。太平军占领南京后不久，积极进行北伐，经过江苏、安徽、河南，深入直隶，京畿地区为之震动。为抵御农民军的北犯京师，同时防范本地的骚乱和内外勾结，清政府被迫对其防卫体系和捕务体系做大的调整，包括对京畿防守

---

① 李英全：《更新而不去旧——晚清旧式军队的整顿和改造》，华中师范大学出版社2014年版，第32页。

② 王尔敏：《清季军事史论集》，第77页。

③ 王景泽、娄卓：《试论八旗在近代军事改革中的地位》，《佳木斯大学社会科学学报》1993年第1期。

④《论汰补练兵》，《申报》，1894年4月17日，第1版。

⑤《书畿辅练军后》，《申报》，1899年5月5日，第1版。

体系的调整。一方面，清廷新设京城巡防处，以应急需。京城巡防处是兼巡查、防守、缉捕和审判的一个临时性的非经制机构，因此，官员均为兼职和差委性质。咸丰三年（1853）五月，令御前大臣僧格林沁、步军统领花沙纳等督办京城巡防事宜。[①]京城巡防处是时势所迫的产物，重点防范太平军等外部势力对京师的进逼。另一方面，令京城专职捕务机构加强对京师内外城的巡查和缉拿。在内城，要求“步军统领、巡视五城御史于内城各按地段，认真严查”。在外城，令巡视五城御史和各营汛官员实力稽查。还加派官员，强化稽查。[②]

京城巡防处甫成立，就采取多项措施，强化京师秩序，并随着形势的不断变化，做出新的调整。（1）制定《京城巡防章程》12条。其内容包括查获奸匪，住户铺户五家互保，驱逐娼赌，严缉私造火器、火药，严禁酗酒滋事，严禁米石出城，士宦商民不得无故迁徙，谣言惑众者严拿治罪。[③]这些加等治罪的治安举措以内防为主，十分严厉，具有战时性质，相当于京师的戒严令。（2）除步军统领衙门、五城御史、顺天府的治安力量外，添派旗营力量，巡防京师。[④]（3）由步军统领衙门、五城御史各官在内外城编查保甲。九城内，立十家总牌，联名互保。并添设巷长，按册稽查。[⑤]（4）钦定皇室大员，统领京城巡防处，并选派大小官员，临时差委巡防事务。为增强巡防处的权威性，加强统领和协调能力，以惠亲王绵愉为巡防王大臣，总理巡防事宜。仅仅在九月，又增派吏部拣选道府州县及佐贰佐杂人员，发往顺天府、五城，分别差委。[⑥]先后派亲王衔定郡王载铨、内大臣壁昌和恭亲王奕䜣办理巡防事宜，体现了朝廷对该机构的看重。又以都

---

①《文宗实录》卷94，咸丰三年五月壬戌，第320页。

②《文宗实录》卷94，咸丰三年五月癸亥，第320页。

③《文宗实录》卷95，咸丰三年五月戊辰，第339页；吴廷燮：《北京市志稿》卷11，民政志，北京燕山出版社1989年版，第457—458页。

④《文宗实录》卷96，咸丰三年五月癸酉，第348页。

⑤《文宗实录》卷100，咸丰三年七月丙辰，第458页。

⑥《文宗实录》卷105，咸丰三年九月己酉，第585页。

察院左都御史联顺为步军统领，不久又令其办理巡防事宜。[①]（5）派出官弁秘密出城侦察。“由巡防王大臣拨发探报，每路各派员弁五人，轮流侦探，飞速禀报。”[②]（6）对缉获的可疑分子进行审理和判决。[③]各路巡防官兵抓获的可疑人员，交巡防处审理究办。京城巡防处存时两年，可称为清政府绞杀太平天国北伐军的前敌指挥大本营和京城防务指挥部。咸丰五年（1855）五月，太平天国北伐军被打败。初十日，清政府正式撤销京城巡防处，[④]所有调用人员各回本任。在四、五月，按照功绩大小，朝廷先后给予对京城巡防事务做出贡献的官员不同等级的奖励。[⑤]

英法联军于咸丰八年（1858）十月攻陷大沽炮台，铁蹄直指天津。清廷一方面命令军队节节抵抗，调动大军在通州等地扎营，布防堵截，另一方面，为防止奸细作乱和土匪趁机而起，令京师戒严，布置京城巡防事宜。为此，军机大臣还专门拟定22条京城防守条款。[⑥]二十二日，惠亲王绵愉、怡亲王载垣、郑亲王端华、军机大臣吏部右侍郎穆荫和工部右侍郎韩翰，受命专办京城旗营巡防事宜。二十六日，惠亲王等统筹京城防卫和缉捕力量，将存城的军队全部动员起来，制定了京师内外城的防务布置办法。一是派八旗汉军、八旗护军营、健锐营、内外火器营、圆明园八旗、技勇营、巡捕营，共官兵12000名，由副都统文盛等统领管带，分拨12营盘驻扎，预为策应前路官兵；二是派副都统载岱等管带八旗各营官兵15000名，各按城内本旗地面巡守，听候调拨；三是派克勤郡王庆惠等管带八旗满、蒙、汉官兵10000余名，在内城分段守护；四是外七门派南营参将等官，协同汉军章京，带领巡捕五营及汉军官兵共3000名，在外城分段守

---

①《文宗实录》卷105，咸丰三年九月辛亥，第594页；《文宗实录》卷105，咸丰三年九月壬子，第597页；《文宗实录》卷106，咸丰三年九月癸丑，第600页。

②《文宗实录》卷106，咸丰三年九月甲寅，第602页。

③中国第一历史档案馆：《清代档案史料丛编》(5)，中华书局1978年版，第186—187页。

④刘子扬：《清代地方官制考》，第260页。

⑤参见《文宗实录》卷165，咸丰五年四月庚戌，第819页。

⑥参见贾桢等：《筹办夷务始末·咸丰朝》卷24，近代中国史料丛刊第59辑，文海出版社1966年版，第1819—1823页。

护；五是派三旗亲军营官兵，在紫禁城天安门外守护；六是内务府三旗护军统领章京等，管带骁骑、护军、精捷等三营官兵，在东安门、西安门、地安门等三门内分布巡逻，听候调拨。[①]但随着不平等条约的签订，西方列强的蛮横要求得到满足，紧张的防守、巡查和缉捕再次恢复正轨，京城巡防事务完结。

在光绪二十年（1894）甲午战争时期，日本军队占领朝鲜后，将战火引向中国的东北，清廷调集大军迎战，恭亲王奕䜣奉命督师。日军对中国东北和山东的侵略，也震动京畿之地。为防范日军可能扩大的进攻，稳定京师秩序，朝廷借鉴咸丰朝时的做法，派恭亲王奕䜣等办理巡防事宜。[②]十月，建立京师巡防处，奕䜣选调文武员弁，分司其事，并以工部右侍郎英年为巡防处总办。[③]同时，也仿照咸丰朝的经验，派兵部尚书敬信等办理团防事宜。京师巡防处作为应急性的机构，主要职责是在京师查办为日本侵华服务的奸细，防止内外勾结，稳定京城秩序。它集侍卫、防守、巡查、缉捕和审判为一体，所依托的是皇帝亲军、京师旗营汛和五城司坊的兵役、水局等力量。根据报道，京师巡防处设立以后，其官弁已拿获奸细多人。巡防处将这些甘为日本间谍的汉奸审明，并处以极刑。[④]无论是咸丰时期，还是光绪时期，很显然，京城巡防处均是应急的产物，且由皇亲领衔，级别很高，权力很大。但从管理的角度来看，作为一个统一领导和统一协调的机构，巡防处的建立，实际解决了京城在巡守、防卫、缉捕和审判等诸多事务上多头指挥、职责混杂的问题。它虽然是一个临时性机构，但预示着捕务管理体制改革的方向。

与京城巡防处建立几乎同时，从咸丰时期开始，京师还建立了一个由官方领导和督察的官绅合办组织——团防局，协助官方进行巡查、缉捕。如果说，京城巡防处的成立，是充分发挥和统一调度京师官方力量，尤其是京师八旗军队，那么，成立团防局的目的，主

①贾桢等：《筹办夷务始末·咸丰朝》卷 24，第 1865—1867 页。
②《德宗实录》卷 351，光绪二十年十月戊申，第 525 页。
③《枫陛恩浓》，《申报》，1894 年 11 月 18 日，第 1 版。
④《京师剩语》，《申报》，1895 年 1 月 9 日，第 9 版。

要就是充分发挥民间力量，巩固京师社会基础。咸丰三年（1853）九月，按照朝廷的要求，光禄寺卿宋晋、太仆寺卿王茂荫等会同五城御史开展这一工作。[①]其重点是编排保甲，分段清查户口，组织绅民在紧急情况下相互守望，相互保卫。按照宋晋的建议，在五城御史所辖地面，另派言官分段督办保甲事宜，做到督察责任到人。稽查中城御史李宗焘、南城给事中彭久余、西城御史张嗣衡、北城给事中雷维翰专司其事，东城则添派御史蒋达会同办理。具体办理各段保甲事务的历来都是司坊官，作为非常态的紧急状态，朝廷又令翰林院侍讲学士衔编修陈介祺、编修鲍源深、彭瑞毓，户部郎中易文俊，吏部主事恽世临，与李宗焘等言官一道，会同各段京官、绅耆，办理保甲事务。同时，在原有捕役的基础上，五城均增加壮役数量，以资缉捕。[②]甚至有官员建议，仿照各省的方法，在京城举办团练，"五城壮勇，拟归团防处汇齐训练"，但遭到朝廷的否决。[③]朝廷还选派了大批的官员，尤其是言官，督察巡缉、保甲事宜，督察各级官员，企图达到预内防外的目的，以此确保京师秩序。到咸丰五年（1855），太平军北伐失败，京师戒严解除。官绅民合办性质的京城团防局也随即被裁撤，"所有稽查事宜，著该管衙门循照旧章办理"[④]，恢复旧制。清政府担心民间力量过于强大，成尾大不掉之势，又采取官办的方式予以控制，团防局断断续续存在的时间要比京城巡防处长得多。到咸丰八年（1858），西方列强加紧对直隶的进逼，为了防守京师，尤其是稳定京师社会秩序，除在京城设立巡防处外，清政府还仿照几年前的旧例，在五城建立团防局。四月二十一日，命兵部侍郎王茂荫、内阁学士宋晋暨五城御史，办理京城团防事宜[⑤]。两天后，朝廷又加派吏部尚书周祖培等，[⑥]充实团防局领导力量。团防局主要是依托保甲制度，实施团

---

①宋晋：《水流云在馆奏议》卷上，近代中国史料丛刊第78辑，文海出版社1966年版，第31页。

②《文宗实录》卷110，咸丰三年十月乙未，第703—704页。

③《文宗实录》卷118，咸丰四年正月丁巳，第33页。

④《文宗实录》卷167，咸丰五年五月乙丑，第839页。

⑤《文宗实录》卷252，咸丰八年四月丙寅，第901页。

⑥《文宗实录》卷252，咸丰八年四月戊辰，第904页。

防，开展工作。按照王茂荫的建议，一是由各责任机构和责任人稽查京城保甲；二是分段清查各段各汛地面；三对办理保甲的甲长、保长和督办、巡查保甲的官员，依照其功过是非，予以奖惩。[①]到六月，京城巡防处和五城团防处按照朝廷谕旨均撤销，只保留五城各街道的巡更人员。咸丰十年（1860）七月，英法联军攻陷天津大沽口，咸丰帝一方面令僧格林沁率军在天津和通州布防，以卫京师。另一方面，派桂良、恒福与列强交涉。除了外患进逼之外，京师内患不已。京师内、外两城，明火抢劫层见叠出，而缉捕破案者寥寥。在这种情况下，朝廷再令协办大学士、户部尚书周祖培、兵部尚书陈孚恩等会同五城御史，办理京师五城团防。[②]同治元年（1862），在京城继续兴办团防。团防分为内城团防和外城团防，前者由步军统领衙门负责，朝廷并派科道予以督办。外城办理团防，借以辅助五城御史及其司坊官，保卫京师地面。朝廷还选派居住在外城的科道，督察团防和保甲事宜。不过，七年后，将五城帮办团防御史、内城团防御史同时裁撤。[③]外城团防的领导机构是五城团防局，主要职责是协助捕务，属官绅合办性质。团防局与五城御史以及司坊两者之间属于不同的体系，但两个体系职责相似，彼此协助。由各城御史遴选籍隶顺天的公正绅富及寄籍铺户人等，充当局董，并招募练勇，会同司坊各官，缉拿盗贼。[④]

（三）民间水会协助捕务。水会是晚清时期由一些民间绅士自发组成的带有公益性质的组织，协助官方防火防盗工作。因此，水会在京城的管理上，包括在捕务上也起着一定的辅助作用。水会也有“水火会”“水局子”“救火会”等别称。[⑤]从可见的历史文献看，京城水会应该在咸丰年间已经建立。咸丰七年（1857），中城御史英喜、毛昶熙“劝立中城同善水会，贫者出力，富者出资，预防火灾，盘查宵小”。给事中那清阿在同治元年（1862）奏请，保留内城水火会，饬

①王经一：《王茂荫年谱》，安徽人民出版社2015年版，第198—200页。

②《文宗实录》卷324，咸丰十年七月丁酉，第809页。

③昆冈：《钦定大清会典事例》卷1032，都察院五城，光绪二十五年重修本。

④《穆宗实录》卷139，同治四年五月庚戌，第291页。

⑤周勇进：《清代五城察院职官吏役构成及其选任》。

交五城按段稽查。朝廷认为："惟两年以来，内城各铺户设立水火会，稽查奸宄，彼此防护，颇合守望相助之义，未可一律撤销。著五城御史各按内城所管地址，饬令各铺户照旧联络，仍留水火会实力巡防，以资捍卫。"①义和团运动后，京城秩序恢复，"左翼翼尉乌珍劝导富商设立水会，结果于光绪二十八年（1902）一月，重新设立水会，即永济水会总会。至同年六月，增设永济水会北局及南局二分会，各会经济独立自营，继而兴起数处水会"。②水会，顾名思义，是火灾发生时救火的一个民间组织。因为有更夫巡夜，派人进行火情瞭望，水会自赋巡查、缉盗的治安职能。由于自成立以来，在防火、巡夜、缉盗等方面做出了较多的成绩，水会向捕务的职能延伸，并得到了官方认可，这增强了京师捕务的队伍，成为官绅合作的典范。水会存在的必要性也进一步证明在社会秩序加速恶化的前提下，国家的力量是远远不够的，社会的有效参与是重要的。官方力量有效性的差强人意，更在一定程度上动摇着清代原有的捕务体制。

（四）增设顺天府捕盗中营。在京师远郊，清廷的捕务力量比较强大，除了负责分汛防守的八旗和绿营外，还有顺天府四路同知下辖的捕盗四营、顺天府及其辖下的大兴、宛平等县的捕官、捕役和民壮等。一般情况下，在承平时期，这些捕务专门力量维护社会秩序还可以勉为其难，但当外敌窥伺、社会治安恶化时，京畿捕务力量的不足和治安形势的矛盾就会加剧。为此，清政府不得不做出相应的调整，如，饬令军队加紧巡防，增添军队，变动布防格局，招募勇丁，增订规则等。顺天府四路同知捕盗营额设兵数为 353 名，到同治初年，实

① 昆冈：《钦定大清会典事例》卷 1032，都察院五城。服部宇之吉认为，水火会成立于光绪十六年。"北京初设水会是在光绪十六年，称为东安水会，纯系私设，由有识者集资而成。私借东四牌楼路东一处民房。放有诸如龙吐水等极为简易之消防器材，只对城内火灾进行救火"（［日］服部宇之吉：《清末北京志资料》，第 235 页）。但在光绪四年，御史曹秉哲在奏折中提到水会局。"至所称五城地面，宜分派司坊官暨五城拣发各员，严督捕役练勇，划段梭巡。再会同水会局绅董，巡缉游民，并各城门添派兵弁稽查。"（《德宗实录》卷 69，光绪四年三月乙丑，第 80 页。）很显然，服部宇之吉的说法是错误的。从历史文献看，咸丰时期，水会即已存在。

② ［日］服部宇之吉：《清末北京志资料》，第 235 页。

际兵额只有 200 人，远远不能应对日益恶化的治安形势，顺天府尹不得不奏请增加弁兵，以应时局。“四路添设经制外委、额外外委各 4 员，兵 400 名。连原设马步兵，共 600 名，把总 4 员，经制外委 12 员，额外外委 12 员，除官例马外，添设马 320 匹”。在顺天府的东、南、北三路各设 8 哨，西路只设 5 哨，每哨兵 20 名。另拨 3 哨弁兵，供顺天府尹调遣使用。次年，裁去马 120 匹，增添步兵 50 名。同治十年（1871），根据捕盗营章程，顺天府对四路捕盗同知的兵制进行了比较大的改革，得到朝廷的支持。改革主要是厘清统摄关系，增设捕盗中营及其相应的官员。“四路把总虽然归各路同知管辖，并无营员统摄，于营制亦未周全，拟请将臣衙门调驻之三哨弁兵仍令回本营，分派巡缉，以期周密”。再在顺天府衙门添设中营，中营分为左、右、中等 3 哨，添设马步兵 66 名，把总 1 员、经制外委 2 员、额外外委 1 员，饬令管带；添设营千总 1 员，加守备衔，以为五营管领，归治中考核管辖。[①] 捕盗中营的增添使四路同知捕盗四营变为五营，使京畿专职捕务力量有所增加，对维护京畿治安具有一定的意义，也是咸同时期，加强京师防卫、巡守和缉捕的一个组成部分。

为适应不断变化的捕务形势，必须实行练军强军。与其他练军一样，顺天捕盗营也开始练军。光绪年间，顺天府仿照直隶练军的做法，抽调捕盗营兵，进行新式练兵，是为顺天练军。顺天练军设马队和炮队，配用洋枪、洋车和洋炮。各哨每天早晚两操，每营每月逢三、六、九进行合操，全营每 10 日会操和合操。“捕盗兵本无专汛之责”，为了保证官弁练兵，除奉令调防，或拨队协办巨案，或按期会操、冬防外，练兵不能散驻，也不能派当杂差。[②] 对各捕盗营官兵的调练，有利于提高捕盗营的捕务素质和能力。

（五）京城保甲局的创建。从捕务主体来说，清末一个重要的变化是京城保甲局这一机构的出现。从历史文献来看，毫无疑问的是，京城保甲局在光绪时期一直存在，但具体设立时间还不得而知。保甲

---

①周家楣、缪荃孙：《光绪顺天府志》卷 8，京师志兵制，第 434—435 页。

②《佘澄甫观察筹议抽拨捕盗营兵为顺天练军禀稿》，《申报》，1885 年 10 月 12 日，第 1 版。

局是一个非经制机构，属于官绅合办性质，主要从事编查保甲、巡守和缉捕，主要负责在京师外城以外的区域。光绪二十五年（1899）六月，京师五城察院委派拣发人员，分赴所属地面，挨户倒换门牌，在牌上注明铺户、住户、铺长和家长的姓名、年岁、籍贯、营业及男若干名、女若干口。在此基础上，恢复保甲制度。在每10户中，派第一户为牌长。遇有迁移住址、增减人口及留宿亲眷者，牌长及时转告保甲分局，相应更改册籍信息，以免总局抽查时有误。保甲总局还向“京城内外官商旗民人等”发布告示，派员按照户口册籍，复查1次，以后每月抽查2次。保甲大臣、总办和帮办官员也会不时抽查户口，以防松懈。[①]御史刘家模曾上奏称，五城盗案渐多，请严查保甲。朝廷于是饬令保甲局、步军统领衙门、顺天府和五城御史实力整顿，“遇有盗案，务即勒限缉获，并责令练勇合力捕拿”。[②]京城治安不良，常常是因为一些不法分子以养娼、窝赌为业。保甲编查不细、保甲巡查不力是一个主要原因。朝廷采取双管齐下的办法，力图予以解决，一方面令步军统领衙门、顺天府和五城严密查拿，依法惩办。另一方面令保甲局随时、认真编查保甲，不使不法之徒藏奸。[③]不过，京城设保甲总局和保甲分局，官绅合作，保甲局组织已经体系化，但其具体运行以及与其他防守、缉捕机构的关系，还不得而知。

三、京畿捕务规则及其变动

（一）清前期捕务规则。如直省捕务规则一样，京畿捕务规则也基本定制于清代康雍乾时期。自此以后，也不断地增删，并开始近代化转型。如前所述，清代律例条款众多，对捕务客体做了广泛而比较明确的规定。对京畿的人犯和犯罪行为，不仅适用于一般的律例，而且还有专门的规定，从律例和捕务方面凸显皇权的至高无上和京畿的独特地位。关于京畿捕务规则，主要分为两大类：一是对京畿罪嫌人

①《京师保甲》，《申报》，1899年8月23日，第2版。

②《德宗实录》卷451，光绪二十五年九月甲戌，第959页；吴廷燮：《北京市志稿》卷11，民政志，第487页。

③《德宗实录》卷461，光绪二十六年三月癸亥，第47页。

犯的处罚规定，二是对京畿捕务失职、失察文武官兵的规定。

1.《大清律例》对京畿罪嫌人犯的处罚规定。如对擅入京城各禁区的处罚规定：凡无故擅入太庙门及山陵兆域门者，杖一百；无故闯入太社门者，杖九十。但至门，未过门限者，各减一等。凡擅入紫禁城午门、东华门、西华门、神武门及禁苑者，各杖一百。擅入宫殿门，杖六十，徒一年。擅入御膳所及御在所者，绞监候，未过门限者，各减一等。[①]“凡跪午门、长安等门及打长安门内石狮鸣冤者，俱照擅入禁门诉冤例治罪。若打正阳门外石狮者，照损坏御桥例治罪。凡奸徒身藏金刃，欲行叩阍擅入午门、长安等门者，不问所告虚实立案不行，仍杖一百，发近边充军。若违禁入堂子跪告者，杖一百。”[②]还如，对拿获京城娼窝的处罚规定：京城内外拿获窝娼，并开设软棚月日经久之犯，除本犯照例治罪外，租给房屋的房主初犯杖八十、徒两年，再犯杖一百、徒三年。[③]再如，拿获京城赌博的处罚规定：京城内外拿获赌博，若讯系偶然聚赌，窝赌存留之人照例治罪，房屋免其入官。如果开场聚赌，经旬累月，租给房屋、棚座的房主、铺户，均分别治罪，房屋、棚座全部入官。如业主所置房屋交家人经手，有赁给聚赌，屋主实不知情者，对经手之人治罪。如是官房，将知情租给经手官房的人，亦照前例治罪。[④]

2. 对京畿捕务失职、失察文武官兵及其在官人役的规定。京师禁旅八旗、步军统领衙门、五城和顺天府等文武官员都是京畿捕务主体，清代律例对此“制定了高赏严罚的制度”。[⑤]对京师捕务官员的奖惩包括对官员的行政奖励，如议叙和送部引见，还有记功和记过以及金钱奖励、责比等方式。（1）关于京师八旗、步军统领衙门、五城和顺天府捕务的共同规定。如京城内奉旨缉捕要犯规定，缉捕关系

---

①《大清律例》卷 18，兵律，第 298 页。

②《大清律例》卷 30，刑律，第 505 页。

③《大清律例》卷 33，刑律，第 559 页。

④《大清律例》卷 34，刑律，第 564 页。

⑤ 屈春海：《清代京师治安防务机构步军统领衙门述略》，《中国人民公安大学学报》1989 年第 2 期。

紧要人犯，该管衙门立即行文八旗都统、步军统领及五城御史，转行所属地方，严行缉拿，并牌行附近京畿涿州等处，一体盘缉。限一个月缉获，一个月内拿获者，免议。一月内未获，俱降一级调用。[①]

（2）关于京畿步军统领衙门所属步军营和巡捕营失职、失察官兵的规定。首先是对各类盗案失职官员的处罚规定。《大清律例》规定，京城内如有强盗劫财伤人者，该汛值宿、领催兵丁，俱枷号四十日，斥革。其长官步军统领、总尉、副尉和步军校，俱交部分别降罚。贼犯限一年缉拿，获半者开复。如不获，又失事者，降调。[②]又规定，京城盗贼伤人劫财者，该汛直宿步军校，罚俸六个月，步军副尉罚俸，步军总尉罚俸一个月，看街领催兵丁鞭一百。[③]如正阳、崇文、宣武三门关厢内失事者，该汛兼辖五营武职及文职兵马司官，均交各部降罚。专汛千、把总及马步兵丁，各杖一百。贼犯限一年缉拿，全获者开复，缉拿一半者免其议处，不及一半者仍照定例议处，不获者，兼辖各官俱降调，千、把总俱革职，兵丁枷号四十日，斥革。[④]康熙二十五年（1686）又规定了按照一年内获得强盗数量，给予由低到高官阶官弁以及番役 2 倍差异的加级记录。如步军校拿获强盗 5 名记录 1 次，10 名记录 2 次，15 名加一级，30 名加二级。规定对于拿获持刀伤人之贼，给予金钱奖励，如康熙二十六年（1687）规定，首先擒拿之人赏银 15 两，第二人赏银 10 两，第三人赏银 5 两。乾隆五年（1740）规定，值月捕盗步军校遇到强盗案，于事主呈报之日起，勒限半年缉贼，限内拿获免议，逾限不获者，降一级留任，罚俸六个月，仍限一年缉贼。一年内缉获一半，准其开复，不及一半，将捕盗步军校照所降之级调用，捕盗步军鞭 80。如遇窃案亦于事主报窃日起勒限，半年缉贼，逾限不获，捕盗步军校罚俸三个月，捕盗步军鞭 30，限内缉获者免议。[⑤]其次是对京师巡捕营查拿放火凶徒、粘贴匿

① 张友渔、高潮：《中华律令集成》清卷，第 389 页。
②《大清律例》卷 35，刑律，第 599 页。
③ 昆冈：《钦定大清会典事例》卷 1159，步军统领，光绪二十五年重修本。
④《大清律例》卷 35，刑律，第 599 页。
⑤ 昆冈：《钦定大清会典事例》卷 1159，步军统领，光绪二十五年重修本。

名揭帖者不力者的处罚规定。京城关厢如有奸细放火凶徒，康熙九年（1670）规定，京城内如有奸细放火，不查拿者，该管步军校降四级调用，步军协尉、副尉降二级调用，步军翼尉降一级留任，步军统领罚俸一年。[①]城内粘贴匿名揭帖，该步军校等官不行缉拿，别经发觉者，步军校罚俸一年，步军协尉、副尉各罚俸六个月，步军翼尉罚俸三个月，步军统领罚俸一个月。[②]顺天府四路捕盗同知所属地方如果失事，该总督题参疏防，将捕盗千总、把总、外委照地方设有墩铺防兵之例议处。该员弁等如有能拿获邻境及本境真赃正盗1名者，该总督及府尹等咨部，准其销去本任疏防一案，能将本任承缉案件陆续销完，系千总已届年满，即由该总督及府尹等出具考语，调取引见。[③]

（3）关于五城御史捕务要求和失职处罚的规定。缉捕盗贼，审理人命，盘获逃人，禁约赌博，稽查奸宄，邪教谣言煽惑人心，恶棍衙蠹，指官吓诈，奸徒恶官，潜往地方，聚伙烧香，并僧道寺院坊店等项事务，是五城兵马司之责，其上司巡城御史需通行严饬。[④]乾隆三年（1738），规定对京城窃案负有责任的司坊官的奖惩。该管官将各城司坊申报窃案，按月严加查核，如10案之中缉获过半者，准记功1次，全获者准记大功1次，过半不获者记过1次。仅获一、二案者，记过2次，一案无获者记大过1次。[⑤]三年后又规定，凡有本城地方报窃，该管司坊官立即亲赴失主之家，验明窃贼踪迹，查确失单，勒捕迅速查拿外，仍于本日密行、知会各城司坊，协同各处严缉，如别城司坊能于10日内人赃并获至3案以上者，量予议叙，其别城获盗捕役，令本城司坊官酌加奖赏。如本城司坊官自行拿获，功过相抵。若日久不获，照案议处。[⑥]乾隆七年（1742），鉴于五城有协缉之条，

①昆冈：《钦定大清会典事例》卷1159，步军统领。
②昆冈：《钦定大清会典事例》卷1159，步军统领。
③李鸿章、黄彭年等：《（光绪）畿辅通志》卷127，经政略，第344页。
④昆冈：《钦定大清会典事例》卷1031，都察院五城。
⑤《协理河南道事汉军监察御史周绍儒谨》，乾隆三年三月十二日。档案号：04-01-01-0024-037。
⑥《监察御史王纲振奏为京师五城窃盗宜会同协缉事》，乾隆六年十二月三日。档案号：03-1247-042。

而巡捕三营尚无协拿之例，于是做了补充规定。嗣后五城遇有窃案，令事主报明本城，并报营员，选兵躧缉外，仍移会各营协缉。如别营兵丁能于10日内拿获3案以上者，令本营员酌加奖励；如不实力协拿，又明知故纵者，分别责革。①为名副其实，还对司坊官考课中的保题作限制性规定。司坊官除勒限承缉、初参、二参，分别处分，及每年内缉贼多寡，分别功过，仍照旧例遵行外，其三年俸满保题时，司坊内有堪保荐者，应将该员三年任内事主被窃未报、当经捕役躧获、赃贼有据之案入于承缉已未获各案内，计案通算。获贼过半者，准其保题；如不能过半者，仍行记过。记过后，如能上紧访缉拿获，仍许保奏。②定例规定，五城失窃，勒限四个月，缉拿不获，将承缉官住俸，再限一年缉拿，如不获，罚俸一年，以后不获，也不再加处分。所以，京城窃案累积，捕务松懈。清廷做出修改，五城盗窃如一年积案10件以上，并未拿获及获未一半，分别降调、降留。其拿获过半者，准抵住俸一案，全获抵住俸二案。③

（4）关于京畿捕役、番役的要求和失职的规定。五城遇有承缉凶犯，选差干捕，勒限严缉。如一个月不获，照例责比。三个月至五个月不获者，即将该捕役从重责革，枷号两个月示惩，另选干捕躧缉。如捕役果能实力拿获者，照拿获盗案之例，于赃罚银两内令巡城科道酌量赏给。④“番役将盗犯及死罪人犯，私拷取供者，枷号一个月、杖一百。将军、流以下等犯，私拷取供者，各递加一等治罪。”⑤五城遇有窃案，司坊官报明山东道勒限严缉，每月初三、十七两日，传集承缉捕役，按限责比，年终将新旧报窃若干案、捕获若干案，具本汇题。⑥规定步军统领衙门番役缉捕权的限制之例。在适用范围上，缉

①《高宗实录》卷166，乾隆七年五月乙丑，第100页。

②《高宗实录》卷289，乾隆十二年四月乙亥，第769页。

③《监察御史万年茂奏为酌定五城承缉之例以除积弊事》，乾隆年。档案号：04-01-08-0018-012。

④《大清律例》卷35，刑律，第602页。

⑤《大清律例》卷36，刑律，第611页。

⑥《山东道监察御史许乃济奏为请酌筹五城缉捕事宜》，道光二年二月初七日。档案号：04-01-12-0358-061。

捕官役只于“京城内外察访不轨妖言、人命、强盗重事。其余军民词讼及在外事情，俱不许干预”。[①]

（二）嘉道以后捕务规则的变动。清前期捕务规则基本制定后，嘉道时期捕务规则仍然在不断地调整，只不过调整的幅度要小，频率要慢。如，嘉庆四年（1799）规定，京城关厢五营地方，大盗纠伙，将人杀伤，劫去财物者，专汛都司、守备、千总、把总和外委革职留任，兼辖副将、参将和游击俱降，统辖提督、总兵俱降一级，均戴罪勒限三个月缉拿。限满不获，专汛都司等官革任。[②]次年，因为五城窃盗案件，其承缉不力的城司坊官例有处分，但对其上司巡城御史的处分，则例阙如，于是作出补充规定，以督促巡城御史尽责。如巡城御史不严行催缉，罚俸三个月；其任内一年期满，所报窃盗已满初限者，窃案获不及十之二三，罚俸六个月；盗案三案未获，罚俸三个月；五案未获，罚俸六个月；六七案以上未获，罚俸一年。[③]定例规定，外省缉拿邻境盗犯，有送部引见之例；其各项人犯，亦有计算拿获次数，分别给予议叙者。但京城捕务力量的这种奖励缺失，以致内外有别。嘉庆十四年（1809）予以补充，五城司坊各官拿获邻境逃犯，实系外来潜匿，罪应凌迟斩绞立决并请旨即行正法者，准其送部引见，候旨升用。[④]

关于五城盗案缉捕不力的处分，嘉庆二十二年（1817）规定，嗣后京城外七门以内，寻常窃盗案件三月限满题参；如有执持器械、吓禁抢劫之案，两月无获，即行题参；其九门以内寻常窃盗案件，两月题参；抢劫之案，一月无获，即行题参。京城外七门关厢以内，五城所属地方，遇有劫盗、杀人之案，将专管地面坊官革职留任，予限两个月缉拿。限内全获，准其开复。限满不获，题参革职。[⑤]

道光时期，筹拨部库银两，发典生息，每年酌给捕务较繁的京师

---

①《大清律例》卷30，刑律，第527页。
②昆冈:《钦定大清会典事例》卷1159，步军统领。
③《仁宗实录》卷57，嘉庆五年正月丁卯，第751页。
④《仁宗实录》卷223，嘉庆十四年十二月癸卯，第1001页。
⑤张友渔、高潮:《中华律令集成》清卷，第422—423页。

西、北两城赏需银各四五百两，捕务稍简之中、东、南三城赏需银各三四百两，责成巡城御史核实支用，年终造册咨部报销。[①] 道光六年（1826），又在该借项生息内的盈余部分，于每年自十一月初一日起至次年正月底止的冬季，每城每月动支银50两，由司坊官雇觅更夫，分段击柝巡更。[②] 道光八年（1828）规定，嗣后凡有坊官拿获邻境逃犯，奏请议叙者，必须确查本任有无承缉窃案，如无承缉未获之案，方准送部引见。如有承缉未获之案，只准照例将其本任处分计案抵销。如能在限内将本任承缉之犯拿获，再准其送部引见。[③]

关于窃案惰缉处分，定例规定，八旗报窃之案，限满无获，将值班之协尉、副尉罚俸两个月，步军校罚俸三个月。五营报窃之案初限无获，将专汛都司、守备及千总、把总等官均住俸一年，再限无获，又各罚俸一年。[④] 不久，又作出更细的规定。京城内外地面，除重大案件及缉捕废弛之员由该步军统领随时奏参外，其寻常报窃，承缉官例止罚俸之案，嗣后每翼、每营于一季内未获正贼在10案以上者，翼正、副翼尉、副将、参将、游击等官罚俸六个月，如一季内并无报窃之案，各给予纪录1次。[⑤]

鸦片战争后，中国被迫打开国门，从此西学、西制和西人纷至沓来，开始逐步地、大规模地影响中国，是中国各方面变化的重要推动力量。但又不得不承认，西方对中国的影响在时间上是逐渐的，在空间上是分层的。所以，在鸦片战争后的二十年里，中国的制度改革依然多在旧轨上行走，多沿袭旧制旧规，或在旧制度上进行修修补补，少有本质性的改变，京师和直省捕务制度就是一个典型的例子。晚清时期，如前清时期一样，对原有捕务制度的增删、修改涉及多个方面，且比较频繁。

---

①《山东道监察御史许乃济奏为请酌筹五城缉捕事宜》，道光二年二月初七日。档案号：04-01-12-0358-061。

②《宣宗实录》卷108，道光六年十月丁丑，第805页。

③《宣宗实录》卷152，道光八年二月丁亥，第336页。

④《奏为窃案酌定惩劝督缉规条事》，道光九年。档案号：03-2885-076。

⑤《宣宗实录》卷159，道光九年八月甲子，第449页。

首先，捕务之例的完善。定例规定，在旗营命盗案件展参限内，官员停升。但对于那些捕务勤能、遇事勇敢的官弁来说，由于展参处分，遇有升缺不能入选，该官弁可能心生畏惧，甚至讳匿不报。在咸丰元年（1851），经兵部奏准，对该定例做了修改。“旗营命盗各案参限未满，如该员曾着著劳绩、人材出众，准其声明，专折保奏，免其停升。未经奏保，照例停升。”[①]也就是说，只有在专折保举的前提下，该官弁才能免其停升，这对于调动官弁捕务积极性是有益的。如前所述，京师内城和外城捕务分属于不同的衙门，划域而治，各自承担相应的责任。“内城窃盗案件向归步军统领衙门管理，五城例无考成”。在前三门外，由步军统领衙门所属巡捕营南营和五城管辖，“缉匪查奸则营汛、司坊，均有专责”，但“各有定地”，不能越界。营汛、司坊“每月逢五、逢十文武会哨，交换职名，以期互相稽查”。但五城副指挥、吏目衙门额设捕役各仅 24 名，除驻扎四关各坊外，在前三门外当差的捕役数只有 144 名。由于经费少，捕役常有缺额，捕务力量严重不足。因此，咸丰三年（1853）决定，由巡捕营协同五城，就近办理捕务。各城遇有紧要案件，营汛弁兵坐落各城地者，“准其就近选派，协同办理”，[②]也就是在就近原则下，可以跨界缉捕。由于京师在同治元年（1862）前后发生多次抢劫盗案，且多在夜晚，步军统领衙门为此专门制定了《下夜缉盗章程》。该章程规定：由章京带领兵丁在皇城内外八旗地面，轮班值夜。“遇有明火聚众抢劫盗匪，务即拿获，不准疏脱。”对捕获盗犯的兵丁给予重赏，甚至超拔。外城以及各城门关厢集镇地面，巡捕五营将弁督率兵丁，按照该章程，会同本汛团防，访查缉捕。如果官兵阳奉阴违，由步军统领衙门从严参革。[③]同光之际，京师社会秩序没有得到根本性好转，五城在该捕务章程的基础上，添加为 10 条条款。它强调，一是认真落实会哨旧例，

---

①《步军统领衙门奏变通疏防盗案处分折》，《大清新法令（1901—1911）点校本》第六卷，第 138 页。

②《工科给事中汪元方奏为外城营城分歧有碍捕务请饬下步军统领衙门会同顺天府五城妥议内外城缉捕事》，咸丰三年二月初四日。档案号：03-4568-013。

③《穆宗实录》卷 18，同治元年二月庚申，第 503 页。

每月逢五、逢十为文武会哨之期，中城查夜，司坊营汛在正阳桥官厅会哨，东南两城查夜，司坊营汛在花儿市官厅会哨，西北两城查夜，司坊营汛在菜市口官厅会哨，交换职名，不得松懈；二是遇有盗窃各案，司坊营汛宜相移会，协同缉拿；三是严查窝家，使盗贼无处藏匿。凡坊役营兵局勇以及地面铺户、住户、军民等，如果探实窝家，赴城密报，即亲督司坊会营擒拿；四是不时稽查更夫的勤惰，并奖励更夫。民更、官更遇有盗贼，连声击梆鸣锣，一旦擒获，无论官更、民更均给予优赏。① 光绪十五年（1889），步军统领衙门制定各旗兵及营汛缉捕章程。它规定，"嗣后遇有盗案，无论专缉、协缉，有能当场将贼犯拿获者，不拘贼数多寡及为首、为从，均给予优奖。其不能当场捕获，致令贼踪远扬，即先行参处，勒限严缉"。② 由于新式军械逐渐深入内地和京师，盗犯往往携带洋枪，从事盗窃。而缉捕官兵巡夜时，"向持钩杆、木械，一遇贼盗抗拒，并无利器拘执"。③ 该规定显然已不适应新形势的发展。步军统领衙门在光绪二十年（1894）拟定缉捕章程，于是规定，"嗣后巡夜官兵，准其执持鸟枪。遇有贼盗放枪拒捕，亦准放枪相抵，如有杀伤之，处俱予勿论"。④

其次，保甲规定的修改。京师内城的什家户制度和外城保甲制度都是京师自治制度，但如前所述，京师保甲带有更多的官方色彩，前者由步军统领衙门直接查核，后者由五城司坊官直接查核。当治安形势不良时，清廷常常将保甲制度复活或强化，以此作为救命稻草，至少做做样子。如道光三十年（1850），鉴于京师捕务松弛，御史福昌奏请整顿捕务。步军统领衙门赛尚阿上任后，从整顿内城什家户制度入手，按照御史指出的问题，逐条采取对应措施。一是由步军营严查内城住户和铺户，"每日该班步军校抽查住户十处，晚间抽查铺户四处，固山达每晚抽查铺户四处，庙宇二处，各将抽查情形禀报"。如

①《巡视中城御史额图洪额奏为遵议五城捕务章程事》，光绪元年三月初五日，档案号：03-7226-001；《光绪元年三月十六日京报全录》，《申报》，1875 年 5 月 4 日，第 3 版。

②《光绪十五年六月十八日京报全录》，《申报》，1889 年 7 月 24 日，第 12 版。

③《光绪二十年六月初六日京报全录》，《申报》，1894 年 7 月 17 日，第 14 版。

④《光绪二十年六月初六日京报全录》，《申报》，1894 年 7 月 17 日，第 14 版。

果查核不认真，按照犯规次数，给予不同处分；二是淘汰老弱看街兵丁。超过 60 岁及有残疾者，不能充当街兵，且限三个月查明更换；三是捕役如果勾通窃贼，坐赃豢养，发云贵、两广极边烟瘴地方充军；四是筹拨款项，修理沿街堆拨和栅栏；五是严格执行旗营命盗案件不力处分例。“例有展参期限，展参期满无获，或降级调用，或降级留任，均系公罪，例准加级记录抵销。”[①] 光绪十八年（1892），中城御史国徐议定整顿保甲章程 10 条，其基本精神是军民、商贾、吏役人等以及庵观寺院，一体编次，添设门牌，注明人口数目，责令互相稽察；官方派遣委员，会同绅董，饬令捕甲总头，按段稽查。[②] 光绪二十年（1894），步军统领衙门、顺天府和五城御史还联合制定了缉捕章程和保甲章程，[③] 强化京师什家户制度和保甲制度，以维护京师治安。光绪二十五年（1899），朝廷再次饬令清查京师保甲，分内城和外城，进行并行清查。内城由步军统领衙门责成各地段员弁，逐段清查；外城由五城御史各设一局，派员绅管理其事。[④] 如同直省一样，京师也将什家户法和保甲法作为缉盗安民的最惯用办法。但是，由于管控时常松懈，捕务效果并不十分明显和长久。这也就是清廷不断地整顿什家户制度、保甲制度，乃至贯穿清代始终的主要原因。

再次，保奖章程的调整。为鼓励京师团防局官员和绅董，“缉奸宄而安善良”，朝廷对团防局有捕务功绩的官绅，援照外省州县各官获盗之例，予以保奖。但是，由于名利所在，保举一旦实施，就存在冒滥的现象。清政府在同治五年（1866）对团防局官绅的保奖规定进行修订。修订的主旨是对不同级别、候补、候选的官员以及出身不同的局绅，给予不同的保奖限定。[⑤] 也就是说，团防局获盗者，在规定的保举人数范围内，都会得到不同等次的任用保奖。但实缺和候

①《步军统领衙门赛尚阿奏为遵旨议奏整顿捕务事》，道光三十年九月十一日。档案号：03-2856-025。

②《整顿保甲》，《申报》，1892 年 1 月 5 日，第 2 版。

③《光绪二十年五月十九日京报全录》，《申报》，1894 年 7 月 1 日，第 13 版。

④ 参见《辇毂要闻》，《申报》，1899 年 4 月 27 日，第 2 版。

⑤ 参见《穆宗实录》卷 174，同治五年四月辛卯，第 132 页。

补、候选官员的任用不一样，不同品级的实缺与候补、候选官员的任用也不一样，官员和绅民的任用不一样，获盗和会同获盗者的任用也不一样。由于警铃解除，到同治八年（1869），京师逐渐安定，作为一时权宜之计的团防局也被撤销。外城捕务体制恢复如旧，将团防局招募的250名练勇归并到五城，增加了外城的捕务力量。“其部拨练勇银每月一千两，即由五城支领。该城本有缉捕盗贼之责，其各督饬司坊官员，实心经理，整顿捕务。”[①] 为鼓励督率五城练勇的司坊官积极作为，清政府延续团防局章程的奖励办法，对其保奖事还做了专门规定。“遇地方有窃劫案件，该司坊官等即带勇会捕务获，晚间则督率勇丁梭巡，果能实力奉行，亦属著有微劳……每届三年择尤保举一次。或量予升衔，或交部议叙。”[②] 光绪年间，五城练勇局也一直存在，并发挥一定作用。如，光绪九年（1883），制定并公布《五城练勇局章程》，对练勇局的额数、经费来源与支出、练勇局勇丁的奖励及其管理、督查等都做了详细的规定。光绪二十年（1894），因日军构衅“京城地面必须加意防范”，朝廷令步军统领等衙门，将保甲巡查诸事实力奉行，并增添练勇150人，分拨五城，分段演练，[③] 分段巡逻，以弥补兵役的不足。“五城练勇专司缉捕盗贼，终夜巡行。”[④] 光绪二十年（1894），朝廷对京师官兵的保奖程序也做了重新规定。“嗣后八旗及五营地面拿获明火重犯，著于定案后，准其从优请奖”[⑤]，不得于定案前先行请奖。

京师水会（水局）是为救火之需而设的民间组织，本无巡夜、缉捕之责，但中城水会首先主动提出，在每年十月至次年二月之间，雇佣局丁，由绅董轮流带领局丁巡夜，且要求所属各街巷更夫每月两次到局点卯，以考查其工作。京师其他各城水会仿效这一做法，在京师捕务中起到了辅助作用。清政府对水会在京师捕务所作出的贡献给予

---

①《穆宗实录》卷263，同治八年七月丙戌，第645页。

②《光绪十一年七月三十日京报全录》，《申报》，1885年9月15日，第12版。

③《德宗实录》卷348，光绪二十年九月己卯，第475页。

④《五城练勇捕务异同说》，《申报》，1892年11月2日，第1版。

⑤《本馆接奉电音》，《申报》，1894年6月21日，第1版。

肯定，为此专门制定奖励章程。光绪元年（1875），在每届三年每水会保奖绅董7名的基础上，对水会巡夜绅董每届三年加保3名，保奖或为虚衔或加级。如果局绅有拿获窃案5件以上及满贯窃案盗案和明火抢劫重案，待案件审实后，对其首先访获尤为出力者，保奖升阶班次，但获案的罪名轻重不同，保奖等级也不同。同时规定，“各城正指挥及拣发差委司坊官、练勇局正副哨官队长等有拿获窃盗赃贼者，亦拟照水局绅董分别保奖”。[①]但时过境迁，水会也存在滥保的现象，负责核查的五城则把关不严，以至于受到御史的责难。光绪九年（1883）三月，对水会保奖做了一定的限制。自此以后，水会绅董每届三年保奖时，由各城查明，兼巡夜者，每局不分文武保奖10人，不兼巡夜各局，仍照原章，每局不分文武，只能保奖7人。[②]

因为新政官制改革，京畿保举之例多次修改。由于五城巡城御史裁撤，光绪三十一年（1905）以后，对五城水会获盗员绅给予保奖的事项改由民政部负责。在光绪三十二年（1906）五月前，对五城员绅的保奖规定是，五城水会官绅“拿获邻境盗犯斩枭在三名以上者，每案准保司坊官三名，绅董五名；不及三名者，官则存记，绅则无论获盗多寡，每案准保五名，均按寻常劳绩请奖”。此后规定，“三名以上，准保首先拿获者一员，协同者二员；五名以上，加保协同二员，未及三名者，仍照旧章办理”。由于该新章仍然存在不妥之处，该年十二月，民政部又做了调整。它规定，获盗未及3名者，官仍存记，待积至3名以上，分别首、先和协同而请奖；绅则无论获盗多寡，每案均分首、先、协同，请奖5名。其劳绩在政务处新章以前，概照旧章办理。所有各水会获盗出力之绅董，自应仍照章办理。[③]此后，这一保奖规定没有修改，一直延续到清代灭亡。从光绪三十三年（1907）到宣统二年（1910），五城各水会协助步军统领衙门，先后拿获邻境盗犯16起。按照每届三年给予保奖的规定，依据贡献大小，

①《光绪元年三月十六日京报全录》，《申报》，1875年5月4日，第3版。
②《光绪十一年七月三十日京报全录》，《申报》，1885年9月15日，第11版。
③《吏部奏核议民政部汇保五城获盗出力绅董给奖折并单》，光绪三十四年八月十一日，《政治官报》，第310号，第212—213页。

民政部奏保，经过吏部审核，给予五城各水会出力绅董不同的奖励。

最后，修改捕役津贴的规则。京师也没有专门的缉捕经费，经费为多方筹措。晚清时期，由于清廷财政严重赤字，治安形势恶化，捕务经费更是拮据。捕役少得可怜的工食银也不能按本色发放，直接影响到捕役缉捕的积极性。所以，光绪元年（1875），中城御史额图洪额提出建议，修改京师捕役工食银发放形式。“坊役工食宜核实给领也。”[①]京师五城每坊捕役，额设24名，每月每名捕役的工食银为5钱，由五城报转都察院，移户部领取。“每银五钱折钱一串，又将钱五串折银一两”。当银钱两次折算后，工食银实际上不到五钱。所以，户部改为发实银，并由都察院领出，五城派员领取，由五城官员当堂发给捕役。光绪九年（1883），鉴于京师五城捕役，“半皆枵腹从公，若专恃比责、革役，有罚无赏，不足以折服其心”，朝廷决定，增加五城的缉捕经费，直隶总督“于洋药税项下”，每年拨银6000两，“经解五城，以资缉费”。这批捕务经费主要用于五城巡役、捕役的补贴和奖励，“凡因公差遣，一体给予口分，拿获案件酌量给赏”。[②]但是，直隶总督并无能力在洋药税项下支付这笔常年经费，转由户部凑拨。户部也无多余款项，只能向五城拨付本年冬季和来年春季各银1500两。因此这批经费是不稳定的，数量也是不够的。在这种情况下，五城只能仿照先例，向户部借公款10万两，由五城发商生息。“以八年为期，陆续归还。八年之内，每年以所得息银一半充作经费，一半归还部库。积至八年，再将本银提回五万二千两，还清部帑，以后本息相权，每岁经费六千两。”[③]这一筹资方式与各省的做法相似，比较无奈，但不论怎样说，五城巡役、捕役的补贴和奖励有了相对稳定的来源。

总体说来，清代关于捕务的律例十分严格、残酷和细致，但由于人治色彩十分浓厚，有法不依的现象十分严重和普遍。当然，依法处

① 《光绪元年三月十六日京报全录》，《申报》，1875年5月4日，第3版。

② 《中城户科掌印给事中安祥奏为整顿捕务应赏罚并用缉捕经费按新章办理事》，光绪九年九月三十日。档案号：03-5676-042。

③ 《光绪十年二月二十四日京报全录》，《申报》，1884年3月30日，第11版。

置、违法必究也是经常和普遍的，这两种情况同时并存。到了清季，关于违反捕务规定的处罚，依据新旧律例和章程，仍然在执行。如，巡捕营南营专管京城前三门外捕务。因为南营事务比较繁忙，每到冬月，按已有汛守戎将营规章程，“该营参戎责令所属六汛守戎，各派千、把、外委，每夜分三班巡察，以防贼盗。其各该汛地而所设官厅，则派千、把、外委等一员为正坐厅，世职一员为帮坐厅，以五日为一班，另换两员接充。参戎、游戎逐夜轮流，率领兵役”，一般在四更前后，亲往六汛地面核查。有一夜，张子芳参将二更到该厅，见厅中只有兵役，不见坐厅官。张参将将正坐厅摘去顶戴，记其大过1次，帮坐厅也记过1次。[①]在光绪三十三年（1907）八月到十一月，姚家胡同、钱粮胡同等几家被窃，按照定例，将捕盗步军校常林、步军校海志罚俸三个月，署协尉德瑞罚俸两个月。[②]同样，有罚就有奖。员外郎春常、候补主事桂昌会同左翼翼尉鹤春、右翼署翼尉福寿等，协同准补昌平州知州杨同高，跟踪拿获结伙持械等犯17名，经法部、大理院审办处理，遵照章程，择优保奖，给予上述官员升职、换顶戴等奖励。[③]

从京畿捕务规则变化看，京畿捕务规则也是历年累积而成的，是一个不断增删、修改的过程。因此，京畿律例和捕务章程的专门规定也是清代法网越织越密的一个写照。

第二节　京畿捕务制度在新政阶段的转型

一、京畿军队的转型

（一）步军统领衙门辖下捕务力量内涵式的发展。步军统领衙门作为京师最专门、实力最强和管辖范围最广的捕务旧衙门，为适应新

①《日下纪闻》，《申报》，1889年12月18日，第1版。

②《陆军部奏步军营疏防窃案议处折（并单）》，《政治官报》，光绪三十四年六月初五日，第245号，第102页。

③《步军统领衙门奏拿获巨盗出力文武员弁请奖折（并单）》，《政治官报》，光绪三十四年六月初五日，第245号，第102—103页。

的形势，不断进行内涵式的变革，也有趋新的一面。但另一方面，由于新的力量，包括新式陆军和新的警察力量出现，对京师捕务的介入以及职权的分割和剥离，步军统领衙门的职权、作用在逐步缩小或式微之中，“逐渐由原来的维持京师治安的首要地位降格为辅助性的地位”。[①]上述两种情况同时并存，相比而言，步军统领衙门逐渐落伍，是不争的事实。

就趋新一面来说，步军统领衙门积极地整军经武，具体表现在以下四个方面：第一，将所属捕务力量改习洋操和洋枪。如，经步军统领衙门饬令，南营金参将挑选年壮力强的兵丁60名，聘请英国驻京参赞，教习洋操。[②]那桐担任步军统领后，在步军两翼中，每翼挑选精壮旗兵200名，一并改练洋操；[③]整顿五营兵弁，挑选精壮之兵编成新队，制定青布洋式军衣、蓝色肩章，并一律改用新式快枪；[④]第二，严格考核，或奖或罚。为了整肃巡捕营，那桐曾面谕五营将官，著分期传集兵弁，先行考试技艺，分别等第，给予奖赏。对使用新式枪炮，“技勇可嘉、操练娴熟者，破格擢用，其疲玩者一并裁革”；[⑤]第三，裁汰老弱，调整力量布局。步军统领衙门所属巡捕五营也在裁并之列。步军统领衙门所属巡捕五营额设马战制兵10000名，到宣统元年（1909），巡捕五营仅存兵5000人。也就是说，在清代灭亡之时，巡捕五营裁减的比例达到50%。南营所管外城七门之内，自民政部设立外城巡警总厅，设官分区，添练巡警2000多名后，南营制兵差务日少。于是，从南营兵丁中抽出兵丁375名，分拨北、左、右各营。除中营有兵1500人外，其他四营均为775人；[⑥]第四，设立巡捕五营马步游缉公所。步军统领衙门所属五营地面辽阔，特别五城裁撤后，治安、捕务难度加大。营汛之间、军警之间捕务各有划界分段，但常

①韩延龙、苏亦工等：《中国近代警察史》上册，第118页。

②《练习洋操》，《申报》，1901年6月29日，第1版。

③《整顿京营》，《申报》，1904年3月27日，第2版。

④《步军五营改定新章》，《申报》，1907年4月22日，第11版。

⑤《大金吾整顿营务》，《申报》，1905年6月25日，第3版。

⑥赵尔巽等：《清史稿》卷131，兵志三，第3904页。《清史稿》未列捕盗营北营的马步兵数；《步军统领变通五营旧制》，《申报》，1909年7月1日，第5版。

常画地为牢。且步军统领衙门与顺天府之间各有职守，协调也较难。于是决定设立五营马步游缉公所，“选年力精壮弁兵五十名充作马巡，选长于缉捕弁兵五十名，充作步巡，拣派营员带领，令其不分畛域，在京营一带巡逻、探访”。[①] 还在公所及营员衙署安设电话，一旦有事，即电告各处，一体严缉。不久，游缉公所官兵数量又由 800 名逐渐扩充到 1000 名。[②] 步军统领衙门通过建立这种机动式巡缉力量，改善技术装备，以弥补京师捕务力量的不足和捕务制度的缺陷。

（二）京旗常备军和禁卫军相继建立，新旧捕务力量并存。八国联军撤出京师后，由姜桂题部会同步军统领衙门、顺天府五城及城内协巡各局等，管理京师治安，马玉昆部则负责管理畿南地区的治安。[③] 当然，由非满人组成的常备军负责京畿安全这种情况，只是暂时的。光绪二十八年（1902）冬，朝廷开始组建京旗常备军。为打破各旗营互不相属的限制，从八旗壮丁中“挑选十六岁以上、二十二岁以下年力精壮者”，[④] 交袁世凯训练。内阁学士铁良任京旗练兵翼长，以常备军组织与新式教育训练兵丁。光绪三十一年（1905），该军编为陆军第一镇，作为京师禁旅。光绪三十二年（1906），将屯驻京畿的武卫右军 7000 人、自强军 2000 余人改编为陆军第六镇。后将北洋陆军第一、三、五、六镇划为京畿四镇，归凤山节制。宣统二年（1910），上述四镇和直隶总督所辖两镇，均归陆军部统辖。[⑤] 从性质来看，无论陆军第一镇，还是陆军第六镇，都是国防军，都承担着国防的责任。与其他镇有所不同的是，该两镇还直接担任宫廷禁卫的任务，带有维护社会治安的性质。禁卫军各营作为守护宫廷的专门力量，人员、装备和粮饷都比较充足，战斗力最强。但承平日久，这些禁旅如同八旗和绿营，逐渐松弛衰败。尽管晚清时期，朝廷不断地调整和改

---

①《步军统领衙门奏拟设五营马步游缉公所折》，《政治官报》，宣统二年五月十二日，第 946 号，第 210 页。

②《步军衙门暂不裁撤》，《申报》，1910 年 12 月 2 日，第 4 版。

③ 黄圆晴：《最后的“旗军”：京旗常备军组建述论》，《吉林师范大学学报》2016 年第 6 期。

④《德宗实录》卷 505，光绪二十八年九月壬申，第 673 页。

⑤ 罗尔纲：《晚清兵志》，中华书局 1997 年版，第 176 页。

革禁卫各营，也无济于事。在光绪二十七年（1901）到光绪三十四年（1908）间，只得由武卫右军以及随后改编成陆军的第六镇、陆军第一镇轮流宿卫宫禁，[①]充当禁卫部队。但是，“虽有一六两镇轮流入值，究系分班抽调，尚非经久之规”。[②]

光绪三十一年（1905），兵部、练兵处陆军部奏《兵部奏遵旨筹议变通武备章程》。一方面，在原禁卫军各营中，留强汰弱，使用新式装备。对亲军、前锋护军等官兵，派大臣考验。另一方面，新设扈卫军。“各旗及各省已编成镇诸军内，慎择品学兼优之长官，操法纯熟之兵丁，调取编练，出则扈从，入则守卫，归御前大臣管辖。”[③]但统一的、近代化的禁卫军的建立时间是光绪三十四年（1908），按照赵炳麟上年关于建立禁卫军的建议，[④]朝廷以贝勒载涛、毓朗、尚书铁良充专任训练禁卫军大臣，“准其酌量由各旗营兵丁内拔取精壮，尽数认真训练，不准疏懈。此项禁卫军专归监国摄政王，自为统辖调遣”。[⑤]宣统元年（1909），奏定禁卫军营制、饷章。先按陆军一镇步、马、炮、工、辎、军乐各标营队额数，参酌编练第一、二两协，以待扩充，暂不设立镇统。[⑥]将过山炮队改为陆路炮队，并增设交通队、机关枪队、重炮队各1营。“在京城地方设立禁卫军训练处，调用各项人员，以资经理。拟设军咨官，禀承训练大臣，赞画教练，综理全处文牍庶务”。[⑦]兵丁的挑选，初定由八旗拔取精壮，并由各驻防旗分期选送。次年又变通办法，奏准挑选顺天、直隶和山东等地汉人为步兵，挑选蒙古人为马兵。[⑧]其正、副、目兵等下级官弁则由第一镇择

① 刘锦藻：《清朝续文献通考》卷212，兵考十一，第9591页。

②《陆军部奏定禁卫军营制饷章折》，上海商务印书馆编译所：《大清新法令（1901—1911）点校本》第五卷，李秀清、王捷点校，商务印书馆2010年版，第24页。

③《兵部奏遵旨筹议变通武备章程折》，《大清新法令（1901—1911）点校本》第三卷，第575页。

④ 中国社会科学院近代史研究所中华民国史组：《中华民国史资料丛稿专题资料选辑》第2辑，《清末新军编练沿革》，第132页。

⑤《宣统政纪》卷4，光绪三十四年十一月甲寅，第66页。

⑥《陆军部奏定禁卫军营制饷章折》，《大清新法令（1901—1911）点校本》第五卷，第24页。

⑦ 刘锦藻：《清朝续文献通考》卷204，兵考三，第9528页。

⑧《禁卫军变通挑选兵丁办法》，《申报》，1910年11月12日，第4版。

优选充，两协官长则不分满汉，从各军队衙署军官军佐内，选拔兵学优长、操法娴熟者充任。而从当时供宿卫的第一镇选调步队一标，马队一营，作为禁卫军的编练基础，定限两年，分期编足。宣统二年（1910），禁卫军第一镇基本编练成立。[①]

二、警察制度的新创

独立于步军统领衙门和五城察院之外，20世纪初年后京师出现了新的捕务机构，并经历了几个阶段的发展，在各方面发生了重大改组和变动。先是民间的安民公所，后是官民合作的善后协巡总局，再有官办的工巡局、内外巡警总厅。旧式的五城机构撤销，旧式的练勇改为巡捕。一批毕业于中外警务专业的专才被任用为巡警官弁，大批捕务管理法规出台，京师警察专业化、知识化和法治化继续推进，步军统领衙门所属军队管理京城的内政事务开始减少。

（一）新设京师工巡局和内外巡警总厅及其影响。义和团运动爆发后，迅速波及京津地区。八国联军以此为借口，进攻天津和北京。管理京师捕务事务的步军统领衙门和五城兵马指挥司等机构陷入瘫痪，京城十分混乱。京城各地段绅商为了维护自身利益，于光绪二十六年（1900）创设安民公所。这是一个典型的民间组织，它雇用巡捕，维持治安。侵略者经过与清政府全权大臣商议，设立民政厅，清政府每月支出若干款项，作为在全国占领地内招募中国巡捕及弹压地面的费用。于是，各国在其占领地募集中国人，负责巡逻弹压，名之为巡捕。[②]《辛丑条约》议定后，联军依约撤离京城，清政府决定，在地安门外设善后协巡总局，东安门外设左翼善后协巡局，西安门内设右翼善后协巡局，北长街设右翼善后协巡分局。将京城绅董所设的安民公所改为八旗地面善后协巡公所，分隶东、西城。善后协巡总局建立后，即履行捕务职能，建立保甲制度，清查什家户。[③]善后协巡

---

①《会议续练禁卫军办法》,《申报》，1910年8月21日，第13版。

②［日］服部宇之吉等:《清末北京志资料》，第229页。

③ 参见《诘奸禁暴》,《申报》，1901年10月18日，第2版。

总局的存在虽为时不久，但起到了一定的积极作用，且初步建立起了由总局到分局，再到公所的京师捕务组织体系。

内城工巡局创建于光绪二十八年（1902），当时北京新设巡警制度，它负责管理内城警察及街道工程等事务。内城工巡局与同时创立的保定警务局一起，标志着清末警政的正式建立。[①]正如刘锦藻所说："仿外洋巡警之制，尽用警官、警兵，分段站岗，以代兵役，此警察所萌芽也。"[②]京城内政事务开始更多地由非军人的警察承担，京师捕务开始全面近代化转型。工巡局官员均为兼差，有警巡、巡长和巡捕共1800余人，分隶东、西、中三分局，按地设段，巡查地方，防缉盗贼。[③]内城工巡局与步军衙门所属步军营，共同担负起内城捕务之责。

鉴于内城工巡局办有成效，清政府在光绪三十一年（1905）推广其做法，设立外城工巡局。内城工巡局、外城工巡局总称为内、外城工巡总局。同时，撤销原巡视五城街道各御史和五城兵马司正副指挥各缺，五城正副指挥原承担的一切差项统归大兴、宛平两县负责；其副指挥所管外坊缉捕事务，归步军统领衙门营汛经理，[④]捕务管理体制由此又一大变。这些琐碎的差务被剥离，使京畿捕务制度朝专门化方向发展。将五城练勇改为巡捕，[⑤]该巡捕额设1500名，[⑥]分段扼要驻守，昼夜梭巡。五城作为清代重要的捕务机构退出建制，成为历史遗迹。清廷设管理内外城工巡事务大臣1人，内城下设事务、巡查、守卫等处及东局、中局、西局和分巡处，共有10个巡捕队。[⑦]《巡捕队章程》除有权缉拿已经犯罪者外，还可对过往行人及其可疑事项加以监视、询问。内、外城工巡局还有权处理杖刑以下的轻微案件、民间纠

---

① 熊月之：《西制东渐：近代制度的嬗变》，第84页。

② 刘锦藻：《清朝续文献通考》卷120，职官考六，第8807页。

③《那桐奏折存稿》，《北京档案史料》，2005年第1期。

④《管理工巡局那等奏为请将五城正副指挥各缺一律裁撤并分别筹办地面事宜折》，《申报》，1906年1月2日，第16版。

⑤ 刘锦藻：《清朝续文献通考》卷119，职官考五，第8790页。

⑥《外城工巡局等奏为外城改设捕亟须发给军装等项拟请饬部拨款分别择要购置折》，《申报》，1906年1月20日，第16版。

⑦ 程维荣：《中国近代行政法（1901—1949）》，商务印书馆2018年版，第111页。

纷和部分涉外案件。工程方面主要负责修整街道，维护绿化，疏解拥堵，监督卫生，甚至负责疏通管道，装修路灯。此外，该章程还赋予工巡局收容教养流民，落实社会慈善救济等事务。[①]外城设会办内外城工巡事务大臣 2 人，下设外城巡捕东分局、外城巡捕西分局、教养局和协巡营等。[②]各分局所协理案件，轻者由局治理，重案仍交刑部。分警巡为八等，即“曰头等警巡、二等警巡之类；八等警巡之下设巡长，分三等；巡长而下设巡捕，分三等，以次递升”。[③]

光绪三十一年（1905）九月，清廷设立巡警部，接管了原京师内外工巡局事务。“京城内外巡警历系专办京城地面事务，自应归巡警部统辖。”[④]内、外城工巡局均仿天津办法，分区划段，各负其责。并调天津警务学堂卒业学员，分派差委。[⑤]原来内外城巡警厅“办事人员，均为兼差”，现变通旧制，改为额缺。[⑥]且规定巡警部、内外城巡警厅官员今后一律不准兼差，[⑦]以专职守。十二月十五日，巡警部奏请将原京师内、外城工巡局更名为内外巡警总厅，直接管辖两总厅的“内外一切警务”。两厅的正式成立标志着作为京师捕务主要力量的警察统一化、专门化、知识化的进一步加深，内外巡警总厅机关合一，成为巡警部直属机构。原内外城各分局改为分厅，分厅以下按照方位，划分区域。将内城划为 26 区，外城划为 20 区。每区设区长，以八九品警官充任。[⑧]每区管理本辖区的警务，凡属违警处罚、巡逻警戒、巡官巡长巡警的督饬、考核、训练、检查、稽巡等等，均由区长主持。为加强监视和控制，各区还遍设分驻所、派出所和守望岗。这样就在京师形成了比较严密的警察网，京师的警察制度趋于完备。[⑨]

---

①程琳：《警察法学通论》，中国人民公安大学出版社 2018 年版，第 39 页。

②韩延龙、苏亦工等：《中国近代警察史》上册，第 97—98 页。

③《汇志北京工巡情形》，《申报》，1905 年 8 月 28 日，第 3 版。

④《巡警部奏拟设巡警厅权限章程》，《申报》，1906 年 2 月 6 日，第 4 版。

⑤《奏派警部办事人员要略》，《申报》，1905 年 11 月 1 日，第 3 版。

⑥《警察史料》，《警高月刊》，1935 年第 4 期，第 75—76 页。

⑦《外城巡警总厅委员辞差》，《申报》，1906 年 5 月 25 日，第 9 版。

⑧《续巡警部奏酌拟本部官制并变通工巡局旧章改设实缺折》，《申报》，1906 年 2 月 18 日，第 10 版。

⑨熊月之：《西制东渐：近代制度的嬗变》，第 89—90 页。

清末实行预备立宪，厘定官制，清政府又仿照日本的做法，于光绪三十二年（1906）九月，将巡警部改为民政部，[①]警察司只是其中之一。由此显示，警察事务日益专门化，这是与近代化进程中社会事务越来越细分相适应的。光绪三十三年（1907）正月，民政部又厘定《内外城巡警总分厅权限章程》《内外城各厅界域、职掌、员缺章程》。巡警部改为民政部后，经民政部奏准，调整了内外城各分厅的设置。内城并为三分厅，外城并为两分厅，[②]各分厅设知事1员，设六、七、八、九品警官若干人，巡官6人，巡长10人，巡警90人。至宣统元年（1909），内外城巡警总厅的官制改革重在减少管理层级，厘清职责，合并警区，节省经费，加强基层捕务力量。撤销内外城各分厅，通过考核、甄别，将各分厅官员分流。[③]将内城26区合并为13区，外城20区合并为10区。[④]还规定，"厅区人员应专用法政毕业生，其从前调用各员，有非学堂出身者，一律送入臣部巡警学堂肄业"；设立巡警教练所，凡各区巡警内，有原出招募未经教练者，均要轮换抽调，入所补习。[⑤]也就是说，内、外城巡警厅所有警官、巡警都要经过学堂教育和培训，才能上岗和充任。次年八月，内、外城巡警总厅将警察制度推广到京师郊区。在京城四郊设立6区，每区设区长1人、区员1人，内外勤所设巡官2人、书记2人、巡警120人、巡长12人。[⑥]京师四郊也不设分厅管理层级，其各区均直接受内外城总厅管辖。警察制度最终覆盖了整个京畿地区。在内、外城各区下，分段设立巡警派出所。到宣统三年（1911），内城设有派出所226处、外城141处，[⑦]共367处。民政部还将内城原有13区并为5区，外城原有10区并为4区。被裁警官分配外郊警区，以

---

①参见《民政部要闻》，《申报》，1907年1月28日，第3版。

②《民政部奏部厅官制章程折并章程二》，《大清新法令（1901—1911）点校本》第二卷，第48—49页；《巡警厅制改定后之布置》，《申报》，1907年3月18日，第3版。

③《民部整理厅区司员之章奏》，《申报》，1909年3月30日，第3版。

④刘子扬：《清代地方官制考》，第271页。

⑤《民政部奏整顿京师内外城警政酌改厅区制度等折并单》，《大清新法令（1901—1911）点校本》第五卷，第11页。

⑥韩延龙、苏亦工等：《中国近代警察史》上册，第108—109页。

⑦韩延龙、苏亦工等：《中国近代警察史》上册，第106页。

节省经费，[①] 并提升郊区的警力。到宣统三年（1911），内城巡警总厅巡官、巡长和巡警达到 3450 人，外城巡警总厅巡官、巡长、巡警为 1998 人，共计 5448 人。内、外城巡警总厅尽管存在的时间短暂，却是清末警察制度趋于完备和定型的重要阶段。[②] 京师内政警察系统建立了从总厅到警区，再到分段派出所的三级捕务科层体制。这种体制使官员数量减少，官员素质提高，管理层级科学，管理效率更高，基层力量更强，为今后捕务制度的进一步完善奠定了基础。

（二）顺天府巡警军与巡警。如前所述，顺天府捕务力量是京畿捕务力量的重要组成部分，主要承担京城近郊的社会治安秩序。庚子事变时，由于战争破坏和社会动荡，顺天府所属捕盗五营及其马匹几近丧失，尽快重建捕务力量成为必要。而且，京师和直隶捕务制度的大张旗鼓改革已开风气之先，一方面直接推动了顺天府的捕务改革，另一方面，京师和直隶捕务机构的调整、职守的变动和管辖空间的变化等也直接撬动顺天府的改革。所以，作为京府，顺天府不仅要变革、厘清顺天府内部各捕务部门的关系，也要厘清与步军统领衙门、内外城工巡局和内外城巡警总厅的权责，还要变革、厘清与直隶省的权责关系。但无论彼此权限厘清得如何，剥离得如何，本身职责履行得如何，顺天捕务制度的确在近代转型之中。

庚子变乱后，时任顺天府尹陈夔龙令捕盗中营及四路同知各招募马、步兵数十名，重建顺天捕盗营。陈璧接任顺天府尹后，又陆续招募壮丁，使马、步兵数达到 476 名。光绪二十八年（1902）五月，按照朝廷改革的要求，陈璧奏《顺天原设捕盗营拟请裁兵加饷改名巡警军训练整顿以资得力折》。“将辖内捕盗营原额裁撤十成之三，以裁汰无用之员弁，增加官兵薪饷，招充洋操之教习，一律操习新式后膛枪之法，先将捕盗中营兵丁全部改名巡警军。其余各路也陆续招募兵勇，按成案试办巡警。”[③] 还将顺天府捕役裁撤，其职责由新改设的巡警军承担。“迩来顺天府押解人犯及传集案证等事，均已改派巡警兵

---

①《京师近事》，《申报》，1911 年 3 月 13 日，第 14 版。

② 丁芮：《管理北京：北洋政府时期京师警察厅研究》，山西人民出版社 2013 年版，第 27 页。

③ 陈璧：《望嵓堂奏稿》卷 3，近代中国史料丛刊第 10 辑，文海出版社 1966 年版，第 280 页。

当差，将从前所设捕役，俗名大班者一律裁撤。”[①] 次年，顺天府招募2500名壮丁，“略仿西法，训练洋操，俾令分布内外城，按段梭巡，以靖地方而缉匪类”。[②] 分东、西、南、北、中五路驻扎，各路500名，分别归治中和四路同知管辖。光绪二十九年（1903），经顺天府尹沈瑜庆奏准，顺天府衙门添募马、步队各1营，以新操进行训练，[③] 归府尹直接管辖，巡缉步、马队后来陆续有所扩充。光绪三十二年（1906），因原设巡缉马队不甚得力，顺天府将巡缉马队改编为巡警，并更换新式枪械，从天津调来得力警官对该巡警进行训练和率领，[④] 京郊治安有所改观。由于五路马队调回，改为巡缉队，五路仅剩下步队，且五路还有诸多差务，警力不足。光绪三十四年（1908）二月，顺天府决定，在中路设警务总局1所，四路各设分局，以治中及四路同知分为各局局长。总局设步队警官1员，五路巡警均归其管理，各局内添设教练所，设督练官1员。[⑤] 五路除定额外，再各添设马巡队10名，于中路先设探访队10名，“俟训练有成办理有效，各路再行添设”。[⑥]

由于大规模的官制改革和警政体制调整，加之顺天府所属地方辽阔，巡警尚未普遍推广，京城郊区“盗风迄未少熄”，治安形势依然严峻。光绪三十四年（1908）七月，顺天府、直隶总督会奏，决定多措并举，整顿顺天府属捕务和警务。一是使“捕务、警务相辅相成”，直隶杨士骧选派北洋捕盗兵营得力弁兵，札饬千总穆兴起来京，专任缉捕之事，责令其对顺天府属24州县境内的著名积匪一体严拿。五路巡警专门负责巡缉，以步队扼要驻防，以马队分头巡缉，划定地段，各专责成；二是设立顺天督捕巡警总局，[⑦] 居中策驭。曾任顺天府尹袁树勋设马步巡营警官弁长兵753名，均归总局调遣，并派总办、

①《凤阙祥辉》，《申报》，1902年9月13日，第2版。
②《京设巡警》，《申报》，1903年3月22日，第2版。
③《德宗实录》卷525，光绪二十九年十二月乙亥，第948页。
④陈璧：《望嵓堂奏稿》卷3，第432页。
⑤《顺天府奏改编巡警步队办法折》，《申报》，1908年4月3日，第10版。
⑥《顺天府奏改编巡警步队办法折（续）》，《申报》，1908年4月5日，第10版。
⑦顺天督捕巡警总局与同年二月设立的警务总局关系，尚不得而知。

会办、提调、发审、文案、稽查等各员，分任其职，负有捕盗之责的四路同知作为其分局；三是分筹饷项。缉捕之费由直隶筹拨，巡警之费由顺天府筹拨。[①]至此，顺天警政基本上走上轨道，特别是顺天府通过与直隶总督的联合，加强了对京畿治安秩序的控制。[②]

宣统二年（1910）五月，顺天府尹于乃杨以其各属州县，自办警政以来尚未设立专任之官，特为奏请创设警务公所，将上述五路警队归并、缩减，由警务公所统辖，扩大马队，减少步队，建立教练处，“养成完全警吏”。[③]至此，顺天府直辖马巡 480 名，专司巡逻；探巡 60 名，专司缉捕；于各属添派巡官，由巡官行使职权，绅董管理收支，以加强地方警察力量。

（三）京师警务学堂等的创办。警察的教育制度和培训制度是捕务制度的有机组成部分，是捕务制度的重要基础，也是捕务制度近代化的重要表征。光绪二十七年（1901），北京开办警务学堂，延聘川岛为监督，负责训练中国警察，是中国第一所警察学堂。京师警务学堂成立后，有一部分警务教育所的原日本教习留下来继续任职，如大田原总次、浅井新太郎等人。年底，川岛浪速“从日本警视厅招募警视稻田穰，担任学堂总教习。此后，又从日本警视厅、宪兵和陆军、预备陆军中聘用了一批警察和士官，担任警务、监狱、消防、体操等课程的教习”，扩充了教学内容，扩大了教员阵容。[④]由此可见，京师警务学堂为中国培养了第一批警察专才。正是因为学习日本的警察教育制度，中国警察制度深深打上了日本的烙印。京师警务学堂分初等科、中等科和高等科。“每班一百二十人，三个月毕业。至光绪二十九年（1903）正月起，改为每班八十人，六个月毕业”。高等科为教练警官之需而设，“每班四十人，先学六个月，升入研究科，

---

①《顺天府直隶总督会奏设局整顿顺属捕务警务折》，《政治官报》，光绪三十四年七月二十九日，第 298 号，第 492 页。

② 王洪兵：《清代顺天府与京畿社会治理研究》，南开大学 2009 年博士论文，第 209 页。

③《顺天府奏整顿顺属州县巡警并创置警务公所改编马巡探访队办法折》，《政治官报》，宣统二年五月二十四日，第 958 期，第 401 页。

④ 肖朗、施峥：《日本教习与京师警务学堂》，《近代史研究》2004 年第 5 期。

一年毕业”。[①]京师警务学堂招考学生，报名者十分踊跃。如，光绪二十八年（1902）二月的一次招考，“报名应试者多至三百一十二名，计取中二百九十名，汰去二十二名。中有十五名，文艺尚优，赠物褒奖。其入选诸人之内，有三十三人学问尤深，令入中等科，以示优异，所余二百五十七名，备充各段巡警之职”。[②]同年十月，清廷为培养高级警政人才，派遣长福等27人，入日本弘文学堂学习警务，是我国警察留学之始。

光绪三十二年（1906），清廷将警务学堂收回自办，并改名为高等巡警学堂。由于科举废除，对于仕途受阻的诸多士人来说，报考警察，不失为较好的选择。四月间，京外人员、举贡生监和原充各项巡警6000余人参加考试。巡警部派精通警学的官员，对考生严加甄录、校核，最终正取240名，副备取300名，录取率为9%，先令正取者入学肄习。京师高等巡警学堂计分三科：正科，授以高等警察及各项法律，三年毕业，挑取举贡以下及巡警入学；简易科，授以简易警察以应急需，一年毕业，挑取各官员入学；专科，授以必修警察，俾现有差各警员可及时来学，分1年毕业，各厅队警官以下入学。[③]简易科学生毕业后，即将简易科停办，只设正、专两科。高等巡警学堂收回自办后，扩大了招生规模，于九月初十日正式开学。京师高等巡警学堂采取灵活的分科方式，虽然还不完备，学习时间短，但造就了一批急需人才。这些旧式的文人、官员从传统中逐渐分化出来，演变为有专门特长的专才，日后就成为我国第一批警务人员。其后，各直省也派官弁、学生留学，其中一批学生就读警务专业。如前所述，各直省也创办各类巡警学堂和警察教练所，促进了警察的专业化和知识化，警察整体素质大大提高。

宣统二年（1910），民政部出台《高等巡警学堂章程》，对学堂的入学、录取、学费、纪律、考试和给假等做了规定，是对四年前《高等巡警学堂章程》的进一步完善。学堂分正科、专科两项，并为京师

---

①韩延龙、苏亦工等：《中国近代警察史》上册，第237页。

②《讲求警务》，《申报》，1902年4月26日，第2版。

③《民政部奏办高等巡警学堂折》，《申报》，1906年11月27日，第4版。

巡警总厅任用巡警起见，附设巡警教练所。凡肄业正科、专科者称学生，肄业教练所者称学警。正科学生三年毕业，专科学生一年半毕业，教练所学警三个月毕业。从其章程看，该学堂办学很有特色：注重理论与实践结合，既有专业学习，又有分级见习；科目众多，既有知识与专业的学习，又有品质、道德和体育教育；视野较广，既有国文教育，又有英文和日文教育；管理严格，对纪律有严格要求。京师巡警学堂全面地效仿外国，尤其是日本。其章程中，还附有入学训词："巡警为民政之一大端，其于维持公安秩序、保卫生命财产所关。"① 训词体现了警察职业的公共性、民主性和社会责任，是一所近代性专门大学。

京师警务学堂、高等巡警学堂为京师和各直省提供了办学样板，也输送了最早一批警务官员和专才。京师创办工巡局，顺天府创办警察时，充分利用其直属、地域之便，延揽了一批外国警务留学生和京师警务学堂毕业生，使京畿近代性警务走在全国前列，并成为全国效仿的榜样。光绪二十八年（1902）五月六日，工巡总局札饬警务学堂，从毕业生中挑选 30 名，于三日之内报到。外城工巡局还将旧有暂时不裁的练勇，择优选入警务学堂，学习警务。② 光绪三十二年（1906），顺天府改编马、步巡警，除警巡等官由天津调取外，其余巡警人员仍从裁余人员中挑选而来。顺天府也十分重视警察的专业化培养，招考学生，附入巡警部警务学堂速成科学习，但警务学堂改为高等巡警学堂，该速成科取消。顺天府决定，在其公廨旁修盖巡警讲习所，并兼办学堂，酌采巡警部及天津警务各章程，于 7 月 21 日开学。先将速成学生 50 名从京师警务学堂调回肄业，其马、步巡警则按期轮班到所学习。所属州县未设此类学堂的，准其凑集成班，筹备学费，附入该所肄业。速成班毕业后，再添高等班学生。③ 速成班的

---

①《民政部奏酌订高等巡警学堂章程折并章程》，上海商务印书馆编译所：《大清新法令（1901—1911）点校本》第十卷，何勤华、任海涛、李远明点校，商务印书馆 2011 年版，第 2—25 页。

②《汇志北京工巡情形》，《申报》，1905 年 8 月 28 日，第 3 版。

③《顺天府奏为设立顺天巡警讲习所兼办学堂折》，《申报》，1907 年 1 月 26 日，第 16 版。

建立加快了顺天府巡警队伍的培养和培训，适应了清季宪政改革和治安、缉捕的需要，一定程度上缓解了用人难的问题。近代警察教育制度的引入和建立，本身就是中国近代化的标志之一。同时，它培养了大批专业化、知识化的专门捕务人才，有力地推动了中国捕务制度的近代转型。

三、资政院与顺直咨议局对京畿捕务的介入

光绪三十二年（1906）的新一轮官制改革是以三权分立为旨归的宪政改革，开启了清代预备仿行宪政的进程。光绪三十三年（1907）七月，清廷同意设立资政院，派溥伦、孙家鼐为该院总裁，筹建资政院。但“立宪政体取决公论，上下议院实为行政之本”，[①] 只是立议会的基础。原因是“中国此时程度，诚不能早设议院，但谕旨明示预备立宪，则必采择多数国民之舆论，以宣上德而通下情”。[②] 因此，此时的资政院还不是严格意义上的议会，充其量是议会的过渡机构，它没有立法权，仅仅为“舆论总汇之地”，或者是一个咨询机构。资政院的院章经过三次修改，[③] 到宣统三年（1911）六月修订完毕[④]。从资政院的实际运作看，如同各省咨议局议员一样，诸多非钦定议员显然将自己当作民意代表，把资政院会场当作议场，直接将矛头对准了中央行政权，乃至专制皇权。他们对中央或各省的行政权加以制约，以此体现三权分立之要义。警察权属于行政权范畴，中央由内阁，并通过民政部和内、外巡警总厅行使；各直省则为督抚，通过巡警道行使。自然，资政院议员也对民政部、京师巡警总厅、巡警道等机构设置、职

---

①《上谕》，《申报》，1907 年 9 月 21 日，第 2 版。

②《资政院官制草案》，上海商务印书馆编译所：《大清新法令（1901—1911）点校本》第一卷，李秀清、孟祥沛、汪世荣点校，商务印书馆 2010 年版，第 692 页。

③《资政院奏拟订资政院院章折并单》，《大清新法令（1901—1911）点校本》第一卷，第 74 页；《资政院会奏续拟院章并将前奏各章改订开单呈览折》，《大清新法令（1901—1911）点校本》第六卷，第 89 页；《资政院会奏遵旨改订资政院院章折并单》，上海商务印书馆编译所：《大清新法令（1901—1911）点校本》第十一卷，王兰萍、马冬梅点校，商务印书馆 2010 年版，第 323 页。

④《资政院会奏遵旨改订资政院院章折并单》，《大清新法令（1901—1911）点校本》第十一卷，第 323—333 页。

责履行、经费预算等进行质询，提出不同的意见和建议，以此促进京师乃至各省捕务制度更科学和完善，使捕务更有效。

宣统二年（1910）九月初一日，资政院正式成立。在为期三个月的常年会上，资政院议员在诸多问题上，提出诸多的质问，当然也涉及与京师捕务制度相关的问题。首先，质疑步军统领衙门存在的合理性。有议员认为，步军统领衙门既有军事权，又有警察权，还享有一定的缉捕审判权，职责比较混杂，且其职责与军事部门、警察部门和审判部门相互有些交叉。军事上侵害陆军及其禁卫军权，司法上侵害各级审判厅权，警察上侵害民政部所设巡警权。议员李文熙就提出：步军统领衙门“于军事上之职务，司法上之职务，缉捕盗贼，稽查户口，巡查地面等职务，皆与他种机关相冲突，究竟一机关而兼数机关之性质，有无独立存在之理由”？[①] 资政院将上述质问行文会议政务处，转步军统领衙门。“闻提署三堂与各司员及两翼翼长五营将官，现正商量答覆方法。”[②] 对上述问题，步军统领衙门和会议政务处并没有做正面回答，只是做了一些解释。“新官制尚未颁行，所有新旧各衙门职掌牵掣，不止步军统领衙门一署为然。现值本处会同宪政编查馆厘订新官制，自应审量职权，详细规定，奏明办理。”[③] 其次，讨论捕务开源节流、预算事项事宜。十一月二十八日，资政院召开预算委员会，审查涉及捕务的中央和各省预算。如，全裁绿营、驿站，裁撤防营四成，改设巡警，裁撤步军统领衙门，分别并入民政、陆军部，各省道府及佐职教官全裁，将宣统三年（1911）增添新军经费改充军事教育费及军事制造厂资本，京旗各营及各省驻防应按年递减，宣统三年（1911）先裁各处将军都统。再次，质问民政部办事不力，督促民政部认真落实。议员刘纬等借助议场，四问民政部。一问除鸦片之害，民政部严饬各省督抚照章办理否？二问民政部争回自由禁烟之主权否？三问民政部对禁赌和禁麻雀牌尽力否？四问四川水道警察，

①《资政院拾闻种种》，《申报》，1910 年 11 月 9 日，第 13 版。

②《资政院近讯一束》，《申报》，1910 年 11 月 25 日，第 13 版。

③《各部署含糊影响之答覆》，《申报》，1910 年 12 月 5 日，第 4 版。

此种行政是由民政部饬令办理，还是由川督自行办理？[①] 宣统二年（1910）底，资政院第三十二次议事，对民政部所提出的本署、内城警厅、外城警厅和高等巡警学堂等经费和各省民政费问题，资政院议员进行质问和审查，民政部特派员当场进行了回答和解释。[②] 作为一种新兴事物，资政院以民意机构的身份，直接介入包括捕务在内的各项事务，对警察制度的民主化、科学化和程序化，起到了重要的促进作用，也是由专制、权力垄断走向民主公开、政治参与等近代性的重要标志。

直隶于宣统元年（1909）成立了咨议局。在其筹备期间和成立初期，都被称为直隶咨议局。顺天府作为京府，直接管辖京师周围的州县，其地位十分特殊。由于财政支绌，顺天府提出咨议局归并直隶省，一并办理。这一提议得到朝廷和直隶官绅的支持，直隶咨议局于是改为顺直咨议局。作为直隶、顺天和京旗的民选咨询机构，顺直咨议局直接发挥其在各方面的监督、建议作用。由于顺天府的咨议权也纳入顺直咨议局管理，[③] 顺直咨议局对顺天府的捕务制度、捕务官员和捕务经费等相关问题进行了监督，体现了对警察权的制约和促进。一是顺直咨议局第一次常年会议决了《陈请整顿顺天警务案》；[④] 二是对直隶巡警道作为的批评，进而弹劾巡警道，维护咨议局的权威。宣统二年（1910），直隶巡警道向直隶总督陈夔龙提出，重新划分全省警务区域，每县以县城为中区，然后分东西南北四区，共计五区，以方便整顿警务。咨议局得知此事件后，认为该案属于单行规则，应交咨议局局议，然后方能实行。但巡警道不交局议，有违定章，遂向巡警道提出质问。巡警道不服，还称"警务为国家行政，地方议会不应干预。而该局则谓，警费出自民间，确是地方行政"。[⑤] 顺直咨议局认为，巡警道违背定章，侵越权限，呈请直隶总督陈夔龙，予以弹劾。巡警道的肆意违规行为，引起了咨议局的不满。咨议局在调查过

---

①《资政院议员质问种种》，《申报》，1910年12月13日，第13版。

②《资政院旁听录》，《申报》，1911年1月13日，第26版。

③参见徐建平：《清末直隶宪政改革研究》，中国社会科学出版社2008年版，第297页。

④《陈请整顿顺天警务案》，《东方杂志》，1909年第13期，第480页。

⑤《顺直咨议局呈请弹劾警道》，《申报》，1910年12月9日，第10版。

程中发现，巡警道舒鸿贻还存在侵冒公款、滥用私人、漠视警章、违反定章等四项违法行为，遂对其提出弹劾案，并提交直督。直督陈夔龙派藩、臬两司会同提法使查办此案。经调查后认定，巡警道并无违法确据。巡警公所也致书咨议局，对该局弹劾巡警道的四项违法行为一一否认，加以辩解，并要咨议局注意言行，实际无异于恐吓。清末官场本是官官相护，陈夔龙也乐意做顺水人情，以均无确据来搪塞咨议局。咨议局对此种答复极为不满，加上各州县士绅的支持，再次呈请直督查办此事。在咨议局及直隶舆论压力之下，藩、臬两司被迫指出，咨议局各项指控均为事实，巡警道舒鸿贻也被迫请假回原籍，以暂避风头。数月之后，直隶官方认为此事已过，舒鸿贻又重新上任。顺直咨议局得知此消息后，第二次提出了弹劾案。总督陈夔龙无奈之下，将舒鸿贻与通永道叶崇质对调，以平息事端。而这时，咨议局又急需治理盐政，弹劾盐司张镇芳案成为首要之事，此事遂告一段落。[①]根据《清末直隶宪政改革研究》所列附录显示，在顺直咨议局三次常年会和临时会议案中，与巡警、警察有关的会议案有：议决改良警务案、申复咨询整顿巡警案、呈请警务长区官薪俸仍应归国家经费以便行政而图改良案、关于顺天警务侵夺权限呈请更正案、巡警道眷属不宜住公所案、取缔吏役规则案、各州县巡警区域不得一律划为五区案、裁撤卫生局腾出款项作为全省教育经费案、筹设水上警察案、添设渔业警察议保护利权案、巡警道札饬各属设立警察会议警务公所亦应添警务公会以通上下机关案、陈请府厅州县巡警费统归自治预算范围以期入款出款归一划一案、督部堂陈札复议决关于顺天警务侵夺权限呈请更正案、督部堂陈札复质问巡警道违背议案擅改警区案、提议巡警道违法宜呈请督宪查办案、督部堂札复议决取缔吏役规则案、捏报警费故违警章陈请书、提议实行预备巡警案、整顿巡警认真教练而挽危局意见书等。[②] 由此可见，与巡警相关的议案是顺直咨议局议论、议决的重要议题，是自治机构协助、监督巡警事务的有力证明。议员

---

① 徐建平：《清末直隶宪政改革研究》，第 330—331 页。

② 转自徐建平：《清末直隶宪政改革研究》，第 385—391 页。

积极参与政治，改良捕务制度，成为清季捕务主体力量新的组成部分，也是捕务制度民主化的显现。

四、京畿捕务规则的调整与转型

如前所述，由于京畿独一无二的地位，相对于各直省来说，京师各捕务力量更加多元，彼此相互支持，更相互制约。传统力量主要是步军统领衙门、五城察院兵马司、顺天府捕盗营、京师禁旅和驻防八旗以及民间力量。到了晚清时期，则有新式陆军、巡警、禁卫军等等增设和改制，处在一个十分不稳定的变动状态。这些变动直接牵动各捕务机构的职掌、权限和责任空间的划分、力量的更新和军警规则的协调等诸多问题，也都需要通过规则确定下来。总的说来，京师捕务规则在清季新政阶段变动很大。京师捕务力量不仅要遵守全国性规则，还要遵循京师自身规范；既要遵循仍然适用的旧规则，又要遵循新规则，有些无所适从。清季制度的新旧调整和改革，包括规则的新旧调整和改革，说是呈现出一种朝令夕改的混沌状态，并不为过。

（一）京师各捕务机构间及其内部间的权限划分。光绪三十一年（1905），巡警部横空出世，作为一个旧制度中没有的中央新机构，就直接存在一个权限确立和权限划分问题。具体来说，巡警部与京师内、外工巡局就存在一个权限划分的问题，其实就是一种责任划分。1. 京师各捕务机构之间的权限划分，具体就是巡警部与内、外巡警厅的上下级关系及其权限划分。（1）巡警部统管全国警政，而京城内、外巡警厅系专办京城地面事务，是区域性机构，两者不是平行机构，“自应归巡警部统辖”。（2）巡警部对内、外城巡警厅有督察之责，但内、外城巡警厅有执行的责任，“自应各设专官”，且巡警部还如总厅官员“不准兼摄”。（3）内、外城丞由巡警部奏请补授，归巡警部统辖。总厅、分厅、七八品警官及巡长、巡捕等的进退、赏罚均由厅丞专办后，随时申报巡警部，其上五六品实官的须奏补者仍由巡警部奏请补授。（4）所有地面应行奏销事件均由巡警部具奏，条奏事件不关部务者仍准专折具奏。（5）内外城预审厅设立之后，其旧设之发审处应即裁撤除，词讼成案之件归预审厅讯办外，其寻常违警罪可由分厅知事断结；事关跸路警卫及地面整理与稽查一切事，须均归总厅或分厅管理，巡警部有督察指导之责。（6）工巡局原属巡警学习艺所、教养局和消防队等统归巡警部管辖。[①] 从小到文书来往，大到官员任命和管辖事项，《巡警部奏拟巡警厅权限章程》对巡警部和工巡局的权限划分都做了比较明确的规定。当巡警部成立，重定与工巡局关系，京师内、外工巡局已成为巡警部的下级机构。这对于厘清管理层级和管理责任具有积极意义，也为以后机构变动及其与工巡总局关系奠定了基础。次年，民政部成立，其管辖事务大规模地扩张，巡警只是民政事务之一。因此，原巡警部基本上缩编为一个司，即民政部警政司，所有全国警政归民政部统管。京师内、外巡警总厅"目下程度不能独立"，[②] 仍归民政部节制。内、外巡警总厅与民政部在权限划分上，基本沿袭了一年前与巡警部的权限划分。[③] 民政部对内、外巡警总厅及其属官的考核办法，一如各直省及其属官的考核办法。[④]

2. 内、外巡警厅内部的权限划分。一是划分界域。内城并为 3 分厅，外城并为 2 分厅，内城原设 26 区、外城原设 20 区，均按地线重新改隶各厅管辖。外郊按区域划分为 4 分厅，东以朝阳门、东便门，西以阜成门、西便门，两门距离适中之地作为南北界限，以安定门、德胜门适中之地作为左右分界。"曰北坊巡警左分厅，北坊巡警右分厅，属内城总厅管辖，南以永定门为中线，分为左右，曰南坊巡警左分厅，南坊巡警右分厅，属外城总厅管辖。"二是确定内、外巡警厅各处职掌。总务处掌一厅汇总之事，负责承办机要、考核厅员、支配长警、编存文牍、收发经费、统计报告等事项。行政处掌办理行政警察、高等警察、国际警察，负责整饬风俗、保护治安、编查户口、稽核工程等事项。司法处掌办理司法警察，负责预审人犯、科罚违警、捕送罪人、侦探秘密等事项。卫生处掌办理卫生警察，负责清道、防

---

① 《巡警部奏拟设巡警厅权限章程》,《申报》，1906 年 2 月 6 日，第 4 版。

② 《民政部要闻》,《申报》，1907 年 1 月 28 日，第 3 版。

③ 参见《民政部奏厘定本部及内外城巡警总分厅权限章程折并清单》,《大清新法令（1901—1911）点校本》第二卷，第 50—51 页。

④ 参见《民政部奏订考核巡警官吏章程》,《申报》，1908 年 9 月 12 日，第 4 版。

疫、检查食物、屠宰、考验医务药料等事项。三是设立员缺。内、外城巡警总厅厅丞、佥事以下设正管股各 20 员、副管股各 20 员、帮管股各 20 员。内、外城各分厅知事以下，设正课长各 4 员、副课长各 4 员、课员各 8 员。内城 26 区各设正区官 1 员、副区官 1 员，外城 20 区各设正区官 1 员、副区官 1 员，管理所辖地面事宜。[①]凡是出入款项、地方行政、处罚违警及一应特别事项，均由区长主持。关于分布、分驻、派出、守望诸所及规定巡逻路线各事项，均由区长主持。[②]

3. 逐渐剥离京师各捕务机构的司法权，并确定其司法程序。一是警区与裁判区匹配设立，剥离捕务机构的审判权。警察区域即作为裁判区域，如一巡警分厅界内，设一中级裁判所，一巡警分区界内，设一城谳局。[③]将"提署及民政部所设之内外城预审厅"裁撤，原有一切案件统归地方审判厅审理。而顺天府大兴、宛平县"因其权及于各属州县及四乡以外，故现拟凡京城居住之人民词讼，概归审判厅审理"，而四乡及顺天府属自控案件，则仍归大兴、宛平两县自行办理。[④]剥离警察原有的审判权，便于捕务与审判的相互协调，也使警察更加专门化，实现行政权与审判权的相互制约，相互促进。二是步军营的协尉官厅、内外城区官和警官均同时承担司法警察责任。提署协尉官厅、民政部所属内、外城巡警五分厅、四十六区所有警官、区官，均为司法警察"一部分之官吏"，遇事受检察厅指挥，"以为扶助司法之机关"。[⑤]如前所述，司法警察由民政部管辖，为协调步军统领衙门、内外城巡警厅与京师检察厅的关系，法部专门制定了《司法警察职务章程》，对司法警察在逮捕人犯、搜查证据、护送人犯、取保传人、

①《民政部奏厘定内外城各厅界域职掌员缺章程折并清单》，《大清新法令（1901—1911）点校本》第二卷，第 52—54 页。

②《民政部巡警厅区长区员职务权限简章》，《大清新法令（1901—1911）点校本》第二卷，第 56—57 页。

③《议定警察与裁判分立问题》，《申报》，1907 年 4 月 9 日，第 3 版。

④《会议地方审判厅权限》，《申报》，1907 年 10 月 26 日，第 4 版。

⑤《会议地方审判厅权限》，《申报》，1907 年 10 月 26 日，第 4 版。

检验尸伤、接收呈词等职掌和程序作了规定。[①] 三是进一步明确步军统领衙门与审判衙门的司法权限划分。对于不属巡警厅管辖以及有未设审判厅之地，法部在光绪三十三年（1907）十二月特别制定《营翼地方办事章程》。[②] 它规定，凡不属巡警厅管辖，设有审判厅的地段，步军统领衙门对于各项词讼一概不许接收。该地段的治安案件，由营翼官自行处理，涉及刑事犯罪拿获动凶、斗殴、拐带、娼赌、命盗等案的，则录取大概供词，解送相关检察厅办理。该地段的检验、逮捕、解送人犯、搜查证据等事项，仿照司法警察职务办理。京营中未设审判厅地面，笞杖一级的罪名由营翼官办理，流徒以上罪名送交地方审判厅办理，拟结案件每两个月汇总咨行法部 1 次。[③] 通缉案件由各该厅通知步军统领衙门，转饬营翼官照例协拿。其办理司法事务的功过，由步军统领衙门查照缉捕赏罚旧例办理。由于清季新政后陆续对旧刑律进行修订，法部又对巡警厅、步军统领衙门关于罪名处罚和司法程序、审判权限等做了修改或强调。“户婚、田产细故并拿获窃盗、赌博审明，罪止枷杖笞，责照新章罚款，或折作苦工者，即应由各该署自行完结，其有自尽并旗民词讼先由各该衙门详审，如应拟定罪名在徒流以上，方准送部。”[④]

（二）变通捕务规则。1.《巡警禁令》确立基层警察甄别新规。清季时期，警察制度是增量制度，警察是新的职业，为严肃纪律，调动基层警察积极性，使其更好地履行职务行为，外城巡警总厅在光绪三十二年（1906）五月制定了《巡警禁令》。该禁令共 29 条，对巡警的日常行为和举止进行统一和非常细致的规范。[⑤] 如履职时，巡警穿戴的衣帽靴和子弹、皮盒必须整齐，不准离岗 30 步以外，不准用指

---

①《法部等奏定司法警察职务章程》，《大清新法令（1901—1911）点校本》第一卷，第 409—414 页。

②《法部等奏定司法警察职务章程》，《大清新法令（1901—1911）点校本》第一卷，第 413 页。

③ 谢蔚：《晚清法部研究》，中国社会科学出版社 2014 年版，第 189 页。

④《法部拟定各署审判权限》，《申报》，1908 年 5 月 27 日，第 4 版。

⑤《警察史料：前清民政部遵拟调查户口章程奏案（前清光绪三十四年十二月初十日奏定）》，《警高月刊》，1936 年第 3 期，第 55—57 页。

挥棍打人，不准骂人，不准无故进入住宅铺户，不准吸烟，手脸、衣服干净，发辫常梳理，枪械勤擦拭等等。巡警总厅还制定了对京师巡官、巡长和巡警的甄别规则。甄别规则由升级、奖励、降级、惩罚、开革和留差等六类和总则构成。其中，升级分为拔升、试署和记名等三条，奖励分为加饷、记大功、记功和奖银等四条，降级分为降等、撤试署和销记名等三条，惩罚分减饷、记大过、记过、停升等四条，开革分记革、开差、斥革等三条，留差为一条。在总则中还提出了加饷、减饷数的标准，即巡官以 3 元为限，巡长以 2 元为限，巡警以 1 元为限。并延续过去的功过相抵办法，即 3 小功抵 1 大过，3 小过抵 1 大功，3 小功并 1 大功，3 小过并 1 大过。[①] 该规则层级分明，十分细密，但因为功过可以相抵，更容易激发警察改过立功。

2. 修改京师五营疏防处分开复之例。宣统元年（1909）七月，旧例规定，五营官员疏防盗案破获后，原案才准开复处分。步军统领衙门请求变通疏防盗案处分开复之例，其理由有两点：一是由于铁路交通发达，罪犯抢劫之后，立刻远逃，官弁较难按期缉获。即使拿获另案贼盗，立有功绩，非获原案不准开复处分。所以，官弁开复无期，“绝其立功自赎之路”；二是直省承缉盗犯原案未获，准以另案抵销。查例载，“各省陆路武职，本任内有承缉盗案未获，如能拿获邻境首伙盗犯一案，数在五六名以上者，无论应议降留，应议降调，均准其议抵，案数多者，照此以次抵销。若本任内先有四参议以降留之案，亦即准其计案开复”。朝廷同意，“嗣后五营官弁遇有疏防盗案限满不获，仍照向例咨参议，以应得处分。如于疏防之后，该员弁自知愧奋，勤于缉捕，拿获寻常盗犯四案，准抵承缉盗犯一案；拿获邻境重要盗犯三案，准抵承缉盗犯一案”。[②] 步军统领衙门咨明陆军部，将上述因疏防而被处分的有功官弁疏防处分，准许开复。

3. 适应社会事务细分的需要，大量维护社会秩序的规则出台，为

---

①《巡警总厅甄别巡官长警规则》，《大清新法令（1901—1911）点校本》第三卷，第 23—26 页。

②《步军统领衙门奏变通疏防盗案处分折》，《大清新法令（1901—1911）点校本》第六卷，第 138—139 页。

警察执法提供了法律依据。随着各种事务的增加和细分，捕务呈现两种状态，一是狭义的捕务越来越窄；另一方面，广义的捕务又在扩大和新增。捕务的外延进一步扩大，捕务也更加宽泛，这是与中国社会转型和近代化的推进相适应的。作为一种事前预防的措施，维护社会秩序的规范大量出台，由此说明清季捕务更积极、更主动，要比事后惩罚更有效。宣统元年（1909）七月，内城巡警总厅拟定各项专门规则，使社会管理更加具体而细致，或者说，警察机构管理的范围、领域在不断扩大中。《呈报营业规则》《呈报建筑规则》要求各事主按照规定的要求向内城巡警总厅呈报，获得执照后，才能营业、动工；《消防弹压指挥规则》对火灾发生后的救护和火场管理提出了明确规范，要求遇有防火、抢火及其他重大案件，电告各区，协同缉拿，要查明火主，送管区讯究；《外国人租赁规则》要求外国人应具备租赁规定的资格，房主出租房屋给外国人，要有详细合同为凭，该合同还要呈报内外巡警总厅，并要得到其批准，[①]方为有效，如私自租给外国人，要被处以罚款。

同年，出台了《内外城巡警厅戒烟局章程》和《内外城巡警厅戒烟局管理规则》。前者主要是对内、外城巡警厅戒烟局设置、职能等作出规定，后者主要是对戒烟人的管理作出规定。[②]随后又有《巡警总厅管理危险物规则》的出台，具体包括《管理煤油营业规则》《管理干草营业规则》《管理花爆营业规则》和《管理火柴营业规则》等四个规则。四项规则都要求营业者遵照章程，先行呈报，得到内外巡警总厅许可后，方准开设。[③]危险物是特种物品，如果管理不当，小则损失生命财产，大则影响社会秩序。所以，将危险物纳入捕务专项管理范围，说明清季新政阶段捕务客体扩大，官方的防患意识和管理素养有了一个跃升。

---

①《附内城巡警总厅拟定各项规则》，《大清新法令（1901—1911）点校本》第六卷，第148—153页。

②《附外城巡警厅拟戒烟局章程》，《大清新法令（1901—1911）点校本》第六卷，第153—155页；《附外城巡警厅戒烟局管理规则》，《大清新法令（1901—1911）点校本》第六卷，第155—160页。

③《巡警总厅管理危险物规则》，上海商务印书馆编译所：《大清新法令（1901—1911）点校本》第七卷，曾尔恕、薛梅卿、杨育棠点校，商务印书馆2010年版，第288—291页。

除《大清新法令》所载京师城市各行业管理规则外，《清末北京城市管理法规》还收录了更多的行业法规。这些法规分为道路交通法规、医药卫生法规、饮食服务行业管理法规、市场管理法规、矫正收容法规和特种行业管理法规等六类，计39种。涵盖光绪三十二年（1906）到宣统二年（1910）间的单行法规汇编。

表2 清末京城多个行业单行法规

法规类别	单行法规及其批准时间
道路交通法规	《改定清道章程》(1909)、《清道执行细则》(1909)、《管理地排车专则》(1906)、《管理大车规则》(1908)、《管理人力车规则》(1908)、《车辆夜行不燃灯处罚规则》(1909)
医药卫生法规	《厅区救急药品使用法》(1909)、《预防时疫清洁规则》(1908)、《卫生处化验所章程》(1910)、《卫生处化验所办事规则》(1910)、《管理种痘规则》(1910)、《内外城官医院章程》(1909)
饮食服务行业管理法规	《管理饮食物营业规则》(1909)、《管理牛乳营业规则》(1910)、《各种汽水营业管理规则》(1909)、《管理各种汽水营业执行细则》(1909)、《肉食品之预备及储藏法》(未署时间)、《管理剃发营业规则》(1909)、《管理旅店规则》(1906)、《管理浴堂营业规则》(1909)
市场管理法规	《内城官立东安市场营业规则》(1906)、《外城官立东安市场地租规则》(1906)、《外城官立东安市场管理规则》(1906)
矫正收容法规	《创办京师内城贫民教养院章程》(1908)、《内城贫民教养院管理规则及附设疯人院简章》(1908)、《外城初级教养工厂章程》(1906)、《外城中级教养工厂章程》(1906)、《外城教养女工厂章程》(1906)、《外城公立贫民养济院试办章程》(1906)、《外城贫民工厂章程》(1910)、《内城公立博济工厂初级章程》(1906)、《内城公立博济工厂中级章程》(1906)、《民政部习艺所试办章程》(1906)、《重定济良所章程》(1907)

续表：

法规类别	单行法规及其批准时间
特种行业管理法规	《戒烟局章程》(1909)、《戒烟局管理规则》(1910)、《管理公私设立戒烟局所章程》(1910)、《管理娼妓规则》(1906)、《管理乐户规则》(1906)。

资料来源：田涛、郭成伟：《清末北京城市管理法规》，北京燕山出版社1996年版，第1—521页。说明：《戒烟局章程》《戒烟局管理规则》与《大清新法令（1901—1911）点校本》第六卷（第153—158页）所载一致。但《戒烟局管理规则》在《大清新法令（1901—1911）点校本》第六卷（第159—160页）中多了一个证书表。

这些单行法规较多体现了日本色彩，“没有一种是从传统的中国法系中直接派生出来的，而应当是随着新的社会生活秩序的产生，经过引进与改良而成的，并且大部分发源于日本明治维新以后的相应法规”。引进日本行业法规，又结合京师特点，大大促进了近代中国城市管理的法治化。同样，在近代中国，出台这些单项规则，以立法的形式直接、系统地规范如此多样的具体行业事务，应该还是第一次，有利于警察执法。而且“从《清末北京城市管理法规》的内容与形式可以看到，不管其城市管理法规涉及什么范畴，其基本立法精神和立法意旨都与过去的专制时代法律有本质不同。其中最突出的表现之一在于贯穿了人格的尊重”。除此之外，“清末城市立法也明显抛弃了过去封建立法所必须保护达官显贵和宗法尊长的惯例”，[①]带有强烈的现代性。随着社会事务的日益分化，分工越来越细。与之相适应，法规法令向过去所没有的领域延伸，并且越规范越细密，捕务管理相应地越来越专门化和多样化，也越来越必须依法行事，捕务法治化程度提升。

---

①田涛、郭成伟：《清末北京城市管理法规（1906—1910）》，第11页。

第五章　湖海[①]水路捕务制度及其转型

清代捕务制度分陆路制度和水路制度，与前述陆路捕务制度相比，水路捕务制度尤其是海洋水路捕务制度，有很大不同。清代海洋水路捕务制度设计自成体系，且与内地江河水路捕务制度有所区别。就水路捕务主体而言，在沿海，有外海水师、内河水师和沿海陆路等三大军事力量，形成三大防线；在内地，只有内河水师和陆路，有的内地只有陆路水汛，也就是只有两条或一条防线。当然，除武职之外，负有湖海水路捕务责任的还有大批文职官员和在官人役及渔团首领等。湖海水路捕务之密、捕务之广和捕务之严，军政协同、官民合作，一如陆路捕务制度。毫无疑问，水师是湖海的主要捕务力量。清代水师于顺治八年（1651）正式定制，但并不是一个独立军种，而是从属于八旗、绿营体系的专业军种。无论是海洋水师，还是江河水师，既是清代的国防力量，也是治安警备力量。因此，与陆路一样，水路也是军警合一，军队在相当程度上行使捕务职责。有清一代，水师设置、废除、管辖区、隶属关系、陆师改水师、水师改陆师和水师级别升降等变动比较频繁。

从同治年间开始，新制度、新装备和新要素首先在湖海水路捕务中萌动，使湖海捕务制度在新、旧两个方向发展，且相互杂糅。尽管清代仍将沿海地区的水上军队称为水师，但由于福州船政局、福建海军的筹办，蒸汽动力轮船的装备和海洋捕务专门人才的培养，江河则

① “揽湖海英雄，力维时局；勖沅湘子弟，共赞中兴。”（谭嗣同：《谭嗣同集》，岳麓书社2012年版，第480页）这里借用谭嗣同文中的“湖海”一词，指称全国的海洋水路和江河湖水路。

有跨省域的长江水师和太湖水师、淮扬水师的建立，湖海捕务制度开启了近代性转型。一系列新因素、新规则出台，中国湖海捕务制度有了近代化的趋向和近代性因素的成长。特别是以北洋水师为代表，四大海洋水师和清代海军衙门的成立是水师近代化加速的标志。与江河多数水师仍从属于各省督抚、提督不同，海洋水师逐渐独立，自成体系，实现了全国一体化。新政阶段，湖海水路捕务制度的改革全面深化，使湖海捕务制度朝近代化方向加速转型。

第一节　清代湖海水路捕务制度及其变化

一、清代湖海水路捕务主体及其变化

湖海水师包括相互平行的八旗水师和绿营水师，两者都是清代湖海的捕务主体。八旗水师属于驻防八旗体系，以营为基本编制单位，每营官兵由百余名至千余名不等，营的长官视驻地、人数的不同，分别由副都统、参领、佐领担任，受驻省将军节制。清代先后在黑龙江齐齐哈尔、墨尔根、吉林、旅顺口、天津、京口、乍浦、广州、福州等地设立了10个八旗水师营，人数不足万人。绿营水师分布于沿海各省和部分内地省份，官制与陆路相同，全国绿营水师的总额估计在10万到20万人之间。[①]按照职能和巡守区域来划分，清代水师又可分为外海水师和内河水师。外海水师设于奉天、直隶、山东、福建等省，内河水师设于黑龙江、吉林、湖南、湖北、安徽、江西、广西等省，江南、浙江、广东等则外海、内河水师兼备。海洋水师和江河水师在职能上有所侧重，除各种差务外，前者主要是巡逻海洋、缉拿海盗、维护海上治安、查禁走私越境、救助海难、渔业管理和组织澳甲等，其职责基本上与海防同义，但其能力“仅备海盗而已”；[②]后者主要是内地水路巡防、缉盗、缉私、救助和组织保甲等。

（一）湖海水路武职捕务主体。就所辖水师不同，沿海地区又可

① 杨东梁、张浩：《中国清代军事史》，人民出版社1994年版，第187—188页。

② 赵尔巽等：《清史稿》卷138，兵志九，第4095页。

分为两类。第一类是只辖外海水师的省份，如奉天、直隶、山东和福建。第二类是同时辖外海水师和内河水师的省份，如江南（宁属、苏属）、浙江和广东。很显然，清代这两类水路的捕务制度设计既有相同方面，又有不同方面。就武职而言，只辖外海水师的沿海省份，其海防任务主要由水师和沿海陆路负责，具有两重防线；同时辖外海水师和内河水师的省份则有外海水师、内河水师和沿海陆路三重防线。如广东海防，“沿海防卫，惟外海水师为最要。而濒海港汊，内注游波，台汛星罗，巡防逡织，实与外洋有腹背相维之势，故内河水师次之。陆路诸营似与海防无涉，然潮、惠距海口不远，高、廉、雷则咫尺间呼声可通。至琼州更四望渺弥，其镇标诸营虽名陆路，实环卫海疆。……终以陆路近海各营，以著指臂相联之势焉”。[①] 且与内河水师和陆路设有汛地不同，外海水师只对外洋划界，分期、分层巡防会哨，不设汛地。需要强调的是，海防包括防外敌和防内贼，但由于“以陆制海”的观念以及清代水师力量和能力十分有限，对内防守实际为湖海水路的主要任务。

1. 海洋捕务主体及其变化。奉天八旗水师属于外海水师，因直辖于盛京将军，又称盛京水师，是清代八旗序列中第一个外海水师。[②] 旅顺水师营设于顺治初年，“以山东赶缯船十艘隶之，始编营汛”。康熙十五年（1676），设协领 2 人、佐领 2 人、防御 4 人和骁骑校 8 人，有水兵 500 人。[③] 雍正四年（1726）在旅顺到凤凰城一带添设水师三营，每一营兵丁 300 名，彼此“连络巡哨，以固海疆”。[④] 嘉庆年间，旅顺水师有兵 600 人、水手 100 人。奉天八旗水师巡守的重点是锦

---

① 卢坤、邓廷桢：《广东海防汇览》卷 5，道里，王宏斌等校点，河北人民出版社 2009 年版，第 175—176 页。

② 丁宁：《清代东北八旗水师营研究》，长春师范大学 2014 年硕士论文，第 20 页。

③ 赵尔巽等：《清史稿》卷 135，兵志六，第 4000 页。该记载与《圣祖实录》（卷 256，康熙五十二年八月甲戌，第 533 页）和《奉天通志》（王树楠、吴廷燮、金毓黻：《奉天通志》卷 30，大事三十，第 592 页）的多有出入。

④《世宗实录》卷 47，雍正四年八月壬午，第 711 页。

州、旅顺一带，[①] 其装备都是旧式兵械、船只。[②]

直隶水师设立于雍正三年（1725），[③] 专事操练，“专防海口”，属于外海水师，主要布防在以天津为中心的沿海一带，即天津水师，是八旗驻防，水师兵力达到 2000 人，有各类船只 64 只。[④] 此后，天津水师多次裁设和增减。如，乾隆四年（1739），天津水师营增驻满兵 1000 人，合旧额为 3000 人。[⑤] 乾隆三十二年（1767），裁汰天津水师，将其驻防兵拨入广州、福州和凉州。[⑥] 嘉庆二十一年（1816），鉴于天津“拱卫神京，东接陪都，形势紧要”[⑦]，再设八旗驻防水师 1000 人。与其他不设内河水师的沿海省份一样，直隶一些绿营陆路在沿海陆路也设立汛塘和水卡，承担部分海防任务，“自天津城南门起以至庆云县止，共计三百余里”，设 25 拨，每拨设守兵 5 名。[⑧]

山东所辖水师有抚标登州、荣成等水师营。顺治元年（1644），登州首设水师营，有船 13 艘和水兵 386 人，驻扎水城，分防东、西海口。顺治十五年（1658），移沂州镇于胶州，改胶州水师为陆营。顺治十八年（1661），移临清镇于登州，以隶属城守营的水师改为前营水师。康熙四十三年（1704），增设游击 2 员及守备以下各官，增水师为 1200 人，巡防东至宁海州，西至莱州府。康熙四十五年（1706），以前营水师移驻胶州，巡哨南海，后营水师驻水城，巡哨北海。康熙五十三年（1714），裁后营水师，将前营水师分为南、北二汛。雍正十二年（1734），又在成山头增设东汛水师。三汛统归水师

---

① 王宏斌：《奉天府的内外洋与盛京水师巡洋制度》，《晋阳学刊》2020 年第 2 期。

② 参见王树楠、吴廷燮、金毓黻：《奉天通志》07 卷 171，军备志，第 3998 页。

③ 据《清史稿》记载，天津水师营设于雍正四年。但《（光绪）畿辅通志》（李鸿章、黄彭年等：《（光绪）畿辅通志》卷 120，经政略，第 88 页）和《清实录》均记载为雍正三年（《世宗实录》卷 39，雍正三年十二月己巳，第 566 页）。笔者从后者之说。

④《世宗实录》卷 39，雍正三年十二月己巳，第 566 页。

⑤ 赵尔巽等：《清史稿》卷 138，兵志九，第 4098 页。

⑥《高宗实录》卷 783，乾隆三十二年四月丙辰，第 629 页。

⑦《仁宗实录》卷 319，嘉庆二十一年六月丁未，第 237 页。

⑧ 参见李梅宾、程凤文等：《天津府志》卷 15，兵制志，来新夏、郭凤岐：《天津通志・旧志点校卷》上，南开大学出版社 1999 年版，第 251—254 页。

前营管辖，以本镇兼防。[①]在清前期，山东水师增减、移拨无常，到道光二十二年（1842），北汛增设游击1员，改为水师后营，驻水城。道光三十年（1850），改文登营副将为水师副将，兼营陆路，增设守备1员，并从前营调拨官兵和船只。同治十二年（1873），改前、后二营为登州水师营，文登营改为荣成水师营。以文登营副将为协统领，驻扎烟台。光绪六年（1880）文登营副将改驻水城，管辖文登和荣成水师营，仍受抚标节制。

表3　光绪年间山东两大水师力量与巡防分界范围

水师名称	官兵数	船只数	巡防分界范围
登州水师	游击1员、守备2员、千总1员、把总3员、经制外委4员、额外外委4员、战兵365名、守兵50名	拖缯船7只	自登州天桥口起东至成山头止，西至武定营大沽河交界止，北至北隍城岛东北90里止，巡防洋面1770里
荣成水师	游击1员、守备1员、千总2员、把总3员、经制外委3员、额外外委3员、战兵335名、守兵50名	拖缯船7只	自荣成县成山头起，南至江南交界鹰游门止，巡防洋面2070里

资料来源：杨士骧、孙葆田：《宣统山东通志》卷114，兵防志八，凤凰出版社等据上海商务印书馆1934年版影印，第3260页。

福建水师包括三江口八旗驻防水师和绿营水师，绿营水师是福建海防的主要力量。顺治七年（1650），设立福建水陆提督，陆师与水师混编，后裁。顺治十三年（1656），专设福建水师3000人，为外海水师。康熙十七年（1678），平行设立福建陆路提督和福建水师提督，福建就成为独立设置水师提督时间不是最早但是持续时间最长的

① 参见杨士骧、孙葆田：《宣统山东通志》卷114，兵防志八，第3259—3260页。

省份。[1]在沿海省份，水师提督和陆路提督均有海防责任，只不过海防的侧重点不同而已。衙署设在厦门的福建水师提督直辖“中、左、右、前、后五营”。[2]与其他各省陆师和水师镇标不同的是，福建水师所辖台湾镇标的兵丁不是来自本籍，而是来自大陆，且兵丁入台不能携带家眷。清政府采取的办法是三年一轮换，来自京城的巡台御史负责督查此工作。[3]与其他省水师一样，福建水师的营制、船制和管辖范围等也经常处于不断变动之中，裁增、移拨、分合比较常见。[4]福建水师提督节制金门、海坛、南澳、台湾、福宁等水师五镇，各镇标划界和分汛，履行各自的职责。[5]

按定例，清代内地省份每千名兵设鸟枪 300 杆，沿海沿边省份每千名兵设鸟枪 400 杆，但鉴于其海防责任重大，福建水师每千名兵设鸟枪 500 杆。福建水师战船种类较多，外海战船名号有 10 类，如赶缯船等；内河战船名号有 9 类，如八桨船等。战船的各类配备也比较齐全，大赶缯船设兵 80 名、排枪 42 杆，中赶缯船设兵 60 名、排枪 30 杆，小赶缯船设兵 50 名、排枪 25 杆；大艍船设兵 35 名、排枪 16 杆，中艍船设兵 30 名、排枪 16 杆，小艍船设兵 20 名、排枪 10 杆。[6]在嘉庆六年（1801），福建水师各营额设战船 266 只，其中缉匪巡船 164 只。[7]在沿海水师中，福建水师的力量相对比较强。

江南（宁属、苏属）、浙江和广东等是同时辖外海水师和内河水师的省份，有三重防线。从管辖关系上讲，江南水师包括京口八旗驻防水师、漕运总督水师营、河道总督水师营和江南督抚、提督所辖水师。这里重点讨论江南宁属、苏属绿营水师。宁属、苏属绿营水师包括两江总督督标水师营，江苏提督管辖水师营、抚标水师营三部分。

---

①参见罗尔纲：《绿营兵志》，第 44、52 页。

②郭赓武、黄任、怀荫布：《乾隆泉州府志》卷 24，军制，上海书店出版社 2000 年版，第 571 页。

③参见《圣祖实录》卷 295，康熙六十年十月壬戌，第 861 页。

④参见《高宗实录》卷 405，乾隆十六年十二月壬戌，第 323 页。

⑤参见周健：《明清时期福建水师的研究》，福建师范大学 2010 年硕士论文，第 38—40 页。

⑥陈寿祺等：道光《福建通志》卷 84，兵制，台湾华文书局 1968 年版，第 1675—1676 页。

⑦陈寿祺等：道光《福建通志》卷 84，兵制，第 1675 页。

两江总督督标下的16营以江防为主，江南水师提督统辖下的各营以及狼山镇、苏松镇所辖各营既有海防职责，又有江防任务，而河督、漕督所辖各营重在河防。[①]江南提督是水陆兼辖，统辖提标5营，兼辖太湖、松北二协和松江城守等营。在其节制的5镇标中，多数镇标是水陆兼辖。[②]“从前苏松、狼山、福山三镇所辖外海、内河各营，虽名水师，实则兼管陆路”[③]。就水师而言，清初江苏水师共计10余营，八旗京口驻防亦附有水师2营。其中，外海水师有官员118名、兵丁6776名，内河水师有官员133名、兵丁8021名，合计15048人。江苏外海水师最初只有苏松镇中、左、右、奇四营和狼山镇狼右营、掘港营。后来，川沙营、吴淞营、南汇营等陆续改为水师，道光时期基本定型。苏松镇中、左、右、奇四营是该省外海水师主力，共设战船94只，狼山镇狼右营、掘港营共设战船19只，川沙营、吴淞营、南汇营共设战船39只。[④]江南宁属、苏属水师中的外海水师负责内外洋的巡防缉捕，内河水师负责沿海汛地的防守缉捕，战船是其力量的主要组成部分。不仅水师装备了大量战船，而且沿海陆路也装备战船，只不过战船的规格要小、数量要少。清初，江南提标中营有各类船20艘，左营有各类船22艘，右营配船14艘，前营配船26艘，后营有船13艘。江北狼山镇标中营有船10艘，左营有船12艘，右营有船14艘。[⑤]有清一代，江南宁属、苏属水师处于经常的变动中。特别是同治年间，曾国藩等重整水师，对包括江苏水师在内的水师进行了大调整，“尽易旧制”，打破了清代200年来外海水师和内河水师两分的旧制。江苏水师被分为外海、内洋、里河三支，并改变隶属关系和营制、船制：将福山镇川沙营、吴淞营、提督南汇营，苏松镇中营、左营和狼山镇掘港营等6营作为外海水师，将苏松镇右营，福山镇左

---

① 王宏斌：《清代前期海防：思想与制度》，社会科学文献出版社2002年版，第67页。

② 赵尔巽等：《清史稿》卷131，兵志三，第3910—3911页。

③ 席裕福：《皇朝政典类纂》卷319，兵十七，近代中国史料丛刊续编第88辑，文海出版社1982年版，第7335页。

④ 王宏斌：《清代前期江苏的内外洋与水师巡洋制度研究》，《安徽史学》2017年第1期。

⑤ 赵尔巽等：《清史稿》卷135，兵志六，第4004页。

营，狼山镇右营和狼山镇通州营、海门营等5营作为内洋水师，将提标右营，太湖左营、右营，淞北营和淞南营等5营作为里河水师，专归提督管辖；对江苏水师的船制也进行了统一，外海水师每营拨广艇2号，内洋每营拨三板[①]12号，太湖等营酌拨三板13号至20号不等，造轮船4号，分拨提督及苏松各镇使用，专巡外海、内洋。[②]甲午战争后，各省开始大规模地裁减绿营，也包括裁减绿营水师，节省的经费用于购买新装备和提高兵丁待遇。如光绪二十三年（1897），两江总督刘坤一裁改南洋水师，每年约节省银16万两，作为购买船艇的专款。[③]

浙江水师在省级层面，巡抚统辖抚标2营，兼辖海防营。提督统辖提标5营，兼辖钱塘水师营、乍浦水师协左营和右营、太湖水师营、澉浦水师营和海宁水师营等水陆营，节制5镇。[④]与江南一样，浙江水师负有海防、河防双重任务，但海防远远重于河防。以海防为主的水师营自北而南为乍浦营、嘉兴协营、绍兴协营、定海镇、黄岩镇、温州镇、瑞安水师营和玉环水师营。[⑤]浙江沿海陆路有些营汛也设有巡船，是为陆路水汛。如雍正七年（1729），"海门前所两岸皆系陆路，未曾设有汛船，虽黄岩水师在于外面洋面巡哨，难于进内查缉，应再于两岸陆汛江面添设哨船数只，就近实力巡察偷运米石、夹带私盐等弊"。[⑥]浙江外海水师和内河水师各营汛或划界巡防会哨，或分汛防守，不一而足。如，杭州协钱塘水师营作为内河水师，设守备各官和兵115人，分汛5处，有防守河庄山唬船4艘、运河内河快唬船11艘、钱塘江渡马船6艘。黄岩镇标为外海水师，设3营，有水师2775人、战哨船25艘。瑞安水师营为外海水师，设副将各官和水战兵98人、守兵143人，有内洋巡哨战船4艘、外洋巡哨战船5艘、

---

①三板即舢板船。
②《穆宗实录》卷255，同治八年三月壬辰，第551页。
③《德宗实录》卷406，光绪二十三年六月丙子，第306页。
④赵尔巽等:《清史稿》卷131，兵志二，第3914页。
⑤王宏斌:《清代前期海防：思想与制度》，第68页。
⑥《光绪浙江通志》卷96，海防二，商务印书馆1934年据光绪二十五年重刊本影印，第1725页。

快哨船4艘、钓船2艘。[①]浙江水师建立后，也会依据内海防形势和地理的变化，不断地调整。如雍正年间，改瑞安营陆路副将为水师副将，改镇海营陆路参将为水师参将，改磐石营陆路游击为水师参将，温州镇右营水师弁兵俱为陆路。[②]不久，在乍浦，增水兵500名，拨定海镇战船10只，将镇海、瑞安二营改为水师，其马兵224名改为水战兵。[③]还将提标“中营守备、右营游击二缺改设水师，并选熟练水性千总二员、把总四员，轮班出洋督察”。[④]晚清时期，清廷开始裁减绿营，进行练军，其军事变革也直接影响浙江水师。如，光绪三年（1877），闽浙总督仿照陆路章程，在浙江水师提标五营内挑兵454名，为靖海中营。又因整顿海防，再于提标五营中挑兵454名，为靖海左营。在金门营中挑兵260名，合练三哨；在闽安协标左右营挑兵200名，海坛镇标左、右营挑兵200名以及在福宁镇标左营、烽火营挑兵186名，湄洲营挑兵182名，均各合练2哨；再在督标水师营、南澳镇标左营、铜山营各挑兵100名，合练1哨，[⑤]即为水师练军。

广东水师包括八旗水师、广东陆路提督、水师提督辖下绿营水师营汛、督标和抚标辖下少量水师等四部分。其营数和兵力时有变动，到嘉庆年间，广东有陆路60营、兵丁42592名，外海水师27营、兵丁20192名，内河水师8营、兵丁5920名。[⑥]广东水师装备了大量的战船，船制分外海型和内河型。在清前期，广东外海水师战船主要有赶缯船等7种，内河战船有四橹桨船等22种。[⑦]内河水师和沿海陆路实行分汛巡查，各营下分防1500余汛，营汛择要驻扎，星

①赵尔巽等：《清史稿》卷135，兵志六，第4010—4013页。
②《世宗实录》卷16，雍正二年二月庚申，第276—277页。
③《世宗实录》卷24，雍正二年九月壬子，第381—382页。
④《世宗实录》卷64，雍正五年十二月己亥，第987页。
⑤《光绪三年三月十一日京报全录》，《申报》，1877年5月15日，第3版。
⑥卢坤、邓廷桢：《广东海防汇览》卷9，营制一，第279页。
⑦阮元、陈昌齐：《道光广东通志》卷179，经政略二十二，《续修四库全书》本，第27—37页。

罗棋布。[①]清代钦州、廉州属广东省辖，广西不设外海水师，龙门水师协属阳江镇标管辖，有官兵1634人。[②]光绪十三年（1887），设北海镇水陆总兵官，龙门水师协归其管辖，有官弁30员、马步守兵共941名，增添轮拖3艘。[③]如内地省份一样，广东作为沿海省份，其陆路协营也执行汛塘制度，分汛防守，管理炮台。汛下分塘，而塘又分为旱塘和水塘。如，惠州协左、右营是陆路军队，担负海防任务，受广东陆路提督统辖。其右营驻归善县城，设守备1员、千总1员、外委1员、驻防兵215名和分防兵411名，共分归善汛、平山汛、盘沿汛和墩头汛等4汛。[④]汛下分塘，有旱塘、水塘和马塘之别，每塘设兵1—10名不等。

作为沿海外海水师和内河水师以及江防河防捕务的重要组成部分，沿岸设置了数量十分庞大的炮台。如广东外海、内河各海口要隘，共建设炮台城寨169座，安置炮位，分归各营经管，派拨弁兵驻守巡防。

表4　广东水师各协、营主管的炮台名称与炮台数量、大炮数量

经管单位	炮台名称	炮数	经管单位	炮台名称	炮数
南澳镇右营	腊屿、长山尾	16	阳江镇标左营	北额港、北津、石觉、戙船澳	27
黄冈协	鸡母、虎仔屿	6	阳江镇标右营	莲头、博贺、河口、山后、亦水、流水、兴平、兴宁	56
澄海营	沙汕头、大莱芜、放鸡山	24	吴川营	限门东、限门西、麻斜港	25

① 姜焱：《鸦片战争前广东水师研究》，华中师范大学2014年硕士论文，第11页。
② 赵尔巽等：《清史稿》卷135，兵志六，第4017页。
③ 昆冈：《钦定大清会典事例》卷595。
④ 阮元、陈昌齐：《道光广东通志》卷176，经政略十九，《续修四库全书》本，第715—717页。

续表：

经管单位	炮台名称	炮数	经管单位	炮台名称	炮数
海门营	钱澳、靖港、石脾澳之赤澳、脚神泉港、石脾澳、溪东、澳脚、海门所南	39	硇州营	淡水头、津前、那娘、南港、北港	34
达濠营	达濠城、广澳、连澳、河渡	32	化石营	暗铺、龙头沙	13
潮州镇右营	北炮台、青屿	16	雷州营	流沙、双溪、海头、青桐、通明、库竹	36
潮阳营	南炮台、 石井、门辟	14	海安营	博涨、白沙、三墩	14
碣石镇	牛脚川、石狮头、遮浪、浅澳、东甘澳、西甘澳、南山	48	廉州营	八字山、大观港	16
平海营	大星山	8	龙门协	冠头岭、石龟岭、牙山、香炉墩、大观港西	30
惠州协	磐沿东、磐沿西、墩头港	16	海口营	海口港东、海口港西、铺前港、清澜港、马袅港、牛始港、潭门港、东水港、石矡港	43
大鹏协	东涌所城、九龙寨、沱泞山、临冲、whose 瘖	24	儋州营	石牌港、新英港南、新英港	15
水师提标左营	南头、赤湾左、赤湾右	13	万州营	桐栖港	5
水师提标中、右营	虎门寨城、三门、狮子洋	18	崖州营	望楼港、榆林港、赤岭港、保平港、大蛋港、三亚港	24
顺德协	罟草土城、乌猪、龟冈	25	水师提标中、右营	新涌、蕉门、大角、沙角、下横挡、上横挡、大虎山、南山威远、靖远、镇远、巩固北台、巩固南台、水军寮、蛇头湾、竹洲、九宰及仑头土台东、南、北炮台	692

续表：

经管单位	炮台名称	炮数	经管单位	炮台名称	炮数
前山营	前山寨城	19	水师提标后营	大黄滘旧台、东靖、中流沙、东固、东安、东塱土台、南石头大冈背土台、大黄滘新台、土台	212
香山协	涌口门、磨刀角、三灶山、大托山、虎跳门、万山东澳、万山西澳、黄梁都司	60	广州协	拱极、保极、东定、保厘、新西、西安、永康、耆定、神安、凤凰冈、西固、西平、鲤鱼冈	229
新会营	崖门新东、虎跳门西岸	30	永靖营	南安	43
广海寨	长沙、烽火角、横山、大澳	31	八旗左司	朝漢土台东、西	8
那扶营	陡门	6	抚标右营	永清堡、海珠	37
连阳营	元武岭	4			

资料来源：《粤东省例新纂》卷6，兵例下，第593—602页。

2. 清代江河捕务制度主体及其变化。在咸丰、同治朝前，安徽、江西、湖北、湖南、广西等内地省份各设成建制的内河水师营，属于各直省督抚、提督管辖的绿营体系，主要负责本省大江大河大湖的防守、缉捕。在同光之际，为保卫和支持西北的作战，清政府还设立山西水师2营，但该水师存世时间只有七年，在这里姑且不论。无成建制水师营的其他内地省份，防守其江河的是陆师水汛、水塘和水卡。对绿营陆师水汛、水塘的管理，与旱汛旱塘的管辖体系、职守和规范基本无异。而且，在清代，各直省陆师水汛、水塘和水卡数量更多，分布的范围更广泛。因此，管理内地江河水路的形式就有两类：第一类是成建制的水师营，第二类是陆师水汛和水塘。

第一类，管辖江河成建制的水师营是江河水路巡守、缉捕的重要力量。在清前期，安徽抚标和安徽巡抚兼辖的镇标所统绿营均为陆师，安徽省无成建制的水师营。所以，安徽境内江河的巡防、缉捕力量是陆路。在安徽绿营陆路各营中，也有少数陆营下分水汛，巡防江河。如亳州营中军设哨官1员，驻涡河南岸，有哨船1只、水兵12名；龙山营有哨官1员，驻涡阳县水汛。[①]但更多是陆路各营汛分防水塘、水卡，并配有少量巡船。如，安庆镇标分防怀宁、桐城、望江、东流、贵池、铜陵及江西彭泽县等处，有大唬船1艘、小唬船22艘。游兵营分防和州、无为、含山、铜城、繁昌、芜湖、当涂等处及江苏江宁县，有大唬船1艘、小唬船27艘。康熙五年（1666），安庆镇标降为安庆协，作为陆师，仍设有大船1只、小唬船26只，[②]负责内河巡防和差事。道光二十三年（1843），洪泽湖水师专营建立，隶河标中营兼辖，[③]是安徽最早、成建制的内河水师营，但仍属陆师。由于安徽濒临大江，上通湖北，下达江南，沿江各营均有陆路，无常设水师。道光二十二年（1842），两江总督耆英、巡抚程楙采奏请在安庆、游兵、池州、芜采等沿江四营中共选壮兵400名，作为水勇，分设快船，演练水技。这些水勇被派令分巡江湖，且效果显著，但它不是成建制的水师营。正所谓“水勇之设，不改陆行旧制，而暗寓水师之用”。[④]咸丰十年（1860），为围剿太平天国运动，曾国藩推荐李鸿章筹办淮扬水师，朝廷任命黄翼升为淮扬水师总兵。淮扬水师成为淮军序列的一部分，战事结束之后，淮扬水师一部留防安徽，但其具体演变情况不详。

顺治十年（1653），江西设有成建制的水师营，即南昌水师营游击以下官兵。[⑤]后设九江镇标水师营、南湖水师营、鄱湖水师营，有唬船20艘，分防水巡，各营设塘船1艘。康熙元年（1662），改九江镇标为九江水师协标，有兵丁773人，增设沙船30艘、水汛巡哨船

① 吴坤修、何绍基、杨沂孙等：《光绪安徽通志》卷97，兵制，《续修四库全书》本，第147—148页。
② 吴坤修、何绍基、杨沂孙等：《光绪安徽通志》卷95，兵制，第126页。
③ 陶澍：《陶澍集》上册，《洪泽湖移设都司折子》，第357页。
④《两江总督陆建瀛奏为安徽省各营水勇现在添造巡船枪械酌改旧章责令巡缉江面》，道光三十年二月二十五日。档案号：04-01-01-0842-031。
⑤ 席裕福：《皇朝政典类纂》卷340，兵十八，第7363页。

17艘。[①]雍正年间，位于鄱阳湖中的松门山、吉山等，清政府只在吉山设立1汛，防控较难，江西巡抚于松门山添设1汛，由南昌营水师拨兵驻防。[②]到同治八年（1869），长江水师建立，江西巡抚所辖成建制的水师营不复存在。但是，在江西，有诸多陆营下辖陆汛和水汛，有大量的水汛和水塘对省内江河湖泊进行管辖。如，南昌城守营下设分防荏港水汛，有兵5名；设分防南昌县市汊水汛，有把总1员、外委1员和兵35名。[③]上述所称的汛分别指大汛与小汛，有的省将小汛称为塘，是大汛的分防。细读光绪朝《江西通志》就会发现，江西全省非常一致的是，所有水塘，分防兵力均为5名。

两湖水师包括湖北水师和湖南水师，均有成建制的水师营。清初，湖南有辰州和洞庭水师营。康熙二十八年（1689），将已有的湖北宜都水师改为陆营，裁辰州水师营，设立武昌、荆州、常德、岳州水师营。[④]武昌水师营，设守备以下各官4人、兵281名。[⑤]改湖广原隶督标所辖武昌水师营、提标所辖常德水师营，归城守营管辖。[⑥]乾隆二年（1737），将原有武昌城守营所属水师军队拨入汉阳营，任长江、汉江巡防之责。武昌省城存城守营内河巡哨船5艘、下游道士洑营巡江船3艘。汉阳城守营兼辖水师营，有战船3艘、虎战船1艘、汉川虎战船2艘。黄州协营有巡江船3艘。蕲州城守营有巡江船2艘。荆州水师营设守备以下各官、战船25艘，巡江船2艘。宜昌府水师于顺治十三年（1656）设在彝陵镇，辖水师前、后二营。康熙十九年（1680），改为彝陵水师协标。乾隆元年（1736），改为宜昌镇标，仍设水师前、后二营，有战船30艘、小□船11艘。经粤寇之乱，旧制无存。嘉庆二年（1797），以洞庭副将、都司移驻常德，改陆路协为水师协。以常德游击、守备移驻洞庭，改洞庭协为水师营，

①席裕福：《皇朝政典类纂》卷340，兵十八，第7363页。
②《世宗实录》卷110，雍正九年九月甲戌，第465页。
③刘坤一、刘绎、赵之谦：《光绪江西通志》卷91，《续修四库全书》本，第299—330页。
④《圣祖实录》卷139，康熙二十八年正月己未，第524页。
⑤席裕福：《皇朝政典类纂》卷340，兵十八，第7363页。
⑥《世宗实录》卷155，雍正十三年闰四月癸酉，第892页。

有战兵 109 人、守兵 436 人、战船 12 艘，分防小船、游巡小船各 10 艘，分驻龙阳县及东、西湖各汛。[①] 道光六年（1826），将岳州水师的一部分移驻君山。“岳州水师营守备管带兵丁二百一十五名，除分守塘汛外，在营兵丁尚有一百名，若全部移驻君山，现有房间不敷□□，请拨驻兵五十名，按月更换”[②]。但承平日久，内地水师营“咸居陆地，船敝不修，旧制浸废”，与陆营一样，名义尚存，几成废物。晚清时期，两湖水师也进行了大规模的调整，裁改、移拨不断。

广西水师先设驻柳州，后移驻龙州，[③] 是成建制的水师营。如在梧州，“康熙二年（1663），专设城守、水师二营，游击领之。十三年（1674），改设副将，统城守、水师二营。十九年（1680），改水师为右营”。[④] 不过，广西成建制水师营不多，水师力量不强。因此，广西境内的江河湖泊的长期巡防、缉捕主要依靠陆师辖下的水汛、水塘。康熙二十一年（1682），“以梧州地居两广之中，扼三江之要，分额设弁兵之半，于浔、南一带，设哨船巡防”。

第二类，内地直省陆营管辖江河的水汛、水塘，是从属于内地省份陆路捕务体系的重要一环。如，乾隆初年，凌燽任江西按察使，“宁都营江口水汛一处，为宁、石两邑冲要水道，陈□坝陆汛一处，亦系四达通衢。从前两汛各设兵五名，一遇公务差遣，则巡防实属不敷，酌于存城额兵内抽拨，每处添兵五名”。[⑤] 他要求水塘汛兵，“日则沿河稽察，夜则驾舟巡哨”。[⑥] 广西防守江河湖泊的水汛、水塘也星罗棋布。如，提标中营驻柳州府城，驻防兵 522 名，分防 2 汛，设外委 1 员、兵 203 名。其中的永福汛既分防旱塘，也分防水塘，设把总 1 员、分防兵 59 名、拨防各塘兵 62 名，分旱塘 18 处、水塘

① 曾国荃、郭嵩焘：《光绪湖南通志》卷 79，武备志二，《续修四库全书》本，第 309 页。

②《湖广总督陈若霖湖南巡抚左辅》，道光六年六月十二日。档案号：04-01-16-0116-018。

③ 赵尔巽等：《清史稿》卷 135，兵志六，第 4018 页。

④ 吴九龄修，史鸣皋纂修《乾隆梧州府志》卷 10，兵制，台北成文出版社 1961 年版，第 212 页。

⑤ 凌燽：《西江视臬纪事》卷 1，详议，《续修四库全书》本，第 29 页。

⑥ 凌燽：《西江视臬纪事》卷 3，条教，第 119 页。

6处。[①] 四川巴县的沿河设塘汛、水卡，均相隔10至20里不等。[②] 在其驻防陆营辖下，分防汛塘7路，包括旱塘和水塘，其中有3路为水塘，各自划界，各负其责。水路各汛塘设哨船若干，船夫、水手数量不一。

两湖陆营辖下的水汛、水塘也众多。如，兴国州城守营设营官5名、分防官7员，辖陆塘15处、水塘6处。[③] 荆州城守营驻扎荆州城，有营官4员、分防官10员，辖陆塘25处、水塘19处。[④] 在湖南沅江县，沅江哨设在县北，明山哨在县东北明山，瓦石矶汛在县南。清初设水塘三汛，属龙阳水师营，专管江湖防守巡汛。[⑤] 湘江干流也设有一批陆营水汛、水塘，"沿河塘铺安兵汛守，不为不密，屡经督部堂、提督严饬，塘汛官兵昼夜巡缉，地方官及分防之巡检、捕役、弓兵等亦协同缉捕"。[⑥] 乾隆二十一年（1756），衡州府首县衡阳县析出其东南部分，设立清泉县。驻防在衡州府清泉县境的绿营兵，属衡州协副将统辖。城内设专汛把总1员、马步战守兵248名。清泉县境多水塘，河流也密布其间，所以，分防也是按水、陆路划为4路，其中，水路3路、陆路1路，共分塘23处，每塘兵4名，共92名。[⑦] 湖南桃源县汛塘分防是按照水、旱路设置的。嘉庆六年（1801）设常德协，由该协分防桃源县汛。该汛设把总1员、外委1员、额兵113名。全县设10个旱塘，每塘兵5名，共50名；设8个水塘，每塘兵4名，加上高都驿探报夫1名，共33名，[⑧] 桃源县塘兵的设置相对比较均匀。而福建永定县设千总1员、把总1员。千总驻防城内，统领兵丁137名。其汛塘按地理方位，又结合水旱情况，分防6路15塘。

① 谢启昆修、胡虔纂：《嘉庆广西通志》卷169，经政略十九，广西师大历史系中国历史文献研究室本，广西人民出版社1988年版，第4673—4674页。

② 四川大学历史系、四川省档案馆：《清代乾嘉道巴县档案选编》下册，第346页。

③ 吕调元、刘承恩修，张仲炘、杨承禧纂，《民国湖北通志》卷65，武备志三，台北华文书局1921年版，第1507页。

④ 吕调元、刘承恩修，张仲炘、杨承禧纂，《民国湖北通志》卷65，武备志三，第1511页。

⑤ 同德斋主人：《广湖南考古略》，湖湘文库（甲编），湖南教育出版社2010年版，第286页。

⑥《湖南省例成案》卷2，刑律贼盗，第25页。

⑦ 江恂：《乾隆清泉县志》卷4，营建志上，衡阳市文化局2005年翻印本，第20—21页。

⑧ 余良栋、刘凤苞：《光绪桃源县志》卷6，兵刑志，第228页。

其中，水路分东水路、南水路。①

（二）湖海文职捕务力量。就沿海水路力量来说，捕务力量不仅有军队，还有文官及其在官人役。正如《广东海防汇览》编者所言："本书为海防而作，所有文武职官，关涉海事者，自宜备列编内。"②所以，海防力量包括水师军队力量以及负有海防责任的督抚，两司，道、府正印官和佐贰官，州县正印官和佐杂官等。"内洋海域离沿海州县较近，由地方州县和水师共同管理，外洋海域的缉盗、护航等任务主要由驻防兵丁和水师负责。"③上述两大力量分别管理军事和民事，相互配合，共同维护海防秩序。如，广东海防管理文官体系主要由总督、巡抚、巡道、知府、同知、通判、知州、知县、州判、县丞、主簿和巡检组成。④在清代初期的福建省台湾地区，作为海防重地，台湾的海防文职官员设置多，分防范围大，与营汛一体，共同维护海洋社会秩序。建置方面，雍正元年（1723）八月，在诸罗县北侧之半线地方设彰化县，淡水地方则设捕盗同知。雍正五年（1727）裁澎湖巡检，改派品秩较高的粮捕通判。雍正九年（1731），大甲溪以北的钱粮、命盗从彰化知县改由淡水同知办理，同知署也北迁至竹堑。⑤乾隆四十四年（1779），闽浙总督三宝奏称，泉州府金门为厦门咽喉，孤悬海岛，虽设重镇，但无文员，一切事件均赴马家港通判衙门，中间隔海70里，跋涉维艰。朝廷同意将同安县灌口县丞改设金门，专管各种行政事件，归马家港通判统辖。⑥清代山东在沿海防线上也有巡检司的设置，有据可查的有12处，即"海丰县大沽河口巡检司、文登县威海和靖海巡检司、福山县海口巡检司、黄县黄山馆巡检司、荣城县石岛巡检司、海阳县行村寨巡检司、胶州灵山巡检司、即墨县拷佬岛巡检司、鳌山卫巡检司、日照县安东卫巡检司以及诸城县信阳

---

①赵良生、李基益：《康熙永定县志》卷9，厦门大学出版社2012年版，第172页。
②卢坤、邓廷桢：《广东海防汇览》卷6，职司一，第185页。
③王宏斌：《清代内外洋划分及其管辖问题研究——兼与西方领海观念比较》，《近代史研究》2015年第3期。
④张建雄：《清代前期广东海防体制研究》，广东人民出版社2012年版，第9页。
⑤许毓良：《清代台湾的海防》，社会科学文献出版社2003年版，第48页。
⑥《高宗实录》卷1091，乾隆四十四年九月己亥，第651页。

巡检司”。[①]

同样，如前所述，与沿海水路一致，内地各直省江河水路的防守与缉捕也是文官的全体责任，负有捕务责任的佐贰、佐杂官与正印官或同城，或分防。而且，江河水路的捕务体系与内地陆地捕务体系几乎没有区别，除正印官外，一般在水陆交通要道、战略要地和繁盛、难治之区均设置分防的佐贰、佐杂官员和汛塘官兵，水陆联防，并随形势与地理的变化而调整。如乾隆年间，两湖对长江流域辖境的水路布防及其调整："巴陵县城陵矶至金泊港，归该县典史辖。金泊港起南至磊石，西至苍梧台等处，归鹿角主簿辖。荆河脑、城陵矶以下，向隶临湘、监利二县，改白螺矶巡检辖。荆河、脑西以下等处归朱家河巡检辖。城陵矶以下至荷叶洲、补虔洲归长安司巡检辖。岳州营毛圻头至新洲水道三百九十余里，应以左司把总为专防。石山门、天花塘二汛，以外委把总二员协防。荆州水师营侯索脑等汛之协防，外委应改专司巡缉，荆河脑北岸归驻防监利县汛弁管理。监利添设巡船二，责成白螺矶巡检会营弁巡查。”[②]直省各地，尤其是南方各直省，在河湖设有不少水卡。从四川的情况看，水卡的具体管理者是差役。巴县大江自江津县李家河交界起，至长寿县麻柳嘴夜界止，共计程300里，在其间13处各设水卡1处；又小江自璧山之大窑子交界起，至朝天门止，共计程130里，在其间6处各设水卡1处。大、小江各水卡，每卡均派差役2名。[③]

尽管沿海水路所有文官、差役和武官都有海防责任，清代在沿海水路仍然有专职或兼职的海防道、海防同知和海防通判等官职之设，类似内地省份的捕盗同知和捕盗通判等。清代沿海沿边的防守事务，由管辖该省区的将军、督抚责成各类道、守道、巡道管理，各道之下则设厅管理防务。[④]那么，在沿海地区的一些道和府佐贰，明确地有海防、海政的兼职和专职，更突显其海防的责任。与海防、海政有关

① 孙同霞：《明清山东巡检司制度考略》，曲阜师范大学2008年硕士论文，第22—23页。
② 《高宗实录》卷1268，乾隆五十一年十一月戊寅，第1101—1102页。
③ 四川大学历史系、四川省档案馆：《清代乾嘉道巴县档案选编》下册，第353页。
④ 张德泽：《清代国家机关考略》，第232页。

的道有：福建兴泉永道兼海政、驿传，驻厦门，带兵备衔；江宁淮扬海道兼盐法、漕务、海防，加提法使衔，驻淮安，带兵备衔；浙江杭嘉湖道兼海防，驻嘉兴，带兵备衔；浙江宁绍台道兼水利、海防，驻宁波，带兵备衔；浙江温处道兼水利、海防，驻温州，带兵备衔。[①] 设海防同知 14 人，即直隶天津府，奉天营口、金州厅（兼管地方），山东登州府、青州府，浙江嘉兴府、宁波府、绍兴府、台州府和温州府各 1 人，只有江苏苏州府、福建福州府各设 2 人；设海防通判 2 人，即福建漳州府、广东惠州府各 1 人。[②] 如，在顺治二年（1645），天津设海防清军兵粮同知，乾隆二年（1737），改颁海防粮捕盐漕同知关防。[③] 该同知缺时设时裁，嘉庆二十三年（1818）再设，道光十一年（1831）又裁，道光二十三年（1843）复设，改驻葛沽。[④] 作为题缺，专司稽查出口入口船只，查验票照，并有无夹带违禁货物，以及兵民强买、盗买、漏税等弊，准理兵民客商词讼，若命、盗重案，仍归天津县审办，照海疆三年俸满本例升转。[⑤] 同治五年（1866），清政府设营口海防同知厅。营口海防同知厅为奉天府的派出机构，专司海疆治安。衙门内设皂、马快、捕役、河巡共四班。同知厅有两名副官，一名负责管理警察，即保证陆地海河的治安，另一名负责管理商业，即发放营业许可、收缴捐税、监督营业。另有书记 24 名、衙役 26 名。[⑥]

如前所述，兼职海防的道员有法律规定的军事权和民事权，在海防前线的府佐贰官和州县佐杂官只负责民事。康熙年间，“潮州府饶平县属之黄冈，虽设有副将，不便理民事。而文职只有巡检一员，不

① 刘子扬：《清代地方官制考》，第 96—97 页。
② 刘子扬：《清代地方官制考》，第 423 页。
③ 张志奇、朱奎扬等：《（乾隆）天津县志》卷 14，职官志上，天津市地方志编修委员会：《天津通志・旧志点校卷》中，南开大学出版社 2001 年版，第 157 页。
④ 徐宗亮等：《（光绪）重修天津府志》卷 13，职官四，来新夏、郭凤岐：《天津通志・旧志点校卷》上，第 779 页。
⑤ 佚名：《（道光）津门保甲图说》，天津市地方志编修委员会：《天津通志・旧志点校卷》下，第 417 页。
⑥ 营口市史志办公室：《营口通史》卷 1，北方联合出版传媒公司 2012 年版，第 398 页。

能驾驭”，遂将潮州海防同知移驻黄冈。[①] 还如，乾隆年间曾任澳门同知[②] 的张汝霖等制定《澳夷善后事宜条议》12 条，实际上就是该同知及其属下县丞的部分职责，主要有驱逐匪类，稽查船艇，禁赊物收货，犯夜解究，禁私擅凌虐，禁擅兴土木，禁贩卖子女，禁黑奴行窃，禁设教从教等等。[③] 此外，还包括对外国船只、入境外国人及其相关事宜管理。[④] 浙江鄞县大嵩港是宁波府南境渔港之一，渔季港内渔船云集，且“东接蟾崎，南毗盐场”，位置十分重要。而大嵩港虽驻有游击、千总和把总巡缉，但弁兵不预民事，海防文口查验船只、巡缉私盐等，需派文员管理。雍正七年（1729），浙江总督李卫奏请，将驻扎在郡城的同知移驻大嵩，一方面可以稽查海口，另一方面可以就近治理民事。[⑤]

不过，这些负有海防责任的佐贰、佐杂官的设置不是一成不变的，有增裁、移改、升降等调整。如，康熙年间，将苏州海防同知移驻常熟县，松江海防同知移驻上海县。“令其督修沿海桥梁、马路墩堡，协催兵饷，严行保甲之法，稽查出洋船只。有警，与各营汛将弁相机商酌。”[⑥] 道光三十年（1850），裁改台州通判设为海塘中防同知 1 员，驻翁家埠十七堡，原西塘同知移驻范家埠。宣统元年（1909），移捕盗同知驻钱塘县瓶窑镇，[⑦] 其分防移驻的根本原因是巡缉盗匪、弹压地方的需要，在沿海巡缉盗匪、弹压地方，又具有加强海防的作用。

水师军队的营汛布防与负有海防责任的文职佐贰、佐杂官的配置也是彼此关联，且常常是随着一方的调整，另一方也同步调整。如，广州府设立前山寨海防衙门，派拨弁兵，弹压番商，稽查奸匪，所有海防机宜均与各协营一体联络，会同办理。老万山、澳门、虎门、黄埔一带营

① 《圣祖实录》卷 278，康熙五十七年三月庚寅，第 730 页。
② 澳门同知属广州府管辖，即广州府海防同知。参见王宏斌：《简论广州府海防同知职能之演变》，《广东社会科学》2012 年第 2 期。
③ 吴志良：《澳门政治制度史》，广东人民出版社 2010 年版，第 331 页。
④ 参见吴志良：《澳门政治制度史》，第 329 页。
⑤ 祝太文：《清代浙江行政职官与海防关系研究》，光明日报出版社 2016 年版，第 155 页。
⑥ 《圣祖实录》卷 2，顺治十八年三月癸卯，第 62 页。
⑦ 祝太文：《清代浙江行政职官与海防关系研究》，第 148—153 页。

汛，遇有关涉海疆民夷事宜，商渔船只出口入口，一面申报本营上司，一面并报海防衙门。[①]雍正六年（1728），鉴于浙江玉环山界在温台之间，为海疆要地，浙江总督李卫建议设温台玉环清军饷捕同知1员，将太平县界、乐清县界18处俱归其管辖。与此同时，军队也做相应的调整。玉环立左、右2营，设参将1员、守备2员、千总2员、把总4员和兵900名。以左营为陆路，右营为水师，其添设弁兵，就近移调拨补。[②]嘉庆十六年（1811），闽浙总督汪志伊设台湾噶玛兰城楼4座、北关1座、炮台1座，设通判、县丞和巡检各1员，由淡水同知就近管辖。与此同时，设立守备、千总各1员，把总和外委各2员，额外外委3名和战、守兵共395名，归艋舺营游击兼辖。[③]文武官员同步设立、同步调整，但职责分立，共同维护沿海捕务秩序。

处于海防前线但未兼衔海防的佐贰、佐杂官也有大小不一的海防、捕务责任。如广东的府佐贰官，除南澳军民海防同知、惠州府海防军务同知、广州府海防捕盗同知、广州府海防军民同知[④]和琼州海防同知等有海防兼衔外，其他府佐贰官无海防兼衔，但均有海防责任。州县的佐贰官，如廉州府钦州州判、潮州府海阳县等17个县的县丞、新宁县主簿以及粤闽南澳司等40处巡检，也名列《广东海防汇览》之中，[⑤]有海防之责。还如乾隆六十年（1795），都司李林贵在海洋巡防时，发现盗船，率兵追赶，刚好合浦县典史邓廷相自雇乡勇，乘坐渔船8只出海捕盗。邓廷相协同该都司，拿获盗犯李朝才等12名。[⑥]当然，在湖海捕务体系的主体中，也与陆地一样，武职和文职，包括正印官和佐贰、佐杂官以及所属在官人役，如捕役、弓兵和民壮等都是捕务主体和重要力量。

---

① 吴志良：《澳门政治制度史》，第330页。

②《世宗实录》卷67，雍正六年三月甲戌，第1027页。

③《仁宗实录》卷249，嘉庆十六年十月壬戌，第366页。

④ 乾隆八年（1743）以肇庆同知移设前山寨。

⑤ 卢坤、邓廷桢：《广东海防汇览》卷6，职司一，第187—199页。

⑥《高宗实录》卷1474，乾隆六十年三月己未，第700页。

二、湖海水路捕务规则

内地江河的捕务主要由内地各直省绿营水师营、陆路水汛水塘和文职官员负责，其捕务规则与陆路捕务规则基本一致。因为海洋的特殊性，加之海洋水路捕务体系与内地水路捕务体系有相当大的不同，沿海海防、缉捕除遵循一般规则外，还有详细的、专门的规则。从律例到部门则例，再到各省省例，这些规则和章程构成了沿海捕务规则体系。总体来说，湖海水路捕务规则体系大致包括对湖海百姓和船只的规定、对湖海捕务负有管理责任的文武官员及其所属在官人役的规定。对文武职官兵有奖有罚：从奖励的形式看，有职务提升、加衔、加级、记录和赏银等；从处罚形式看，有船只没收充公、罚款、责比、枷号、责军棍等。但是，从律例、条例、省例和章程看，处罚条款似乎要比奖励条款多，处罚力度似乎要比奖励力度大。

（一）海洋水路捕务奖惩规则。清代律例百姓少权利，多义务，体现在江河湖海捕务上，也是如此，且规则多而细。

1. 对沿海之人户、船只和货物等出洋违规处罚。这些规定十分全面、细致和琐碎，处罚也十分苛刻。一是对物资海禁的规定。如规定，凡是海禁的货物、军需，如马牛、铁货、铜钱和衣服原料等，私出外境货卖及下海者，杖一百，物货、船车同时入官，将人口、军器出境及下海者，绞监候；① 二是对船只及其出洋的规定。如广东规定，所有军民、公私各船，无论内河外海，要在其船头、桅上、帆上刻字书号，无编号书刻之船，即系匪艇，拘讯究治；② 如果沿海、内河小船“有私造私卖，及偷越出口者，俱照违禁例治罪。甲邻不行呈报，一体连坐” ③；如果州县官将船照给匪人，及汛口文武员弁查填不实，均交部分别议处。还规定船只限期换照，无本年新照的船只不许出港；④ 三是对特定地区之人户、船舶及出洋等的专门规定。如山东沿海口岸

---

①《大清律例》卷 20，兵律，第 327 页。
② 宁立悌等:《粤东省例新纂》上，第 539—540 页。
③《大清律例》卷 20，兵律，第 329—330 页。
④ 宁立悌等:《粤东省例新纂》上，第 555—556 页。

是外地人闯关东的重要出口，清政府长期对此“龙兴之地”的东三省实行封禁，因此，律例对此作了专门规定。山东登州、莱州等处有票船只，“如有夹带无照流民，私渡奉天者，将船户照无票船只夹带流民例，量减一等，杖九十、徒二年半，船只入官”。①

2. 海洋水路捕务负有责任的文武官员奖惩规定。对官员失职，大到刑律，小到行政处罚。如，对违禁货物和军器，官员犯法，“该拘束官司及守把之人，通同夹带，或知而故纵者，与犯人同罪。至死减等”。如果有失觉察，官员减三等，罪杖一百，军兵又减一等。②对丝斤违例出洋失察的汛口文武各官，“并照失察米石出洋例，分别议处”。③

3. 海洋水路文武官兵巡江会哨、官兵获犯和水战的奖惩规定。如，律例规定，江南、江西沿江各营汛巡船上下往来巡缉，每月彼此会哨2次，所到日期俱报明总督、巡抚、提督、总兵互相查考。如不按期接界会巡，该管官详揭该总督、巡抚、提督、总兵题参，将派出巡哨官降一级调用，兵丁责革。提督、总兵失察者，罚俸六个月，总督、巡抚交吏部议处；④总兵官不亲身出洋，监督官兵巡哨，该总督题参革职；副将以下等官不亲身出洋巡哨者，经总兵揭报革职。

顺治初年规定，官兵水战时有能超登敌舟，杀贼获众者，统兵大臣验明舟之大小，分为三等注册。舟的大小不同，奖赏的人数不同，奖赏的银数有别。即使同舟，给予登敌舟先后不同，奖赏也不同。奖赏类别有银两（先登者多至250两），或授爵或功牌。督战官也按舟大小，分别论功行赏。从该奖励看，奖赏是非常厚重的，适应了清代统一全国的战事需要。康熙十二年（1673）题准，招抚兵1000名以上和舟30只以上者，以及五等军功，每增加500人、舟10只，分别给予四到一等军功。⑤

---

①《大清律例》卷20，兵律，第328页。
②《大清律例》卷20，兵律，第327—328页。
③《大清律例》卷20，兵律，第333页。
④张友渔、高潮：《中华律令集成》清卷，第1094页。
⑤卢坤、邓廷桢：《广东海防汇览》卷28，方略十七，第754—756页。

有清一代，关于湖海的律例以及其他规定也是一个不断累积的过程，有增加、废除、修改。总的来说，律例，尤其是条例，制度规范越来越多，条文越织越密，处罚越来越严。无论是官员、在官人役，还是百姓，动辄获咎。对官员的奖惩，包括对湖海负有捕务责任的文武官员的奖惩，常常见诸朝廷的谕旨中。如，乾隆三十年（1765），对缉获广东洋面多年积匪的游击裘鳌、知县金廷烈等官员，送部引见。[①]光绪年间，山东胶州知州李翼清等能不分畛域，拿获邻境罪应斩枭著名首伙洋盗5名、被逼驾船罪应拟流之犯3名，人赃全数弋获，经山东巡抚周恒祺奏请，给予这些官员不同的奖励。[②]

关于江河水路捕务的奖惩规定。与海洋水路捕务的众多规定有所不同，大清律例、则例等全国性法规很少有专门的条款对江河水路捕务作出特别的规定。如前所述，江河水路的捕务主要由绿营水师营和陆路水汛负责。因此，海洋水路和内地省份江河水路捕务也多按陆路规则执行。反过来说，清代的律例、则例等多数均适用于海洋和内地省份的江河水路捕务。各省的省例、章程对江河湖泊捕务的规定，多数是水路、陆路均适用。但也有个别章程，或章程中的某些条款只适用于水路，或者只适用于陆路。就捕务主体而言，海洋和内地省份江河捕务的规范当然包括文武官员和在官人役、船只和船户。如道光年间，广东各府专门制定巡河捕盗等章程。惠州府派遣佐杂委员巡河，督缉巡役，该委员等如三个月期满，段内并无失事，给予超委1次。如有失事获犯过半并获首犯者，准其功过相抵，若失事并未获犯破案者记过1次，失事3案以上又未获犯者由县府禀请停委。[③]

浙江对江河水路捕务也有相应的规定。道光元年（1821），浙江饬令所属州县酌量地方大小，添捐巡船，轮派头役数名，随同巡员探缉，凡地方劫窃案件知照巡员，如有报获人赃，仍按其案情轻重，分别记功，能获巨盗大窝者破格超拔，案多获少者分别记过。如，嘉善县设立水陆栅栏，捐资巡船20只，分段巡查，视巡役破案多寡，分

① 《高宗实录》卷742，乾隆三十年八月己酉，第167页。

② 《光绪七年二月二十四日京报全录》，《申报》，1881年4月11日，第3版。

③ 宁立悌等：《粤东省例新纂》上，第439—440页。

别奖赏比责；对地保，也根据有无失窃之案，分别功过，如功至3次者赏给银牌，过至3次者提案重比，浮于3次之外者革役另募，准其功过相抵。又石门县分东、南、西、北四路，昼夜巡查，每段各捐备巡船1只，每船雇募水手2人，拨捕役2人，每人日给饭钱100文。该捕所巡地段，如有失窃之案先比，记过勒限，五日一比。如能拿获贼匪，虽非本案正犯，准其功过相抵，能获正犯1起，赏银1两，再有多余以次递加。[①]

三、湖海水路捕务方法

清代湖海水路捕务之法，与陆路捕务之法一样，有诸多具体的防守和缉捕之法。且湖海水路捕务之法与陆地捕务之法有些相同相似。但是，湖海水路捕务毕竟有很大的区别，故捕务之法有相异之处。

（一）海禁之法。有清一代，海禁政策和海禁之法一以贯之，只不过时松时紧罢了。清代立国之初就规定，凡沿海地方居民船只，不许以采捕为名，私放片板，出入外海、内洋，致酿奸宄，乘机通贼。如有营官受贿私放，及各衙门差官，查船、放船作弊滋扰者，告发、访闻，弁兵、差役，定行立拿，军法从事。[②] 顺治十八年（1661），清廷断然实行大规模的强制迁徙濒海居民的政策，史称“迁海令”。迁海令经过了一个酝酿过程，早在其6年前，清廷就曾下令，严禁沿海省份，无许片帆入海，违者置重典。当时奉诏迁海的共有直隶、山东、江苏、浙江、福建、广东六省（包括现在的广西、海南沿海地区）。由于郑成功义师的主要据点在福建，对清政府威胁最大，因而迁界令执行得最严格的也是福建和同福建相邻的广东、浙江三省。居民被驱赶入界以后，有敢出界者杀无赦。[③] 该政策持续了20多年后，由于官民的强烈反对，加之反清力量逐渐被荡平，清政府不得不放弃，而转为复界。

---

①《治浙成规》卷8，臬政四，第667页。

②秦世祯：《抚浙檄草》，《盛京内务府顺治年间档》，中国社会科学院历史研究所：《清史资料》第二辑，中华书局1981年版，第188页。

③顾诚：《南明史》下，光明日报出版社2011年版，第757页。

清代制定了大量关于出洋人口、货物船只的管理之法。从大清律例、条例、省例和章程的内容看，清代所禁范围大致为出洋人口、船只、货物、工具以及相关地区等类。一是对出洋货物的管理之法。禁止马牛、军需、铁货、未成军器、铜钱、缎匹、绸绢、丝绵[①]等出洋；“沿边沿海地方，有将黄金贩卖出洋者，照铁货铜钱等物私出外境下海律治罪”。[②]嘉庆年间，浙江再次重申“三严禁”：严禁米石出洋，严禁奸徒偷漏硝磺火药，严禁私贩铁斤、铁器出洋。[③]二是对出洋船只和人口的管理之法。“造船时呈报州、县官，查取澳甲、户族、里长、邻佑保结，方准成造。”建造完日，“报官亲验，给照开明在船人年貌、籍贯，并商船所带器械件数，及船内备用铁钉等物数目，以便汛口察验”。[④]实行保甲连坐制度，“一船为非，余船并坐”；[⑤]对出洋船只日常自用的米粮等物，清政府也做了数量限制。每人每日带食米1升，为防止海洋不测情况，允许每人每日多带米1升；[⑥]还按照船只梁头的大小，规定了渔船携带食用和腌制的食物数量。[⑦]由此可见，这些海禁之法全面、细致和严格，但对官方来说，也加大了其对商渔船管控的难度。如果治官无方，这些海禁、管控之法就容易成为一纸空文。

（二）湖海水路巡防之法。凡外海、大江、沿边、深山的地方，都定期巡防，各镇在两界相交的地方，约期会哨，同时并集，联名申报总督、巡抚、提督查核。这个制度，名为巡防。广东内河水师，也按季轮派官兵游巡，并令水师提督在夏、冬二季亲去游巡。其余各省巨川中流险要的地方，一律拨派官兵巡哨。[⑧]与陆路巡缉会哨相似，沿海与内地省份的江河湖海捕务也采用巡洋巡江之法。有所不同的是，外洋浩瀚无边，外洋水师之间只能分界巡洋，而内洋和内河则是

---

①《大清律例》卷20，兵律，第327页。
②《大清律例》卷20，兵律，第337页。
③《治浙成规》卷7，臬政三，第625页。
④《大清律例》卷20，兵律，第328页。
⑤《大清律例》卷20，兵律，第329页。
⑥严如煜：《洋防辑要》卷2，洋防经制上，台北学生书局1985年版，第76页。
⑦宁立悌等：《粤东省例新纂》上，第549—551页。
⑧罗尔纲：《绿营兵志》，第270—271页。

以岛、地来划段分汛巡防。划界分段是各水师、水汛巡洋、巡江的前提，也就是通过划分责任区，各自承担辖区责任。

一是海洋水路巡防、会哨之法。巡逻会哨有总巡、分巡之分，[①]还有统巡名目。“查闽广等省水师营定例，设有统巡、总巡、分巡及专汛各员出洋巡哨。”[②]嘉庆五年（1800）时，又谕令“各省水师均令总兵为统巡”。[③]“各省沿海水师出洋巡哨，都以总兵为统巡，副将、参将、游击为总巡，都司、守备为分巡，千总、把总为协巡。总兵遇有事故，准以副将代，或副将也有事故，偶以参将代，不准以游击、都司代统巡，都司、守备代总巡，千总、把总代分巡。”[④]对各省外海水师的巡哨事宜，清代有专门的巡哨时间和轮班规定。如“山东以登州镇水师担任巡哨，每年在三月内出洋，九月内回哨”。[⑤]各省外海水师有专门的巡哨区域，如康熙五十三年（1714）十一月规定，盛京、山东所属海汛地方，分别由盛京将军、山东总兵官派水师营官兵巡查。由于从铁山到隍城岛，相隔180余里，其间无泊船之所，清政府决定，自铁山起，向南90里，令盛京官兵巡哨；自隍城岛起，向北90里内，令山东官兵巡哨。[⑥]对各省外海水师之间会哨地点，也有专门规定。

有清一代，沿海水师巡洋、巡河以及会哨制度不是一蹴而就的，而是根据形势和地理变化而变化。如康熙时期，广东的洋面分为东、中、西等三路，即自南澳而西、平海营而东为东路；自大鹏营而西、广海寨而东为中路；自春江协而西、龙门协而东为西路。各令总兵官、副将为统巡，标员、营员为分巡，每年轮班巡查。[⑦]广东

---

① 王宏斌：《清代前期海防：思想与制度》，第6页。

② 佚名：《（道光）津门保甲图说》，天津市地方志编纂委员会：《天津通志·旧志点校卷》下，第414页。

③《广东巡抚韩封两广总督百龄广东提督童镇升跪奏》，嘉庆十五年八月初六日。档案号：04-01-01-0518-040。

④ 罗尔纲：《绿营兵志》，第271页。

⑤ 罗尔纲：《绿营兵志》，第270页。

⑥《圣祖实录》卷261，康熙五十三年十一月壬寅，第570页。

⑦《圣祖实录》卷278，康熙五十七年三月庚寅，第729页。

巡洋大员的巡洋时间为每年自二月起，至九月止，分上、下两班巡查。[①] 嘉庆元年（1796），广东将海防分为三路，自惠州平海以东至潮州闽粤交界，为东路；广州、肇庆所属之虎门、大鹏、广海寨、老万山等处洋面，为中路；高、雷、廉、琼所属洋面，为西路。[②] 嘉庆六年（1801）广东巡洋章程规定，广东洋面分为东、中、西上和西下等4路，设立洋巡船只，就各镇协营所辖洋面地方派拨镇将、备弁等员，率带本管兵丁每船30、40、50名不等，配置炮火器械，定为统巡、总巡、分巡会哨各名目，分别上下两班。嘉庆十五年（1810）后，又将广东洋面划为中路、东上路、东下路、西上路和西下路等5路，每路又分上下两班，每路设船20或30号不等。[③] 广东内河和陆地也被区分为东、中、西三部分，在嘉庆十五年，增添了广东中路巡河船只，并将中路河防再分为三路。[④] 乾隆年间，经闽浙总督喀尔吉善奏请，福建、浙江修改总巡巡洋会哨办法。旧例，水师总巡二月出巡，至九月撤巡，为期八个月，但这种办法为时甚久，对分巡的督查难以周全。改为以每两月与接界总巡官兵会哨一次，遇应会哨月份，上汛先巡北洋，后巡南洋，下汛先巡南洋，后巡北洋。[⑤] 这一建议得到清政府的支持。[⑥]

晚清时期，沿海省份的巡洋巡河、会哨制度仍然在继续不断地变革中。道光二十八年（1848）七月，江苏对巡洋作出一些调整。苏松、福山两镇同为外海水师，而苏松镇常年统巡外洋，秋冬兼巡内洋，福山镇仅只春夏统巡内洋，秋季会哨1次，未免劳逸悬殊。从道光二十九年（1849）正月为始，苏松镇春、秋统巡外洋，夏、冬统巡

---

①参见《高宗实录》卷1146，乾隆四十六年十二月乙亥，第363页。

②《仁宗实录》卷11，嘉庆元年十一月壬戌，第174页。

③《广东巡抚韩封两广总督百龄广东提督童镇升跪奏》，嘉庆十五年八月初六日。档案号：04-01-01-0518-040。

④《两广总督百龄广东巡抚韩跪奏》，嘉庆十五年十一月初三日。档案号：04-01-01-0518-035。

⑤参见喀尔吉善：《请定巡洋会哨之法以重海防疏》，罗振玉辑：《皇清奏议》卷46，第397页。

⑥《高宗实录》卷418，乾隆十七年七月壬戌，第474页。

内洋；福山镇夏冬统巡外洋，春秋统巡内洋。[①]同治年间，江苏一变外海水师和内河水师等两类为外海水师、内洋水师和里河水师等三类。江苏外海水师6营不分汛地，但按月轮流巡哨，以十二船分为三起，分界巡哨。内洋水师5营分界管辖，各按五日会哨一次，逢五与本营会哨，逢十与别营会哨。里河水师5营划分汛界，各按汛地巡缉，以专责成。[②]到光绪后期，江苏外海水师6营仍在按既定规则巡哨、会哨，只不过装备有所改善。“苏松、狼山、福山三总镇所辖六营外海水师炮艇十二号，轮流本省海面巡洋，分南、北、中三道巡缉。……会同浙江定海镇姚汉卿总兵，在江浙交界之黄龙山会哨。”[③]

值得注意的是，除了武职水师的巡防、会哨，沿海省份的内河还有文职官员的巡河制度，这同样成为沿海水路捕务的一个组成部分。如广东省，道光二十三年（1843）议定，惠州府归善、博罗二县巡船在二县连界处所，分上、下段巡缉。上游自归善交界的河源观音阁起至归善县城止，为上段，由归善县巡船查缉；下游以归善县城起，至博罗与东莞交界的石湾河面止，为下段，由博罗县巡船查缉。并在郡城差委佐杂人员内，遴选2员分段管驾督缉，以三月为限，届期更替。[④]

二是江河水路巡防之法。巡江以巡防长江为主要。长江巡防以本省辖境为界，各省官兵接力巡防，在辖境内各负其责，且在本省之内，水师营与水师营之间，水师营与陆师水汛之间，也是彼此划界而治。各省辖境长江段，除官兵各划段分巡外，还另设巡查制度。如两湖境内，为进一步加强长江秩序的管控，还派官兵分途游巡。[⑤]嘉庆年间，将安徽境内长江段分为六段。每段派委文职佐杂2员，武职千总、把总2员，共带兵役20名，分坐唬船，按段逡巡，并专委丞倅1员，会同该管副将、游击，选带兵役，每月周历上下江面，“督巡一二次”。道光时期，副将、游击按所管界内每月督巡1次，“其督

①李星沅：《李星沅集》，王继平校点，岳麓书社2013年版，第523—524页。
②曾国藩：《曾国藩全集》，第528—532页。
③《水师订期会哨》，《申报》，1906年3月3日，第9版。
④宁立悌等：《粤东省例新纂》上，第439—440页。
⑤参见《高宗实录》卷195，乾隆八年六月庚辰，第513—514页。

巡之丞倅亦请添委1员”，各分上、下二段，江面责成督巡。[①]在湖北境内，大江大河主要有长江和汉江。嘉庆时期，湖北责成沿江沿河各营参将、游击、都司等官于每年十月中旬起至次年二月底止，文武官员，各带兵役，在其所辖江面分段巡缉。道光时期，湖北又修改上述巡缉江河章程，规定自道光三年（1823）春季始，将长江一道分为四段，汉江一道分为三段，又将支河作为一段，每段拣弁带兵，乘坐巡船在于所管段内梭织巡逻，并遴委都司守备2员，各带兵丁4名，乘船分往长江、汉江稽查。[②]像陆地一样，湖南在洞庭东、西湖，一贯坚持冬巡制度，在冬令时节，派委知县2员、水师营备弁2员，分路查缉。[③]

（三）兼辖之法。在清代，为了协调军务、捕务，有兼辖之说。中央与地方、文官与武官均适用，兼辖现象比较普遍。如，文武间兼辖、文官兼辖多种事务和多个职位；还有兼辖官之说，即外委、把总和千总作为分防专汛官，都司、守备就是兼辖官，副将、参将和游击为统辖官。“总督以下、总兵以上有兼辖协”；兼辖营“为各级官员在直统本标营外兼管的绿营”。[④]就水师而言，为协调海防、江防，乃至陆防重任，绿营军队也常常采取兼辖办法。水师兼辖有两种情况：一种是高阶官员跨单元的兼辖，一种是各级官员在本单元内的水陆兼辖。就高阶官员跨单元兼辖而言，如南澳镇标属福建水师序列，福建水师提督除辖本标5营外，“节制金门、海坛、台湾、南澳并福宁五镇弁，听闽浙总督节制”。[⑤]南澳镇标的左营由福建大员节制，但其右营“属广东”，[⑥]由两广总督、广东水师提督等兼辖。还如狼山镇标一直由两江总督、江南提督节制，当长江水师建立后，长江水师提

---

①《两江总督琦善奏请酌改安徽省巡江章程事》，道光七年五月二十二日。档案号：04-01-01-0685-018。

②《湖广总督李鸿宾湖北巡抚杨懋恬跪奏》，道光四年十二月十一日。档案号：04-01-01-0660-070。

③《湖南巡抚陆费瑔跪奏》，道光二十八年十月二十六日。档案号：04-01-01-0825-071。

④杜家骥：《杜家骥讲清代制度》，第377页。

⑤陈寿祺等：《道光福建通志》卷83，兵制，台北华文书局1968年版，第1665页。

⑥陈寿祺等：《道光福建通志》卷83，兵制，第1668页。

督兼辖狼山镇的通州、海门营，但仍由两江总督和江南提督节制。就各级官员在本单元内兼辖而言，其兼辖的层级有提督、镇、协和营汛等级，兼辖因此是分层的，具体包括水师间兼辖、水师兼辖陆师和陆师兼辖水师。尽管有外海水师、内河水师和陆师之别，责任侧重点不同，但从镇标、协标到营汛，沿海和内地各省都有水陆兼辖这种情况。如浙江提督是水陆兼辖，有的镇标如定海、温州、黄岩三镇也是“水陆相兼”。[①]玉环水师辖3营，作为外海水师的中右营分巡分汛，但其左营既辖水师，又“辖陆地汛兵”。[②]道光十年（1830），台湾镇设总兵官1员、副将3员（陆路1员、水师2员）、参将3员（陆路2员、水师1员）、游击7员（陆路3员、水师4员）、都司5员（陆路4员、水师1员）、守备16员（陆路10员、水师6员）、千总33员（陆路22员、水师11员）、把总58员（陆路37员、水师21员）、外委104员（陆路70员、水师34员）、额外外委50员（陆路34员、水师16员）、陆路兵共9797名（外委、额外外委在内）、水师兵共4859名（外委、额外外委在内，又舵水、炊粮93名）。[③]很显然，台湾镇标以及营汛均是水陆兼辖。

（四）澳甲、渔团编甲之法。澳甲之法就是设在沿海的保甲制度，且在沿海地区，澳甲和保甲同时并称，几乎没有区别。这种制度在清代以前的王朝就存在过，清代立国后即仿效行之。官府将滨海居民、船只通过澳甲、船甲等形式编制起来，辅以给照、印烙，由澳甲和汛兵联合稽查，从而实现对濒海地区治安的管理。澳甲长需“查明所辖户丁内，船若干只，各于门牌内填注”。有商民买卖船只，要修造船只，乡保、澳甲需查明本人系殷实良民，出具保结；船只编号油饰、出海归港、携带器具、船只买卖等，均有澳甲与沿海汛兵、文职官员一体纠察。[④]因此，在防守、缉捕、船只管理、渔业生产和生活等方面，澳甲、船甲长起到不可或缺的作用。但如同保甲制度一样，其时

---

① 席裕福：《皇朝政典类纂》卷339，兵十七，第7313页。

② 赵尔巽等：《清史稿》卷135，兵志六，第4013页。

③《台湾采访册》，台湾文献史料丛刊第55种，台湾大通书局1984年版，第151页。

④《福建省例》，船政例，台湾文献丛刊第199种，1964年版，第669—670页。

兴时辍，随内外形势的变化和官员的喜好、责任意识而转移。

澳甲制与船甲制存在一定的区别。澳甲是针对居住在澳口人户的保甲，而船甲则主要是针对出海在洋船只的编甲，因为船只出海之后难以掌控，故而以船为单位编甲，数船互保、连坐，使之相互牵制，防止变渔为盗。[①]如果说澳甲制度重在将沿海烟户纳入管控体系的话，那么，船甲制度则是将船只纳入管控体系。康熙四十六年（1707），加强对出海渔船的管理，且实行连坐制。“福建渔船桅听其用双、用单，各省渔船止许用单桅。欲出洋者，将十船编为一甲，取具一船为匪，余船并坐，连环保结。”[②]在广东，对于长期生活在船、不得着陆的水上人家，如疍户，也执行船甲制度。船保、船甲在防守、巡哨、缉拿和监督上承担相当大的责任，成为官方的耳目和巡缉的辅助力量。在浙江沿海各属，所有村庄、市镇及海洋岛屿，“每十家为一甲，设甲长一名，按户分给门牌，开载户口、年岁，责令甲长稽查。每十甲设总甲一名，每一乡一都则设总保一名，一山一岛则设岙长一名”，稽查通盗匪犯贩私违禁食物等弊。[③]浙江省“水乡居其大半，或以揽载为生，或以网捕为生”。过去查办保甲，各船均仿给门牌，而泊船无一定之所，稽查很难。现在要求各府属，船户各归各埠，由各埠将船只清查编号，在船头用白粉大字，刻写姓名、年岁、籍贯和号数等文字。[④]

渔团与陆地团练相似，一般为官绅合办，地方绅士为渔团首领，主要防内奸，协助御外患。渔团一旦编成，则沿海即“得无数劲兵，……可以佐官兵之不逮”。[⑤]团练是保甲原有功能的进一步拓展，是民间力量的武装化，渔团绅士就是民间武装的首领。“从 1800 年起，官府允准以往被排斥于地方防务之外的绅士人等，招募乡勇并动员乡民，保护自己的家园。假如出现特别紧张的局面，中国农村最终的一

① 杨培娜：《澳甲与船甲：清代渔船编管制度及其观念》，《清史研究》2014 年第 1 期。

② 卢坤、邓廷桢：《广东海防汇览》卷 33，方略二十二，第 858 页。

③《治浙成规》卷 7，臬政三，第 626 页。

④《呈办理保甲章程清单》。档案号：03-4169-024。

⑤《弭海盗策》，《申报》，1892 年 12 月 16 日，第 1 版。

项防御措施便是出现由绅士组织领导的团练。”[①]早在乾嘉之际，广东沿海绅民就开始主动组织群众自卫，招募乡勇，昼夜防守。这些乡间绅民创立“公约”“公所”等自卫机构，以专司当地办团事务。这类“公约”“公所”的团练组织，多以血缘、地缘和主佃关系为基础。[②]嘉庆初年，浙江巡抚颁布海疆营县防捕事宜、编查保甲条规。为更好地维护沿海秩序，发挥民间力量，也有团练一法。“令百姓家自为兵，人自为备”，[③]定海知县于是有酌给悬海村庄鸟枪之请。嘉庆年间，那彦成任两广总督，为镇压海洋盗贼，积极建立团练，以补助官方力量的不足。[④]

特别是到了晚清时期，清政府内忧外患交织，且越来越严重，各省府州县兴办团练，就是比较经常和普遍的事了，而且将团练作为捕务的重要手段。团练制度不仅广泛建立于陆地，还大大地推行于沿海地区，即渔团。如，同治八年（1869），时任两江总督的左宗棠饬令苏松太道员为沿海渔团督办，在渔户每100人中选壮健30人，练渔团5000名。分别在吴淞口和滨海各县设总局、分局，每月操练2次，让水勇习得技艺，用以捕盗缉私，兼备水师之选。[⑤]晚清时期直省各地不仅在陆地建立了团防局、团练局，而且在江河、湖海建立渔团局。光绪九年（1883），在完善保甲制度的同时，江苏各厅州县各设团防局1所，崇明县则设立2个团防局。在每100人渔民水手中，挑选健壮30人，组成渔团，其余的则编入保甲。差委官员会同武官，训练团勇，操练枪炮以及其他技艺。[⑥]以团防局为机关，官绅积极合作，组织和管理江苏的江海渔团。团防局还制定了《渔团条例》，挑选年力强壮者，充作团丁；将其余各船编为保甲，责令牌头、甲总，

①［美］穆黛安：《华南海盗（1790—1810）》，刘平译，中国社会科学出版社1997年版，第112页。

②［韩］都重万：《嘉庆年间广东社会不安与团练之发展》，《清史研究》1998年3期。

③《治浙成规》卷8，臬政四，第641页。

④参见那彦成：《那文毅公奏议》卷11，近代中国史料丛刊第21辑，第1453—1454页。

⑤赵尔巽等：《清史稿》，卷133，兵志四，第3960—3961页。

⑥《招募渔团示》，《申报》，1883年8月20日，第2版；左宗棠：《左宗棠全集》，奏稿八，岳麓书社2009年版，第267页。

不时稽查。[①]光绪二十四年（1898），朝廷令各省办理团练保甲。[②]上海县饬令各属，将渔船按地分段，编列字号，加以印烙，于旗上大书某县渔团字样，船旁钉板，粉书某县渔团第几号，一船有犯，九船连坐。[③]

与沿海基本相似，江河水路也实行渔甲制度，或保甲制度，或对船只编号管理。编排渔甲或保甲，是经常的和普遍的。如乾隆年间，在湖南，长江沿江上下及洞庭湖渔艇小艇，地方官均令悉行编甲，于艇艄粉字大书州县渔户、姓名，[④]互相监督。四川巴县将西城里大小两河、居义以及怀石二里大河一带，沿江、沿河渡口渔船渡船编号连保，并将沿河零星居户逐一清查，编审联牌。[⑤]安徽、湖北、江西等内地省份还对内河船只编号，实行联保。[⑥]

（五）缉盗之法。主要有几类：第一，剿抚兼用和以盗制盗之法。如，广东内河外海盗贼猖獗，清廷虽集中水陆兵力，不断修造船艇，提高战力，但“其时太平日久，水师懈弛，各将官缉捕不力”，地方官只好剿抚兼施，诱以官职，许以金钱，乡间遂有“为民不如为盗之谣”。[⑦]嘉庆元年（1796），海洋盗首张表带领首伙各犯473名，自行投首，并请出洋缉捕。官方令其跟随官兵缉捕，并承诺，如能将逸匪林发枝擒获献功，当格外优赏。[⑧]盗首张落、黄孜、黄阿满等3名悔罪投首，被送回福建，随同张表等出洋捕盗。[⑨]可见，以盗制盗的方法是经常使用的。

第二，购线、雇民之法。因为海中盗贼举动无常，出没无常，于是，在海盗中密购内线，“必使其一举一动无不先知，则彼船未发，

①《渔团条例》，《申报》，1883年8月27日，第3版。
②《谕办渔团》，《申报》，1898年12月24日，第2版。
③《议办渔团》，《申报》，1899年4月29日，第2版；刘坤一：《刘坤一集》，陈代湘校点，岳麓书社2018年版，第608页。
④《湖广总督永兴谨奏》，乾隆十五年四月二十二。档案号：04-01-01-0190-021。
⑤四川省档案馆：《清代巴县档案汇编》乾隆卷，档案出版社1991年版，第211页。
⑥参见凌燽：《西江视臬纪事》卷1，条奏，第28页。
⑦［韩］都重万：《嘉庆年间广东社会不安与团练之发展》。
⑧《仁宗实录》卷5，嘉庆元年五月癸酉，第120页。
⑨《仁宗实录》卷10，嘉庆元年十月庚寅，第163页。

我船已到，弭首就缚”。[①] 除此之外，雇请船民为眼线，也是有用之法。鉴于象山洋面拒捕盗匪，“日久未获”，乾隆时期的浙江巡抚福崧、提督陈杰曾上奏，提出雇觅船民为眼线之法，因为“捕鱼民船深知水性，于盗船踪迹必能一望而知”。[②]

第三，伪装之法。各镇水师营汛往来巡防，相互协作，缉拿海盗，这是通常的办法。但还要在每镇水师中，“派给钓船十一只，每船配兵十名，扮作渔户，以为诱擒及报信之用”。[③] 驾船出洋时，尤其要令官兵“扮作商人”，战船扮作商船，以混盗匪之耳目。如此则盗匪不得预备，而官兵乃以电掣风驰，“兔起鹘落，制盗匪之死命”。[④] 道光十二年（1832），广东廉州、琼州二府所属外洋聚有盗船，散出劫掠。合浦县知县探得盗踪，在孤悬海外之涠洲，即又令兵役扮作渔民，在涠洲周围洋面捕捞，“佯作捕鱼诱缉”。见海盗正在抢劫商船，扮作渔民的兵役立即报信，官兵四面兜捕，格杀、缉获盗匪多名，海面盗匪由此为之肃清。[⑤]

第二节　晚清新政前湖海水路捕务制度的转轨

一、江河水路捕务力量的转轨

（一）长江捕务制度的变化。有清一代，仅仅从武职主体及其管辖空间来看，可以将长江捕务制度的变化分为三个时期。第一时期是分省而治阶段，自顺治初年到同治八年（1869）。长江捕务主体是绿营水师和陆师，但各省划段而治，省内分汛，由各省的督抚、提督和兼提督衔的巡抚负责。第二时期是长江全域一体捕务阶段，自同治八年（1869）到光宣之际。设立长江水师提督，不分省域，统一管辖从湖北荆州到江苏吴淞海口的长江捕务，长江捕务实现了全域一

①《续录海面缉盗论》，《申报》，1872 年 5 月 17 日，第 1 版。
②《高宗实录》卷 1367，乾隆五十五年十一月乙巳，第 345 页。
③《治浙成规》卷 7，臬政三，第 624 页。
④《弭海盗策》，《申报》，1892 年 12 月 16 日，第 1 版。
⑤《宣宗实录》卷 226，道光十二年十一月壬寅，第 382 页。

体，在长江上江和下江内分汛而治，长江捕务制度为之大变，只有四川辖境的长江段由四川总督、提督所辖陆师巡防。“自咸丰初年曾文正招募水勇，并立新军，规划井井，已判然与旧制不同。及同治九年（1870），疏请设立专营，而长江与外海、内河劈分三支，厘为定制”；[①]第三时期是全域一体与分省而治结合阶段，自光宣之际到清政府崩溃。长江捕务制度再次大变，长江水师和其他由各省独立管辖的水师，如长江舰队，共同巡防长江捕务，其捕务主体由单一向多元发展。

第一个时期是长江捕务由各省负责。如湖北，“其在江者，湖北则有汉阳游击营水师守备、千总等员。又有荆州水师营，又有宜昌镇水师前、后营，镇压江防，与陆营为指臂，然有水师之名，而无船炮之实，官弁仍居衙署，兵丁仅习刀矛，仍与陆师轨也”。[②]但到同治八年（1869）以后，长江捕务体制发生了根本性的变化。

第二个时期是长江捕务全域一体。如前所述，同治三年（1864），太平天国农民运动被镇压下去，东南底定，曾国藩、彭玉麟以江防重要，疏请设立长江经制水师。简授长江水师提督 1 人，可专折奏事，隶两江、湖广总督节制，率提标五营驻安徽太平府。[③]到同治八年（1869），长江水师正式建立，标志着湘军水师成功改制为经制水师，实现了独立成军。新成立的长江水师基本上按照绿营水师军制进行整编。这种体制打破了旧有体制，不再各省分割，而是区分为上江和下江，上江长江水师由湖广总督节制，下江长江水师受两江总督节制。巡防和缉捕的管辖范围也冲破了旧有的省域界限，实现了全域一体，有利于统一指挥、统一建设、统一监督和快速反应。包括提标和兼辖的狼山镇标在内，长江水师全军共设 6 个提标、镇标。从同治十年（1871）湖北崇文书局印刷的《长江图说》看，此时长江水师全军下辖 24 营、93 哨、639 队。[④]就长江水师的船制看，根据不

① 席裕福：《皇朝政典类纂》卷 341，兵十九，第 7406 页。
② 吕调元、刘承恩修，张仲炘、杨承禧纂：《民国湖北省志》卷 64，武备二，第 1491 页。
③ 赵尔巽等：《清史稿》卷 135，兵志六，第 4022—4028 页。
④ 马征麟：《长江图说》营目，崇文书局 1871 年版，第 1—4 页。

同的官阶，配备的船只数量、类别有所不同，且此时的船只均为自然动力。[①]

从内地省份的分布情况看，长江水师在安徽境内者，有提标中营、裕溪、芜湖、大通和湖口镇标安庆、华阳等6营，共计官弁205员，兵丁与书吏2997名，战船、坐船、飞划共有606号。但驻防安徽省内的上述6营受长江水师提督统辖，与其他巡抚一样，安徽巡抚只能节制副将、参将和游击以下官弁。[②]因为长江水师建立，江西议裁九江水师营、鄱湖水师营，[③]其辖地分别划归江西陆师和长江水师管辖。长江水师在江西省境内者，为湖口水师镇标，辖湖口营、吴城营、饶州营、华阳营和安庆营等5营，受长江水师提督管辖。同样因为长江水师的创立，同治九年（1870），湖北裁武昌、黄州、道士洑营水汛兵369名，[④]裁汉阳、荆州水师兵104名。长江水师在湖北者，为汉阳水师镇标，辖汉阳营、田家镇营、簰洲营和巴河营。湖南议裁洞庭水师营，改为龙阳城守营，酌留守备外委各1员、把总2员和兵丁160名；议裁岳州水师营，仍酌留水师兵丁78名，归陆路城守营管辖。[⑤]长江水师在湖南者，为岳州水师镇标，辖镇标中营和沅江营。长江水师在江苏者，为瓜洲镇标中营、孟河口营、三江营和江阴营，同时兼辖狼山镇标通州、海门两营。

毫无疑问，长江水师的主要职能是长江干流及其附近水域的捕务。从长江水师规章来看，其对内治安职责主要有：第一，缉拿盗匪，保证长江水师所辖五省水域的治安秩序。“长江水师各分汛地，专以驱逐游匪，严防劫盗为重。”[⑥]官绅均认为，长江水师维持域内治安“是其专责”[⑦]；第二，查各种违禁物品，缉拿私枭等不法人员。如盐务，长江水师对派船派兵缉查私盐有严格的规定。“至巡稽私盐，

① 参见彭玉麟：《彭玉麟集》，梁绍辉等校点，岳麓书社2008年版，第153—155页。
② 冯煦、陈师礼：《皖政辑要》卷64，水师二，第623页。
③《穆宗实录》卷258，同治八年五月癸酉，第582页。
④ 吕调元、刘承恩修，张仲炘、杨承禧纂：《民国湖北通志》卷63，武备志一，第1468页。
⑤《穆宗实录》卷258，同治八年五月癸酉，第582页。
⑥ 彭玉麟：《彭玉麟集》，第151页。
⑦《沿江州县获盗问题》，《申报》，1909年5月22日，第11版。

本以炮船为最便，然亦只准于瓜州、汉阳两镇标下，奏派战船若干号，巡稽某处。其未经奏派之战船，概不准干涉盐务，尤不准包庇私盐”；[①]第三，为保护厘税收入，各厘卡均有兵勇进行保护。如，在长江中下游的安徽，“自咸丰年间设立厘卡以来，沿江各厘局护卡炮船历来情形不同，或由该局自备，或由水师派哨分驻”；[②]第四，管理、稽查长江水师辖区渔船。“水师分扼各口，原为稽缉盗踪，保护行旅而设，其章程有‘稽查渔船’一条，亦恐渔船匿盗也”；第五，长江水师各营汛在所辖区内，还有护解京饷、协饷的任务。如，长江水师汉阳镇巴河营左哨七队有外委1员，留巴河差遣、护饷。[③]长江水师官弁按照规章，较认真地执行其任务。通过发布告示提醒商旅、渔船和百姓，在长江江面往来巡防，追捕缉拿，防范和保护辖区内的秩序和商旅的安全，成为其例行的日常工作。光绪三十三年（1907），加强长江捕务，应对会党和革命党的反清活动，清政府和沿江督抚整顿长江水师。除了由长江水师提督“督饬查缉”外，提高效率，由两江和湖北各拨兵轮1艘，交长江水师提督程文炳使用。长江水师还建立探访队，其眼线探访经费分别由两江和湖北筹措，每月各省负担银1000两。长江水师还将其炮船的旧式炮位更换为后膛快炮，每营新设5尊，[④]长江水师装备朝近代化又迈出了一步。

实事求是地说，长江水师近50年的存在，尽管不时出现一些小问题，但也起到了比较好的积极作用，没有重蹈绿营腐败、颓废的覆辙，全力维护了长江干流水域的社会秩序。曾任长江水师巡阅使的彭玉麟指出：“长江未立水师舢板以前，盗贼横行，商贾裹足。既立水师舢板之后，往来上下，商旅视为坦途，厘金畅旺，得济数十年饷糈，已著明效。”[⑤]曾任两江总督的刘坤一也认为，“沿江各省常关厘卡

---

①彭玉麟：《彭玉麟集》，第152页。

②冯煦、陈师礼：《皖政辑要》卷64，水师二，第637页。

③吕调元、刘承恩修，张仲炘、杨承禧纂：《民国湖北省志》卷64，武备二，第1493—1495页。

④《长江各督抚提督电奏查缉匪党办法》，《申报》，1907年8月27日，第3版。

⑤彭玉麟：《彭玉麟集》，第447—450页。

每年得以巨款，长江自通以来，往来轮船络绎不绝，而商货仍有民船运载者，实由沿江设师船，为之巡护也”。[①]长江水师的巡防和缉盗，保证了往来于长江干流水域商旅的安全，晚清绅士对此也给予高度评价。“内河外江，铃铎声相闻，东南无盗贼患。”[②]晚清时期，长江水师之所以能够保持比较好的状态，与其独树一帜的多方面制度，如营制、船制和规则是息息相关的。这些制度既有对过去的承继，又有新的创造。如，同治四年（1865）十二月，经过曾国藩和彭玉麟往来会商，草拟《长江水师事宜三十条》和《长江水师营制二十四条》。[③]同治七年（1868）三月，按照中央部门的意见，对同治四年规章进行修改，形成了《长江水师未尽事宜十条》。[④]相对律例关于其他绿营军队和州县疏防的一般规定来说，长江水师的处分规定要严格得多。一是题参限期少四个月。期满不获，一般规定二、三、四参限期为一年，而长江水师的限期为八个月。二是处罚更重。一般规定三参只是降一级留任，四参降一级调用，而长江水师的三参处分降二级留任，四参处分降二级调用。三是按照条例一般规定的相关加级奖励，可以予以抵销，而长江水师的相关加级奖励不能抵销。这就是长江水师章程的“处分加等”之例。曾任福建巡抚王凯泰就说：“近来议立长江水师，管辖地方，有处分加等之议，仿照行之，于练兵均有裨益。”[⑤]而且，规则执行得较彻底。如曾国藩，以严厉的方式，惩处长江水师不法官弁。同治七年（1868），因为长江水师营哨官 9 人“性耽安逸，吸食洋烟”，彭玉麟特咨请曾国藩参办。曾国藩于是请旨将上述官员革职，并撤销张锦芳、蒋延登等 2 员的勇号。[⑥]彭玉麟“每出巡，侦官吏不

① 刘坤一：《奏为遵旨酌裁长江水师办理情形事》，光绪二十三年七月十六日，中国第一历史档案馆：《光绪朝朱批奏折》第 65 辑，中华书局 1995 年版，第 302 页。

② 徐珂：《清稗类钞》第 2 册，兵刑类，第 756 页。

③《长江水师营制》，同治五年。档案号：03-4721-101。

④ 参见彭玉麟：《彭玉麟集》，第 187—193 页。

⑤ 盛康：《皇朝经世文编续编》卷 76，兵制，近代中国史料丛刊第 84 辑，文海出版社 1966 年版，第 1697 页。

⑥ 曾国藩：《曾国藩全集》，第 103 页。

法辄劾惩，甚者以军法斩之然后闻”。[①] 正因为如此，长江水师能够保持良好的捕务状态，官绅们对长江水师规章及其效果也给予很高的评价：“试观长江水师为军兴以来，营制之最善者，曾文正、彭宫保费十数年之心力，得以成为劲旅，殄平遗孽，推中兴第一功。”[②]

长江水师体制对清季既给捕务制度带来冲击，也给日后兵制、船制带来十分重要的影响，且这种影响具有全国性，而不是区域性。也就是说，长江水师的规制成为其他陆军，尤其是其他水师、海军学习和效仿的榜样。如，同治九年（1870），江西巡抚刘坤一也按照长江水师船制，将其所辖的内河两营水师原有舢板，“分成改造，稍加宽大，以便江南、内河俱堪驾驶”。[③] 李鸿章调任直隶总督兼北洋通商大臣后，在直隶设内河水师营，仿长江水师之制，“设督标水师中营，管带官一人，哨官三十二人，水师四百七十六人，舢板战船三十二艘，驻三岔河口，亲兵总哨官一人，哨官十四人，水师二百二人，舢板战船十四艘，驻西沽河口”。[④] 长江水师的规制对后来建立全域一体的北洋海军有重要影响。光绪六年（1880），李鸿章奏请添设水师提督缺额，海军体制照长江水师提督例，节制北洋沿海各镇，按期巡洋会哨，以专责成。[⑤] 所以，正如王文贤所说的那样，长江水师“规模详备，人才济济，东南各省之绿营水师多仿其营制，用其将弁，其对晚清内河及外海水师之整顿，贡献匪浅”。[⑥]

第三个时期是长江捕务主体多元时期。晚清进入光宣之际，由于长江流域会党特别猖獗，且保皇党和革命党不时利用长江便利的水道发动反清起义，清政府除不断强化经制长江水师巡防和警戒之外，长江沿线各省还另起炉灶，建立或调防专门的长江捕务力量，如长江巡缉队、长江游击之师和长江舰队等。长江干流的两类水师、陆师力量

① 赵尔巽等：《清史稿》卷 410，列传一九七，第 12002 页。

②《防营杜患说》，《申报》，1879 年 5 月 14 日，第 1 版。

③ 刘坤一：《刘坤一奏疏》，陈代湘等校点，岳麓书社 2013 年版，第 253 页。

④ 赵尔巽等：《清史稿》卷 135，兵志六，第 4001 页。

⑤ 席裕福：《皇朝政典类纂》卷 342，兵二十，第 7407 页。

⑥ 王文贤：《清季长江水师之创建及其影响》，《台湾师范大学历史学报》1974 年第 2 期，第 261 页。

相互支持，共同维护长江治安秩序。但前者属于独立的长江水师提督辖下的捕务体系，后者则直接受命于各省督抚。如湖北，在光绪元年（1875）购买“汉广”号兵轮，后因故沉没。次年又购置铁壳小火轮1艘，取名“问津”，用以巡缉江面，转运饷需。该船未设炮位，由督标千总1员任管带，统领兵丁44人。光绪十五年（1889），张之洞调任湖广总督时，由广东带回兵轮“广昌”号，改名为“楚材”号（排水量为950吨、官兵73人）。两年后，他陆续电请南洋大臣，拨上海制造局制造的“测海”“金瓯”等舰给湖北。张之洞由两江总督回任湖广总督后，在陆军小学附设海军班，正式建立水师3营（即铁字营），有水兵840人。光绪二十二年（1896）前后，又从日本购进“楚泰”“楚同”“楚谦”“楚豫”和“楚观”等5舰，连同以前小炮舰、鱼雷艇及较新式的舰艇，共有舰艇21艘，总排水量约8万吨。其任务为以武汉为基地，轮流巡缉武昌至宜昌，至武穴上下游，警戒武汉口岸，担任军事运输。[①]又有报道说，到光绪三十三年（1907），湖北水师共有兵舰10或12艘，由天津水师学堂毕业生黎元洪统带。[②]但不论怎么说，湖北水军“经升督张中堂极力筹备，购置兵舰雷艇水师，规模已形大备”。[③]其巡缉和震慑范围达到长江中游和湖北内河，且湖北水师的现代化水平已经远远超过保守的长江水师。

光绪三十三年（1907），安徽发生了徐锡麟刺杀安徽巡抚恩铭案件，上至督抚，下至一般民众，均十分恐慌。端方称：“核阅电叙犯供，种种悖逆，实堪发指。”[④]清政府速令五省督抚及长江水师提督，会商巡缉长江办法，以应对会党的骚乱和革命党的反清活动。长江沿线督抚和长江水师提督很快提出了一揽子方案，除加强长江水师力量，严格长江水师巡缉外，主要包括四个方面的措施。（1）暂编长江舰队，巡查、督缉整个长江江面。两江总督拨给南琛兵舰1艘和辰、宿、列、张等鱼雷艇4号，暂编为一队，备巡缉之用。每舰派探

①武汉地方志编纂委员会：《武汉市志·军事志》，武汉大学出版社1992年版，第43—44页。
②《鄂督设立长江上游水师之布置》，《申报》，1907年5月2日，第11版。
③《鄂督扩充水师舰队》，《申报》，1908年12月20日，第11版。
④绍兴市档案馆：《绍兴与辛亥革命》，凤凰出版社2011年版，第223页。

访员若干员，在陆地侦探。舰队巡缉区域从江苏省江面吴淞起，历经江阴、镇江、金陵，到安徽省界止。①长江舰队与长江水师两大捕务体系相互协作，互为补充。可以说，从光绪三十三年（1907）到宣统年间，由于长江舰队的新组建，沿江各省长江段的捕务能力得到了提高。（2）将云南勇营调防长江流域，专任长江游击之师。光绪三十三年（1907）八月，清廷发布上谕，令云南提督夏辛酉统带所部，作为长江游击之师，前往长江一带，扼要驻扎。②夏辛酉按照巡防队暂行章程，将所部编为步队 14 营、马队 2 营、探访营 1 营，有官弁兵夫 5084 员。③次年正月夏辛酉病逝，朝廷又命令甘肃提督姜桂题接统其部，④作为游击之师，继续防守长江一带。（3）建立长江巡缉队，广设侦探，严密探访。恩铭被刺事件后，清政府饬令进一步加强长江的巡防和缉捕。两江总督等制定了《江南巡缉队章程》，将巡缉队的工作规范化。其中规定，"巡缉队之设立以机关秘密，信息灵通为宗旨，务使匪党随时破获，奸宄难以隐藏"。⑤合并两江巡缉队及巡警局原有侦探队，改编为长江巡缉队，官弁员额达到 1259 人，"实为秘密侦探"。长江巡缉队建立后，成为长江水师缉捕盗匪的先锋。在该年年底，长江巡缉队获悉会匪易仪等踪迹，由上海、江阴一路跟踪至镇江荷花池地方，最终将会匪易仪等 2 名拿获，并起获令旗、票布等件。只有缉捕权的巡缉队将其一并解送丹徒县收押，一面禀告两江总督，札饬该县从严审办。⑥宣统元年（1909），因为巡缉队专为专探匪踪，与部颁巡防队章程不合。于是，按照民政部章程，改巡缉队为探访队，并"去其桀骜，汰其老弱"，留官弁兵夫 208 名，裁去司令官

①端方：《端忠敏公奏稿》卷 9，近代中国史料丛刊第 10 辑，台北文海出版社 1966 年版，第 1146—1147 页。

②《云南提督夏辛酉奏为筹办江防遵旨编练长江游击营队各缘由事》，光绪三十三年十月二十七日。档案号：03-5766-043。

③《甘肃提督姜桂题奏为遵办江防并改新旧营队各事宜等》，光绪三十四年正月十七日。档案号：03-5766-057。

④《德宗实录》卷 586，光绪三十四年正月癸巳，第 740 页。

⑤端方：《端忠敏公奏稿》卷 9，第 1142 页。

⑥《巡缉队弁通拿获会匪》，《申报》，1907 年 12 月 3 日，第 11 版。

名目，归江宁巡防统领接管。更为重要的是，该探访队和金陵巡警水师“与巡警性质相近”，决定改归民政部管辖。[①]这些勇营性质的军队正式脱离地方性的军队体系，改属民政内务体系，尽管其职责不变，但促成了向警察身份的转变，开启了职业化、专业化的进程。（4）加强和调整长江沿线各省陆师捕务力量。如在江南，两江总督等制定了《陆营巡缉章程》。该规定称，凡是驻扎沿江一带的新旧各军队，分区担任巡缉，各专责成。[②]次年，程允和接统长江防守各营，给予“总统沿江巡防队”关防，[③]全面指挥江南地区江防军队18营。“此军本为巡缉长江一带地方之用”，驻扎浦口。[④]

为维护长江干流的秩序和安全，保证上述举措的有力实施，沿江各省还制定了专门的奖赏办法。“凡访明拿获匪类，按其情罪之轻重，捕拿之难易，应分别奖赏”。奖励计分三项，即奏保、外奖和赏格。处罚计分五项，即抵罪、反坐、参处、监禁和责罚。[⑤]

（二）直省其他江河水路捕务主体的变化。同治初年，淮军中也有一支水师，即淮军水师，是李鸿章到达上海后逐渐组建的。在击败了太平军和捻军后，该水师大部分被裁撤。此外，还有淮扬水师和太湖水师。淮扬水师是曾国藩于咸丰十年（1860）开始组建的一支新水师，其统领为原湘军外江水师将领黄翼升。次年四月，淮扬水师仿照湘军水师建立了9个营，约5000人，是李鸿章手下的一支重要兵力。到上海后，淮扬水师又扩充了3个营。长江水师成立时，该水师大部编入长江水师。太湖水师是曾国藩于同治元年（1862）八月在安徽创建的，官兵大多来自湘军外江水师，统领也由外江水师的李朝斌担任，湘军内江水师也抽出了部分兵力和战船予以加强。太湖水师共编成10个营，编制也与湘军水师相同。太平天国运动失败后，太

---

①《江督奏改巡缉队为探访队》，《申报》，1910年8月4日，第14版。

②端方：《端忠敏公奏稿》卷9，第1150页。

③《预备程军门接统巡防队》，《申报》，1908年10月3日，第11版。

④《苏省大吏请拨防军保护省城》，《申报》，1910年5月16日，第10版。

⑤《两江总督端升任江苏巡抚陈前江北提督荫长江水师提督程会奏巡缉长江详细章程折》，《东方杂志》，1908年第1期，第19页。

湖水师减为 7 个营，改成经制部队，仍称太湖水师，隶属于江南水陆提督。同治八年（1869），太湖水师又奉命缩编成江苏里河水师 5 营。该水师也时裁时增，到光绪十二年（1886），太湖水师存勇丁 7 营，共 2100 余名，分驾长龙船 7 艘、杉板船 137 艘。[①]

内地其他各省也新设水师营，或陆路兼辖水师，由各省督抚管辖。如湖北自荆州以上，溯江至宜昌、巴东，汉阳以上，溯江至襄阳、郧阳，湖南湘江、沅江和江西吴城以上诸河，各省疆吏"自设防营"。安徽淮河一带，自正阳关至洪泽湖及江苏境内各支河水师，隶淮阳镇标。光绪间，改设江北提督，"凡清江营、洋河营、庙湾营、佃湖营、洪湖营、苇荡营咸隶之"。自镇江以东，内河各汛及太湖水师五营，则统以江南提督。[②]与经制长江水师不同的是，内地省份其他江河的水师多由水勇构成。如同治初年，浙江省"内河亦多楚湘之产"。与太平天国运动前不同，此时的内河湖泊水师多为非经制水师，由各省督抚调遣，但与长江水师的主要职能一致，"旧日勇队仍只为内地巡防之用"。[③]如其他军队一样，内地各省水师分分合合，名号不断变换。由于此时全国军队未统一编制，各省各行其是，各省水师名号也不统一，营制、船制和饷制五花八门。根据《皖政辑要》的记载，安徽澄清水师于同治初年豫东平捻匪后，调驻江面，原设有统领官 1 员、营官 3 员、哨官 43 员、勇丁 800 余名、炮船 42 只、轮船 1 只。到光绪九年（1883）时，淮河长字水师有前左右等 3 营，淮河先字水师有正副 2 营，共 5 营。两年后，安徽巡抚将其改为淮河水师中、前、后等三营。淮河长字水师左营归寿春镇节制，改为卓胜水师。光绪二十一年（1895），中、前、后三营共有炮船 54 只，每船水勇 8 名。安徽巡抚福润裁撤炮船 2 成，到光绪二十六年（1900），每营裁存仅有炮船 14 只、每船勇丁 8 名，共计炮船 42 只、勇丁 336 名。光绪三十一年（1905），经安徽巡抚诚勋奏咨，添给长字中营舢

①《太湖军实》,《申报》, 1886 年 8 月 2 日，第 2 版。

②赵尔巽等:《清史稿》卷 135，兵志六，第 4025 页。

③陈锋:《晚清财政说明书》卷 5，江苏浙江，湖北人民出版社 2015 年版，第 758 页。

板炮船3只，以资巡缉。[①] 另一支水师营是巢湖水师，仅1营，共设官勇151名，分扎巢湖流域。巢湖周围390余里，东西120里、南北60里，营汛各守界限，东至巢县城汛，西至合肥县城庐州营汛，南至庐江县城汛，北至烔炀河庐州营分汛。原有炮船16只，后裁撤1只，存15只。光绪三十一年（1905）经巡抚诚勋禀请，以裁撤的澄清水师营舢板15只，拨归巢湖水师营抵用，即以原有船只就地变价，以资修葺。[②] 在光绪年间，湖北有襄河水师之设。光绪十七年（1891），湖北设立铁字水师3营，并令兼习陆战。“每营五哨，计舢板二十五号，营官长龙一号，照鄂省水师章程，每营计勇丁、舵工等，共三百四十五名。三营共一千零三十五名。”[③] 作为两湖总督，张之洞对长江水师和湖北所属水师进行校阅，光绪十九年（1893），“其襄河水师及铁字营水师自应一体校阅”。[④] 晚清军兴之后，湖南于省城驻水师2营，湘潭驻水师1营，衡州驻水师1营，益阳县由省城拨数船驻防，常德驻水师1营，辰州驻水师1营，洪江驻水师1营，澧州则有常德拨数船驻扎，岳州、安乡各驻水师1营，但这些水师“不在经制水师之列”。[⑤] 湖南陆续有所谓的选锋、澄湘、长胜、飞翰4支水师名目，作为内河水师，分防省河各地。选锋水师中左右营在咸丰十一年（1861）成军，同治二年（1863），增设前营，同治十年（1871）改湘潭水师为后营。至此，选锋水师共5营，有官兵1521人，分防于省河及滨湖一带，额设官兵1521名，全年经费为74557多两。澄湘水师组建于同治七年（1868），宣统二年（1910），将衡永缉私水师归并，有官兵487人，全年经费233048多两，分防于衡州、永州一带。长胜水师组建于光绪元年（1875），有官兵749人，全年经费为23817多两，分防西路辰州、沅州一带。飞翰水师中营组建于光绪二十六年（1900），光绪三十二年（1906）设左营，光绪三十四年（1908）设右

---

① 冯煦、陈师礼：《皖政辑要》卷64，水师二，第630页。
② 冯煦、陈师礼：《皖政辑要》卷64，水师二，第633—635页。
③ 苑书义等：《张之洞全集》卷108，公牍二十三，第2932页。
④ 苑书义等：《张之洞全集》卷116，公牍三十一，第3171页。
⑤ 曾国荃、郭嵩焘：《光绪湖南通志》卷79，武备志二，第312页。

营，并将驻泊芦林潭等处防护米卡师船改为前营。宣统元年（1909），将靖湖水师舢板10号和选锋中营长龙1号，添建舢板3号，改编为飞翰后营，形成飞翰水师5营，有官兵1532人，分防于省河和滨湖一带。[①] 所以，到宣统二年（1910），直属湖南巡抚、提标管辖的水师共14营，官兵4296人，拥有舢板船58只。从分防的区域来看，湖南水师的巡防重点是洞庭湖滨湖地区。湖南也裁减水师，如光绪二十五年（1899），湖南巡抚裁汰陆勇3营、水师1营，并将留存陆营长夫和水师船价、油烛按五成支给，岁省银12万余两。[②] 从整体看，在内地省份江河捕务中，水师营、水汛只能起到辅助性作用，捕务主力还是陆路绿营、防勇和后来的巡防队。

二、海洋水路捕务力量的曲折转型

（一）沿海水路捕务力量新旧并存。清代前期，无论是外海水师，还是内河水师，其主要职责是巡防湖海，防内奸，缉海盗，维持海洋秩序。到晚清时期，列强通过海洋不断侵扰中国，海防形势为之大变，水师御外敌的任务提到议事日程的首要。但由于实力所限，清政府水师难以担当这一国防角色，履职主要为御海盗。但是到晚清中期，清廷开始创建海军，海军近代化、正规化和知识化正式启动。不过，沿海水师仍保留一些旧式水师，呈现出新旧并存的特征。而内地水师，包括长江水师，如上所述，多沿袭旧制，停滞不前，甚至有所倒退。至此，清廷新式海军与旧式水师逐渐分野。具体表现在装备上，海军开始装备蒸汽动力船舰，而内河水师则主要是自然动力的木船，只有少量浅水兵轮；表现在职责上，内河水师只能防内寇，为内防，海军则以御外敌为主，兼顾内防。如，光绪十六年（1890），在福建洋面，盗匪出没无常。经闽浙总督卞宝第奏请，将派驻台湾的伏波轮船调回福建。六月二十三日，南安县船户郑平良驾船，突遇匪船，海盗不仅洗劫船物，还将其水手砍伤。福建兴泉永道道员吴世荣

① 参见陈锋：《晚清财政说明书》卷6，安徽江西湖北湖南，第757—760页。
②《德宗实录》卷455，光绪二十五年十一月辛酉，第996页。

商同福建水师提督彭楚汉，会委文武员弁，分带兵勇，派拨伏波轮船，带同事主追捕，七月初六日将海盗抓获。[①]由此可见，新式海军除了巡缉威慑外，仍然是清代缉捕力量的有机组成部分。

洪杨之役结束后，水勇承担捕务主要责任。如浙江省，“绿营渐次裁汰，新式陆军尚未成军，防营处于新旧过渡时代”，成为晚清较长时期捕盗、剿匪的主力。“这种武装力量所做的工作实际属于警察的工作。省内的士兵，虽受过训练并持有武器，事实上他们更适用于对付民众暴动，而不适用于抵御外敌入侵。”[②]水勇也如同陆勇一样，成为晚清水师的主要力量。“水师则有外海、内河之分。外海向以广勇著称，内河亦多楚湘之产。惟巡盐缉私间用淮人，或名营或名旗。”[③]福建船政局的设立是中国近代海军的初起，也意味着旧式外海水师的逐渐完结。自制和外购的蒸汽战船加入清政府海军后，外海水师的旧式战船逐渐被淘汰。“沿海各省向有额设外海水师，原为平日绥靖海疆之用。自轮船驶行后，此项战船全无所用，亦宜变通旧制，分别裁汰。”[④]同时，海军不仅是晚清新式军队和新式练军的先锋，也是晚清捕务制度大变的又一充分的体现。如枪械换装，“所有长江水师及江苏新改之外海、内洋、内河水师均著专习枪炮，毋庸兼习弓箭”。[⑤]

同光之际，海军装备蒸汽动力舰船后，立即进行海上训练，以成劲旅。同治九年（1870），朝廷谕令：“现在已成之船，必须责成李成谋，督率各员弁驾驶出洋，认真操练，技艺愈精，胆气愈壮，方足备御侮折冲之用。”[⑥]次年，按照朝廷的要求，《轮船训练章程》12 条正式出台。[⑦]以西方海军为榜样，海军正规化建设由此拉开序幕，使海军在中国的军队中率先走向近代化，为以后海军的进一步发展奠定了

---

①《光绪十七年二月初十日京报全录》，《申报》，1891 年 3 月 28 日，第 11 版。

②［英］赫德：《这些从秦国来——中国问题论集》，第 114—115 页。

③陈锋：《晚清财政说明书》卷 5，江苏浙江，第 758 页。

④《德宗实录》卷 108，光绪六年正月庚寅，第 593 页。

⑤《穆宗实录》卷 339，同治十一年八月辛未，第 471 页。

⑥《穆宗实录》卷 291，同治九年九月庚寅，第 1029 页。

⑦参见《穆宗实录》卷 306，同治十年二月辛巳，第 54 页。

物质和制度基础。“光绪初元，鸿章设水师营于三岔河口，复于户部拨给各关洋税银，订购铁甲舰，此北洋海军之所由始也。”[①]北洋海军初建，对原有的旧制度形成了巨大的冲击，海军统辖权由原来的各省分割逐渐走向区域性统一。光绪元年（1875），李鸿章于大沽、北塘等处，增建炮台，购置欧洲铁甲快船、碰船和水雷船，由海军将领统率，成为新的军种，不再隶属旧制协标之内。[②]同时，经过购买洋舰和自造，船舰的数量和质量得到了较大的提升。据光绪八年（1882）的报道，各外海海军大小轮船总数为 75 艘。[③]从严格意义上说，北洋海军是一支近代化海军，南洋的南洋海军、福建海军、广东海军只是向近代海军转化过程中的 3 支外海水师，或者是“准近代海军”，在舰艇、武器、装备、岸勤、编制等方面离近代海军的标准均有不小的差距。[④]特别是广东水师，规模和实力都有限，“虽有轮船数十艘，只足供内河巡缉之用，以守海口且不足，更何能语于海军”，[⑤]只能用于内政性质的巡防和缉捕之用。

光绪九年（1883），总理各国事务衙门下设海防股。该海防股掌南、北洋海防之事。[⑥]很显然，这个海防股的权力十分有限，难以领导正在蓬勃发展的海军建设。光绪十一年（1885），清政府设立总理海军事务衙门，负责全国的海军事务，其职责是“所有沿海水师悉归节制、调遣”，[⑦]海军迎来了新的发展时机。特别是北洋海军，拥有包括 2 艘铁甲舰、7 艘巡洋舰在内的 25 艘舰船组成的舰队，具备了较强的海上作战能力，改变了第一次鸦片战争以后中国军队几乎不能出海作战的被动局面。光绪十四年（1888），清政府批复《北洋海军章程》，该章程具有西方近代海军章程的特点，同时也结合了中国旧式

---

①王守恂：《天津政俗沿革记》卷 14，第 67 页。

②赵尔巽等：《清史稿》卷 135，兵志六，第 4001 页。

③参见《中国轮船名》，《申报》，1882 年 4 月 2 日，第 2 版。

④张铁牛、高晓星：《中国古代海军史》，第 477 页。

⑤《署两广总督岑等奏为拟将广东水师绿营官兵悉数裁撤腾出饷项专供本省练兵之用折》，《申报》，1904 年 6 月 9 日，第 13 版。

⑥参见刘锦藻：《清朝续文献通考》卷 118，职官考四，第 8779 页。

⑦张侠、杨志本等：《清末海军史料》，海洋出版社 1982 年版，第 66 页。

水师的旧制，[①] 对北洋海军船制、官制、升擢、考校、俸饷等12个方面做了具体规定。[②]

甲午战争以中国的惨败而告终，清政府三十多年海军、海防建设的硕果在几天内基本无存。光绪二十一年（1895）二月，朝廷决定撤销海军衙门和海军内外学堂。“其每年应解海军正款，亦请统解户部收存，专为购办船械之用。”[③] 甲午战争失败后的10余年内，中国军队的编制序列中，只有各地水师，而无海军。尽管在甲午战后，北洋海军重建，到光绪二十五年（1899）时，拥有“海天”“海圻”等巡洋舰、驱逐舰和鱼雷10余艘，力量有所恢复，[④] 但北洋海军的覆灭和其他海军的实力不济则是不争的事实，沿海海洋捕务能力大大降低，只能依靠这些尚存和新造外购的舰船及旧式水师，勉力维持海洋捕务秩序。

在沿海省份，由于经费十分困难，作为水路捕务力量的旧式水师不时被裁减，以此作为购船、练军之需。如，宁波有“红单战船十数艘，统带以及哨官、水勇大半皆粤产，以资巡洋缉盗，时有弋获”，但所需军费每年达到20万两。浙江巡抚梅启照“以宁海口既有元凯、伏波两轮船，常川往来，保护洋面”，决定裁汰该水师。[⑤] 光绪四年（1878），广东水师奉命裁去其所辖的轮拖水勇2300人。光绪六年（1880），福建已设轮船水师，朝廷认为“原有之外海战船，与各路绿营之兵、分防之勇，即可酌量裁减数成”。[⑥] 光绪十二年（1886年），广州八旗水师营编制撤销。到宣统年间，沿海和内地各省水师官兵只剩下了44889人，其中，绿营水师19972人，防军和练军水师24917人。清末的防军水师是由裁撤剩下的湘、淮军水师改成的，练军水师

① 李姣姣：《甲午战后中国海军重建研究（1895—1911）》，陕西师范大学2016年硕士论文，第12页。

② 参见《北洋海军章程》，近代中国史料丛刊第24辑，文海出版社1985年版，第265—269页。

③ 张侠、杨志本等：《清末海军史料》，第85页。

④ 吴杰章、苏小东、程志发：《中国近代海军史》，解放军出版社1989年版，第249页。

⑤《拟裁红单战船》，《申报》，1877年7月10日，第2版。

⑥《德宗实录》卷110，光绪六年二月己未，第613—614页。

则是由整编后的八旗、绿营水师改编的。八旗水师除一部分改成练军水师以外，至此已没有独立的编制了。

由于社会治安恶化，沿海水路捕务力量又不能全裁，清代仍保留了部分旧式水师和河防力量，其主要任务为湖海警戒和维护治安。在光绪末年，吴淞口常驻提标外海水师 6 营，每营设有广艇 2 艘，每艘有正、副哨官 2 员，官弁共 24 员。“自奉旨裁撤冗员后，江南提督李寿亭军门拟将广艇上所驻哨官，不拘正、副，择其年力衰弱者，裁去其一”，只留其一。[①]这些留防的旧式水师仍然继续履职。如上海城东南隅火药局存储大批军火，需要加强戒备，“大宪派拨外海水师广艇三号，驻泊南门外、豆腐浜、浦口，以资保卫”。[②]又如苏松、狼山、福山等三总镇所辖 6 营外海水师炮艇 12 号，轮流到本省海面巡洋，分南、北、中三道巡缉。经苏松镇徐传隆总兵饬令，驶赴南洋，“订于望日左右会同浙江定海镇姚汉卿总兵在江浙交界之黄龙山会哨”。[③]尽管如此，沿海水路旧式水师在装备上有所更新，捕务力量的转型在缓慢进行中。旧式水师也引进了一些蒸汽动力的舰艇和比较先进的枪炮。其中，有一些是将购买的蒸汽动力民用轮船改造而成的炮轮。兼用蒸汽机舰艇和帆桨木船进行沿海巡逻、缉捕，是清代晚期水师的一大特点。与此同时，水师官兵使用的冷兵器和旧式火器被逐步淘汰，取而代之的是比较先进的后装线膛火炮和步枪，战斗力有所提高。

（二）湖海水路捕务人才出自新型水师学堂。新式海军学堂的建立，使国防和捕务人才辈出，水师正规化、专业化和知识化加速。从同治年间开始，清代开始兴办武备学堂，包括水师学堂，到光绪中后期达到了一个小高潮，全国兴办的各类水师学堂有 10 多所，还选送优秀官弁，到西方国家游学、留学。这些水师学堂培养了几代海军人才，也使水师军队建设正规化、专业化和知识化，海军的外海国防、捕务管控能力有了极大的提高。开风气之先的是福州船政局附设的福州船政学堂，比较著名的水师学堂是北洋水师学堂、江南水师学

①《哨艇裁员》，《申报》，1898 年 10 月 15 日，第 3 版。
②《派兵卫局》，《申报》，1900 年 7 月 27 日，第 2 版。
③《水师订期会哨》，《申报》，1906 年 3 月 3 日，第 9 版。

堂和广东水陆师学堂。除此之外，还有广东黄埔鱼雷学堂。光绪十年（1884）该学堂创办，招收学生五届，共毕业学生19名；光绪十五年（1889），清政府于京师昆明湖设立水师学堂，此校专为满人而设，所招学生皆是满族子弟，该学堂只办驾驶班一届，计毕业36人，毕业后即停办；山东威海卫水师学堂设立于光绪十六年（1890），开办四年，毕业驾驶班学生一届30名；北洋旅顺口鱼雷学堂，也创办于光绪十六年（1890），毕业鱼雷班学生三届23名，均派充北洋舰队服务；[①]光绪二十九年（1903），烟台设立海军学校，专办航海科。中国海军培育人才最多者，要推马尾、天津、广东、南京及烟台五个学校，共毕业学生在2000名以上。[②]

正如李鸿章所言，中国"驾驶兵轮船学堂"，创自福建船政。[③]早在同治五年（1866），闽浙总督左宗棠采纳西人建议，奏准在马尾设厂造船，即福州船政局。不久，沈葆桢为总理船政大臣，他按照左宗棠的原定计划，筹设工厂、船坞，同时筹办学堂。先在福州城设"求是堂艺局"，学生称为"艺童"。[④]同治七年（1868）冬，校舍落成后，求是堂艺局由福州迁入马尾，改称"前学堂"，以法文授课，专习制造。设立驾驶班，招生授课，不久又增设管轮班，统称为"后学堂"，以英文授课。[⑤]光绪二年（1876），福州船政局选派制造学生14名、制造艺徒4名，到法国学习制造；选派驾驶学生12名，到英国学习驾驶兵船。[⑥]他们学成回国后，成为高层次的海军建设人才。作为中国第一所近代海军学校，福州船政学堂无论对海军教育还是整个海军建设，都发挥了重要作用。从1866年12月创办到1907年6月船政局暂时停办，船政学堂共毕业制造、驾驶、管轮专业学生510名。福州船政学堂的办学方针和经验，被继它而起的其他海军学校视为楷

---

①高时良、黄仁贤：《洋务运动时期教育》，上海教育出版社2007年版，第506—508页。
②张侠、杨志本等：《清末海军史料》，第432—434页。
③张侠、杨志本等：《清末海军史料》，第389页。
④张侠、杨志本等：《清末海军史料》，第377—378页。
⑤高时良、黄仁贤：《洋务运动时期教育》，第405—407页。
⑥张侠、杨志本等：《清末海军史料》，第381页。

模。[①]

光绪六年（1880）七月，李鸿章奏设天津水师学堂。为此，仿效福州船政后学堂规则，专门制定了《天津水师学堂章程》，“功课、生徒进出以及随时甄别、奖励、责斥章程亦略备焉”。[②]选拔学生，无论天津本籍或邻县或外省寄籍良家子弟，自13岁以上17岁以下，“已经读书数年，读过两三经，能作小讲半篇，或论全篇者，准取具绅士认保，赴书院报名”。考试录取后，专习驾驶。除课程外，学生还要实习。[③]光绪八年（1882）四月，又分设管轮学堂，[④]分设驾驶班、管轮班。驾驶班课程分内堂课、外场课两部分。自1881年开办起，至停办止，驾驶班先后毕业六届，共125名，附班留美学生毕业9名，合计134名；轮机班先后毕业六届，共85名。[⑤]

江南水师学堂创办于光绪十六年（1890），其规模、章程、制度“参仿北洋一切章程”。学制为五年，设驾驶、管轮两门，每门额定60名。招收的学生是已通中、英文字学生，身体结壮良家子弟，年在13岁以上20岁以下者。[⑥]学堂聘有2名英国海军教官和4名外文、汉文教习。除学习各门课程外，两班学生每日放学后，练习泰西跳跃、攀跻各种武艺，以壮筋骨。[⑦]江南水师学堂对学生的管理十分严格，创办仅两年，“已得臻此进境，实觉奇异，大堪嘉美”[⑧]。宣统元年（1909），护理两江总督樊增祥奏改江南水师学堂为南洋海军学堂。[⑨]江南水师学堂自1890年开办起，迄1911年结束止，驾驶科学生毕业七届，计107名；管轮科学生毕业六届，计91名。鱼雷班自学堂开办起，至1904年停办止，毕业三届，计13名。[⑩]

---

① 吴杰章、苏小东、程志发：《中国近代海军史》，第142—143页。

②《书天津水师学堂章程后》，《申报》，1881年3月8日，第1版。

③ 参见《酌拟天津水师学堂事宜》，《申报》，1881年3月5日，第4版。

④ 张侠、杨志本等：《清末海军史料》，第397页。

⑤ 高时良、黄仁贤：《洋务运动时期教育》，第460页。

⑥《招考学生》，《申报》，1890年10月12日，第8版。

⑦ 夏维中等：《南京通史·清代卷》，南京出版社2014年版，第475—476页。

⑧ 高时良、黄仁贤：《洋务运动时期教育》，第497页。

⑨ 高时良、黄仁贤：《洋务运动时期教育》，第498页。

⑩ 高时良、黄仁贤：《洋务运动时期教育》，第501—502页。

张之洞任两广总督时，于光绪十年（1884）在黄埔设水雷局，两年后在局内附设鱼雷学堂，聘德国人马驷为鱼雷专业教习。为了在较大规模上培养军事人才，张之洞仿效李鸿章、左宗棠在天津、福州办水师学堂、武备学堂的做法，先将广州旧有专习洋文、算学的实学馆改名为博学馆。又于光绪十三年（1887），在原博学馆的基础上，设立广东水陆师学堂，学生择优录取。①该学堂聘请英国军官教练，学生习英语，又分为“管轮堂”和“驾驶堂”。水师学堂毕业生，要在船舰实习课读，在中国沿海口岸航行一年，再选其才艺优异者，分赴外国海军学校留学。②学堂每年经费为6万两，实际每年开销仅4万两，节余部分增建水师诵堂、水师操场、陆师诵堂、陆师操场。光绪十九年（1893），谭钟麟督粤，改校名为黄埔水师学堂。后几经分合，到光绪三十二年（1906），学堂增设工业科，③越来越向多科性发展，基本已失去武备学堂的本意，但也培养了一部分水师毕业生。

第三节　新政阶段湖海捕务主体分化与全面转型

一、重建海军和水师全国一体化

如前所述，甲午战败，对中国新式海军是一个沉重的打击，海军的国防和捕务能力由此衰败。由于外国列强继续在中国沿海耀武扬威、横冲直撞，其威胁和侵略一直存在，内患也愈加严重，清政府仍然在尝试恢复海军。“重购海天、海圻、海容、海筹各快舰，海龙、海犀各雷艇，及旧有之飞鹰、通济各雷艇，招募精壮，训练成军，统计各项经费，岁需银一百七十余万。”④到光绪二十八年（1902），仅北洋海军，除水雷艇外，有巡洋舰13号，计32500吨；炮舰13号，计20350吨；递信舰2号，计2520吨；灭水电舰3号，计1500吨；运兵舰10号，计11000吨。北洋海军有各类舰船41号，总计57870

①参见《招考学生》，《申报》，1888年2月8日，第2版。

②冯天瑜：《张之洞评传》，河南教育出版社1985年版，第78页。

③高时良、黄仁贤：《洋务运动时期教育》，第479—480页。

④《论中国亟宜整顿海军》，《申报》，1900年2月8日，第1版。

吨，[①]实力有所恢复。

重建海军其中的重要一步，就是建立统一的组织体系。两江总督刘坤一和直隶总督袁世凯联名上奏，建议“南洋海军应联北洋合成一队，专派大员统御，以一号令而其成整顿”。这一建议得到了朝廷的支持。[②]此举虽然没有实现海军提督的独立设置，但改变了南、北洋海军长期以来各自分割、各自为政的局面，也初步实现了几十年来官绅所提出海军统一领导的愿望。[③]光绪三十三年（1907）四月，设立全国性的海军统筹机构海军处，由兵部改设的陆军部兼管。[④]京师练兵处提调姚锡光在《筹海军刍议》中提出建立巡洋舰队和巡江舰队等两支舰队的设想：凡是适合在海洋作战的巡洋舰，编为“外海经制巡洋舰队”。凡是适合在内河行驶的炮舰，编为“长江经制巡江舰队”，[⑤]以上两支舰队，仍采取“一军两镇之制”，设海军提督一员，统领巡洋、巡江两支舰队，提督辖总兵、副将两翼长，设总兵1员，分统巡洋舰队，副将1员，分统巡江舰队。[⑥]在此基础上，逐步扩充巡洋舰队。该建议实际成为清季筹议海防、江防，恢复海军和统一水师力量的行动蓝本。

宣统元年（1909），在社会各界的强烈呼吁和内外交困的形势下，清廷发布上谕，提出“方今整顿海军，实为经国要图”，并派肃亲王善耆、镇国公载泽、尚书铁良、提督萨镇冰，“妥慎筹画，先立海军基础”。[⑦]海军处从陆军部分出，改为筹办海军事务处，为独立的海军主管机构，[⑧]清廷开始正式规复海军。筹办海军处甫一单设，即与陆军部划分权限，[⑨]所有与海军有关事务划归筹办海军事务处管辖。在

---

①《兵船计数》，《申报》，1902年10月28日，第1版。注：这是北洋水师向军机处上报的数字。

②周益锋：《晚清海防思想研究》，西北大学2004年博士学位论文，第136页。

③参见《中国重建海军宜多储战舰变通章程议》，《申报》，1896年8月30日，第1版。

④参见张德泽：《清代国家机关考略》，第294页。

⑤张侠、杨志本等：《清末海军史料》，第798页。

⑥戚其章：《晚清海军兴衰史》，人民出版社1998年版，第503页。

⑦张侠、杨志本等：《清末海军史料》，第93页。

⑧张侠、杨志本等：《清末海军史料》，第846页。

⑨参见《陆军部划清水师隶属权限》，《申报》，1909年9月24日，第11版。

其整顿水师大纲中，海军处收权更加明显。清政府将南、北洋舰艇收归统一，将适合海战的“海圻”“海筹”“海容”“海琛”等15艘舰艇编为巡洋舰队，共有官兵2097人，任命程璧光为统领；将适合江防的“镜清”“南深”“建安”等舰以及张之洞督鄂时在日本长崎船厂订购的“楚泰”“楚同”“楚有”和“楚强”等6舰，编入巡防长江舰队，[①] 总共17艘舰船，有官兵1542人，由沈寿堃任统领。长江水师、江南水师、广东水师、福建水师、浙江水师以及修造旧式师船的金陵船厂、湖口船厂、汉阳船厂也被划归筹办海军处管理。严格说来，中国海军分为3队，除巡洋舰队和长江舰队外，还有练习舰队1队，有“巡洋舰两艘，行海炮艇十艘，现附于巡洋舰队之内”。[②] 此外，还有一些省属的舰队和兵船；如苏浙舰队有8艘炮舰、11艘鱼雷艇、1艘练习舰、4艘运输船和48艘巡缉兵船，福建舰队只剩3艘运输船和3艘巡缉兵船，舰队实际上不存在了。其他省如奉天、山东、广西、湖北、安徽等省也都各有几艘大小不一的巡缉兵船。这样全国总计有舰艇135艘，约51627吨。从舰船数量和排水量看颇为可观，但除巡洋舰队外，其余都是旧小舰艇，实力较弱，很难胜任保卫海防的重任，[③] 只能在近海巡缉，抓捕海盗，维护近海秩序。但它为清政府真正统一海军、建立海军部壮大了声势，打下了重要的基础。

筹办海军事务处在宣统二年（1910）十一月又改为海军部。[④] 清廷以载洵为海军大臣、谭学衡为副大臣，海军提督萨镇冰“统制巡洋、长江舰队”，统制处设在上海高昌庙。至此，所有各省辖境的海军、水师不再由各督抚直接管辖，划归海军部管理，所有海军和水师力量实现了真正的全国统一。湖海国防和捕务制度大变，完成了捕务制度的转型。

辛亥武昌起义使清廷大为恐慌，清廷命令军咨府、陆军部迅速派遣“陆军两镇，陆续开拔，赴鄂剿办”，另“由海军部加派兵轮，饬

①《水师兵舰募兵筹饷办法》，《申报》，1909年10月19日，第11版。
②《中国振兴海军谈》，《申报》，1911年7月14日，第4版。
③吴杰章、苏小东、程志发：《中国近代海军史》，第253页。
④张德泽：《清代国家机关考略》，第294页。

萨镇冰督率前进，并饬程允和率长江水师即日赴援。陆军大臣荫昌著督兵迅速前往，所有湖北各军及赴援军队均归节制调遣”。[①] 清政府派陆军南下，海军舰队和长江水师西进，企图两面夹击武昌起义军。一时间，海军各舰船云集武汉，几乎是清代海军的全部实力。[②] 当时，湖北武汉地区辖境的旧式水师共有两支：一是湖广总督、湖北提督麾下的荆州水师营和襄河水师营，一是长江水师岳州、汉阳两镇。武昌起义爆发后，这两支水师很快投向革命。但是，海军在萨镇冰等的指挥下，配合陆军对武汉革命军、民军大举进攻。先以“海筹”巡洋舰和“楚泰”等5艘炮舰及鱼雷艇3艘组成编队，对民军炮轰，使后者损失多门大炮。接着，萨镇冰、沈寿堃率“海容”“海琛”和“海筹”等巡洋舰溯江而上，继续炮轰民军炮兵阵地，[③] 民军不得不撤退。由于清政府已完全不得人心，受革命形势的鼓舞，清廷巡洋舰队、巡江舰队和长江舰队相继反正，由革命党的镇压者变为革命党的支持者，或观望者。

二、湖海水路捕务力量多样分化与全面转型

在十九世纪八十年代的水师中，海军逐渐分化为一个独立的、近代化的军种，其职能明显分化，主要承担国防的使命，也兼顾内政。除此之外，无论是沿海水师，还是内地水师，旧式水师还大量存在。如，浙江巡抚任道镕请求，“内河、外海水师巡缉尚虞不敷，请暂缓裁撤”。[④] 宣统年间，浙江还将旧式外海水师改编为外海水师巡防队。[⑤] 清季10年，清政府的改革，包括军制改革纷纷扰扰，莫衷一是。各直省既有依中央饬令和步伐而行，又有本省实际考量和主观选择，改革步伐不一，参差不齐。水师和水警改革因此随之变动，但江河湖海捕务力量日益专业化、正规化和知识化则是总的趋向，体现了一定的

---

①《上谕》,《申报》，1911年10月14日，第2版。

②吴杰章、苏小东、程志发：《中国近代海军史》，第256页。

③吴杰章、苏小东、程志发：《中国近代海军史》，第257页。

④《德宗实录》卷490，光绪二十七年十一月辛卯，第485页。

⑤《咨商派船驻巡苏浙交界洋面》,《申报》，1911年7月4日，第11版。

进步性和近代性。因此，清季对湖海管控的捕务力量多样并存，主要有海军、水师巡警军、水师巡防队和水上警察等。无论怎样说，湖海水路捕务主体在加速分化与近代化转型中，成为捕务制度转型的组成部分和具体写照。

（一）改编新式水师军队。江河水师的改编大致分为两种情况：一是改编为水路常备军、续备军和巡警军；二是改编为水路巡防队。从文献上看，江河水师改编为巡防队的比较多见，不过，还有的省反复改编。这种改编的结果就是使水路捕务力量更加分化。

1. 将绿营、练军和防勇水师改编为水路常备军、续备军和巡警军。如，两江总督刘坤一将“督标水师前左二营、新胜水师一营、苏防五营、亲兵一营”改编为续备军，“分扎原处，以资防卫”。[①]原来拟将太湖水师改编为续备军，但因该营“分驻苏松等五属，巡护厘卡”，亦作为巡警军。[②]岑春煊任两广总督时，仿照山西奏定成案，将广东陆军悉编为常备、续备军，而以陆路提督为统领，以总兵、副将为分统，以参将、游击为营官，以都守、千总为哨官，以把总、外委为哨长；“水师则分外海、内河两项，以水师提督为统领，除、并如陆军之制”。[③]但广东水师如何改编为常备军、续备军，尚不得而知。

江西也对军队进行了裁并，考虑到江西河路分歧，处处需要水师巡缉，经时任江西巡抚李兴锐奏请，两支内河防勇得以保留，计有防勇1400余名、船122号。[④]不久，该内河水师被改编为巡警军，主要担负江西省水上治安，归江西巡抚节制，实际转化为地方水面军队。为此，江西专门制定章程，对内河水师巡警军的机构设置、人员配备、权力与义务等都做了详细规范。它规定，该水师内河巡警军当然职责是昼夜巡防、保护商船、编查渔船、查拿盗贼、护饷救生、弹压械斗、定期操练，内河保甲也归巡警军节制。具体说来，每营专管一

①刘坤一：《刘坤一奏疏》，陈代湘等校点，第1455页。
②《两江总督刘岘庄宫太保奏陈遵旨裁改江南各军折》，《申报》，1902年7月29日，第2版。
③《署两广总督岑等奏为拟将广东水师绿营官兵悉数裁撤腾出饷项专供本省练兵之用折》，《申报》，1904年6月9日，第13版。
④《续录江西巡抚李勉林大中丞奏改军制折》，《申报》，1902年3月4日，第2版。

河，“分别河道，拟令每营专管一河，远则三十里，近则十余里，择要派船驻扎”，分段昼夜巡缉；还设立巡员2名，专门督查各“营哨之勤惰，并各勇丁之有无讹索、驻岸等弊”。[①]江西还制定《内河水师巡警军章程》，包括对巡警军官兵的奖惩规则，其中记功12条，记功有多类形式。同时，该章程也制定了处罚条款，做到有奖有罚。记过条款为18条，也有多种形式。[②]但实施不到一年，江西内河水师巡警军即出现败坏问题，夏旹署理江西巡抚时，主要做了五个方面的改革。一是将该水师全军6营分为两军，增加一个管理层级。即内河水师巡警左军和巡警右军，分别管辖省西河道（上至吉安）和省东河道（上至抚信），设统领2员，负责督率操防，并亲自出巡；[③]二是将内河水师巡警前营管带、山东补用参将韩元昌和右营管带、补用都司林新章革职；[④]三是换船和造船。按照内河修船、造船的时限定例，内河水师巡警军各设长江长龙2号、旧式长龙四号督阵舢板2号、长江舢板76号、旧式舢板6号，共计大小船只90号、巡划90只，或修或造；四是改革营制。设左、右两军，各设中、前、后三营。营下各设哨；五是增加官兵薪水。统领每员月支薪水银80两、公费银100两，营官每员月支薪水银30两、公费银40两，哨官每员月支薪水银9.3两。[⑤]光绪三十四年（1908），江西内河水师巡警军左军统领拟定劝惩章程，对所属军队进行规范。该章程规定除各营员哨弁遇有异常劳绩者专案保奖，有违犯军纪者立即撤办外，其寻常劳绩记功1次，赏薪水的十分之一，大功则赏十分之二；记过1次，罚亦如之；功过准相互抵销。[⑥]

2. 改编水路巡防队。大致从光绪三十二年（1906）开始，各直省，尤其是南方各省，将旧防营改编为水师巡防队。如，江苏巡抚将抚标水

---

①《江西内河水师巡警军章程》,《申报》，1903年5月26日，第2版。

②《三续江西内河水师巡警章程》,《申报》，1903年5月31日，第2版。

③《署赣抚夏奏整顿内河水师巡警军积弊折》,《申报》，1904年1月9日，第13版。

④《署赣抚夏奏参劾巡警军管带片》,《申报》，1904年1月9日，第13版。

⑤《署理江西巡抚夏奏为江西内河水师换造船只并酌改营制饷章折》,《申报》，1905年2月11日，第16版。

⑥《饬议赏罚营员新章》,《申报》，1907年12月8日，第11版。

师各营一律编为巡防队，并重新组编。所有飞划水师改编为五营，除原有之左、事二营外，将副营和左、右二旗添募勇额，作为飞划前、后二营，其老抚标中营水师炮船所改的枪船，作为飞划中营；把驻扎上海、留防苏省的太湖水师副、中营，改为太湖前营，而以正、前营改为中营，[①] 派江苏按察使朱家宝督办巡防营务处；[②] 将苏捕水陆各营改名为苏省浦东巡防队，留防苏省太湖水师 6 营也改为太湖巡防队。但这些水师巡防队，章制十分紊乱，在一军之中，营与营不同，一营之中，哨与哨又异，枪炮则种类不一，服装式样有别。陆军部在光绪三十三年（1907）制定的《巡防队章程》出台后，江苏又按照部颁章程，对飞划水师巡防队和苏省浦东水师巡防队再次整编。将苏省飞划 5 营旗及苏捕水师和添募的新中 1 营，改编 5 营，并为一军，名曰“苏省飞划水师巡防队”。[③] 同年十一月，江苏巡抚陈启泰按照飞划水师巡防队标准，将苏省太湖水师改编为 5 个营，每营各 3 哨，有师船 23 号，共船 115 号，[④] 剩下的师船 5 号，作为该水师亲兵队。[⑤] 宣统二年（1910），江苏巡抚将太湖水师第 1 营师船全数调省操练，在其他 4 营内各抽调炮船一号，第一营抽炮船三四号，负责所有巡缉事宜，按月轮流巡缉，每轮巡 1 周，应以一月为期，每一期由各营管带官或统带官轮派 1 人为督率官，所有派定哨船，无论何营，均归督率官节制。[⑥]

浙江在光绪三十二年（1906）将大部分水师防勇改编为巡防队，防勇性质的水师“在外海者如旧，内河改编为二队，驻杭五队，驻嘉四队，驻湖又驻上江、绍河、瓯江各一队，共十四队”，有官兵 2787 名。不久，防勇又略有增加。光绪三十四年（1908），浙西内河水师巡防第一、二队改为第一营，第六队改为第二营，第三、四队改为第三营，第五队改为第四营，第八、十、十一队归并为第五、

①《水师改名并编入巡防队》，《申报》，1906 年 9 月 3 日，第 3 版。
②《苏抚特委巡防营务处》，《申报》，1906 年 9 月 11 日，第 9 版。
③《德宗实录》卷 594，光绪三十四年七月丁酉，第 853 页。
④《宣统政纪》卷 8，宣统元年二月癸丑，第 138 页。
⑤《苏抚奏陈太湖水师改编情形》，《申报》，1909 年 3 月 8 日，第 11 版。
⑥《酌定太湖水师巡缉章程》，《申报》，1910 年 10 月 25 日，第 11 版。

六营，第七队改编为枪划营，第九队改编为飞划营，浙东上江水师改为巡防营，绍河、瓯江仍称为巡防队，浙江水师共有九营二队。另有练军一项，系从制兵挑出，陆师编成营旗，并分配炮台，驻扎操防，水师编入练船，驻巡湖海。[①]在湖广总督指示和支持下，统领陈得龙在宣统二年（1910）将湖北原有荆、襄两河水师改编为水路巡防队。将驻扎蔡甸的襄河前营改为荆襄水师巡防队第1营，驻扎沙市的荆江后营改为第2营，驻扎宜昌的荆江前营改为第3营，驻扎仙桃镇的襄河右营改为第4营，驻扎沙洋的襄河中营改为第5营，驻扎樊城的襄河左营改为第6营，驻扎老河口的襄河后营改为第7营。将水道划分七段，巡防队各营常驻巡缉。[②]鉴于其营制、饷章紊乱不一，旗帜、服装、枪炮等参差不齐，统领陈得龙就原有薪饷，制定统一章程，“饷则酌加，额则酌减”。[③]如前所述，荆襄水师巡防队改编不到两个月，再次改为水面警察。

（二）新建或改编为属于内政体系的水上警察。相对水路巡防队、陆上警察而言，水上警察的出现为时较晚。[④]清季时期，各直省先后新办水上警察，多属于内政系统，与水师异轨，但共同负责湖海捕务，也使警察职业更加细分。如广东省河水面议设巡警，分设4局，各局分定巡防界限。[⑤]有地方志又说，广东省城的水警是由水师改编的，“当事者权以原有之水师，暂作水巡之支配”。[⑥]因为省河水巡总局归水师提督管辖，其职掌统系“受承于水提、警道之间”，权限不分明。为划清水师提督与巡警道的权限，避免多头管理，广东规定，“水巡事宜概归巡警道统辖之下”。[⑦]该水警时归巡警道管辖，水警正式从水师军队体系中分离出来。

有的省不仅省城河面设立水上警察，府也试办水上警察。如湖南

①陈锋：《晚清财政说明书》卷5，浙江江苏，第758—759页。
②《荆襄水师整顿之一班》，《申报》，1910年12月3日，第11版。
③《水师改编巡防队成军》，《申报》，1911年1月11日，第11版。
④韩延龙、苏亦工等：《中国近代警察史》上册，第223页。
⑤参见《水面巡警分局办法》，《申报》，1905年11月3日，第4版。
⑥梁鼎芬、丁仁长、吴道镕：《宣统番禺县续志》卷8，政经志二，第132页。
⑦《水巡局改章之一斑》，《申报》，1911年6月20日，第11版。

常德府，在兴办警察中，还“试办水警察以为巡防河道之用，拟就各埠船只按其大小及所运货物分别抽捐以作经费，闻已会商武陵县陈理卿大令，克日开办矣”。[①] 鉴于岳阳、常德，水警办有成效，湖南省城“添设水上警察，以资保护，……当委警察传习所教员杨二尹，赴常德调查章程，择期开办”。[②] 长沙自设水警局，专办水上捕务一年以来，成效显著。湖南巡抚又决定在洞庭湖一带仿办，南洲、武陵、龙阳、沅江等厅县共设 1 局，巴陵、华容、澧州和安乡等州县共设 1 局。光绪三十三年（1907），湘潭、醴陵、湘乡、安化等 4 县也先后创立水上警察。[③] 湖南省河水警总局后因经费支绌，将文案、收支、通译等员酌量裁减，并将水警分作 6 段，其第一段附设总局内，其余分设三汉矶、靳江河、捞刀河、靖港、新开河等处。[④]

由于时局艰难，水道常常成为会党和革命党反清活动的便捷通道，清政府必须有应对之策。光绪三十二年（1906），巡警部徐世昌奏请在全国遍添水警，[⑤] 水警的兴办得到官方的倡导和支持，“饬各省督抚认真办理江面警察”。[⑥] 此后，在全国兴起了大办水警的热潮，湖北率先而行。张之洞认为，江河“虽有炮船巡缉，究不如巡警之尤为周密”，令在汉口、汉阳，暂行试办江面警察，归各警察局节制。宣统三年（1911），两湖总督改编荆襄水师（水师巡防队 7 营）为水面巡警，并将善后局闲款 12.7 万两移作开办水面警察经费。[⑦] 湖北右路巡防队统领陈得龙将右路巡防队第 1 营改练水上警察，因无款项，所议未能实行，特在武汉添设巡划哨船 40 只，在巡防队内挑取年壮力强、能识水性兵丁 150 名，教以水警规则，在武汉江面梭巡，名称

①《常德府试办水警察》，《申报》，1905 年 11 月 6 日，第 10 版。
②《湘省拟办水上警察》，《申报》，1907 年 4 月 30 日，第 10 版。
③《湘抚奏陈办理警务情形》，《申报》，1909 年 10 月 6 日，第 10 版。
④《湘省水警分段办事》，《申报》，1910 年 10 月 11 日，第 11 版。
⑤《警务改良将次入奏》，《申报》，1906 年 3 月 29 日，第 3 版。
⑥《拟电饬各省办理水巡警》，《申报》，1906 年 10 月 26 日，第 4 版。
⑦《水巡开办费已有的款矣》，《申报》，1911 年 1 月 19 日，第 11 版。

"预备水上警察队"。[①]安徽也筹办水上巡警，[②]在省城外设水上警务分所，并设东、西两副分所，分所设在招商码头，东副分所设在木厘局后河街，西副分所设在大节祠，将江面划分三段。"分所设长、警二排，副分所设长、警一排，区官、弁记如各区制"，专司查察、保护船只之事。除沿岸梭巡外，每所各置巡船1只，按时沿江游弋，查验离岸较远之船只。光绪三十三年（1907），改设水巡正局并东、西副局，置巡官、弁记各等。[③]闽浙总督松寿到任之后，大力整顿福建财政、军政，提出了一揽子改革计划，其中包括"改水师为外海海军，以其余水师为内河巡警"，在内河普行小火轮等。[④]次年，浙江巡抚增韫在省城设立警务处，管辖全省警务，统一事权，省城巡警总局、沿海水路巡警总局、内河水路巡警局、全省警务学堂、探访总局、卫生总局和工程总局，均归其管辖。[⑤]有些地方还设立了专门水警学堂。如宣统二年（1910），闽浙总督松寿在延平、厦门等地巡警教练所附设水警学堂，为上、下游兴办水警之用。延平学堂既已开课，厦门也接踵兴办，并通饬各属教练所添设水警科。[⑥]在四川，设立巡警，即设立川江水道巡警，巡警进一步向专门化发展。由于川江上下游绵延3000余里，中间港汊分歧，险滩林立，盗贼易于出没，行旅常有戒心。四川总督决定将原有的水师、水保、水甲等统筹编寓于巡警之中，[⑦]水警在四川实现了统一。江南在设立巡警时，"水师营则改为水上巡警，以水上巡警正巡官统之"，[⑧]其经费由支应局，后由财政局发放。[⑨]此时的两江水上巡警已属内政系统，脱离了军队系统。宣统元年（1909），广西成立省城水上巡警区。水上巡警区设置于水东门浮

---

①《武汉水上警察队之先声》，《申报》，1911年8月19日，第11版。

②《江面尚称安静》，《申报》，1907年9月26日，第11版。

③冯煦、陈师礼：《皖政辑要》卷13，巡警一，第117—118页。

④《松督整顿闽省之条款》，《申报》，1907年6月25日，第2版。

⑤《组织浙江全省警务处》，《申报》，1908年10月28日，第10版。

⑥韩延龙：《中国近代警察制度》，第223—224页。

⑦王笛：《跨出封闭的世界——长江上游区域社会研究（1644—1911）》，中华书局2001年版，第593页。

⑧《署两广总督周奏为江南开办巡警大概情形折》，《申报》，1907年2月7日，第16版。

⑨《江督奏报整顿省城巡警情形》，《申报》，1909年5月31日，第10版。

桥右侧，以省城上、下关河面为管辖范围，并在上、下关卡前各设巡艇1艘，为常驻检验船票及查验往来船只之用。警区受巡警道的监督指挥，警区内设一等巡官1员，承巡警道之委任，掌理省城水上巡警事务，有指挥、监督、惩戒巡长以下人员之权，另设有官员33人。水上巡警之勤务分作两班，一班轮流巡河，一班在区休息，并备验船及差遣等事项。①

从上述可见，清季水警作为新职业和增量制度，不是从已有的警察中分离出来的，而是多数脱胎于水师巡防队，部分则是招募而来。为使全国水警有法可依，除了使用民政部指定的一般性警察法规章程外，有的省制定了专门水警规则。如浙江巡警道于宣统二年（1910）制定《内河水路巡警章程》，要求本省域江河流域各州县，都须添设水路巡警，分布于沿岸各村镇。对水警职责的规定很多，有编查船只，检查船舶瘟疫，访缉沿河匪盗，救护水上难民等17项。②由此可见，水警的职责与陆警类似，都比较广泛，但水面捕务则是水警的主要责任。通过制定《水警章程》，湖海捕务的法治化水平得以提高。水警建立后，的确起到了一些积极作用，也符合社会发展潮流。但是，水警制度并不完善，“此时的水警仅是处于初创期，各省创办水警的情况表现出较大的差异性，更存在诸多难以突破的时空限制”③，湖海水路的治安形势依然十分严峻。

---

① 马禾册：《广西通志》，公安志，广西人民出版社2002年版，第18页。

② 童隆福：《浙江航运史》，古近代部分，人民交通出版社1993年版，第306页。

③ 刘海波、朱丽娜：《清末水上警察创建过程考述》，《铁道警察学院学报》2020年第2期。

第六章　对清代捕务制度及其转型的多维审视

清代能维系近300年的专制统治，其基本制度总有合理的一面，因为任何制度都有两面性，只是利弊大小不同，是否适应新的情形而已。如，清代捕务制度中的汛塘制度，通过分汛，绿营力量星罗棋布，构成了一个捕务网络，至少有一定的威慑作用。[①]但这种汛塘制度只适合社会比较稳定时期。当社会失序时，这些十分薄弱的力量难以应对。因此，汛塘制度调整和改革是必然的，布防也就开始改分为合的进程。同治改元以后，由于内外推力和清代统治的自身生存危机，清政府不得不向西方学习，进行程度不一的改革，包括捕务制度的改革，取得了一些积极的进展。进入到新政阶段，晚清变局的特征表现得更加鲜明，变动之大、变动之速和变动之深前所未有。新政10年的改革与以往的多数调整和变革有本质的差别，是以最终建立君主立宪制的资本主义国家为导向的。新政是一场主动性、全面性和向近代性迈进的改革。以官制改革为开端和抓手，中央与地方的机构改革由此拉开了序幕，全方位地推动了清代政治、军事和社会的全面转型。就官制改革而言，既有清代传统制度的因袭和承继，也有对西方制度的借鉴。就捕务制度而言，其近代性改革是经过长期正反经验教训的积累，既有外部力量的刺激，也有内生力量的持续推进，是双重力量推动的结果。

有清一代，捕务制度及其运行长期、普遍存在着诸多问题，而捕

① 学术界对清代绿营分防的汛塘制度多持否定态度，如罗尔纲先生认为，这一制度是绿营衰败的重要原因，（罗尔纲：《绿营兵志》，第68页）但也要肯定汛塘制度有合理性的一面。

务松懈是这些问题的集中体现。它既是清季捕务制度改革、转型的反向动力之一，也是捕务制度转型的历史障碍。同时，在旧制度向新制度转轨中，由于多种因素的制约，清季捕务制度存在诸多冲突、缺失，甚至落后的东西，困境依然存在，转型并不彻底，但其进步性和在中国现代化进程中的奠基作用是不可否认的。如果将捕务制度所包含的各个要素放在历史纵深和时间长轴上来看，新政阶段捕务制度正在发生本质的变化，即抛弃旧式的、传统性的，向近代性全面转型，向科层化、专门化、职业化、知识化、民主化、法治化等过渡。如，捕务制度中主体构成之一的军队，军人来源变了，招收的是一些粗通文墨、质朴壮实的清白之人。且一些军队人员经过挑选和考试，进入学堂学习，或者至少短期培训，对军人知识、军队权力、义务和责任有所了解，军队人员逐步知识化，其整体素质有了一定的提高。建立职责有别的军队体系，至少在一省内，军规统一、枪械统一、薪水统一、服装统一，军队的正规化、专门化程度提高。为建立近代化的军队，制定了一系列的规章制度、章程，包括学堂章程，军队制度的法治化水平大大提高；新军建立后，多数防营改为巡防队，不仅军警逐渐分离，军队与巡防队逐渐分离，其职能更加明确，各自履行国防或内政的不同责任；军队分层更为明确，新军属于中央，而防勇和巡防队属于地方统辖。更值得一提的是，与旧制度大相径庭，清政府还大规模地引进和建立警察制度。捕务制度以前所未有的速度、深度和广度发展，管理上实现了彻底的科层制，主要履行捕务职能的警察日益知识化、专门化和职业化。捕务立法以前所未有的速度发展，无论是规模，还是数量，都涉及从政治、经济到社会生活的各个领域，使捕务制度加速法治化和民主化，显示一派近代气象。随着社会事务的日益繁杂，捕务客体也更加丰富和多样。捕务制度转型是确定无疑的，也是不可逆转的。从大处而言，捕务制度转型没有改变近代中国半殖民地半封建的社会性质，没有阻止清王朝的衰败，最终没有挽救清的统治。但又不得不承认，清季的捕务制度转型是整个社会近代性转型的一个不可缺少的部分，也是近代性转型的一个主要标志。在中国历史长河中，清季转型不仅是近代中国整体转型的起点，也是近代中国转型的前提和基础，代表着历史发展的一个新阶段，并全面、深刻和持久地影响后世。

第一节　清代捕务制度的合理性与基本特征

一、清代捕务制度的合理性

（一）共治共管体制。在新政阶段设立巡警部、民政部和巡警道前，清代没有专门的捕务机构，在维持治安秩序和缉捕违法者上采取的是共治共管体制，实行军政共治、官民共治和官方上下共治体制。清代捕务制度设计上，是军、政、民三大体系分工合作，又共担责任。当社会有序时，承担大量捕务工作的主要力量是州县正印官和佐贰官及其捕役、民壮和弓兵等等文职体系。而军队体系通过驻防、分防的形式承担防守和协助缉捕的任务，起到威慑、防守的作用。通过保甲制度组织起来的民众则自我约束、互相监督和守望相助，官方为之倡导和监督，使之起到稳定社会、协助捕务的基础性作用。在晚清社会严重失序时期，军队体系在捕务中常常冲锋在前，缉拿盗贼，甚至镇压有组织的反叛活动。而府厅、州县正印官、佐贰杂职官及其在官人役又充当穿针引线、协调向导的合作角色。以保甲制度为依托，作为官绅合作性质的团练应运而生，在绅士组织和官方支持下，成为半军事化的积极协助力量。因此，军、政、民三方体系合作，形成共治共管捕务体制。在晚清严重社会动荡背景下，官方力量开始更多地向基层社会渗透，在治安、捕务中的作用也越来越大，官治比较强势。所谓社会精英自组织的高度自治基本不存在，至少在其背后有官方直接间接的支持。[①]“夫地方之设官，文有知县、典史、巡检，下设捕役、弓兵；武有城守、分汛，下设马、步兵丁，皆所以捕盗也。然知县、典史、城守均在城内，巡检、分汛又在汛地，非其所辖，则不

① 美国的罗威廉认为，在19世纪汉口城市公共安全体系形成中，官府给予了热切关注，并采取了一些措施，但其主导因素则是城市社会精英［（美）罗威廉：《汉口：一个中国城市的冲突和社区（1796—1895）》，鲁西奇等译，中国人民大学出版社2008年版，第376页］。

能管”。但一县的地方十分辽阔，文武官员只有寥寥数员，捕役、弓兵和马步兵的数量也不多，[①]只能采取半官方性质的联乡团练办法，以弥补官方捕务力量的不足。且从制度设计来说，军民拿获盗贼后，均没有处置权，一般由州县正印官审讯和处置，佐贰官在一定条件下有部分勘验和审讯权。除此之外，宗族组织也对宗族成员起到防范和惩罚的作用，是捕务协助的基层力量。宗族在实际行动中竭力检举秘密会党的活动，并配合地方政府镇压、捉拿或搜捕起事者。[②]城乡宗族组织在维持社会治安和社会秩序方面起到重要的基础的作用。宗族建立在血缘的基础上，为了保证宗族的可持续发展和壮大，族长可以采取各种手段，甚至律例不许可的手段，来维系宗族的秩序存在。因此，宗族对国家的法律起着辅助和支持作用，“每一个宗族都有惩处其成员的权力”。[③]而且，晚清不断兴盛和强化的保甲、团练，没有宗族组织的支持是难以想象的。实际上，保甲、团练和宗族组织互相配合，才能收到应有的效果。在对付各地农民反抗的过程中，不但保甲和宗族结合起来，团练作用的发挥也离不开宗族的支持。[④]

如果说上述军政民三大体制组成共治共管大体制的话，那么，单一的文职或武职纵向体制就是小体制，是共管共治体系的有机组成部分。具体从武职小体制来看，无论是八旗体系，还是绿营体系；无论是陆路体系，还是水路体系；无论是京畿体系，还是直省体系，均是捕务共管共治制度的组成要素。如前所述，绿营军队有分汛之制，在千总、把总、外委和额外外委等下层官弁的带领下，开展防守、缉捕以及差使工作，而驻防府州县的军队主要是操防，均承担捕务承缉的任务。同样，清代军队高级、中级官员以节制、统辖、兼辖的名义和督缉方式履行捕务职责。[⑤]只有当不法之事达到一定程度、不法之人

①《论团练实为靖盗之法》，《申报》，1877 年 3 月 26 日，第 1 版。

②潮龙起：《从清代宗族的社会控制看会党的发展动因》，《江苏社会科学》2006 年第 3 期。

③［德］马克斯 · 韦伯：《儒教与道教》，王容芬译，商务印书馆 1995 年版，第 140 页。

④丁芮：《宗族在近代社会中的控制作用——以晚清湖南地区为中心的考察》，《云南社会科学》2012 年第 2 期。

⑤参见罗尔纲：《绿营兵志》，第 116 页。

达到一定规模，或者朝廷下达谕旨，中高级武职官员才亲自出马。但捕务出现问题时，统辖官、兼辖官与专汛官一样，均被连带处罚，只是程度不同而已。

到了晚清时期，捕务制度发生着些微的变化，表现在捕务主体上，除州县及其在官人役如捕役、保甲外，练军开始侧重于国防，而防营则以内政为主。新政阶段，这种变化就更加明显，捕务主体的职能分化也更加明确。如在军队中，新军主要承担国防，巡警军、巡防队和团练主要侧重于内政，新生的警察则是属于民政体系的防守、缉捕和维持社会秩序的日常主要力量。但不论怎样变，受传统的影响，共治共管体制没有发生本质性变化。

（二）全员全民责任。在清代，不仅高层官员有捕务责任，中下层官员也有责任；不仅正印官有责任，佐贰、佐杂官也有责任；不仅行政官员有责任，专职事务官员也有责任；不仅文武官员有捕务之责，民间百姓也有捕务责任。捕务人人有责，在律例中有明确的规定。所以，在捕务制度中，捕务责任具有全员性和全民性。当然，在制度设计中，捕务责任又是不平衡的，文武官员在捕务责任中，处于首要地位。“自督抚司道以至州县等，俱有缉捕之责。”[①] 凡防守松懈，并发生持续性的、规模较大的盗贼案件，朝廷一般责之于督抚，督抚再责之于道府，道府再责之于州县，州县再责之于在官人役。文职高官也负有捕务责任，康熙、雍正和乾隆时期，督抚地方化和固定化最终定型，实际成为各直省封疆大吏。通过权力分寄，各直省督抚具有权力广泛性和权力独占性，捕务也是督抚的应有责任。如乾隆年间，广东沙湾、茭塘等地有剧盗，扰乱乡里，官兵多年未能缉捕归案。巴延三由山西巡抚升任两广总督后，很快将巨盗缉获。乾隆皇帝赞许巴延三“所办甚属可嘉，督抚身任地方，缉盗安民，是其专责”。[②] 与督抚无所不包的职权不同，省级布政使、按察使的职责则有一个相对划分，“凡户婚、田土、赋役、农桑，悉总之布政司；凡劫窃、斗

①《高宗实录》卷1471，乾隆六十年二月壬申，第654页。
②《高宗实录》卷1113，乾隆四十五年八月壬戌，第878页。

杀、贪酷、奸暴，悉总之按察司”。[①]在维护社会治安和缉捕罪犯上，相对布政使来说，按察使虽然不是唯一责任，但毫无疑问负有主要责任。捕务既然属于刑名事务，按照清代律例的规定，在直省归按察使管辖。编查保甲是广义的捕务范围，在清代，布政使、按察使对编查本省的城乡保甲均负有责任。对于狭义的捕务，即缉捕事务，一般情况下，各直省由按察使办理。按察使一般情况下也是委派官员，或饬令属下督缉和缉拿，但当犯罪人数达到一定规模时，按察使也亲率官兵，前往缉捕。如道光二十八年（1848），时任四川按察使的张集馨受四川总督琦善的委派，率领督标兵300名，会同中军副将长瑞、都司蒋玉龙等，前往新津、大邑一带，搜捕“将谋肆劫”的张灯杆子等人。[②]布政使主责不在刑名，但在实际运行中，两司在捕务上的职责边界并不绝对区分。如乾隆四十年（1775），福山县知县向上级禀报匿名揭帖案，由于巡抚出外查阅营伍，山东藩司国泰与臬司孙廷槐商酌，欲往福山，亲自查办。但是，孙廷槐却借故阻拦。乾隆皇帝为此将孙廷槐降为道员。[③]分守道管地方之收纳钱粮诸事，分巡道则管刑名诉讼诸事，守、巡道加兵备衔者，即节制所辖境内之都司、守备、千总、把总等武职，[④]他们也有捕务之责。如山西“分守冀宁道一缺，驻扎省城，盘查太、潞、汾、泽四府，直隶辽、沁、平三州，所属仓库、钱粮、督缉盗贼、点验马匹、稽察排厂等夫，并核转辽、沁、平三州刑名案件”。[⑤]

如前所述，州县正印官、佐贰、佐杂官是捕务直接的督缉、承缉官员，其所属在官人役均负承缉之责。但州县其他杂职如教职、驿丞、税课司大使、仓大使、盐大使、闸官、河泊所所官等，也有间接的捕务责任，或者捕务对象、空间有别。如，儒学教授学正、教谕训

①郑端：《政学录》卷2，《官箴书集成》第2册，第248页。

②张集馨：《道咸宦海见闻录》，第94页。

③《高宗实录》卷990，乾隆四十年九月癸丑，第220—221页。

④刘子扬：《清代地方官制考》，第100页。

⑤海宁：《晋政辑要》卷1，官缺繁简，第414—415页。

导等州县教职官员，重点负责州县生员的教化工作。[①]又如盐大使，盐政是其主责，但也要协助地方官员，不时稽察各场员，维护治安，不得借端生事。所以，首令“主持于上”，负责总督查，典史、巡检“分任于下”，辅以星罗棋布的汛塘绿营兵，保证了基层社会的稳定。[②]《安平县杂记》的“捕缉官名”就包括诸多官民，将捕务责任赋予上述军政民和文武官弁兵，是捕务全员责任的有力证据。

（三）责任区域。在清代，除外海水师采取巡防会哨的方式外，无论文职官员，还是武职官员；无论陆师，还是水师；无论京师，还是各省，捕务均划界而治，各负其责。如，同治八年（1869），全域一体的长江水师成军。因为它的建立，原来以各省为责任空间的长江巡防布局被打破。如同内河水师以及陆路一样，为更好地履行其职能，长江水师与各省之间也是划界，分段巡防。因为长江水师管辖五省长江水面，与各省绿营、驻防八旗以及淮扬水师、太湖水师等也实行分段巡防制。在长江与各省江河、湖泊交界之处，也“各划分界限，各有汛地，以专责成”。[③]湖北长江段归长江水师提督管辖，但自荆州到宜昌、巴东长江段，从汉阳以上至襄阳、郧阳汉水段及其各支河，归湖广总督、湖北提督统辖；湖南长江段江面、洞庭湖归长江水师提督管辖，湘水、沅水归湖南巡抚、湖南提督统辖；江西长江段江面及鄱阳湖归长江水师提督管辖，自吴城以上省河及东西支河归江西巡抚统辖；安徽长江段江面与傍江湖泊归长江水师提督管辖，从淮河正阳关以下到洪泽湖止。连接江苏的支河湖荡，另外设立淮扬水师，归淮扬镇总兵管辖，两江总督、漕运总督和安徽巡抚兼辖；江苏长江段江面归长江水师提督管辖，从镇江以东的江南支河湖荡，另设立太湖水师，归两江总督、江苏巡抚和江南提督统辖。江南福山、苏松等两镇的归属和管辖空间不变，以狼山镇标兼隶长江水师提督标下，仍由两江总督和江南提督节制。

---

① 谭琪：《清代州县治安制度研究》，第50—51页。
② 郗玉松：《改土归流后湖广土家族社会重构研究（1735—1911）》，中央民族大学出版社2016年版，第54页。
③ 彭玉麟：《彭玉麟集》，第146页。

长江水师即使作为增量制度，也没有完全突破绿营制度的藩篱，而是借鉴了绿营划界分汛的办法。它重新划分长江水师内部各营汛之间巡防区，各标、营和哨的巡防区域就是各自分防汛地的责任空间。[①]在对长江分段划界的前提下，长江水师与沿江各省其他水师之间、长江水师与沿江各省陆路之间也划界分汛，分段巡查，彼此连接。长江水师提督每年1巡，周历5标；4镇总兵春、秋两巡，周历本标；营官、都司、守备则分班轮巡，每月有无盗案，逐级上报。如果有盗案则勒限缉获，逾限即参奏。[②]营官、总兵对所辖区域的分段巡阅以及督抚、提督、巡阅使对长江干流全域一体的巡视，将长江捕务连接成为不可分割的整体。

（四）多重捕务网络。从制度静态看，清代捕务在时空上形成了以文职正印、佐杂官由点到面，武职分汛由线到面的捕务网络，而保甲团练至少在制度设计上是城乡遍设。三者功能上各有区别，但又相互合作，在广大的城乡形成了多重捕务网络。

武职或驻防在府州县城，或分汛于水陆交通要道、战略要地和繁盛难治之区，自身就构成了一个军事捕务网络。国家设立营汛，汛下分塘，星罗棋布，“凡以缉捕盗贼，护送行人”。[③]这些“驻防军分散成小军队，以网状形式遍布各省，担负着支撑国家权力和抑制叛乱的使命”。[④]如，重庆镇统辖中、左、右营，该三营共分防19汛。即，中营辖浮图头等6汛，左营辖江津等5汛，右营辖巴县等8汛，其余官兵存营差操。据乾隆三十九年（1774）刻本《酉阳直隶州》记载：雍正十三年（1735），改土归流，酉阳土司改为酉阳直隶州，设军分防弹压。酉阳州设战兵280名和守兵350名，共700名。参将率领千总、把总、外委各1员，驻扎秀山县城。设分防龙潭汛千总1员、分防兵30名，分防大溪、龚滩两汛外委各1员、分防兵15名。汛下分

---

①彭玉麟：《彭玉麟集》，第153—155页。

②《长江提台电请商订巡缉章程》，《申报》，1907年8月7日，第5版。

③《宣宗实录》卷234，道光十三年三月丁酉，第506页。

④［美］孔飞力：《中华帝国晚期的叛乱及其敌人：1796—1864年的军事化与社会结构》，谢亮生等译，中国社会科学出版社1990年版，第53页。

塘，各有塘房墩台。[①]军队标、协、营、汛、塘，由城市到集镇，再到乡村，每单元弁兵人数随层级递减，管辖区域随层级成面上延伸。因此，汛塘遍设，有星罗棋布之谓。不过，即使同一层级，弁兵的人数是不相同的，有的塘兵少则1~2人，多则10多人左右，其兵力分布呈非均衡性。但汛塘分防制度是普遍和长期存在的，并构成了一张有形的捕务网络，至少起到威慑作用，则是不争的事实。所以说，武职的驻防和分防制度安排有一定的合理性。经过多次改革，不断裁减汛防兵，且随着清末建立近代化军队和巡警制度，汛塘分防制度逐渐处于瓦解之中，直到清王朝灭亡。

从制度运行来看，通过巡防、会哨、协缉等方式，武职将分汛、分塘之点连成线，各线汇成面，将静态的捕务网络彼此连接起来。如，绿营有巡防会哨制度，“凡外海大江沿边深山的地方，都定期巡防，各镇在两界相交的地方，约期会哨，同时并集，联名申报总督、巡抚、提督察核”。[②]这些制度都是起到防范、威慑和缉捕的作用。因此，绿营的汛防会哨制度属于捕务制度范畴。清代绿营军队通过城守、汛防和巡防、会哨，将乡村与乡村、城市与乡村相连接，构成了庞大的治安防护网。如水师会哨制度，“福建海坛镇与金门镇在涵头港会哨，又与浙江温州镇在镇下关会哨，金门镇又与南澳镇在铜山大澳会哨。浙江定海镇与江南苏松镇在大洋山会哨，又与黄岩镇在九龙港会哨，黄岩镇又与温州镇在沙角山会哨”。[③]在各省外海水师内部，如镇、协之间，也“各分疆界”，设总巡、分巡，执行巡洋制度。如福建外海水师台湾、澎湖两协副将，轮委1员为总巡，两协游击分巡本汛洋面，由副将调度，均于二月初一日起至九月终止，期满撤回，各营分巡官兵、船只照例四个月更换。[④]相对其他省及其外海水师来说，广东所辖洋面更加辽阔，其外海水师的巡哨方式也比较独特和复杂。在嘉庆年间，广东洋面区分五路，各设上、下两班。“各路兵船

---

①邵陆：《乾隆酉阳州志》卷1，兵制，巴蜀书社2010年版，第15—16页。

②罗尔纲：《绿营兵志》，第270页。

③罗尔纲：《绿营兵志》，第270页。

④《圣祖实录》卷271，康熙五十六年正月癸卯，第660页。

统归水师提督督巡，仍令春秋二季亲自去东西两路分查。”[①]

文职捕务体系也自成捕务网络，主要由正印官、佐贰杂职官和捕役、民壮、弓兵等组成。正印官驻扎在府州县城，佐贰、佐杂官或与府州县同城，或分防外地，只有巡检无一例外地分防外地。但是，清代文职官员较少，有些州县仅设知县和典史，分防的佐杂官就更少。就全国而言，分防佐贰、佐杂官的分布极不平衡。因此，文职体系采取的方式是区域负责制，各自分防本区域的捕务，由正印官负总责。那么，文职正印官和佐贰、佐杂官也构成一个捕务网络，尽管捕务力量的密度没有武职大。如前所述，当形势发生变化后，这些佐贰、佐杂官分防的区域会发生变化，或新设，或废除，或移改。或者说，无论文职捕务网络，还是武职捕务网络，也不是一成不变的。如，江西赣州安远县的罗塘乡，地处偏僻，且界连广东、福建，县官“鞭长莫及”。光绪二十九年（1903），江西巡抚除派续备、后备军移驻该处外，还将赣州府属赣县的同城县丞，移设安远县属，为分防罗塘市县丞。“凡有盗窃、会匪案件，一体责令承缉，遇有斗殴、赌博、私宰等案，就近弹压查拿，解县讯办。”官方还为该县丞配备了一定数目的弓兵和差役。[②]

清代，按照制度规定，保甲制度是捕务制度的重要一环，是长期存在并使之发挥作用的官督民办力量。但由于承平日久和州县官的松懈，保甲制度未能不间断地存在。到晚清时期，由于社会动荡和秩序混乱，保甲和团练制度再次复兴，几乎无时不有，无地不有，保甲有被团练替代的趋势。官绅合作的团练日益组织化和半军事化，成为维系基层社会的日常组织。广西罗城县的团练也是依附于保甲制之上的，并制定有详细的团防章程，规定团练的组织、职能、装备以及官方在团练中的地位。光绪二十八年（1902）县设联团局，“由各团公推团总数人，常川驻局，负监督指挥各团之责，后改为保卫局”。[③]各乡不仅要建立团练，而且各团练要联乡。[④]通过联乡联团，保甲、团

---

①罗尔纲：《绿营兵志》，第270—271页。

②《护江西巡抚柯奏请量移县丞以资治理片》，《申报》，1903年8月4日，第13版。

③江碧秋、潘宝箓：民国《罗城县志》，军事，第232页。

④《论团练实为靖盗之法》，《申报》，1877年3月26日，第1版。

练也形成了一个捕务网络。

清代建立这种营汛与州县、保甲、团练相配合的防范体系，以维持地方社会秩序，无可厚非，其主旨就在于文武一体，官民协作，相互配合，收地方宁谧实效。因此，军政民三大捕务网络构成了一张捕务大网。如在广东，军政民实行了有机配合，各府州县巡检，除亲自带领役壮缉捕而外，还离不开当地驻防、分防武职官兵及地方保甲、士绅的积极配合与协助。官府十分注重各县冲要之处的文武官员配置。如在清远县的横江汛、龙窟汛、沙河墟、磨钩墟等，每处设卡1所、差役4名，另有外委1员、兵20名，协同滨江司巡检巡缉。在维持地方治安秩序上，承平之日，以巡检为主导，武员及其兵弁以及地方差役、乡勇等只起协同的作用。但当地方盗贼势盛，酿成一场区域性的动乱，从而危及一方政权时，巡检的主导地位往往由武员取而代之，巡检则发挥熟知一方情形的优势，或充先锋，或为向导，协同军队进剿，地方保甲及士绅也分外活跃，予以积极支持。[①]军政民三方互相配合，协同捕务。武职、文职和保甲三个捕务网络合作，共保城乡社会秩序。《安平县杂记》记载安平县的捕缉办法时谈道："窃盗案，归县令派快役协地保查拿；明火劫戮案，由民人及地保禀报归县令派役、城守营派兵会同严拿；城厢以外之庄堡，如遇攻劫案，归该地方汛防弁兵协总理、乡长查拿；竖旗谋反案，由该处总理、乡长禀报，归县令及城守禀明镇道移营文武会拿，一面详请督抚奏办（文有承办、接办之分，武有专汛、兼辖、统辖之分）。"[②]在晚清的汉口地区，以船户、埠头等水保甲制度为基础，以巡河委员为核心，以塘汛、水师等军事力量为依托，试图构建一张多层次、全方位的立体防控网络。[③]清统治者依托"州县官员—乡绅（宗族）—民众"社会治理结构，构建了包括官治、官民共治、民治主体相互协作，积极预防、

①李克勤：《清代广州府属巡检司研究》，《广东史志》1994年第3期。

②《安平县杂记》，第48页。

③杨国安：《国家权力与民间秩序：多元视野下的明清两湖乡村社会史研究》，武汉大学出版社2012年版，第279页。

打击强盗类治安犯罪的防范制度。[①]

（五）适时调整。捕务制度大致随着捕务制度子系统、各要素，如主体、客体、规则、手段、方法和保障条件的变化而发生变化。有清一代，这种调整和变革是比较经常的。在清代前中期，这种调整只在传统轨道上发生，或增或减，或裁或移，或升或降，或合或分，不一而足。只是到了晚清，尤其是新政阶段，捕务各要素和捕务制度发生整体性、全方位和本质性的变革，朝着近代性迈进，如新建警察制度。在这里，试举几例，以说明该问题。

1. 规则调整。有清一代，对律例进行过多次大规模的修订，各省的省例也是不停地修订，更不用说一些效力比较低的章程、规则了。这些律例、规则、章程涉及的范围也十分广泛。就捕务制度而言，包括对捕务主体、捕务客体、适用范围、基本程序、奖惩、手段、方法等。总的来说，这些捕务规则的调整基本适应了新形势的变化，但也使得律例、规则条款众多，越改越细，越改越严。如，对外省窃案的规定，乾隆初期，清政府规定州县向上司申报"窃案，于岁底汇查。按其缉获多寡，量记功过"。到乾隆三十一年（1766），对承缉满贯[②]窃案惰缉者，开始给予行政处罚。按旧例，窃案缉捕限期内不获，只罚俸一年，且不再展限。为鼓励承缉者继续缉拿满贯窃贼，乾隆年间将该旧例修改为，"窃贼满贯，六个月限满不获，罚俸一年。再限一年缉拿，限满不获，罚俸三年"。[③]嘉庆年间，将窃案处罚标准降至及贯，处罚规则也做了相应的调整。[④]

2. 主体力量调整。与全国水师一样，广东水师也在各个层面，如裁设、增减、移拨、升降、调拨和水陆互易等进行调整。如广州府属番禺县沙湾、茭塘地方有盗匪利用河海自然条件，横行滋事，在乾隆

① 谭琪：《清代州县治安防控网络体系研究：基于政府过程理论》，《天府新论》2012年第3期。

② 窃案之赃，一次或累计数达到一定数额，有不同的称呼。赃数达到100两为及贯，达到120两为满贯，超过120两为逾贯（佚名：《刑幕要略》，《官箴书集成》第5册，第12页）。

③《高宗实录》卷769，乾隆三十一年九月庚寅，第443页。

④ 参见文孚：《六部处分则例》卷41，盗贼上，近代中国史料丛刊第34辑，第811页。

四十六年（1781）被擒获。为了从根本上消除不法活动，两广总督巴延三等向朝廷建议，在番禺县属、沙湾、茭塘之石棋地方设立专营，“移驻参游丞倅等员，增添汛兵”。[①] 次年春，即在石棋设游击守备各1员、千总1员、外委千总2员、左哨右哨把总各1员、外委把总各2员，设马步战守兵630名、哨船6只，隶广东提督管理。[②] 道光十二年（1832），改广东崖州营参将为崖州水陆副将，崖州协设陆路外委2员、水师外委4员，拨督标营把总1员、外委1员和兵100名，陆路提标营把总1员、外委1员和兵60名，琼州左右二营把总1员、外委1员和兵60名，海安营兵25名、海口营兵15名，统归崖州协管配操防。[③] 由此组成了崖州协左右二营，水陆兼辖，隶琼州镇标统辖。[④]

如前所述，有清一代，文职机构上自道，下到巡检，增撤、移改无常，不时调整。如甘肃，在康熙二十二年（1683），调整庆阳府同知职责，庆阳府同知“原司军粮事务，而军粮奉裁已久，毫无责任，地方多盗，请更为捕盗同知”。[⑤] 还如，光绪十三年（1887），经总督岑毓英奏准，添设临安开广兵备道1人，辖临安、开化、广南三府，驻蒙自县，办理中外通商事宜，兼督海关，滇设海关自此始。[⑥] 所以，清代文职机构和官员有更改、增设、裁汰、复设和提级、降级设立等多种情况，不一而足。

就制度设计而言，有清一代，在广大的乡村地区，文武捕务布防贯彻的原则是，“营汛与郡县并设，所以保卫地方”。[⑦] 文职捕务机构和武职营汛机构错落有致，不仅是相互搭配，还相互制约，以共同防缉的方式履行捕务职能，管控城乡社会秩序。那么，有时因为一方调整，还同时牵动另一方的同步调整。就制度调整而言，结果是，始终

① 巴延三、李湖：《酌筹沙茭善后事宜疏》，罗振玉辑：《皇清奏议》卷64，第541页。
② 《高宗实录》卷1153，乾隆四十七年三月癸亥，第448页。
③ 《宣宗实录》卷208，道光十二年三月辛未，第64页。
④ 明谊、张岳崧：《道光琼州府志》第二册，海南出版社2006年版，第743页。
⑤ 《圣祖实录》卷109，康熙二十二年五月丁巳，第116页。
⑥ 龙云、周钟岳：《新纂云南通志》卷122，庶政考二，第291页。
⑦ 《穆宗实录》卷51，同治元年十二月丁亥，第1409页。

使文职和武职力量星罗棋布于乡村，不使有大的漏洞和制度缺失，广大的城镇和乡村均处于分防官员的共同控制之下；同时使文武官员相互监督，防止越轨行为；武职只有缉捕权，而无审判权和处置权，文武官员必须相互支持，保证防卫、协同缉捕的及时和顺畅。由此，文职体系和武职体系之间也形成一个相互配合、相互支撑的捕务网络体系。

表5　文职体系、武职体系同步调整举例

文职捕务调整	武职捕务同步调整	资料来源
添驻广西平乐府属贺县县丞、巡检。	添设贺县外委各1员、巡卡104名。	《宣宗实录》卷4，嘉庆二十五年九月丙寅，第127页。
将捕盗同知移驻艾亭集地方，作为抚民总捕同知。	该处添设把总1员、兵丁40名，以重巡防。	陶澍：《陶澍集》上册，《颍亳宿三营添设官兵移驻文武折子》，第353页。
宿州州同驻扎濉溪集，州判驻扎临涣集，将已裁之司狱改作巡检，在宿州时村集添设巡检。	濉溪集、临涣集各设有外委1员；时村集添设外委1员，并该营存城兵丁内抽拨兵10名。	陶澍：《陶澍集》上册，《颍亳宿三营添设官兵移驻文武折子》，第353—354页。
移河南归德府通判驻永城县薛家湖集，为分防通判。	添设题缺守备1员、额外外委1员，驻永城县城内；移永城县存城千总，驻虞城汛；虞城汛把总驻永城县新桥集；改永城县山城集额外外委为经制外委。	《宣宗实录》卷76，道光四年十二月己巳，第233页。
改浙江永康县县丞为永仙分防县丞。	金华协中军都司为巡防都司，均移驻八宝山。	《德宗实录》卷215，光绪十一年九月乙巳，第1028页。
以茌平县县丞移驻甘集，名为茌冠甘集县丞。	以寿张营经制外委协防千总，移驻黎园屯，作为分防寿冠、黎园屯外委千总。	《德宗实录》卷491，光绪二十七年十二月己亥，第493页。

续表：

文职捕务调整	武职捕务同步调整	资料来源
设一厅治，名曰南田抚民厅，以宁波府水利通判移驻，定为海疆冲繁要缺，仍归宁波府管辖。并添设管狱官，以向驻郡城兼甬东巡检事四明驿丞随通判移驻，即为南田巡检兼司狱官。四明驿丞作为裁缺，所遗驿丞巡检事务，就近改归宁波府经历兼管。	武职员弁，以提标左营游击，移驻南田适中之樊岙。与抚民厅统辖水陆全境，原驻郡城守备千总2员，移设龙泉、鹤浦两塘。分驻巡防把总1员，随同游击驻扎樊岙，作为城汛。凡原隶左营，驻扎郡城外委、额外外委各弁以及水师巡洋战守兵丁，一律随同改驻南田各岙，仍归提标统辖。	《宣统政纪》卷16，宣统元年六月癸卯，第307—308页。

3. 军队屯驻方式的改变。清代八旗和绿营军队的驻防有很大差别，八旗是“集中驻屯，务求其合”，绿营军队是“分散驻屯，务求其分”。[①]罗尔纲关于八旗、绿营驻防分防的这一说法总体不错。但更准确地讲，八旗是大合而小分，绿营是大分而小合。因为绿营相当部分力量集中于城市，在大中城市一般有督标、抚标和提标属营驻防，在府州县城驻扎有城守营和驻防营，乡村则星罗棋布地分布着绿营的汛塘、墩堡，各营汛都分领汛地。汛下分塘，分塘的弁兵，少到1~2人，多到10人。面对大股的盗匪、枭匪和会党，没有营级以上规模的军队，是毫无取胜把握的，这也就是弁兵在大股盗匪面前常常怯懦的制度原因。

从晚清时期的练军和防军开始，清政府吸取过去绿营分散防缉的教训，对军队的驻防方式做了重大的调整。也就是说，这些新名号的军队一改过去分防为集中驻防方式，“集散为整”，无事操练，有事则调遣。后来的新式陆军和地方巡防队继承了这一做法，新军集中驻防，巡防队在省内分路驻防。如浙江巡防队的官兵不是改自续备军，而是在光绪三十二年（1906），浙江巡抚张曾敭将全省防勇改为巡防队，共

① 罗尔纲：《绿营兵志》，第6页。

编成25营，分为五路，五路巡防队共7666人，相对集中分防。

陆军部在光绪三十三年（1907）奏定《巡防队试办章程》后的次年，安徽巡抚冯煦根据该章程，因地制宜，裁汰改编。巡防队分三路，均成建制地集中驻防。“皖省巡防，新订营制分中南北三路。”安庆府为中路，安徽省以南为南路，省以北为北路，三路共17营。[①]各路一般以营为单位成建制地分驻各地，如在安徽中路巡防队五营的第1营驻省城内，第2营驻城外兼防沿江一带，第3营驻省城，分扎营务处、军械局、支应局、制造厂及各衙署局所，第4营驻大通，第5营驻运漕镇，再分一哨驻庐州；南路巡防队四营中的第6营驻芜湖，第7营驻芜湖，第8营驻宣城，第9营驻祁门，分一哨驻屯溪，再分一哨驻广德。[②]

无论是练军、防勇，还是新军和巡防队，晚清时期军队集中驻防方式的调整改变了绿营分散、松散状态，有利于军队的操练和调遣，有利于对军队的管控和监督，有利于培养军队的战斗意志和凝聚力，从而提升军队的素质和战斗力。同时，集中驻防也符合世界各国军队驻屯惯例和军事改革的时代潮流。

二、基本特征

（一）满洲特色。与中国自三代到明代捕务制度相比，清代捕务制度既有继承的方面，也有发展的方面，带有鲜明的特色。

第一，满族贵族优先，确保满洲贵族的安全。就捕务制度的设计来看，在京畿地区形成了以紫禁城、皇城、内城为核心的分层捕务体系，捕务主体不仅多样，有时还相互重叠和彼此牵制，既确保皇城、内城治安的绝对安全，也体现了清代统治者首崇满洲的基本原则，更凸显皇权唯我独尊的地位。八旗驻防军队只操练，责在国防，不参与巡洋和缉捕。如，浙江乍浦、广州、福州等各处驻防八旗水师“专事

①冯煦、陈师礼：《皖政辑要》卷65，巡防一，第639—646页。

②《巡防营务处改并防队办法》，《申报》，1908年4月24日，第11版。

操防，向无巡洋、缉捕之责”，[①]唯有奉天水师（盛京水师）有巡洋、缉捕之责。“盛京、金州水师旗营员弁有旗界地方之责，所管汛地洋面巡哨章程与绿营同”。海洋巡防和缉捕不仅艰苦，而且十分危险，八旗水师军队不参与巡缉，其实就是对八旗军队的优待。在处分上有差异。如对同一罪名的同样危害，京内外捕务处分轻重不同。如，京城夜禁，“一更三点钟声已静之后，五更三点钟声未动之前，犯者，笞三十。二更、三更、四更犯者，笞五十”，但“外郡城镇，各减一等”。[②]还如，“盗京城门钥，皆不分首、从，杖一百，流三千里。杂犯盗府、州、县、镇城关门钥，皆杖一百、徒三年。盗仓库门、内外各衙门等钥，皆杖一百，并刺字。盗皇城门钥，律无文，当以盗内府物论，盗监狱门钥，比仓库”。[③]可见，律例对在京城、京畿犯法处罚的规定，在同样情况下，一般比直省严酷得多。

第二，通过文武分途、大小相维、上下相制，权力纵横制约。从横向的文武关系看，清代贯彻的又是文武分途、以文制武的原则。管辖形式有所谓的节制、统辖和兼辖等各种名目，兵制十分复杂。督抚在兵政上的职权有四项，但综合起来说，就是节制权和调遣权。“督、抚平时有节制权，则兵将始知畏威守法，不敢为非；有事有调遣权，则可以应付变故，而不致坐失事机。”[④]从法理的角度说，调遣权属于皇帝，但在督抚辖境内，皇帝将该权分寄给督抚。一旦遇有事变，督抚可全权调遣本境内的兵马。“惟兵戎之政专属总督，无总督兼辖省份，则巡抚必加提督衔，始能控制。山西、安徽、江西、河南巡抚加提督衔，可节制总兵以下武官。”[⑤]根据《清史稿》“职官志三”对清末分守道和分巡道的记载，全国有分守道 13 个，其中兼带兵备衔的有 8 个，占比为 61.5%；分巡道 81 个，其中兼带兵备衔的有 71 个，占比为 87.7%。也就是说，大多数的道对都司以下营伍有兼辖权。不过，

①《宣宗实录》卷 172，道光十年八月己亥，第 674—675 页。
②《大清律例》卷 18，兵律，第 318 页。
③《大清律例》卷 18，兵律，第 363—364 页。
④罗尔纲：《绿营兵志》，第 243 页。
⑤福格：《听雨丛谈》卷 2，第 44 页。

有清一代，机构设置变动比较大，特别是清末，所以，这只是一个大致的结论。“凡守、巡道加兵备衔者，即节制所辖境内之都司、守备、千总、把总等武职，成为地方文武长官。”① 除此之外，“保甲总巡局、警察机关，亦多归守、巡道直接监督”。② 还有一种不常见的情况，少数知府、同知和通判也兼辖专门的捕盗营，也成为地方文武官员。如京畿督标东路捕盗营、西路捕盗营、南路捕盗营、北路捕盗营归顺天府东、西、南、北四路同知兼辖。张家口捕盗营、独石口捕盗营、多伦诺尔捕盗营等三厅捕盗营归地方同知管辖，热河捕盗营、喀尔沁捕盗营、塔子沟捕盗营、乌兰哈达捕盗营、三座塔捕盗营等，归承德府同知、通判兼辖。③

清代的军事制度有满洲特色，且变动也比较大。从纵向看，清代的政治制度和军事制度贯彻的是以大制小，以小分大，即大小相制的原则。上有朝廷、兵部、直省督抚、将军、都统、提督和总兵，下有骁骑校、步军校、千总、把总、外委和额外外委。“督、抚监督提、镇、布、按，便是用大制小，而提、镇、布、按分督、抚的事权，便是用小分大。递推而下，提、镇管辖将、备，布、按统属府、厅、州、县，即用将、备分提镇、府、厅、州、县分布、按，也是同一样的道理。”④ 这一原则和制度既便于高官的驾驭，又防止其坐大。因此，清代兵制的效率不高有其结构性原因。

第三，建立并执行八旗驻防制、文武分防制，全面控制内地。从军队驻扎地的分布来看，八旗军队在全国主要战略要地驻扎。其主要目的一是防患，二是监督绿营军队。八旗驻防由驻防八旗将军、都统、副都统指挥，受朝廷直接调遣，通过这种方式，进而对全国实行全面管控。如前所述，绿营军队实行汛塘制。清代塘汛的设置有一定

① 刘子扬：《清代地方官制考》，第 100 页。

②［日］织田万：《清国行政法》，第 248 页。

③ 李鸿章、黄彭年等：《（光绪）畿辅通志》卷 31，职官表，第 281—282 页。但该说法与《清朝文献通考》的记载不一致。（嵇璜、刘墉等：《清朝文献通考》卷 183，兵考五，第 6441 页）

④ 罗尔纲：《绿营兵志》，第 236 页。

的规律，有的是依地理方位来设置，有的按陆地交通和水路来设置。如，福建大田县设千把1员、外委1员，带兵100名。其中，守城兵53名、汛防兵47名，分守城池、汛隘。大田县分东、西、南三路分汛，汛下分塘，各塘有兵2~10名不等。[①]文职佐贰杂职官实行分任分防。山西潞安府属同知经管捕务，是单一事务，即督捕同知，与知府同城，乾隆二十七年（1762）将其移驻长治县太义镇，缉拿奸匪。汾州府属同知原来分驻介休县，督理捕务，巡缉私盐，监管水利。[②]四川南部县县丞不与知县同城，分驻该县富村驿，负责捕务，兼管盐务，分防的区域为富村驿附近富义、永丰和安仁等村庄。[③]也存在佐杂官与正印官同城，并分防乡村一定区域的少数现象。四川忠州为直隶州，州判分防石桥井，巡检分驻敦里八甲；酉阳直隶州州判与知州同城，而州同分防龙潭镇，巡检分驻龚滩，[④]均职司捕务。

第四，京城设专职捕务机构步军统领衙门。步军统领衙门在清初设立，是其他朝代所没有的京师巡防机构。尽管明代在京师设有捕盗营，但清代步军统领衙门的力量有经制的八旗步军营和绿营巡捕营，以多元的军队行使防守、稽查、保卫、防火、编查保甲、断狱和缉捕等多种职能。八旗步军营和绿营巡捕营巡守的地理空间是不一样的，八旗步军营以左、右两翼负责京师内城巡夜、防守和缉捕事宜。巡捕五营驻外城及四郊，专司缉捕，设有副将1人，参将、游击、都司各5人、守备17人、千总46人、把总92人和外委205人，自副将至外委共计376人，兵额为11080人。[⑤]按所辖地面大小，各营兵额各不相等。其中，中营2760人，为最多，右营1480人，为最少。巡捕营分为马兵、战兵和守兵三种，是清代巡守京师外城及其近郊，并由步军统领衙门直接掌握的唯一绿营军队。加上21000人的八旗步军

---

① 参见陈朝宗：《民国大田县志》卷5，武备志，厦门大学出版社2009年版，第297页。按照该地方志的记载计算，汛塘兵实际只有46名。

② 海宁：《晋政辑要》卷1，官缺繁简，第422—423页。

③ 蔡东洲：《清代南部县衙门档案研究》，中华书局2012年版，第84页。

④ 周询：《蜀海丛谈》，第166页。

⑤ 蔡恂：《北京警察沿革纪要》绪言，北京民社1944年，第1页。

营，步军统领衙门直接掌握的捕务军队就超过32000人，是京师实力最强、权力最大和管辖事务最多的捕务力量。它也是朝廷最信任的力量，所以，步军统领衙门统领（“九门提督”）一般由皇帝亲信大臣担任。在新政阶段，由于警察制度、新式禁卫军的建立，步军统领衙门在捕务上的职责缩小，逐渐处于辅助地位。清季屡次有裁撤、改并之议，但最终仍然存在，直到民国北京政府时期的1924年才裁撤。

（二）时代特色。一方面，捕务制度体现了清代统治的高度集权。清代处于中国社会新旧交替时期，作为中国最后一个专制王朝，清代博采之前各代之长，如建立覆盖陆路水路、军政民一体的全域性捕务制度，捕务法规严密且残酷，并根据情况的变化不时调整，以此维护万世一系的专制统治；但又避免各代之短，如吸取外戚专政、宦官专政和地方反叛等的教训，在中央，严禁宦官、外戚干政，在地方，建立了文武分途、大小相维，上下相制的制度体系，防止地方坐大。如在捕务制度上，正印官与佐贰官、杂职官，并非全部是正印官的下属；汛塘只有缉捕权，而无审判权，要交州县官审理，这使文职官员之间、武职官员之间和文武职官员之间互相牵制、相互制约。这些制度设计使清代专制统治达到了登峰造极的程度，是中国两千年专制统治的制度集大成者。

另一方面，捕务制度的趋新与近代化。清代是唯一跨越中国古代和近代的朝代，其晚期是中国近代史的一部分。由于被迫卷入世界资本主义体系，受内外因素的深刻影响，晚清时期的观念、制度和改革不得不打上时代的烙印，包括捕务制度。晚清以降，捕务主体发生了多样的新变化，如勇营代替绿营后有常备军、后备军和巡防队，成为军队方面捕务的主力；警察制度诞生，职业警察成为维护社会治安的有生力量，军警两大体系彻底分离。以咨议局、议事会和董事会为代表的自治主体产生，民众开始有了政治参与的机会，并影响捕务制度。传统的负有捕务责任的佐贰杂职、在官人役逐渐被佐治员所取代，遍布乡村的汛塘制、分防制消失。捕务客体随之大变，如游勇、闹教、鸦片烟、反清的政党。在捕务方式和手段上，大量新技术装备捕务机构，如新式枪械、新式舰艇、电报电话，使捕务手段多样化、捕务效率得以提高。捕务法规的规则与程序更加科学、全面和有序，使捕务有法可依、有法必依，成为可能。晚清尤其是新政以后，捕务制度随着改革的不断深化逐渐向近代转型。如前所述，清代又是一个由古代进入近代、由传统走向现代的王朝，各种制度包括捕务制度具有亦新亦旧的过渡性。如巡防队来源于裁余的绿营和勇营，有些警察由旧军人、保甲、团练改编而来；如弓兵、民壮和巡检等旧制度与清代共始终等等。

第二节　清代捕务存在的问题及其制度原因

一、清代捕务存在的问题

从制度角度来说，存在的问题就是制度运行中背离正式制度的实况，是非正式制度的具体表现。有清一代，捕务制度设计和制度运行均存在问题，是清代捕务不时松弛且越来越严重的主因。再加之一些客观原因和不断恶化的外部环境，对捕务制度构成了极大的、全新的挑战。关于清代捕务存在的问题，清代文献中多以“捕务松弛”概括。对于捕务松弛的形式，宋国华列举了盗贼充斥、强盗横行、重犯缉而未获和题报拖延等四种情况。[①]但即使从狭义捕务来讲，也远远不止上述四类，更何况广义捕务。

（一）盗贼猖獗。清代，窃盗匪大量存在，甚至有大规模的反叛活动，这在各朝实录和奏折中有大量的记载。康熙、雍正和乾隆朝被称为清代的“盛世”，但天下并不太平。如康熙末期，山东盐枭率党横行，在沿村买卖之外，还散盐于百姓，公然勒取重价，以致官盐壅塞不行，商旅受害。康熙五十六年（1717），盐枭王公美、曹龙章等在泰安府的徂徕山聚众数百人，抗拒官府，时人称之为“盐蝙蝠”。次年正月，山东官方一举抓获了王公美及其部属，又陆续缉捕了150余名盐枭。[②]道光十八年（1838），御史董宗远奏称，湖南辰州和宝庆、

① 参见宋国华：《清代缉捕制度研究》，第185页。

② 孙智坤：《康熙时期山东巡抚与地方社会治理》，湘潭大学2008年硕士论文，第26页。

山东的曹州和沂州、安徽凤阳和颍州等府民风刁悍，“盗贼肆行，抢夺客民财物，勒令用钱赎取”。甚至还有盗贼公然诱拐幼孩，私行售卖，牟取暴利。[①]

愈到晚清时期，全国盗贼匪勇不仅多，且多方合流，呈现出时代性和复杂性。人们不禁感叹，“捕务之废弛，盖已久矣”。京师重地也时有杀人越货之事，粤东盗案则层见叠出，“各日报所载几于书不胜书，闽中窃盗之案亦时有所闻，若夫汉口、芜湖各处轮船所达之地，则此辈尤繁。即如上海一隅，城厢内外游手好闲狗偷鼠窃之辈，不知凡几”。[②]广东素称盗贼甲于天下，“视他省为尤炽”。所以，对广东盗贼的惩处，“例上另立专条”，[③]但仍有不少盗贼铤而走险。在江苏，同光之际，社会比较安定。如昆山，“民风甚厚，政简刑清”。但 20 年后治安形势恶化，“苏州窃案甚多”。[④]盗贼不仅在深夜偷窃，白昼也“颠越人货”。地方官严饬捕役为之遍缉，但破案获盗几乎闻所未闻。盗贼来源十分广泛，防不胜防。既有来自本地，又有通过河海通道的外地盗贼，还有散遣的兵勇、失业的游民，除此之外，哥老会匪遍布于各省，[⑤]兵勇、游民、盗匪和会党同流合污。

不仅陆地多盗，海洋、河湖盗贼多如牛毛。如乾隆五十五年（1790），海盗李佩同等 27 人窜到奉天洋面，自七月至八月在锦州、盖州一带盗窃 5 案，并伤毙事主，除少数海盗被官方拿获外，多数脱逃。[⑥]光绪年间，广东的海盗恣意横行，甚至夺取小火轮船行劫。有一日，香港得忌利士公司的南澳轮展轮之际，有盗党混迹其间。当船行至香港附近，盗贼使用武力，将船夺去，劫去洋银 2 万元，并杀毙船主数人，乘帆船而逃。[⑦]沿海各省海盗众多，“如浙之台州、舟山、

---

①《宣宗实录》卷 308，道光十八年四月癸卯，第 791 页。

②《论知人善任》，《申报》，1887 年 8 月 31 日，第 1 版。

③参见《两广总督林则徐议复叶绍本条陈捕盗事宜疏》，邵之棠：《清代经世文统编》卷 42，内政部十六，近代中国史料丛刊续编第 72 辑，文海出版社 1980 年版，第 1667 页。

④《论苏州多贼》，《申报》，1893 年 10 月 21 日，第 1 版。

⑤《弭盗议》，《申报》，1888 年 9 月 30 日，第 1 版。

⑥《高宗实录》卷 1367，乾隆五十五年十一月壬寅，第 341 页。

⑦《防海盗策》，《申报》，1890 年 12 月 15 日，第 1 版。

岱山，广东之佛山、九龙山，直隶之天津，书不胜书，记不胜记”，且十分凶残。[①]

（二）疏防与惰缉。防盗、缉盗是文武官员的专责，但军政民常常防守松懈，缉捕不甚得力。盗贼不分昼夜，不分城乡，不分官民，只为谋取钱财。乾隆间，曾有一伙盗贼，趁夜潜入淮关衙署，持灯执械，劫去养廉银2800两。乾隆由此质问：“平日署库自当设有弁兵，且漕运总河衙门地在毗近，亦何至漫无见闻，及时防护？”[②]有官员在山东境内被杀害，朝廷十分恼怒。立法巡防十分周密，但实际上，兵役等并不认真巡逻。“沿途地方营汛墩堡所管何事？”[③]皇帝的两问，道出了清代捕务松弛的严重性。嘉庆十七年（1812），有官员奏称，各省汛塘营房多半坍塌，兵丁驻守巡查者，“甚属寥寥”，汛兵“奉行不力，渐就废弛”。尽管州县官并增设更铺、夫役，但“不以缉捕为事”。[④]设立营汛，就是以缉捕盗贼、护送行人为职守，但疏防案件比比皆是。道光年间，浙江递送奏折的弁兵行经江苏宿迁时，被匪徒截抢刀伤；江西弁兵行抵山东恩县时，被贼抢去银物，受伤身死，失去批回各折；陕西塘丁行至山西闻喜时，被抢去公文、包袱。[⑤]按照规定和惯例，绿营“大用之，则征讨叛乱；小用之，则缉捕盗贼”，但实际毫无用处。在京师，尽管捕务官兵人数庞大，但时有劫掠之事，甚至宫中、府中时有被窃事件。[⑥]文武官弁只有捕务之名，而无捕务之实，因为官兵的工作重心不在捕务，而在自身的稻粱谋。[⑦]在海洋河湖，外海水师、内河水师捕务也同样废弛。如嘉庆年间，护福宁镇总兵项统在所辖地方的洋面，有洋匪船只，不仅不尽力剿除，还“畏

①《海滨多盗说》，《申报》，1893年7月6日，第1版。

②《高宗实录》卷897，乾隆三十六年十一月壬戌，第1073页。

③《奏为奉谕缉盗安良山东设立太房堡房严查贼匪事》。档案号：04-01-01-0445-053。

④《仁宗实录》卷262，嘉庆十七年十月丙辰，第550页。

⑤《宣宗实录》卷234，道光十三年三月丁酉，第506页。

⑥《论韶州南雄等处剿匪事》，《申报》，1894年6月10日，第1版。

⑦参见《翰林院侍讲学士霍穆欢奏为京师盗贼成风请旨变通捕盗章程事》，光绪十一年二月初十日。档案号：03-7351-007。

葸迁延，将兵船收泊水澳，致令匪船掳劫商艘，乘风远窜”。[①]水师虽然有总巡、分巡等名目，往来会哨，但“多属虚应故事”。[②]

保甲、团练也是有名无实。保甲虽不废，但各省设保甲总局，“虚行故事，即不扰民而实无利民之处”。团练“尤为可笑，由省札县，由县札董，某乡招团丁数十名”，[③]仅具一种形式。团练制度是官绅腐败，用人不当。充当团丁者，非游勇，即无赖，不仅不能安民，反而害民。[④]

（三）讳盗。在清代，文武官讳盗十分普遍，也很持久，是捕务的一大积弊，也是违反捕务制度的。如前所述，律例规定，城乡有遭盗劫者，报于官府，官员会同营兵，前往踏勘，饬令马快班，踩缉务获，勒限严比。对州县官承缉处分也极重，动辄获咎。“一县之中必有城守武弁，其职专在捕盗，境内如有盗劫之案，地方官及武弁均不得辞其咎，四参处分，最为认真，革任留缉，断无姑息。”[⑤]所以，当受害人呈报命盗案件时，州县官每每“讳强为窃、讳谋故为自尽，甚至讳命不报、讳盗不报”，借以避免承缉处分。[⑥]讳盗是地方官常见和普遍的做法，各省地方官常常多纵容捕役，姑息养奸，“于民间窃盗等案，往往为规避处分起见，威吓事主，使之改重就轻”。[⑦]官役往往以讳盗为长技，以捕盗为畏途，民间报盗之案，如果事主毫无势力，官役必多方抑勒，使之改盗为窃。或者，官方认赔赃款，要求事主不再追获盗踪。事主得到赔偿后，也不过多苛求，就此结案。高淳县唐知县署中被盗，损失金银衣饰等合计5000余金，但他只详报损失2000余金。[⑧]

无论是统治者的谕旨，还是官僚们的奏疏，抑或是地方志、历史

①《仁宗实录》卷254，嘉庆十七年二月辛未，第436页。
②《宣宗实录》卷282，道光十六年四月壬午，第354页。
③《与客论保甲团练》，《申报》，1899年8月15日，第1版。
④《论团练之难》，《申报》，1900年12月28日，第1版。
⑤《论官衙被盗》，《申报》，1879年8月9日，第1版。
⑥那思陆：《清代州县衙门审判制度》，中国政法大学出版社2006年版，第95页。
⑦《宣宗实录》卷268，道光十五年闰六月丁丑，第122页。
⑧《论官衙被盗》，《申报》，1879年8月9日，第1版。

文学作品，都十分关注讳盗问题，而且讳盗问题自清初以至于清末，长期存在，从未间断，甚至是愈演愈烈。[①]清各级政府尽管制度有规定，且饬令不得讳盗，也对讳盗问题予以一定程度的应对，如浙江巡抚增韫曾饬令各属严禁讳盗，[②]但效果不佳。

（四）畏盗。除讳盗外，文武职、捕役畏盗、怯懦，在清代也是屡见不鲜的现象。如，福建长乐县江田地方，有枭贩陈德赐等80余人，巡哨兵丁、捕役向前擒拿，反被剥衣捆打。巡兵随后赶到，见枭贩势众，也不敢擒拿，致使枭匪全部逃脱。[③]嘉庆年间，直隶丰润县匪徒抢扒盐坨，天津镇总兵庆长派遣玉田营都司朱文郁、宝坻营都司伊克进，协同丰润营都司陈明亮带兵查拿。朱文郁等一见匪徒众多，立即退回。各兵丁也都逃避，未获一犯。陈明亮等得知后，也不敢继续追捕。[④]有一位县令因事到章练塘镇，"闻有土棍赌而兼盗，因令差役捕之。差跪而禀谓，该匪羽党甚多，枪械足备，恐寡不敌众，反致受辱"。该县令也没有办法，禀报上司。上司"檄令某副将领兵往剿，某副将亦不敢撄其锋，幸该匪闻风潜逃，始得销差了事"。[⑤]晚清文武官员、捕役害怕盗匪，使得善不能压恶，正难以压邪。

（五）相抗相诿。律例对文武之间有协缉规定。但由于文武官兵之间不信任和出于各自利益的考虑，在捕务上，有功有奖，则各自相邀抢功；有事有过，则各自相抗相诿。乾隆二十九年（1764），朝廷对文武难以一体说得十分清楚："兵丁不同捕役，又无提比之例，既为赏罚所不及，即每置身于局外。且以文员最忌营汛获贼，通报上司，即形其短，虑生嫌隙。"[⑥]文武官员彼此相抗，也彼此相诿。"今日愚悍之将，无事则侵官溺职，而有司不能治。一旦有事，则又相抗相

---

①谭琪：《清代州县治安制度研究》，第148页。

②《整饬州县讳盗积弊》，《申报》，1909年6月28日，第10版。

③《高宗实录》卷210，乾隆九年二月丁巳，第701页。

④《仁宗实录》卷253，嘉庆十七年正月壬寅，第421页。

⑤《论兵船拿获盗犯》，《申报》，1891年2月5日，第1版。

⑥《江西巡抚辅德请定将弁协缉事宜疏》，贺长龄、魏源：《魏源全集》第17册，岳麓书社2004年版，第165—166页。

诿，而有司不能发一策”。[①]

尤其是在交界地带，文职之间、武职之间和文武之间，特别容易产生推诿现象。“而将弁不协，畛域各分，缉捕亦难得力”。[②]秀水县属浙江省嘉兴府，吴江隶江苏省苏州府，均介于两省之间。虽两省各有汛地，各派捕役，时出稽查，而终不免彼此推诿。“盗知其然，则专在此等交界之所为藏身之窟。浙捕往拿，则窜至苏境，苏捕严缉，则又窜之浙疆。”所以，吴江有盗，则诿之于江苏，浙江省“不与闻也”，秀水有案，则委之于浙江省，“苏省不与知也”，以至于“而盗乃施施然”。[③]光绪三十三年（1907），江西赣南地处粤赣边界，盗贼东窜西逃，规避打击。赣南道道员提出了缉捕章程和会商粤中文武合办之法。但曾合办盗匪的广东胡统领以江西县令伺应不周、濒行赣绅未送为词，忽生推诿，[④]不愿会缉。安徽宿州、涡阳两州县的分界线为从姚家湖起，东至雷家庄大路，路以南归涡县管辖，路以北归宿州管辖。陈品尚家发生被盗、被杀两命案件，其家住姚家湖东、雷家庄大路北，应归宿州勘办、承缉。但该州认为，事主“钱粮在涡，贼匪在涡”，应由涡县勘验、承缉。该盗兼命案，两州县互相推诿，“悬搁经年”。宣统元年（1909），两江总督端方批示，由宿州承缉、涡县协缉，勒限一月，“该州比捕，会营悬赏，购线严缉，并令涡阳县一体协拿。……逾限无获，由司将该州县一并议详、罚处”，才解决了州县推诿、案件迟迟未能破获的问题。[⑤]

（六）相互勾连。勾连既包括盗匪之间的勾连，也包括文武官员、在官人役与盗贼之间的勾连，两种勾连直接冲击捕务制度，捕务效果大打折扣，危害社会秩序。有清一代，盗贼勇之间的勾连在晚清表现多见。更为重要的是，会党与游勇相吸相纳，互为依托。会党吸收游勇后，甚至有游勇携枪入会，使会党更加武装化。反之，游勇加入会

---

① 陶元淳：《搜捕盗贼责成文武议》，贺长龄、魏源：《魏源全集》第 17 册，第 163 页。

②《文宗实录》卷 6，道光三十年三月庚申，第 128 页。

③《捉赌捕盗均宜变通说》，《申报》，1886 年 12 月 2 日，第 1 版。

④《抚批粤统办匪之推诿》，《申报》，1907 年 5 月 25 日，第 11 版。

⑤《缉案互诿之批斥》，《申报》，1909 年 4 月 12 日，第 11 版。

党后，借助于拟血缘关系，使游勇更加组织化，更加凶残跋扈。会党吸收游勇后，“焕发了青春”，展示了“极强的新活力”。当然，会党名称和形式五花八门，但破坏性本质是一致的。它们互相助力，使其力量大增，甚至经常与官军直接对抗。几种势力的汇合，在各处起事，扰乱社会秩序，使其破坏性呈日益严重的走向，清政府只能被动应付，这也就是晚清团练，而不是保甲制度昌盛的直接原因。其中，哥老会是最有代表性的会党，其发展壮大与游勇的大增直接相关联，两者难以分清彼此。“是散勇、会匪，固二而一，一而二者也”。会党还与盐枭、邪教进一步合流，使其规模化、长期化和普遍化，盐枭和游勇则会党化。“若光蛋、盐枭亦从一鼻孔出气，光蛋皆贩盐徒党，亦尝当勇，亦尝拜盟。”[①]盐枭也不全为土著，大半是“被裁之营勇，既斥之巡丁”。[②]到了光宣之际，由于清政府的治理无力，会党大肆蔓延。浙西的青帮、红帮，浙东的会匪、枭匪以及“苏、松一带之青皮光蛋”，[③]久已结成联盟。会党、枭匪和本地贼盗同流合污，相互支持，全国几乎成其天下。

文武官员、兵丁和在官人役与盗贼、会党和游勇也相互勾连，是晚清捕务日益艰难的重要表现，也是清代政治日益腐败的生动写照。关于这方面的文献记载，汗牛充栋。“汛、捕倚盗贼以自肥，盗贼即倚汛、捕为恩主。”[④]“盖捕役恃窃贼以赡身家，而典史、吏目即恃捕役以充囊橐。”[⑤]清代政府严厉禁止结盟活动，地方政府、军队肩负查禁结盟活动的任务，但常常出现兵匪勾结的情况。正因为与盗匪一体，捕役、弓兵莫不以豢贼为生财之道，[⑥]捕役即使被责比也在所不惜。汛塘绿营兵丁也与盗贼狼狈为奸。“每遇盗贼之来，辄袖手旁观，熟视

①《论广东粮道署被窃事》，《申报》，1886年8月8日，第1版。

②《论盐枭亟宜痛惩》，《申报》，1886年4月29日，第1版。

③中国第一历史档案馆、北京师范大学历史系：《辛亥革命前十年间民变档案史料》上册，第279页。

④任启运：《与胡邑候书》，贺长龄：《清朝经世文编》卷23，吏政，近代中国史料丛刊第74辑，文海出版社1966年版，第867页。

⑤《论整顿捕务宜变通成法》，《申报》，1897年6月5日，第1版。

⑥《论苏州多贼》，《申报》，1893年10月21日，第1版。

无睹。或俟盗去，始虚张声势，佯为追捕，或竟闻风先逸，从未有一案藉其力以破获者。”[①]

（七）扰民累民。平民一旦被盗贼光顾，则备受官与盗的双重拖累。愚懦无能者，忍气吞声，不敢呈报，甘愿被盗。即使入城向官方呼吁、呈报，于被盗无疑，不如不报。因为“写状有费也，踏勘有费也，守候、审讯有费也。谚以被盗报案为倒上利，信不诬矣”。[②]扰民累民的形式有多种，名目有多类。如报复性“防贼”。“今日被盗报官，地面官辄来央求了结，如不能已，明晚即有数人在其家左右鸣金击斤，呐喊放枪，似来防贼，问之，皆官厅所雇之帮闲者也。”[③]

文武官员、兵勇、捕役、保甲和团练等常常借捕务扰民累民，也是清代捕务中的恶习。顺治时期就有这样的议论：“以官兵逐捕小盗，无功则有滋蔓难图之忧，有功亦有玉石俱焚之患。州县虑其骚扰，惮于请兵。”[④]平民百姓常常既遭盗，又遭官，晚清时期更甚。当时有文章评论道：“吏则称蠹，而差则名狼。”因为凡充当差役者，皆市井无赖之徒。他们因缉捕而入室，致乡右亦受株连，“与夫查私则讹索，庇匪则遗殃”。[⑤]在江西，吉安营参将金凤岐到任以来，任意妄为，信用匪类，勾引地痞，无恶不作。他纵容亲属，带兵索诈吉安各店铺；包庇私宰耕牛、流娼，收受规礼及抢取铺户所养笼鸟，又将追夺之人殴伤。他屡次游街，跑马撞损沿街物件，危害地方。[⑥]清末曾署左江道何照然委从九品何云葆，带领虎勇正营，会同千总潘继周带勇，赴龙安县办匪清乡，驻扎镇流村。该村绅耆邀请何云葆、潘继周到公局款待，告知无匪。军队经过搜查，也实无匪党。但各勇丁忽然开炮，当场击伤百姓5人、毙死2人，并乘势焚屋，公然掠取女口、牛只和钱谷。后又在连划、大滕、新安、驮怀、舞球、胡利、吞捷等村，亦

①《谕粤东盗贼横行亟宜捕治》，《申报》，1899年12月21日，第1版。

②《论盐枭亟宜痛惩》，《申报》，1886年4月29日，第1版。

③《翰林院侍讲学士霍穆欢奏为京师盗贼成风请旨变通捕盗章程事》，光绪十一年二月初十日。档案号：03-7351-007。

④《酌弭盗源议》（顺治十年），罗振玉辑：《皇清奏议》卷6，第70页。

⑤《论差役滋扰》，《申报》，1877年1月4日，第3版。

⑥《光绪二十年九月初七日京报全录》，《申报》，1894年10月18日，第13版。

掠女口、牛只、衣物，所掠女口，皆勒钱取赎。[①]

（八）滥刑。滥刑现象广泛存在于文武官员、在官人役和保甲局向行为之中，不是清代独有的现象，在清代也不是个别现象。如嘉庆帝严厉批评番役、捕役的滥刑。按照规定，捕役查拿匪犯，遇有形迹可疑之人，准其随时踩缉。缉获后，送官审讯。"至于审问口供，非捕役之事。"但京城各衙门番役、捕快私刑拷掠，勒取供词，然后送官审问。[②]同样，州县捕役也只有缉拿、录供之权，审讯和处置权则属于州县，但各省捕役、保甲、团练也常常违制，私自审讯，甚至动用私刑。如法捕房包打听某人，在法界中盘获 1 人，以为形迹可疑，"强拉以归，逼令自认窃案"。[③]捕役动用私刑是一贯的做法，也不是秘密，还通过残酷的私刑，收罗党徒。如，盗贼初次入党，尚未犯案者，一经捕获，捕役定用私刑，令其百般苦楚，一身受尽，然后收为羽党，"责进岁规，至逼小偷之辈反为积贼"。[④]

文武官员滥刑也是惯用的手段，且滥刑十分普遍，"纵不敢谓今之州县官无不如是，然如是者，十有七八"。如前所述，州县有审讯权，但在审讯中，也常常滥用该权。在同治年间，各州县审案，不论贼盗情节轻重，动辄上架子、鞭脊背、敲脚踝，"种种非刑，备极惨酷，即笞责亦皆以千计"。保甲局是晚清非经制捕务机构，为官绅合办，只有巡查、缉捕之权。遇有犯夜者，可以笞责，但无审讯权。保甲局捉获赌匪，拿获盗贼，规定不得私自刑讯，"必归之于地方官"。[⑤]但保甲局官员实际上常常超越自己的权限，胡作非为。有一次，天津车站保甲分局拘获窃煤贼潘七，局员喝责军棍 200 下。潘七受伤甚重，已奄奄一息。次日，分局局员见势危急，送交保甲总局，再由县究讯。未毕，即昏晕不醒。审讯委员恐酿人命，交保释放。潘七刚被送回家，即因伤毙命。该事的起因是车站失窃洋布，一年内赃贼未

①《护桂抚丁奏特参纵军扰民之道员请旨严究折》,《申报》，1903 年 11 月 29 日，第 13 版。
②《仁宗实录》卷 294，嘉庆十九年八月乙丑，第 1034 页。
③《记包探诬良威逼事》,《申报》，1873 年 6 月 27 日，第 2 版。
④《论捕役惯用私刑之弊》,《申报》，1873 年 7 月 9 日，第 1 版。
⑤《论保甲局不宜擅自用刑》,《申报》，1880 年 4 月 24 日，第 1 版。

获。地保陈三逼潘七承认，但潘不答应，因此地保串通局勇，对潘七施以毒手。[①]

二、问题产生的制度原因

（一）捕务体制本身存在问题。造成捕务松弛的原因有很多，但制度原因是重要原因之一。从主观原因来说，捕务制度设计和制度运行均存在问题。从客观原因来说，则是捕务外部环境全面、持续地恶化。一般来说，一种制度利弊兼有，相依相随，没有完全无弊的制度，也不存在完全无利的制度。因此，好的制度利大于弊，且根据时势变化而调整。对于清代捕务败坏的问题，当时的一些官绅已经观察到，并提出了一些建议。当然，有些建议是切中时弊的，有些建议却存在空想成分。

主要表现在：1. 多头管理体制。有清一代，捕务力量多元，是多头领导。文职有正印官、佐贰官及其在官人役，晚清时期增加有保甲局委员、团练官绅和警察。武职则更多，如八旗、绿营以及绿营水师，晚清时期则有绿营、练军、防勇、常备军、巡警军、陆海新军和巡防队等。而且相关管理部门履行的职责不仅仅只有捕务一项。管理的官员，尤其是高级官员身兼多种职务和差使，难以全身心地投入某项管理之中。中国古代政警一体，军警不分。以江苏巡抚衙门所在地苏州为例，江苏巡抚、江苏布政使、江苏按察使，苏州府、长洲、元和、吴县三县以及上述衙门属下的发审局、府经历、总捕同知、典史、保甲长、马快、禁卒、铺兵、皂隶、民壮等，均有执行监视、侦察、传讯、逮捕、监禁、审判等社会治安任务的职能。[②]

从广义捕务来说，京城捕务主体涉及八旗禁卫军、步军统领衙门、都察院辖下的五城兵马司、顺天府属两京县和捕盗营，以及什家户、保甲。而京师捕务最大责任者，非步军统领衙门莫属。其统领官提督九门步军巡捕五营，其责甚重，其权甚大。“本朝则中之亲信大

---

①《阅报纪非刑酿命率然书此》，《申报》，1899 年 12 月 10 日，第 1 版。

② 张海林：《端方与清末新政》，南京大学出版社 2007 年版，第 419—420 页。

臣一人兼任其事，其秩虽正二品，而多有以王公为之者。”[1]但如前所述，步军统领衙门职掌众多，门禁、编查保甲，甚至审断杖罪以下案件等。步军统领两翼总兵也不能专于捕务之职，按规定，两翼总兵入夜应到各处巡逻，则翼尉以下官兵才能振刷精神，加以防守。但步军统领常以尚书兼摄，两翼总兵也多兼部旗之务，管理事繁，精力不够。且这些官员养尊处优，不肯“冒霜露，不肯与亭长为伍”。[2]步军统领、总兵如此，其下捕务自然松懈。尽管京都城内、外环拱护卫之兵，数量十分庞大，但“猫多不捉鼠，兵卫虽多，此推彼诿”，故京师盗贼同样猖狂。

2. 负有捕务主要责任的绿营制度存在诸多问题。首先，驻防分汛制度和俸饷制度存在问题。在顺治年间，户部左侍郎林起龙曾条奏绿营制度的弊端：其一，绿营军队力量分散，主责不明确。“国家设立营镇，原以戡乱定祸，固守封疆。今乃责之捕盗，终年不得团练”；其二，俸禄低。城守兵每名月关米 3 斗、支银 1 两，步战兵每名月关米 3 斗、支银 1.5 两，只能勉强维持一人的生活，“若有父母妻子、则艰难甚矣”。[3]轮汛兵风餐露宿，其饷食标准未能提高。因此，这些弁兵只得“骚派里甲，润索薪米”；其三，汛兵力量弱。“分守汛地。无过一二营丁，使地近村堡，犹可声援。若荒僻旷野，何以相敌?”[4]

其次，绿营军队杂差多，操练不足。绿营的任务，从作战以至缉捕、护送等百役都是由它来担任的。要应付百役，便有差役，要担负得起战争的任务，平时须有训练。以镇守与百役并肩，以差操混为一谈，[5]这种差操不分，既使绿营兵终日忙于烦琐的差役，影响了军事训练，又逐渐养成了衙门差役一样的油滑取巧、钻营偷惰的风气。[6]烦不胜烦的杂差不仅严重影响绿营的捕务能力，也最终使绿营走向衰

①《论京师捕盗本有专责》,《申报》，1892 年 2 月 23 日，第 1 版。
②《翰林院侍讲学士霍穆欢奏为京师盗贼成风请旨变通捕盗章程事》，光绪十一年二月初十日。档案号：03-7351-007。
③《世祖实录》卷 127，顺治十六年八月庚戌，第 990 页。
④蒋熏：《陇盗议》，贺长龄、魏源：《魏源全集》第 17 册，第 183 页。
⑤罗尔纲：《绿营兵志》，第 251 页。
⑥秦树才：《清代云南绿营兵研究：以汛塘为中心》，云南教育出版社 2004 年版，第 55 页。

败。但到宣统二年（1910），绿营杂差仍未能免除。按照惯例，遇有官舫经过，各署局均请水师营派炮船护送，水师“几专以送差为职务”。湖北水师巡防队不得不规定，“以后非有解犯、护饷等项要事，不准借调水师护送，致荒防务”。[①]

最后，绿营水师制度设计存在弊端，带来捕务松懈问题。如事权不统一。从北洋至南洋，袤延万里，各省之兵守各省之口，各省之关济各省之用，“散而无稽”。[②]各省水师画地为牢，各自建设，各归统属。“南洋兵轮归南洋大臣，北洋兵轮归北洋大臣，闽则由闽督为政，粤则由粤督主持。……虽曰海军，统于王大臣，而王大臣既不便轻出”，以致督抚“不免稍存私见，略分畛域”。[③]一旦有战事和大的骚乱，即彼此呼应不灵。[④]水师力量的分散难以发挥整体效能，战力十分有限，这也被中国水师历次海战失利所证实。还如，巡哨制度事机不密。“官兵每月出巡既有定候，赴洋会哨亦有定期，是盗无定而官兵则有定也。官兵之巡哨也，或以兵轮，或以水师炮艇堂堂之阵、正正之旗，望而知为大帅威严”，[⑤]但海盗已逃之夭夭。这一做法满足了高官的虚荣心，但无异于给盗贼通风报信。

3. 负有捕务主要责任的州县制度也存在诸多问题。其一，州县制度为“一人政府”，难以胜任所有政务。“州县一身，萃兵刑钱谷之任，又加以传教、游历、争矿、勘路及学务、警务、农工诸新政，无论不学而仕者，茫昧仓皇，即久宦者，亦难游刃有余。”[⑥]如前所述，一般的州县仅设知州、吏目，或知县和典史，官员数量少得可怜。“天下之患，盖在治事之官少，治官之官多。州县长吏、丞、簿、尉，治事之官也，州县以上，皆治官之官也。”[⑦]治官之官多，州县的束缚多；治事之官少，州县事务繁忙，应接不暇。为了保证州县事务的正常运

---

①《荆襄水师整顿之一班》，《申报》，1910年12月3日，第11版。
②《论美将式君书中讥中国水师语》，《申报》，1882年10月31日，第1版。
③《海军刍议条目一》，《申报》，1892年5月26日，第1版。
④《事权宜归一说》，《申报》，1886年12月16日，第1版。
⑤《弭海盗策》，《申报》，1892年12月16日，第1版。
⑥《前署户部尚书赵遵旨奏陈应行时政十二事折》，《申报》，1905年6月25日，第10版。
⑦鲁一同：《鲁通甫集》，三秦出版社2011年版，第10页。

行，州县官只得聘请幕友，依靠各类差役，而后者均非善类。况且，多数州县官书生出身，皓首穷经，一生追求科举，理政实践不足，理政能力十分有限，捕务松弛也就具有必然性。其二，州县官事务无所不包，难以全面兼顾捕务。刑名、钱粮是州县官的主要事务，但就是这些事务，还包括众多的具体事务。而且，自晚清以来，州县官又增添了众多的新事务，清代的州县官员额数并没有随着事务的增加而增加。其三，经制捕役等差役地位低下，法定工食银也少得可怜。差役地位低下，负责捕务捕役的地位又尤其低下。刘默园就曾说："充斯役者，大率皆系穷极无聊之辈。"①番役的身份与捕役和其他贱役相同，嘉庆曾说："番役专司缉捕盗犯，原与隶卒无异，凡各衙门皂役人等，例不准其为官，其子孙亦不准应试，则番役自应比照此例，以昭画一。"②民壮身份与平民相同，但州县民壮数量不多，事务却不少。如，守护"城守库狱，逐捕盗贼，起解人犯，护送粮鞘，一切万不可已之差遣，皆系焉"。③这些经制差役，包括经制捕役，每年法定工食银仅为 6 两，难以养家糊口。简僻小县的捕役"形同乞丐"，不得不另谋生路，包括各类非法勾当。

4. 在实际运行上，偏离和违背捕务制度是常态，加剧了清代捕务松弛的状况。如，缺额、滥竽充数是清代军队的一个老大难问题。顺治年间，户部左侍郎林起龙指出，将官赴任时，招募家丁，随营开粮，军牢、伴当、吹手、轿夫皆充兵数。甚至有地方铺户，令子侄充兵，以免差徭，其月饷则归本管所有。④军队常常有缺额，实际上就是官员克扣兵勇口粮，将其装进私人腰包。对于军队缺额，官员采取瞒天过海的办法，予以应对。"今且有不缺额而缺额者，如每营五百人，派员出不意洞察之，人人俱在也。"⑤因为统领营哨的营弁早已做好了被抽查的准备。到新政阶段这种情况还普遍存在，"其间营官之

①何耿绳：《学治一得编》，第 677—678 页。

②昆冈：《钦定大清会典事例》卷 113，吏部处分例。

③《酌弭盗源议》（顺治十年），罗振玉辑：《皇清奏议》卷 6，第 70 页。

④《世祖实录》卷 127，顺治十六年八月庚戌，第 989 页。

⑤《前浙抚恽菘耘中丞奏请整顿防营以除积弊折稿》，《申报》，1901 年 5 月 28 日，第 2 版。

不肖者，更缺额扣饷，恣意朘削，以供醉饱之资”。于是营中兵额不足，“或竟寥落若晨星者，仓皇失措，不得不招集土著，以为桃僵李代之资”。[①]

按规定，军队要定期操练，但落实下来，操防不练，号令不严，军队战斗力差。春、秋两操之法竟不举行，“将不知分合奇正之势，兵不知坐作进退之方”。[②]各营士卒终日不事操防，而“欺陵良懦，几于比比皆是”。[③]不仅陆师如此，水师也是如此。水师日久颓废，船既不精，炮又无用，兵丁不习惯于风涛，将弁怯懦于追捕，虚行故事。[④]各镇水师有巡洋之例，巡洋会哨只是例行公事，名存实亡。其出海会哨也不过约定地方，“各船既集，则彼邀小酌，此请大餐，笑语喧哗，主宾欢乐。兴尽将返，则令兵丁等大放枪炮，以壮声威”。[⑤]所以，中国有海无防，每战必败，“一由于号令之不严，一由于军实之不讲”。[⑥]长期以来，八旗、绿营官员对兵丁管理松懈，官兵钻营、逢迎、取巧、油滑、偷惰、克扣、冒饷、窝娼、庇盗、吸鸦片、开赌场等，成为长期存在、难以消除的绿营习气。[⑦]

（二）律例十分严酷，且存在漏洞。如前所述，关于文武官员，乃至兵丁、捕役、保甲等的捕务疏防、惰缉和失职等情，律例、省例对其处罚是相当细密和严苛的，条款也众多。正如钱穆所说，制度愈繁密，人才愈束缚。这一趋势，却使中国政治有后不如前之感，[⑧]尤其表现在“例”上。治安制度在治安案件处理程序中，非常严格地规定了州县官员对于地方盗案疏防责任。这些规定非常详尽，也极为细致。[⑨]凡疏防、缉拿、勘验、详报、审讯、押解等程序，无不有细密

---

①《论中国整顿营伍之难》，《申报》，1902年4月24日，第1版。

②《世祖实录》卷127，顺治十六年八月庚戌，第990页。

③《论中国整顿营伍之难》，《申报》，1902年4月24日，第1版。

④《海面缉盗论》，《申报》，1872年5月16日，第2版。

⑤《巡洋说》，《申报》，1893年8月28日，第1版。

⑥《中国兵政得失论》，《申报》，1904年2月3日，第1版。

⑦秦树才：《清代云南绿营兵研究：以汛塘为中心》，第55页。

⑧钱穆：《中国历代政治得失》，生活·读书·新知三联书店2005年版，第157页。

⑨谭琪：《清代州县治安制度研究》，第156页。

的责任条款。而且，有些责任条款的规定过于严苛，实施难度很大。如关于疏防处分，地方官辖境有一件盗案不获，初参即停俸停升，四参不获，即降级调用，即四参处分。州县辖境之大，人口之多，即使励精图治，也难保一年之内不发生几起盗案。数起盗案中，一起未获，即遭题参降级，制度之苛可见一斑。[①]但是，“故有一法，即有一弊，立法愈严，其弊愈甚”。[②]对此，当时的一些高官已经注意到律例严苛这个问题。如，定例规定，道路村庄被劫，将承缉州县印捕官并捕盗同知、通判住俸文到扣算，限一年缉拿，若限满不获，降一级调用。又兼辖道官罚俸六个月，限一年催缉，限满不获，再罚俸一年。于成龙对此盗案处分例中的不合理方面，提出了不同的建议。认为道路村庄失事在州县，责无可诿。“但原失事之州县，既降级去任，接缉之官事不切己，恐未肯实心搜缉，则强盗反有漏网之弊，合无将州县官于一年未能缉半题参者，降一级仍留原任，贼犯照案缉拿。若于已参议处之后，有能续获一半以上，仍许开复，还其原降之级。”不论是否被采纳，于成龙之议表明了律例的不合理性。捕盗同知、通判虽专司督缉之任，但所管州县不少，有时跨府界和省界。“既不能分身经理，又无由遍历搜拿，竟同各州县一体处分，以属过甚”。他提出，武职议处之例，千总、把总等官为专汛，守备等官为兼辖，副将、参将等官为统辖，州县印捕既与武职专汛之员同一处分，那么，同知、通判也应当与兼职、兼辖之员同一处分。即“量轻处分”，降低对只负督缉之责府佐贰官的处分程度，而与对军职都司、守备的处分相同。同时，他建议“量轻”对督缉、兼辖道员的处分，“既已罚俸，似可免其停升”。[③]

有的处分规则也存在一些明显的漏洞。雍正五年（1727），兵部上奏的定例规定，嗣后城内失事，缉拿之事专责于文职，同城武职令其协助；道路墩铺失事，缉拿之事专责于武职，该管州县文职令其协助。田文镜认为此规定显失公平，指出“知州知县管理一州一县，则

① 于雁：《清代“强盗”罪的政治学研究》，南开大学2008年博士论文，第178页。

②《论中国防弊之无益》，《申报》，1897年9月19日，第1版。

③ 于成龙：《于成龙集》，阎凤梧、萧泰芳等点校，山西古籍出版社2008年版，第297页。

此一州一县之中，无论在城在乡，皆其版图赤子。而武职汛弁分驻州县者，有贼而穷追务获，是其专责。建议停止兵部新定之例，仍照旧例，文武一体缉拿，一例处分”。[①]

正因为律例、规则本身存在这样那样的问题，文武官员或寻找其中的漏洞，或公然违背。所以，与捕务松懈，如讳盗、推诿和不按期通报等也就有直接的关系。律例规定，三日内有两起劫案，县官即被处分，承缉者就可能“以某日之晚移至某日之晨而已，非在三日之内”；律例规定，附郭10里内抢劫之案，两月内不破者，即照例严参，承缉者可能于禀报时，“稍移一二里，即已逾乎十里之外”；律例规定，盗案至四参限满，尚未破获者，立即撤任，承缉者可能就会“与他县互谋对调，则均为协缉官，而可以安然无事矣”。[②]真正是上有政策，下有对策，规避处分是州县常用把戏。嘉庆也深知这些“对策”，指出各督抚于所属州县官，如有承缉要犯四参限满者，即按例题参，降调离任，不得于四参限满之前饰词迁调，巧为规避。[③]对律例规则的严宽尺度，雍正也认为是一个难以处理好的问题。他说：“缉盗之例，最难于斟酌尽善。”[④]实际上，这也就是承认律例严苛和不善，会带来一系列连锁的不良反应，如诬陷冤滥，州县官漫不经心和捕役玩法养奸等等。

（三）捕务经费制度未合理建立。如前所述，清新政前捕务经费没有固定的来源，是不稳定的，也是不充分的。如，道光十二年（1832），广西捕务经费不足，从广西司库中，借动银8万两，盐羡项下借银2万两，共10万两，给发两广运司交商生息，以发给银之款，每年缴本息1万两，一半归还原本，一半支给缉捕经费，计20年本息皆清。[⑤]广东省由于内河捕务纷繁，但捕务经费缺乏，决定除雷琼

① 田文镜：《请停分缉协缉疏》，贺长龄、魏源：《魏源全集》第17册，第167页。

②《论中国防弊之无益》，《申报》，1897年9月19日，第1版。

③《仁宗实录》卷263，嘉庆十七年十一月癸未，第567页。

④《世宗实录》卷61，雍正五年九月癸亥，第930页。

⑤《两广总督李鸿宾奏为筹动司库等项银两交商生息弥补广西捕务经费事》。档案号：03-3302-031。

道及惠韶雷三府免捐外，总督每年捐银3000两、巡抚2600两、藩司1600两、臬司扣1200两、运司1140两、粮道680两，南韶、惠潮、肇罗、高廉等道各捐600两，广州府480两、潮州府360两、肇庆府400两、高州府360两、廉州府300两、琼州府360两和理事同知120两，每年共计15000两，在藩库养廉内提扣充用。[①]

到了晚清时期，清政府的财政状况每况愈下。甲午战争后，清代出现了规模空前的财政危机。“在1901年庚子赔款成立以前数年，清政府的岁入总数约为8800万两，而岁出达10100余万两，每年亏空高达1300万两左右。……这种亏空逐年扩大，一直延续到清朝灭亡”。[②]在这样的财政窘境下，捕务经费更难保证，其数量也可想而知。如前所述，清代捕务经费主要来自盐税和关税余额、借正款生息和官绅商的捐款。

（四）捕务主体衰坏。州县捕务主要和经常性的承担者是捕役和兵勇，捕务松懈因此与兵役的作为、素质和能力直接相关。他们作为官方延纳的执法者，除了清代捕务制度存在比较大的问题外，本身素质差、能力弱，不仅不能担当起捕务大任，反而使得捕务更加松懈。如捕役，关于捕役素质差的评价，文献中有大量的记载。但是非常难以理解的是，捕役与书吏一样，与清代共始终。惠民县捕役多至七八十名，少亦五六十名，有总捕，有散捕。“以讹诈为生计，缉票到手，捕盗为名，骚扰闾里，鱼肉乡民，无所不至。”[③]衙门捕投多与盗贼勾连，“营兵之弊亦与捕役仿佛”。[④]其捕役行事缺乏底线，只要对自己有利，什么事情都可以干出来。对捕役惯用的勾当，民间有多种形象的说法。如“贼开花”，当被窃案件呈报之后，捕厅差役向被窃事主询问，其邻近有哪家家产殷实而无顶戴者，再令贼报出该家，将其指为窝家；还如“洗贼名”，由于“乡愚无知，惮于畏法，冀图脱身”，该吏役连哄带骗以及施压，百姓被迫出钱七八千，或上万不

---

①宁立悌等：《粤东省例新纂》卷5，第453—454页。

②周育民：《晚清财政与社会变迁》，第315—316页。

③柳堂：《宰惠纪略》，《官箴书集成》第9册，第503—504页。

④《书丁制军带查团保夹片后》，《申报》，1879年8月30日，第1版。

等；再如“洗家病”，一家被窃，数家受累，必等到吏役“所欲已盈，始向正贼追赃定案”。因此，有殷实平民经贼案“数次之牵连，而一贫如洗者”。[①]所以，“捕役人等，守法奉公者少，贪钱狡猾者多”[②]，印证了方大湜的捕役“八弊”之说。[③]在官人役如此败坏，且一直存在，除了设置官员少之外，还在于官员懒于理事，且与差役狼狈为奸。[④]捕役之坏，根本在于管控的官员无德无能，公务废弛。

保甲、团练制度除了扰民累民外，其防缉之责，多数是一句空话。对于保甲、团练来说，村中一旦有勾留异类者，但“惧其凶横”，虽有面生可疑之辈，保甲、团练之人只得“隐忍而无敢声扬”。[⑤]而州县官因循日久，视为具文，“甚或办理不善，徒滋扰累，以致所管地方盗匪潜踪，无从觉察，而其奉行不力”[⑥]。办理团练，有诸多难处，如民多惜费，人情惮劳和团练惧祸。所以，团练办成者少。更为可怕的是，团总、团长凌弱暴寡，鱼肉一方，将团练作为谋取私利的工具。“小之狱讼赋税，官不得问。大之戕虐吏民，法不得加”[⑦]。因此，弄得不好，团练可能成为官方的异己力量。

在官人役十分败坏，而兵勇也不过尔尔。如，沿海不肖弁兵等利欲熏心，贪图财物。每于商船失事时，“利其所有，乘机抢夺，而救人之事，姑置不问”[⑧]。这些官弁缺乏起码的良知，专干趁火打劫的勾当。有的营汛兵弁，平时在汛地稽查散漫，当遇有缉捕盗匪之事，往往向地方官需索供给费用。甚至不法弁兵，私通盗贼，收取贿赂后，反“为之容隐藏匿”[⑨]。

---

①四川大学历史系、四川省档案馆：《清代乾嘉道巴县档案选编》下册，第221页。

②四川大学历史系、四川省档案馆：《清代乾嘉道巴县档案选编》下册，第237页。

③方大湜：《平平言》卷4，第692—693页。

④参见《论捕役通贼》，《申报》，1892年11月29日，第1版。

⑤《论盐枭亟宜痛惩》，《申报》，1886年4月29日，第1版。

⑥刘锦藻：《清朝续文献通考》卷25，户口考一，第7757页。

⑦孙鼎臣：《论兵三》，唐增烈：《湖南地方志中的太平军史料》，岳麓书社2010年版，第153页。

⑧《世宗实录》卷83，雍正七年七月甲子，第111—112页。

⑨《仁宗实录》卷58，嘉庆五年正月壬申，第756页。

第三节　捕务制度转型及其转型困境

一、捕务制度全面转型

面对社会的混乱无序和专制统治的摇摇欲坠，晚清政府不得不进行大规模的改革，尤其是新政阶段，学习日本和西方，采取一系列新的举措，以图消解社会矛盾，挽救其统治。当然，这些学习西方、日本的改革使捕务制度也发生了深刻的、整体性的转型。概括起来，主要表现在向“六化”过渡。

（一）向科层化过渡。管理体制的科层化是近代化的重要标志，是政治、社会转型的突出表现。同光时期，各省已自发地建立了名称不一的捕务机构，如营务处、保甲局、缉捕总局等。这些机构是不被官方所承认的非经制机构，是向科层化体制过渡的形式。而且，光绪时期，屡次要求撤销这些机构。由于多种原因，这些机构旋撤旋增，只是到新政大规模改革时期，才有所减少，其中的一个转折点就是巡警道和州县警务长的建立。光绪三十三年（1907），《各省官制通则》规定，“别就省会增设巡警道一员，专管全省警政事务”。各府知府、直隶州知州的事务，包含了监督、指挥巡警事务。还明确规定，直隶州、直隶厅以及各州县设警务长1员。[①] 次年，民政部拟订《各省巡警道官制并分科办事细则》，规定：“各厅州县应按照各省官制通则，设立警务长一员，并于各分区各置区官一员，均受各该地方官之指挥，监督办理本管事务。”[②] 随着各省作为专职捕务机构的巡警道的正式建立，警察制度就由直隶、京师开始，向各省快速推行，继则省城、府城和县城。宣统年间，警察制度向乡镇延伸，自上而下开始建立，形成经制科层体制。如，天津在光绪末年设巡警总局、巡警分局，分局下分区，区下再分队。宣统间设巡警道，裁撤督办、总办，

---

①《总核官制大臣奏改订外省官制折并清单》，《大清新法令（1901—1911）点校本》第二卷，第169—175页。

②《民政部拟订各省巡警道官制并分科办事细则》，《申报》，1908年4月21日，第27版。

由巡警道统辖。废除南、北段，重划为五大区，设东、西、南、北、中等5区警察署，各自划界。在各自负责区，各设5~6个分驻所。除设禁烟局外，还设有防疫局、消防队和河巡队等。[①]

浙江早在光绪二十九年（1903）[②]设立省巡警总局，首先在省城试办巡警事务。浙江巡抚冯汝骙到任后，将杭州原有上五段、中三段和下四段改正名称，仍按上中下三城设立分局三所。城内上、中、下三城巡警分局隶于巡警总局，各巡警分区隶于各该管之巡警分局。按上、中、下三城共12区，每区各设巡长、巡警33名，分班站岗。为确保保安要务，还设立差遣队、水巡队、探访公所，并在各要处分设派遣所。城外设湖墅、江干两巡警分局，所辖望江、凤山、钱城、武林、银山各城门外暨笕桥地方。[③]经过几年的努力，浙江省城的社会治安有了较大的改变。光绪三十四年（1908）十月，新任浙江巡抚增韫为进一步在全省推广警察，设立了全省警务处，统归节制省城巡警总局、沿海水路巡警总局、内河水路巡警局、全省警务学堂、探访总局、卫生总局、工程总局及将来创设关于警务之局所等。[④]还制定全省警务分期办法。该办法规定，分三期由城镇向乡村铺开，完成创办任务，每期四个月，全省保甲及稽查等事宜也统归警务处管辖。[⑤]浙江全省创办巡警，年需经费约207000两，其来源为裁汰绿营的饷项。[⑥]原全省警察总局则改为省城巡警总局，仅仅管理省城及附郭地方的警务，以杭州知府为总办。宣统元年（1909），浙江设立巡警道，管理全省警察事务，将原全省警务处改为警务公所，作为巡警道的办事机构。巡警道设立后，进一步推动了浙江全省的警政建设。“警察

---

① 王守恂：《天津政俗沿革记》卷14，第67—68页。

② 浙江巡抚增韫奏称：“浙省于光绪二十九年六月间遵旨开办警察，设立警察总局。”（《浙抚奏报筹办巡警情形》，《申报》，1909年4月28日，第10版）；另一说是，光绪三十二年（1906），浙江“改警察军为警察总局”（《浙抚冯奏浙省划分警区章程折》，《申报》，1908年6月25日，第10版）。根据浙江及所属各地建警的情况，光绪二十九年（1903）六月，浙江遵旨开办警察，更符合历史事实。

③《浙抚冯奏浙省划分警区章程折》，《申报》，1908年6月25日，第10版。

④《组织浙江全省警务处》，《申报》，1908年10月28日，第10版。

⑤《浙抚奏报筹办巡警情形》，《申报》，1909年4月28日，第10版。

⑥《全省绿营改办警察》，《申报》，1908年11月29日，第11版。

制度的建设使中国形成了从中央到地方的一体化的管理和保卫机制，警察机构的科层化使各级警察机构、官员的上下隶属关系以及各自职能、权限更为明确。”[①]

（二）向专门化过渡。在新政阶段前，军警不分，共同担负捕务职责，是清代的重要制度设计。但新政阶段，这种情况发生本质性变化，捕务力量进一步分化，也更加分工明确，专门化程度进一步提升。如新军主要是国防军性质，指挥权属于中央，其任务是操防和御外；巡防队属于军队体系，但指挥权属于督抚，是各省内防力量，“专为弹压内乱、缉捕土匪而设，类于地方巡警之职务”；[②]警察是行政机构，主要任务是巡防、缉捕、卫生、交通和消防等。只有内乱达到一定规模，才动用巡防队和国防军。警察是增量制度，是专门制度。“清末警察虽然是新制，但包容了传统保甲、团练、官府捕役的职能，即将原来分散的职能统归于一，使警察的权力大大扩张，从而在一定程度上改变了基层社会治安模式。”[③]

在改革军制方面，朝廷和会议政务处于光绪二十七年（1901），要求各省开始编练新式军队。[④]按照西方兵役制度设计来看，常备军、续备军均为国防军，主要任务是防御和抵制外来侵略。常备军是常备力量，一定期满后，退为续备军，是为预备役力量。一旦有战事或者外来威胁，续备军需重新入伍当兵。在军制改革初期，与西方的兵役制度不同，中国的多数省份几乎同时建立常备军、续备军和巡警军。西方国家也无巡警军之说，在内政方面，早已建立起警察制度。所以，中国的军制改革，既有向西方学习的一面，也有自己独创的一面。新政阶段开始建立的新式军队与过去有本质的区别，但不论如何变化，军队作为国防和捕务防守力量的本质没有变。清季军制改革的大旨：一是将军队分为三等，即常备军、续备军和巡警军。常备军集

---

① 何洪涛：《清末警察制度研究（1894—1911）——以警察立法为视角》，西南政法大学2011年博士论文，第171页。

② 中国第一历史档案馆：《清末筹备立宪档案史料补遗》，《历史档案》1993年第3期。

③ 刘伟、石武英：《清末州县巡警的创办与基层社会》，《社会科学》2012年第12期。

④《政务处咨行各省议裁兵练军事宜文》，《申报》，1901年11月5日，第2版。

中屯驻在省会等大中城市，“以备战为宗旨”和“以操练为宗旨”；续备军驻各战略要地、交通要道，分扎训练，“以兼备战、守为宗旨”和“兼操练、防缉二事为宗旨”。从《四川续备军规则》看，续备军除了训练、防守外，确有治盗、捕匪责任。[①]巡警军则分拨州县各处，并受州县官兼辖，专为巡防、警察之用，其主要任务是内政，防备内患，“以备守为宗旨”和“专以防缉为宗旨”。[②]各军的职责分工开始有所区别，军队进一步朝近代化、专门化方向发展；二是采用德国和日本的兵学之法，聘请外国教习，练习军操，统一军械，统一阵式；三是军队变为步队、马队、炮队、辎重工程队和卫生队的多兵种军队，具有合成性质；四是有选择性地招收士兵入伍，要求士兵初通文墨；五是官兵军饷都得到了大幅度提高，基本能养家糊口，但常备军、续备军和巡警军的军饷优劣有别，呈递减趋势；六是开办各类军事学堂，或者教练所，培养军事干部，轮训弁兵。清末的军制改革朝经制化、正规化、专门化和专业化加速发展。但也带有旧式的色彩，如官弁兵都是旧式军队裁汰后保留下来的，继续采用募兵制，军队的风气还没有得到根本性的改变等。

（三）向职业化过渡。在新政改革10年间，新式陆军作为国防军，不断地向近代化迈进，军人素养和军事能力得到了较大的提高，军队有了历史性进步。“从前募勇不问来历，今宜按格精选，不得幸进滥充；从前当兵不定年限，今宜番练递休，不至疲众费饷。从前将不必知学，奋勇敢斗便可立功，今则战法日新，平时教导，临时指挥，卤莽者必不能任；从前兵不必久练，袒臂持矛便可赴敌，今则军装繁重，身所负荷、手所运用生疏者必不能胜。”[③]军人作为捕务主力，各方面的实质性变化是捕务制度近代转型的最好说明。

同时，也有相当多的军人由军籍变为警籍，军人，或正在变为职

---

①《锡良档七十》，虞和平：《近代史所藏清代名人稿本抄本·第3辑》第87册，大象出版社2017年版，第671页。

②《锡良档二六》，虞和平：《近代史所藏清代名人稿本抄本·第3辑》第43册，第78—79页。

③《练兵处奏拟定营制饷章折》，《大清新法令（1901—1911）点校本》第三卷，第655页。

业警察的军人向职业警察转换。在清季，受近代化以来经济、政治、社会各种事务不断分化和增多增广的影响，行政官员的行政事务也日益繁重，无力兼顾社会治安的职能。而且由于社会流动人口的加剧和犯罪的多样化、职业化，对社会安全的管理和监控更趋复杂细致，原先大而化之、泛而不专的社会治安体系显得力不从心。警务不仅从军事、政务中脱颖而出，成为独立的行业，警察也逐渐脱离军籍而走向职业化，成为一种新职业和日常性的专门捕务力量。现代警察的诞生弥补了传统行政结构的缺陷，治安执法不仅脱离了地方行政官员的直接控制，而且日益成为一项技术独特的公共职业。[①] 警察制度作为捕务制度的增量部分，实行专门化和职业化，成为以维护公共安全为目标的国家内政事务的新组成部分。其探索和建立开始于各直省，尤以直隶、天津得风气之先。不仅如此，社会转型之快，还表现在警察行业内部的进一步细分，这在中国历史上还是第一次。警察不仅有民事、刑事警察，还有铁路、司法、消防、卫生、交通和水上警察等。比如，民政部拟订的巡警道官制指出，行政科掌行政警察、高等警察、国际警察、消防警察各事，司法科掌司法警察之事，卫生科掌卫生警察之事。[②] 中国自有铁路以来，对铁路的管控主要是绿营、练军和防军以及巡防队，但在清季时期，出现了铁路警察名号和铁路警察的职业。铁路警察、新式军队和巡防队共同维护铁路治安。光绪三十二年（1906），巡警部即在催促已通铁路各直省制定铁路警察章程。"各省已通铁路等处，无论官办、商办或官绅合办，均应速立铁路警察，昼夜梭巡，与各该地方旧有防营，分清界限，各专责成。"[③] 滇越铁路建成，巡警道会同关道龚心湛制定铁路警察章程，自省城至河口止，分为上、中、下三段，上段附近省城，隶警道管辖，中、下段则归关道管辖。巡官、警士都取材于省会学堂及教练所。[④] 到宣统

① 费秋香：《论清末新政时期的地方官制改革（1901—1911）》，华中师范大学2001年硕士论文，第24页。

②《民政部拟订各省巡警道官制并分科办事细则》，《申报》，1908年4月21日，第27版。

③《警部饬办铁路警察》，《申报》，1906年5月19日，第3版。

④ 龙云、周钟岳：《新纂云南通志》卷126，庶政考六，第357页。

二年（1910），铁路在河南省境内经行800公里，河南巡抚设铁路巡警1营，计510余名，驻守车站，专资弹压。[①]

全国各省警务公所一般设置四科，其中设有卫生科。“就局内设立卫生一科，为卫生上之行政机关。”其职责是，清洁街道，诊视贫民，检查食物、水料，防疫、种痘等。[②]次年，浙江已有创办交通警察、司法警察的计划。[③]为预防火灾，在光绪三十四年（1908），四川成立消防队，队员有1000余人，采用新式水龙、爬梯等器具，“时常演习”。各街共修建1100余个太平石缸，全部装水，数日一换，“防患、卫生，无不周至”。又于城内外东南西北各处修建钟楼，高4丈余，有事撞响警钟，各路即可闻声救护，[④]在安徽警务公所职员之外，另设消防队官1员，统属消防夫40名。云南将水军改编为专业消防队，省会水军100名，由总局节制，操练水龙及一切消防之事。[⑤]

从全国的情况看，光绪三十一年（1905），巡警部尚书徐世昌已在考虑司法警察和行政警察之设。[⑥]次年，正式进入实行阶段。如，光绪三十四年（1908），四川省城、重庆两处添练司法巡警，养成侦缉人才，为审判开庭的预备，司法警察这一职业由此产生。宣统二年（1910），法部奏定《检察厅调度司法警察章程》，对司法警察的人员选拔、职责、程序、权力与义务和纪律等作出详细的规定。从此，制度层面对司法警察职业作了肯定和规范。[⑦]

（四）向法治化过渡。捕务规范向近代法制转型。新政阶段，立法以前所未有的速度和规模发展，改变了中国专制时代“诸法合体”的惯例，并向“诸法分立”推进。捕务立法涉及各专门法律法规，如《大清现行刑律》《酌拟大清违警律草案》等。宪政编查馆在光绪

---

①《河南巡抚吴重憙奏胪陈整顿巡警情形折》，《申报》，1910年3月2日，第18版。
②《浙抚冯奏浙省划分警区章程折》，《申报》，1908年6月25日，第10版。
③《浙抚奏报筹办巡警情形》，《申报》，1909年4月28日，第10版。
④贾大泉、陈世松：《四川通史》卷6，清代，四川人民出版社2010年版，第218页。
⑤龙云、周钟岳：《新纂云南通志》卷126，庶政考六，第356页。
⑥《奏派警部办事人员要略》，《申报》，1905年11月1日，第3版。
⑦参见《法部奏定检察厅调度司法警察章程》，《申报》，1910年6月10日，第26版；《法部奏定检察厅调度司法警察章程》，《申报》，1910年6月13日，第26版。

三十四年（1908）拟订了《钦定宪法大纲》，是中国历史上公布的第一份宪法性文件，是以巩固君王权威为基调的宪法纲要。[①] 该大纲即使不是正式宪法，但与专制时代只有义务、没有权利的律例完全两异，是一个历史性进步，也是捕务必须遵循的基本规范。修改和新订的法律条文，废除了一些酷刑和轻微的刑罚方式。如废除了凌迟处死，以罚金、强制劳动的方式取代笞刑和杖刑等，使法制更文明化，也符合世界和时代潮流。

新政阶段，改革军事制度，也出台了大批新的专门法律法规。如《北洋海军章程》《营制饷章》《考验水陆营员画一章程》《第一次陆军退伍章程》《北洋常备兵第一次退伍改为续备军条例》《练兵处新定陆军学堂办法二十条》和《巡防队试办章程》等等。光绪三十二年（1906），清政府练兵处奏定的《军队内务条例》奉旨颁布，这是中国近代以来第一部专门规范军队内务的法规。[②]

同样，从警察官制来看，无论是各直省，还是宪政编查馆、巡警部和民政部等，都制定了数多面广的有关警察的法律法规。自光绪三十二年（1906）至宣统三年（1911），清廷颁行的全国性警察法规不下百件。[③] 如《违警律施行办法》《司法警察职务章程》《考取巡警章程》《巡警禁令》《使用哨笛简章》《巡官长警赏罚章程》等。[④]《中国晚清警事大辑》第1辑收录了不少关于晚清警察官制、官规以及其他方面的历史文献。如直隶省的警察官制、官规文献有如：《筹办通省巡警学堂总纲》《直隶司法警察章程》《保定警务局巡逻规矩》《天津四乡巡警现行章程》《京保铁路巡警试办章程》等，湖北则有《警察新章示》《巡警官考试章程》等。[⑤] 光绪三十一年（1905），鉴于北京车站炸弹事件，清政府紧急出台《京外铁路章程》共26条。[⑥] 通过这些法律

---

①彭剑：《清季宪政编查馆研究》，北京大学出版社2011年版，第67—68页。

②王胜铎：《中国近代第一部专门规范军队内务的法规》，《军事历史》1991年第6期。

③孟庆超：《中国警制近代化研究——以法文化为视角》，中国政法大学2004年博士学位论文，第77页。

④韩延龙、苏亦工等：《中国近代警察史》上册，第262页。

⑤赵志飞：《中国晚清警事大辑》第1辑，目录，武汉出版社2014年版，第1—4页。

⑥《拟定整顿车站章程规条》，《申报》，1905年12月4日，第9版。

法规、章程，警察官制、官规被纳入法治轨道，这也是捕务制度朝近代化、规范化迈进的重要标志。宣统年间，为进一步加强警务建设，除了警察法规和章程外，民政部专门颁布了《巡警要旨》，对警察宗旨、品格、操守、知识水平、职责、工作纪律、行为举止、着装、配刀和生活态度等都做了全面细致的要求，强调警员的“操守不可不严，品格不可不保养”。[①]上述法规、章程显示了警察应该具备主权、民主、平等和公益理念，使其理解职业使命，而不仅仅是谋生。而《巡警要旨》显然受到民主主义的影响，颇有公共性、民主性和近代性意蕴。可以说，这些理念实际成为警察群体的职业价值观。由此可见，在清末，捕务制度以内涵式发展的方式进一步向近代转型。

（五）向民主化过渡。专制统治是官僚政治和单向政治，民众不参与政治，是无声、无存在感的群体，而政治参与是政治民主化的重要标志。清季时期，资政院和咨议局创办，虽不是代议机构，但是实际运行中，议员已经将自己当成了民意代表，把资政院、咨议局当成了准立法机关。民意机构对包括捕务在内事务的介入和政治参与的扩大，是制度包括捕务制度民主化转轨的充分体现。如，宣统二年（1910），直隶总督向咨议局提交《试办宣统三年直隶地方岁出预算案》，经常门和临时门总额为11351830.35两。顺直咨议局审议《议决宣统三年直隶地方岁出预算案》，对总督交议的预算书中不符合实际的各条款进行了削减，第一次审议结果议减795700两。咨议局将议决结果提交总督，总督认为削减得太多，要求将削减数减少为125900两，将议决案驳回，要求咨议局复议。顺直咨议局经过实际调查，进

①《部颁巡警要旨》，《申报》，1911年2月10日，第18版；《部颁巡警要旨》，《申报》，1911年2月11日，第18版；《大清新法令（1901—1911）点校本》第十卷，第404—407页。光绪三十二年（1906）五月，外城巡警总厅制定了《巡警禁令》，该禁令也是29条，比民政部的《巡警要旨》早四年。从内容上看，两个文献在诸多方面相同、相似。故有理由相信，民政部颁布的《巡警要旨》在很大程度上参考了《巡警禁令》。所不同的是，《巡警要旨》在理念、立意等站位更高，并将地方性规章变为全国性规章，而《巡警禁令》则就事论事，比较具体。

行第二次复议，减少了削减数，议减总额为 226500 两，[①] 但与总督提议的削减数仍有 100600 两之差。这说明顺直咨议局并未顺从总督的旨意，保持了相当的独立性，制约了行政权。

宣统元年（1909），山东咨议局提出议案，提出了一系列建立、完善警察制度的建议。如添设水上警察案、改曹州防营为军事警察建议案、弭盗治标治本办法案、融化民教案、整顿东省驻防新军建议案，[②] 这对于山东官方加强捕务建设是有较大帮助的。在宣统元年（1909）福建省咨议局会议上，议员提出了撤销内河炮船，兴办水上警察的建议案。[③] 从福建咨议局第一届的成绩看，该舆论机关发挥了很好的作用，是对旧的官僚制度的突破。“自开局以来计，开会四十五日，开议二十一次，开审议会一次，共议决案四十九。（总督提出者七、议员提出者四十二。）申覆咨询案五、质问案六、转呈陈请建议书六（六十六件）、否决案三。”对警察议案，福建咨议局提出了兴办水上警察、改良警察办法、消弭上游盗贼匪害办法和裁撤粮储道改设劝业道并增设巡警道案，[④] 很好地履行了职责。浙江宁波学界戴其仁提出浙洋弭盗建议案办法六条，并将该办法提交浙江咨议局。咨议局经过逐条讨论，详加修正，是为咨议局议案，照章呈送抚部院。官方及时给予答复，对该办法或采纳，或解释，或婉言拒绝。[⑤] 可见，各省咨议局的设立和该局不仅建言献策，还积极督促和监督官方，体现了旧制度向新制度、专制向民主迈进。

（六）向知识化过渡。作为广义捕务制度的主体，随着军制改革的不断加深，军人形象也得到了较大的改变。军队官员从学堂毕业生中招收，军人招收有一定文化、素质的身强力壮的青年人，这改变了军队官兵的来源。当青年入伍时，“亲戚故旧赠旗致颂，绅商学界列

① 任晓兰：《财政预算与近代中国的国家建构》，天津社会科学院出版社 2015 年版，第 187 页。

②《山东咨议局呈院议案一览表》，《申报》，1909 年 12 月 18 日，第 18 版。

③《闽省咨议局会场纪事》，《申报》，1909 年 11 月 3 日，第 10 版。

④《福建咨议局第一届成绩》，《申报》，1909 年 12 月 16 日，第 10 版。

⑤《浙洋弭盗议案之批答》，《申报》，1910 年 12 月 27 日，第 11 版。

队欢送，气象聿新，一扫往日轻武之弊”。[①]大批的读书人踊跃参军，原因有多个方面。辛亥革命的参与者曾回忆说：“这一小学的特点在待遇优厚，毕业后可派充排长等职。而入学标准很严，都是由各镇协营（军制名）挑选优秀军士，参加考试。及格后，才能录取收容。同时，当年科举已废，读书人苦无出路，所以大半投笔从戎，以取得考入陆小的资格。唯其这样，故当时秀才当兵的事，已是司空见惯。所谓文武合流，早已开风气之先了。”[②]还有一位亲历者回忆，光绪三十年（1904），在湖北黄陂应募新兵成功的96人中，就有12个廪生、24个秀才。[③]浙江武备学堂招考学生，到光绪二十九年（1903）第4期招考时，“投考的人突然间多起来了，而且有举人、秀才等，作者亦于此期考取入学”。第5、6两期招考时，因为科举已停，读书人没有出路，所以投考的人更多。[④]官方还为军人提供良好的生活条件、工作条件，使得军人的荣誉感、责任感提升。正因为如此，民众改变了对作为捕务主体的军人腐败、无能的刻板印象。这种民众社会心理的变动，就是捕务制度在精神、文化内在层面的近代转型。[⑤]如前所述，晚清时期，军队通过新式练军、兴办众多军事学堂、派遣留学生等方式，培养官员，还招收有一定文化素养的兵丁，军队的知识水平得到一定的提高。

同样，在建立警察制度的同时，各省为培养警察，积极兴办警务学堂。因为警察是专门之学，有较高素质的人才能担任。且将警察渐次推广于各府州县，需要造就大批警务专才。如江西，适时地创办了警务学堂。警务学堂为招考学生，制定了招考章程。拟先在省城

---

①《对于江苏新督新抚之希望》，《申报》，1909年7月30日，第3版。

②《访问两个首义人物——喻育之先生和李春萱先生》，《申报》，1946年10月10日，第3版。

③陈孝芬：《辛亥武昌首义回忆》，政协湖北省委员会：《辛亥首义回忆录》第1辑，湖北人民出版社1957年版，第70页。

④斯道卿：《浙军十八年的回忆录》，汪林茂：《浙江辛亥革命史料集》第7卷，浙江古籍出版社2013年版，第139页。

⑤参见王莹莹：《清末知识分子从军热现象研究》，国防科学技术大学2007年硕士论文，第31页。

考取学生 400 名，入堂学习，以两个月毕业。此外，各府州县再行委员分往，会同地方官考取调省学习。对考生的品德、年龄等都作了要求。还要求考生以前没有充当差役，无赖游民不得参加考试。[①]江西为此专门制定了警务学堂章程，警务学堂的管理机构是督办、会办各1员，总理堂内一切事务并统辖大小官员人等。警务学堂的教师由 8 名组成，即文武教习，第一期实际上只招收学生 50 名。[②]学生课程分为初等、高等。初等两个月卒业，学习当差条规、巡查警逻细规、巡兵处规则、卫生清道事宜、赏罚定章、礼节、口号、步法、体操、枪法；高等三个月卒业，学习警察章程大义、大清律例摘要、打靶法、演阵法等。[③]光绪三十一年（1905），江苏在苏州开设巡警学堂，以提高警察的整体素质。巡警学堂招收佐杂官和举贡生监等，入堂学习专业知识。课程有警务、法律、体操等，“六月毕业者为官学生，三月毕业者为兵学生，第一期招收官学生 40 名、兵学生 100 名”[④]。到光绪三十四年（1908），各直省相继有 20 多所巡警学堂开办，培养了一批警政毕业生。科举废除后，一些旧式文人鉴于前途受阻，也报考警察学堂，谋求发展。

但是，各省巡警学堂的水平和质量参差不齐，“章程、编制、课程多未一律”。民政部制定了统一的《巡警学堂章程》，该章程对学堂宗旨、学堂类别、学堂设置、考生要求、学生额数、学习期限、学习课堂、管理体制、教师选配和学生毕业录用等各个方面，[⑤]做了全面和详细的规定，为规范全国各高等巡警学堂和巡警教练所提供了制度保障。云南厅州县巡警到宣统元年（1909）夏秋之交，已开办者 84 州县，其省城巡警学堂先开简易科，并附设教练所，各府直隶州先后分设教练所。李经羲到任以后，至该年十二月，省垣简易科毕业 40 余人，其附设教练所毕业 270 余人，各郡所设教练所毕业 1200 多人；

---

①《招考警察示》，《申报》，1903 年 2 月 28 日，第 2 版。

②《八录江西警察局兼学堂章程》，《申报》，1903 年 8 月 5 日，第 9 版。

③《九续江西警察局兼学堂章程》，《申报》，1903 年 8 月 7 日，第 9 版。

④张海林：《苏州早期城市现代化研究》，南京大学出版社 1999 年版，第 129—130 页。

⑤《民政部奏定各省巡警学堂章程》，《申报》，1908 年 10 月 29 日，第 26 版。

再暂停简易科，改办高等完全科。[①]警务学堂和巡警教练所等机构，招收的是有一定文化程度的人员，生源质量大大提高。通过一到三年的专门学习，或者几个月的专门培训，培养和培训大批有专门警察、法律知识的巡警，使警察队伍的能力和素质大大提高。莫里循在1911年写给布雷克夫人的信中就赞扬，“在北京，我发现这个城市正在变样……巡警们简直叫人赞扬不尽，这是一支待遇优厚、装备精良、纪律严明的队伍。嘿，我昨天就看到一个警长帮助一个推独轮车的人把车子从地上扶起来”。[②]警察制度是中国近代化的标志，也推动了捕务制度进一步近代转型。

二、转型困境及其根本原因

（一）转型困境。任何制度都会有一个创建、发展、吸纳和完善的过程，而制度转型都有其深刻的现实条件和历史根源。任何一种旧制度的消亡，或延续，都与当时社会发展需要相适应。同样，任何一种新制度的建立和发展，都与本国的历史和时代条件不能脱离。因此，制度转型一旦落实到一定时空时，总会引发内外矛盾、新旧冲突和艰难调适。正如王家俭所说，制度的现代化往往具有两种特性：一是时间上的延续性，一是空间上的关联性。以我国警察制度的现代化而言，“一方面带有若干现代的进步倾向，而另一方面却摆脱不了传统的束缚”。[③]新政阶段，清政府洗心革面，改革也取得了明显和飞速的成效，呈现一些新的气象。但与此同时，转型面临着诸多消极因素困境和不利条件，[④]妨碍和延缓了捕务制度的全面和彻底转型。

第一，捕务主体素质并没有得到根本性改观。新的军队制度已渐次推行，但有些军人的品质、能力一如过去的兵勇。一些新军、各省

①《云贵总督李经羲奏陈云南第三届筹备宪政情形折》，《申报》，1910年6月22日，第18版。

②［澳］骆惠敏：《清末民初政情内幕》上卷，刘桂梁等译，知识出版社1986年版，第737页。

③王家俭：《清末民初我国警察制度现代化的历程（1901—1928）》，第144页。

④苏全有认为，清末警政建设中存在经费、中央权力萎缩与政令不行、时间短促和政治腐败等四个方面的问题（苏全有：《近代中国专题研究》上，线装书局2008年版，第542—546页），一定程度上揭示清末捕务制度转型困境之因。

地方巡防队大多为旧军队改编而来，顽固落后，素质低下。清季警察的来源十分广泛和多样，有将民壮、勇丁、捕役改为巡警的，[①] 有将旧设捕盗营等名目改为司法巡警的，[②] 有将保甲、团练改为巡警的，有将绿营改为警察的，不一而足。所以说，囿于当时条件和状况，新瓶装旧酒，新的警察制度容纳了不少腐败无能的旧官僚和旧在官人役。如直隶鸡泽县“将旧例各衙役一律并改为司法巡兵，专供法衙搜捕、传拘之用”。[③] 尽管建立警学，招收有一定文化知识的官民为警官、警士，或者建立警察教练所，培训在职警察，但这些受教、受训的警察占比甚小，这些现象的确是捕务新旧转型中存在且难以避免的问题。素质低下的警察官员和警察广泛存在，“问其局员，大都卑鄙阘茸之候补官也；问其警察兵，大都毫无教育游手之徒也”。[④] 而州县巡官和巡士的素质更不待言，巡官大多为州县佐杂之流，对警察的学理茫然不知。[⑤] 在捕务职场，这些警察的言行举止与应有的警察规范、形象大相径庭。有的警察“甚或敲诈欺骗，无所不至”。有外国人声称，“城市中才设置了维持公共秩序的警察。他们身着黄褐色卡其布服装，手持警棍在街上巡逻。但这些警察的能力在骚乱发生时从未得到过证实”。[⑥] 他对此时警察的素质和能力并不看好，对新型的警察制度持有怀疑。

第二，捕务新规则远未完善。到清季预备宪政改革时期，由于时间短促，行政、立法和司法关系不仅尚未完全厘清，相关机构设置或缺失，或不健全。关于捕务的官制、官规尽管出台了不少，但总体来说，还不完备。而且，即使制定了相关法律、法规，有法不依的现象依然大量存在，这也是转型时期的共同特征。如官方军纪对军人行为有严格的规定，但“营兵往往因嫖赌、酗酒、购物细故，而骚扰地方”。[⑦] 甚至军官也是视军纪为儿戏，如安徽陆军各级军官“平日不理

---

①《请缓改壮役为巡兵》，《申报》，1907 年 9 月 16 日，第 11 版。

②《江省续设道府厅县设治章程》，《申报》，1909 年 2 月 27 日，第 5 版。

③《各省内务汇志》，《东方杂志》，第 4 年第 10 期，第 500 页。

④《论近日政府之注意于警察》，《申报》，1905 年 7 月 7 日，第 1 版。

⑤参见《论我国警察之弊及其整顿之方》，《申报》，1909 年 9 月 18 日，第 3 版。

⑥［美］E.A. 罗斯：《变化中的中国人》，公茂虹、张皓译，中华书局 2006 年版，第 2 页。

⑦《危哉军警界之风潮》，《申报》，1910 年 2 月 20 日，第 7 版。

营务，操练毫不关心，惟以嫖赌、酗酒为事，每逢大操即演出种种怪现象”。[①]因此，清季兵警冲突、兵民冲突、警民冲突不绝于耳。同样因为警政创建为时不久，法律法规不健全，使警察在执法中莫衷一是。如，警察在行使职能的过程中需要对新、旧律例进行必要的区分和选择，才能公平正确执法，但警察的知识储备难以达到上述要求。或由于新律多吸纳西方法治观念，与清末国情、民情、传统法所注重的伦理人情难免冲突，使警察在执法过程中易陷入无所适从的尴尬境地。或由于清末法制不完备，特别是法律执行程序的欠缺，警察有较大的自由裁量权，容易造成选择性执法。或由于多数警察不具备相应的法政素养，在缺乏有力监督和必要控制的条件下，易造成权力滥用。且在学习西方，引进西方的制度过程中以及在预备仿行宪政的大背景下，司法和行政系统存在一些权限尚未分清的问题。警察系统与地方官员、军人对法律体系的理解与支持各持一端，易生冲突。如对辱骂他人、殴打他人未成伤的处理，《违警律》与《现行刑律》的规定有所不同，“若令警察官署照违警律办，而地方官仍照现行律办，则处理未免两歧”，最终将上述罪名归入警察系统专门处置，打人成伤以上则交各级审判厅处理，“类似折衷的做法不在少数”。[②]

第三，经费不足依然困扰着捕务制度的近代转型。新政阶段，捕务经费短缺的问题仍然没有解决。“近来外省缉捕废弛已极，即京师亦大致相同，何也？推原其故，良以经费不能充裕耳。”因此，兵役“访案之时，行用无资，获犯之后，赏劳有限，勇丁、夫役无人鼓舞而奖励之，则渐生其懈怠之心，而无人得力矣”。[③]各省捕务经费严重不足，只得想方设法挪用筹措。如，浙江省城巡警总局就保甲原有经费及以常备亲军营勇丁改编巡士，故饷项和学堂额支、活支等款，一直以来由厘饷局筹给，每月约需洋八九千元。“办理巡警未有专款，

---

①《皖省军官将有大更动》，《申报》，1910年12月25日，第11版。

②倪晓一、王光越：《试析清末警察机构的建立与性质》，中国第一历史档案馆：《明清档案与历史研究论文集》下，新华出版社2008年版，第821页。

③《都察院请饬拨款生息作为缉捕经费折书后》，《申报》，1884年4月1日，第1版。

自不得不恃防饷以为挹注。”[①] 京师开办巡警，经费不足也是主要问题。巡警部不得不商令各省筹济。[②] 时任武昌县警察教练所的官员用白话文公开说，地方巡警是不容再缓的了，所难的就是地方财用不足，没有多余的款项专为地方上办理新政的用度。“如今我们一面开局，一面教练，也是因为经费不足的缘故，不能不变通办理了。”[③] 时人曾作过评论，比较全面地反映出这些问题。“查各州县警款筹划之法，或系保甲旧费，或系商铺捐输，或系按亩摊派，或系各项杂捐，率皆目前支应，究非常年的款。既无的款，则筹法混杂，则弊窦丛生。”[④]

第四，捕务制度改革呈现纷繁杂乱的状态。清季捕务制度的改革缺乏系统设计和步调一致，是整个清季改革混乱的一个缩影。仅仅是警察制度的新办，已经引起捕务体系的大调整和大变动。涉及捕务制度改革，在短短的几年里，有常备军、续备军和巡警军的改革，有保甲局、团练局的改编，有佐杂、捕役和民壮的废除，有巡警道、巡警长之设等等。“中国今日警察上之改革，混杂紊乱，莫衷一是”。[⑤] 又有亲历者指出了清季警察制度改革多宗乱象：警察的管辖机关多样和警察的职守混乱，警察的额数和警察的服装混乱，警察的岗位和警察的名号混乱。其他的乱象还如“官长之等级不同、勤务之时限不同、薪饷之数目不同，不统一之事实且不可以屈指计”。[⑥]

第五，外部环境未能为捕务制度的转型提供良好条件。晚清政府对外仰承鼻息、巨额赔款和对内的横征暴敛都对广大民众造成了诸多负面性冲击和持续性灾难后果；专门化和近代化取向的改革对民众来说不仅无利可图，而且有害，且使中国民众呈现出普遍性的社会焦虑、社会恐慌。由于社会各种矛盾积聚，官民对当下以及未来有不确

---

①《划一新军巡警经费》,《申报》, 1908 年 11 月 25 日，第 11 版。

②参见《湖广总督张奏所有认解本年警务经费银三万两业已如数解清等情片》,《申报》, 1906 年 12 月 23 日，第 16 版。

③闵子骧、魏炳文:《武昌县教练所开学演说》，赵志飞编:《中国晚清警事大辑》第 1 辑，第 345 页。

④转自韩延龙等:《中国近代警察制度》，第 215 页。

⑤张瑞基:《论警察权》，赵志飞:《中国晚清警事大辑》第 1 辑，第 322 页。

⑥赵征宇:《论各地方警政之宜谋统一》，赵志飞:《中国晚清警事大辑》第 1 辑，第 348 页。

定性的严重担忧。所以，一有风吹草动，教案、会党、散勇和民众的骚乱即成燎原之势。社会底层人们为谋取生存权，如无头苍蝇，以此寻找情绪发泄的出口和企图解决出路的路径。因此，清季偷盗抢劫、谋财害命无时不有，无处不在；游勇普遍化、会党组织化和规模化，并且贼匪、枭匪、游民、游勇和会党日益合流，相互促进，相互影响，使社会失序进一步严重化。“就字面意义与一般意义而言，冲突和暴力在晚清政治言论中屡见不鲜，正好呼应了当时社会政治与经济的全面性崩解状态。”[①]西方列强也充分利用大炮，进行恐吓，在中国争夺势力范围。长江天堑已成为“列强竞争贸易场之中心点也。各国兵舰往来游弋长江上下，名则保护商贸，实则各为均势之谋，惧落人后耳”。清政府对此只能忍气吞声，仰人鼻息，甚至相互勾连。“各国平等的原则已经很勉强地为中国所接受了，剩下来的只有鸦片、外商和传教士在搅扰中国官员的安宁。”[②]

新政阶段，反清政治运动不断高涨，清末立宪请愿运动此起彼伏。特别是在原有贼盗、会党、游勇骚乱的基础上，民变高潮迭起，突破了时空界限，几乎无地不有，无时不有。与过去传统性民变有所区别，清季民变的发生与近代化新政的各项改革直接相关。如兴办学堂、警政等，收取捐税，增加税种，大多数新政改革严重地侵害了人民的利益。因而，民变反对和破坏的就是这些警察所、学堂、税务所和工场等新政机构。尽管诸多文献的统计数量有别，清季民变呈井喷的状态确是事实。张振鹤、丁原英根据报刊文献收集整理的《清末民变年表》，是迄今为止清季民变最为全面的记录。此表显示，清末民变次数高达1200次。[③]在20世纪初期，波波相续、绵绵不绝的民变又同前仆后继、峰峰相连的革命交错迭出，二者的并存导致了彼此的影

① [美] 伊贝卡·卡尔：《清末中国的日常暴力》，苗延威译，中国人民大学出版社2010年版，第284页。

② [美] 马士、宓亨利：《远东国际关系史》，姚曾廙译，上海书店出版社1998年版，第261页。

③ 张振鹤、丁原英：《清末民变表》（上、下），《近代史资料》1982年第3、4期。

响。[①] 毫无疑问，新政引起的民变虽然多数规模不大，但具有全民性和全域性。民变因民愤而起，带有一定的偶然性，且旋起旋灭。民变的矛盾所指，除了官府和盐务、税务、警务和学堂等机构之外，还指向地主、富户和商户。如，"直隶反新政事件反映了改革与公共资源私有化的关系。改革的执行者同时也是收税人，他们对于社仓积谷、学校和自治经费的侵占导致了乡村小农社会的激烈反抗"。[②] 从另外的角度来说，对民变的镇压表明，清政府也越来越不得人心。同时，对民变的镇压也耗费了清代统治者的财力、物力和人力，其对社会的管控能力越来越弱。

第六，历史欠账太多，积重难返。一般说来，教育广泛普及与商品经济发展是政治、社会转型的两个主要推手或"双轮"，因为教育的发展和商品经济的活跃能提高人民的素质、规则形成和社会文明程度。而在这两个方面，清季的近代中国都是相当落后的，或者不发达的，跟不上社会发展的新需求。具体来说，商品经济不发达，自然经济仍占主导地位，既造成了中国人民的长期贫穷和落后，也难以形成近代意识、近代视野和契约精神；而教育，包括新式教育尚未普及，人民的知识水平也十分落后，文盲半文盲居人口大多数，缺乏规则意识、平等意识和民主精神。人民知识和素养程度不一，"公德、私德之量未底于纯全，则必有不规则之行动"。[③] 清季时期不时偶发的警民、军民矛盾，既与警察素质不高有关，也与民众落后的旧观念、旧习惯和旧行为脱不了干系。如教育落后所带来的问题，"社会大众亦遂视警察为无足轻重，不复注意于其思想之普及，一切行动甚至与警察相背驰"。[④] 当然，历史包袱不仅仅指教育和经济的落后状况，还包括旧思想、旧习惯和旧传统。如贱视武士的旧观念，"我国社会向有好男

---

①陈旭麓：《近代中国社会的新陈代谢》，上海人民出版社 1992 年版，第 296 页。

②［美］蒲乐安：《骆驼王的故事：清末民变研究》，尤陈俊、赖骏楠译，商务印书馆 2014 年版，第 121 页。

③赵征宇：《论改良警察必自人民之遵守警章始》，赵志飞：《中国晚清警事大辑》第 1 辑，第 328 页。

④赵征宇：《论警察教育》，赵志飞：《中国晚清警事大辑》第 1 辑，第 336 页。

不当兵之谬主义，充其鄙弃武士之量……近来武风稍炽，而多数人民之观念迄未能变”。[①] 因为警察主体由兵勇而来，民众对警察的认识和观感也很差。再如，我国数百年来“无完全之行政法规，以为各行政官吏之标准，因之对于地方一切政策，往往自为风气，各行其是，而不相顾”，[②] 缺乏大局观念、公共意识和法治意识。

第七，捕务转型的历史制约因素还有寄生于捕务制度中的大批旧官僚，因为晚清捐纳制度和保举制度造就大批只有旧知识或无知识的候补、候选官员。在创办警察制度时，这些官员大量涌入，“旧人办新政”[③] 是普遍的现象。还因为官职有限，而旧官僚占据了已有岗位，导致大批警务新秀难以入职，出现了劣币驱逐良币的现象。按照《直省巡警道官制细则》的规定，各省巡警道警务公所各科长、科员，“均以中外警务学堂毕业之学生及曾办警务得力人员”任用。宣统二年（1910）十月，江西高等巡警学堂师生曾联名上书善耆，要求照章录用他们为警官，并揭露了当时警官腐败、排斥学生的现象：“兹八、九、十三月内，又陆续札委佐贰充各属警察委员，置学生等于不闻不问。”[④]

所以说，以做官为导向的旧式科举教育落伍、新式教育的长期滞后以及商品经济严重的发育不良是政治、社会转型困境的社会经济根源。

（二）转型困境的根本原因。社会转型是一个长期的过程，必须要有充分的条件和基础。从清代捕务制度转型的客观原因来说，缺乏成功转型的物质保障和社会基础。但外有列强、内有动乱的情况，不允许清政府放缓改革、转型的步伐，这就是一个两难矛盾。从主观原因来说，由于旧势力和既得利益者强大，改革面临巨大的阻力。中央政府信心不足，能力缺乏；地方政府也是得过且过，以各种理由延迟改革；民众表达的渠道十分单一，非重大事项，不会向官府表达。其利益得不到保护，一旦受伤害，得不到赔偿，要么忍让，要么揭竿而

① 赵征宇：《论各地方警政之宜谋统一》，赵志飞：《中国晚清警事大辑》第 1 辑，第 347 页。
② 赵征宇：《论各地方警政之宜谋统一》，赵志飞：《中国晚清警事大辑》第 1 辑，第 347 页。
③ 陈旭麓：《近代中国社会的新陈代谢》，第 254 页。
④ 韩延龙等：《中国近代警察制度》，第 172—173 页。

起。但这些只是表象，根本原因存在于专制政治之中，转型困境是清代专制统治的必然结果。说到底，捕务松弛的根本原因不是匪盗多，而是清政府无为而治的治理观、逼良为娼的政治和萧条的经济生活状态。

第一，清政府面对时代和世界的变化，继续信奉无为而治，难有大为。在晚清时期，平民百姓穷困已极。“贫困无业之人、衣衫蓝缕，露体赤肌，昼则佣身负担，夜则露宿空檐，无衣食身家之恋，习风霜饥饿之劳，穷无倚赖。”[①]他们难以为生时，就可能铤而走险。因此，真正好吃懒做的贼盗只是其中一小部分，“不安分者，是真亡命之徒，亦十不得一，百不得一也”。政府的主要责任就是要安民、养民、富民。对此，许多官绅表达了自己的真知灼见。“养民之道，不外农、工二项。就江苏而论，虽荒田甚少，然未垦之地所在皆有，招之耕种……再于各处设立劝工场，推广劝工所，游民得有归宿，自不虞外匪之勾引。”[②]有人提出，治理盗贼，首先要治本，即治闲民和游民，“使之各就职业，为富谷之地，业定则廉耻立”。[③]姚莹甚至提出，将游民收使归庄，“赦其前罪，准予自新，由董事劝谕本庄，公给饭食，作为庄丁，无事则巡守田园，有事则逐捕盗贼，化害为利”；[④]对于游民、游勇，官给种子，勒令其开垦耕种；还要对其进行教育，“春冬暇日，令教官按日亲履乡村，聚集老幼，宣讲圣谕及劝善诸书，务须恺切详明，人人知感，耻于为非”，[⑤]这才是治本之策。

但是，清政府昧于时势，仍然秉持专制时代无为而治的理念。实际上，“仅仅除了税收和治安的需要外，清政府一般不过多干预乡村事务，而是提倡无为而治”，[⑥]名义上不扰民，实际上消极不为，是害民。安民、养民、富民未能成为清政府一以贯之的政策和治理重点，

① 四川大学历史系、四川省档案馆：《清代乾嘉道巴县档案选编》下册，第 347 页。
② 《观本报所纪枭党横行慨而书此》，《申报》，1902 年 10 月 7 日，第 1 版。
③ 颜鸣汉：《论息盗书》，贺长龄、魏源：《魏源全集》第 17 册，第 190 页。
④ 姚莹：《中复堂选集》，台湾文献丛刊 1960 年第 83 期，第 40 页。
⑤ 《隐忧篇》，《申报》，1886 年 12 月 6 日，第 1 版。
⑥ 马平安：《晚清大变局》，新世界出版社 2016 年版，第 9 页。

缺乏安民、养民、教民和富民之术，捕务制度只治末而不治本。因此，清代专制统治的政治是被动式政治，而不是主动式政治，不注重前端的建设，只注重后端结果的处置。或者说，清代统治者只是单向地加强镇压力量，而忽视了发展民生这一根本。同时，清代统治者如以前历朝历代统治者一样，以捕务作为社会治理的主要手段，捕务是文武官员的主要职责之一。清政府所持的是被动型捕务观，一旦有盗、匪、乱，采取镇压为主，安抚为辅，只治标不治本。保甲、乡约、里社、团练作为一种制度，只具有临时性而非长效机制。

第二，与技术、经济飞速进步相反，清政府仍然恪守旧制，效能低下。当外敌威胁和国内社会治安形势恶化时，尽管认识到一些捕务问题的严重性，也能找到一些改革的具体路径，但当捕务和捕务制度面临前所未有的挑战时，清政府缺少长远眼光、大局观，缺乏顶层和长远设计，只注意短期效应，整顿和改革草率从事。比如，招募勇营。从镇压太平天国运动开始，一直到新政阶段，清政府为应对国内外骚乱和侵略，在拥有经制绿营的情况下，各省临时招募大批勇营，当事件完结后，又大批裁减勇营。“一经遣散，名曰归农，其实皆散处四方，多行不法。”[①] 旋募旋裁勇丁，成为常态，且长期化。“近今游勇遍地，即轻裁之故也。”[②] 但裁汰的勇营并没有很好地被安置，而成为游勇，是晚清长期以来内部骚乱的主要力量，是骚乱扩大的倍增器。招募勇营和裁汰勇营，就是清政府饮鸩止渴之举。另外，清政府职责重叠，官员各处兼职，造成机构之间、官员之间相互制约，人治色彩浓厚，效率不高。比如说牵制，“遇有大事，此部推诸彼部，甲权诿为乙权，或明知其事之非而不肯出一言，以立断此推诿之弊也。……往往提议一事，议论经年，终归搁置，所谓筑室道谋，不溃于成，此牵制之弊也。诚以一人兼办数事精神，才力断难兼顾，数人兼办一事，依回迁就，百无一成”。[③] 中央是如此，各省也是如此。还有，维系专制统治，权力被少数人所垄断，官绅参政度严重不够，民

①《勤捕务以清盗源论》，《申报》，1896 年 4 月 23 日，第 1 版。

②《整顿营务论》，《申报》，1901 年 4 月 16 日，第 1 版。

③《振贝子请改官制以专责任折》，《申报》，1905 年 12 月 6 日，第 3 版。

主不足。在具体体制上，缺乏解决问题的合议制，皇帝高高在上，高级官员通过上奏方式，表达观点和态度，中下级官员没有上奏的权力和机会。因此，皇帝只能从多个独立单向、线式渠道获得事情的知情度，应对之策不免片面和乏力。各级高官也是地方的最高统治者，民主作风不够，造成事事隔膜，与西方的上下相通，有天壤之别。“我中国则内外上下之交，无事不隔。”正因为如此，改革难以取得成功，改革效能难以发挥。“数千年腐败政体所使然，故政体一日不改，警察一日不能收其效。”①

第三，不顾人心所向，清季政府继续加速腐朽，无法遏制。专制统治时期，腐败是其伴生物，从清代前期到清代后期，腐败越来越严重，几乎无人不腐，无时不腐。上至慈禧，②下至未入流官员，贿赂公行，清代历史文献中有大量的记载。“在清之官场，亦甚无怪事也”，③“一人如是，众人无不如是”④。清代统治不仅腐败，而且已不可救药，西方记者莫理循对晚清帝国的腐败状况毫不隐讳，“一个腐败的国家——腐败透顶了”。⑤贪婪成了群体性的现象，政府成为“有组织的‘贪污集体’”。⑥钱穆对晚清政象进行了揭示，认为：一是外患之纷乘；二是内政之腐败、财政竭蹶；三是官方之不振。⑦政府腐败直接导致了一系列不良的政治和社会后果。如腐败催生了灾害。孙中山说，“中国所有一切的灾难，只有一个原因，那就是普遍的又是有系统的贪污，这种贪污是产生饥荒、水灾、疾病的主要原因，同时也

---

①《论近日政府之注意于警察》，《申报》，1905 年 7 月 7 日，第 1 版。

②参见李文珊：《晚清时期整饬吏治思想研究》，中山大学出版社 2015 年版，第 268—270 页。

③［日］佐藤铁治郎：《一个日本记者笔下的袁世凯》，孔祥吉、村田雄二郎整理，天津古籍出版社 2005 年版，第 56 页。

④《论开捐例不如兴商务》，宜今室主人编：《皇朝经济文新编》之四，吏治卷 3，近代中国史料丛刊三编第 29 辑，文海出版社 1987 年版，第 301 页。

⑤［澳］骆惠敏：《清末民初政情内幕——泰晤士报驻北京记者袁世凯政治顾问乔·厄·莫理循书信集》上卷，刘桂梁等译，知识出版社 1986 年版，第 241 页。

⑥［美］费正清：《美国与中国》（第四版），张理京译，世界知识出版社 1999 年，第 106—107 页。

⑦钱穆：《国史大纲》（下），商务印书馆 1991 年繁体竖排版，第 889—892 页。

是武装盗匪常年猖獗的主要原因”。[①] 腐败不仅是自然灾害发生和严重化的人为原因，也带来了行政低效率和行政败坏，使由自然灾害带来的危害难以及时克服和有效解决。地方官“以一种十分重要的方式为盗匪活动的产生做出了‘贡献’，那就是他们的行政腐败。……仅仅是官员的玩忽职守，就常常加速盗匪活动的猖獗，形成一个难以控制的困难局面”。[②] 腐败另一个表现是官场形成了一个盘根错节的关系网，“从督抚到佐杂，无不把编织、维护、扩大、巩固自己在官场的关系网视作要务，而不敢丝毫疏忽”。[③] 对官员来说，维持这种败坏的关系网比自己应尽职责更重要。腐败还使官场成为一个大染缸，新式人物、新式事务难以独善其身，只能同流合污。如新式警察与旧式的保甲官勇没有丝毫区别，只是“变其名目”。送省学习警察、肄习的学生如同旧官僚，难显新气象。“警察即强暴之媒，欲赖以维治安，而警察即治安之蠹”。《警察欤？保甲欤？》一针见血地指出：“然则中国之政体不变，纵令警察如何改良，如何进步，不过恐专制程度之不高而更为之张其焰也。”[④] 也就是说，变革或废除专制政治，才是唯一的正途。

第四，不思振作，清季政府日益衰弱，[⑤] 无法自救。清政府是一个日益虚弱的政府，在权力和资源的设计与布局上，清政府长期执行的是内重外轻原则，包括权力分配、官员选任、军队驻防与布防、直省文武权力的制衡、财政收入的分配等制度，还有满族、满族贵族优先的制度。特别是太平天国运动爆发，清政府为迅速平定叛乱，破坏了原有的财政、经济、军事制度与规则。财政赤字严重、地方主义盛行、中央权威丧失、道义危机加深等是其突出表现，晚清时期的清政

① 孙中山：《中国的现在和未来》，《孙中山全集》第1卷，中华书局1981年版，第89—90页。

② 萧公权：《中国乡村：19世纪的帝国控制》，第555页。

③ 邱捷：《晚清官场镜像——杜凤治日记研究》，社会科学文献出版社2021年版，第106页。

④《警察欤？保甲欤？》，《四川杂志》，1907年第1期，第111页。

⑤ 迟云飞：《晚清改革与革命》，中国大百科全书出版社2016年版，第33—37页。迟云飞从财政崩溃、政府的四分五裂和统治核心的丧失以及对国家控制能力的丧失等方面进行了阐述。

府就像一个临终的老人，其虚弱是全面性的。当财政赤字时，就采取卖官鬻爵的捐纳制度；为鼓励官兵忠心尽力，采取保举制度，予以实官保奖。结果是，官场冗官充斥，官场十分腐败。直省督抚掌握了财政权、军事权和部分官员的任用权，以直隶总督和两江总督为代表的督抚在中央有了更多的话语权。从此，地方主义成为清末期的一个重要政治现象，[①] 朝廷的权威显然和隐然地流失，内轻外重的格局形成并固化。正如鲍威尔所言，“阻碍中国变成主要军事强国的根本原因是地方主义、习惯势力、缺乏工业以及财政机构的腐朽”。[②] 从此之后，不断进行的诸如政治、经济、军事、外交等的改革，常常是由各直省推动。清政府在高社会风险面前既手足无措，社会整合能力又不升反降，掌控能力越来越弱。这种能力不仅表现在显性的政治、经济、军事能力，还在于隐性的权威能力，更多的官绅民与朝廷处于离心状态，清政府已不为百姓所信服。[③]

当然，地方主义和分散主义不仅表现在军事方面，其他方面也是如此。在捕务制度改革和新的警察制度建立之时，中央的政令得不到贯彻执行，各省自行其是。巡警部先订巡警章程，后巡警部改为民政部，又重订《巡警职掌服式章程》，均颁行各省遵照在案。但各省设立的警察，均各就其便利，各自更定，公然置部章于不顾。“微论职掌之不尽同，即服式亦各有所异；部章固不可谓为完备，而各省另定之章程，亦未能谓为合格，盖惟各顾其私耳。”[④] 警察制度虽由民政部一再更订，分咨各省遵照办理，然实际上各省自行其是，混乱而不划一。“即就警察服制一端而论，往往此省与彼省异，省城与府城县城异，甚至此府县与彼府县亦异。形式尚未划一，遑论精神之统一，各府州县之警察大抵均归绅董办理，且有甲处归甲董办理，乙处归乙董办理者，草率将事，敷衍塞责。”[⑤] 警察作为执法者，警察局作为执法

① 马平安：《晚清大变局》，第 235 页。

②［美］拉尔夫·尔·鲍威尔：《1895—1912 年中国军事力量的兴起》，第 108 页。

③《论中国改革之难》，《辛亥革命前十年时论选集》第一卷，三联书店 1960 年版，第 941 页。

④《论我国警察之弊及其整顿之方》，《申报》，1909 年 9 月 18 日，第 3 版。

⑤《论我国警察之弊及其整顿之方》，《申报》，1909 年 9 月 22 日，第 2 版。

机构，警察制度作为宪政制度的组成部分，同时也代表着国家形象，应该规范、严肃、整齐和有力。但是，警察制度仍处于散漫状态，这正是地方主义作祟、坐大的结果。

由于包括捕务制度在内的制度存在日益严重的问题，防守不足，缉捕乏力，晚清时期盗贼问题严重之外，各种有组织有目标的政治力量和散在、无一定政治目标的社会力量都在持续不断地开展反清和抗清活动，晚清的斗争和反抗呈现出全时辰、全民性和全域性的特征。在这些综合因素的相互影响、作用下，经济危机、政治危机、社会危机和军事危机全面爆发，清代统治陷入了严重的信任危机和合法性危机。清代统治者及其镇压力量面对全民性、全域性的反抗运动，即使国家机器再强大，也是杯水车薪。所以，清代的专制统治已完全不得人心，已成穷途末路。从这个意义上讲，清代这样一个专制政权已经处于严重衰微、不打自垮之中，清末新政改革直接造就的辛亥革命只是起到了“临门一脚”的作用。

征引史料与今人学术论著

一、征引史料

张廷玉等:《明史》,中华书局2000年版(简体字本)。

申时行、赵用贤等:《大明会典》卷171,刑部十三,《续修四库全书》本,上海古籍出版社2002年版。

《清实录》,中华书局1985—1987年版。

《宣统政纪》,近代中国史料丛刊三编第18辑,文海出版社1989年版。

嵇璜、刘墉等:《清朝通典》,王云五主编:《万有文库》第二集,商务印书馆1936年版。

昆冈:《钦定大清会典事例》,光绪二十五年重修本。

昆冈:《钦定大清会典》,光绪二十五年重修本。

文孚:《钦定六部处分则例》,近代中国史料丛刊正编第34辑,文海出版社1969年版。

《大清律例》,张荣铮等点校,天津古籍出版社1993年版。

朱寿朋:《光绪朝东华录》,中华书局1958年版。

嵇璜、刘墉等:《清朝文献通考》,王云五主编:《万有文库》第二集,商务印书馆1936年版。

刘锦藻:《清朝续文献通考》,王云五主编:《万有文库》第二集,商务印书馆1936年版。

赵尔巽等:《清史稿》,中华书局1977年版。

永瑢、纪昀等:乾隆《钦定历代职官表》,《景印文渊阁四库全书》第602册，台湾商务印书馆2008年版。

罗振玉辑：《皇清奏议》，《续修四库全书》本，上海古籍出版社2002年版。

《重修两淮盐法志》，《续修四库全书》本，上海古籍出版社2002年版。

沈家本等：《钦定大清现行新律例》，《续修四库全书》本，上海古籍出版社2002年版。

中国第一历史档案馆：《光绪朝上谕档》，广西师范大学出版社1996年版。

王树楠、吴廷燮、金毓黻：《奉天通志》，东北文史丛书编辑委员会1983年版。

长顺、讷钦、李桂林、顾云：《光绪吉林通志》，《中国地方志集成 省志辑 吉林1》，凤凰出版社2009年版。

海宁：《晋政辑要》，《官箴书集成》第五册，黄山书社1997年版。

刚毅、安颐：《晋政辑要》，《续修四库全书》本，上海古籍出版社2002年版。

陈寿祺等：《道光福建通志》，台北华文书局1968年版。

光绪《浙江通志》，商务印书馆1934年据光绪二十五年重刊本影印。

吴坤修、何绍基、杨沂孙等：《光绪安徽通志》，《续修四库全书》本，上海古籍出版社2002年版。

刘坤一、刘绎、赵之谦：《光绪江西通志》，《续修四库全书》本，上海古籍出版社2002年版。

阮元、陈昌齐等：《广东通志》，《续修四库全书》本，上海古籍出版社2002年版。

张仲炘，杨承禧：《民国湖北通志》，台北华文书局1921年版。

曾国荃、郭嵩焘等：《光绪湖南通志》，《续修四库全书》本，上海古籍出版社2002年版。

谢启昆、胡虔：《嘉庆广西通志》，广西人民出版社1988年版。

杨士骧、孙葆田等：《宣统山东通志》，《中国地方志集成 省志

辑 山东 6》，凤凰出版社，2010 年版。

李鸿章、黄彭年等：《(光绪)畿辅通志》，《续修四库全书》本，上海古籍出版社 2002 年版。

龙云、周钟岳：《新纂云南通志》，李春龙、王珏点校，云南人民出版社 2007 年版。

马禾册：《广西通志》，广西人民出版社 2002 年版。

周再康、刘长富：《吉林省志》，吉林人民出版社 1996 年版。

辽宁省地方志编纂委员会办公室：《辽宁省志》，军事志，辽宁科学技术出版社 1999 年版。

《北京市志稿》，民政志，北京燕山出版社 1989 年版。

周家楣、缪荃孙：《光绪顺天府志》，《续修四库全书》本，上海古籍出版社 2002 年版。

戴肇辰、苏佩训、史澄、李光廷：《光绪广州府志》，上海书店等 2003 年版。

阿克当阿、姚文田等：《嘉庆重修扬州府志》，《中国地方志集成 江苏府县志辑 41》，江苏古籍出版社 1991 年版。

方浚颐、吴端书等：《同治续纂扬州府志》，《中国地方志集成 江苏府县志辑 42》，江苏古籍出版社 1991 年版。

黄维翰：《民国呼兰府志》，黑龙江省呼兰县志编审委员会 1983 年重印本。

嘉庆《松江府志》，《续修四库全书》本，上海古籍出版社 2002 年版。

郭赓武、黄任、怀荫布：《乾隆泉州府志》，上海书店出版社 2000 年版。

《乾隆梧州府志》，台北成文出版社 1961 年版。

明谊、张岳崧：《道光琼州府志》，海南出版社 2006 年版。

武汉地方志编纂委员会：《武汉市志・军事志》，武汉大学出版社 1992 年版。

来新夏、郭凤岐：《天津通志・旧志点校卷》上，南开大学出版社 1999 年版。

天津市地方志编纂委员会：《天津通志·旧志点校卷》中，南开大学出版社2001年版。

天津市地方志编纂委员会：《天津通志·旧志点校卷》下，南开大学出版社2001年版。

邵陆：《乾隆酉阳州志》，巴蜀书社2010年版。

丁世恭、刘清如：《民国续修馆陶县志》，台北成文出版社1976年版。

《法华乡志》，上海书店1992年版。

《民国乌青镇志》，上海书店1992年版。

江碧秋、潘宝箓：《罗城县志》，中国方志从书华南地方第211号，台北成文出版社1975年版。

陈朝宗：《民国大田县志》，厦门大学出版社2009年版。

王尔鉴：《乾隆巴县志》，乾隆二十六年刻本。

《光绪桃源县志》，台北成文出版社1970年版。

寿县地方志编纂委员会：《寿县志》，黄山书社1996年版。

刘履泰等：《湘乡县志》，《中国地方志集成 湖南府县志辑19》，江苏古籍出版社2002年版。

谢延庚、刘寿曾等：《光绪江都续志》，《中国地方志集成 江苏府县志辑67》，江苏古籍出版社1991年版。

《江苏省通志稿·大事志》，江苏古籍出版社1991年版。

朱之洪、向楚：《民国巴县志》，《中国地方志集成 四川府县志辑6》，巴蜀书社1992年版。

梁鼎芬、丁仁长、吴道镕等：《宣统番禺县续志》，《中国地方志集成 广东府县志辑7》，上海书店出版社2003年影印版。

江恂：《乾隆清泉县志》，衡阳市文化局2005年翻印本。

余良栋、刘凤苞：《光绪桃源县志》，台北成文出版社1970年版。

赵良生、李基益：《康熙永定县志》，厦门大学出版社2012版。

《协理河南道事汉军监察御史周绍儒谨奏》，乾隆三年三月十二日。中国第一历史档案馆，档案号：04-01-01-0024-037。

《监察御史王纲振奏为京师五城窃盗宜会同协缉事》，乾隆六年十二月三日。档案号：03-1247-042。

陈用敷：《题将泾县县丞移驻查村稽查保甲严缉盗贼》，乾隆五十四年，档案号：02-01-03-07831-026。

《陕西道御史祝云栋奏请严邻境缉捕两境员弁一体定为承缉事》，乾隆五十八年五月初八日。档案号：04-01-01-0454-023。

铁保：《奏陈筹款缉捕私枭事》，嘉庆十二年十一月二十八日。档案号：04-01-35-0489-015。

《奏报办理缉捕事宜事》，嘉庆二十三年九月二十二日。档案号：04-01-01-0578-036。

《山东道监察御史许乃济奏为请酌筹五城缉捕事宜》，道光二年二月初七日。档案号：04-01-12-0358-061。

《奏报筹议缉捕经费事》，道光二年十一月二十二日，档案号：04-01-35-0950-010。

《湖广总督李鸿宾湖南巡抚嵩孚跪奏》，道光四年三月二十一日。档案号：04-01-01-0658-006。

《两江总督琦善奏请酌改安徽省巡江章程事》，道光七年五月二十二日。档案号：04-01-01-0685-018。

《奏为委员密稽东省盗匪并周详缉捕章程事》，道光十六年十二月初六日。档案号：04-01-01-0774-014。

《两江总督陆建瀛奏为安徽省各营水勇现在添造巡船枪械酌改旧章责令巡缉江面》，道光三十年二月二十五日。档案号：04-01-01-0842-031。

《步军统领衙门赛尚阿奏为遵旨议奏整顿捕务事》，道光三十年九月十一日。档案号：03-2856-025。

《闽浙总督裕泰呈酌议团练章程清单》，咸丰元年六月初一日。档案号：03-4169-027。

《工科给事中汪元方奏为外城营城分歧有碍捕务请饬下步军统领衙门会同顺天府五城妥议内外城缉捕事》，咸丰三年二月初四日。档案号：03-4568-013。

《巡视中城御史额图洪额奏为遵议五城捕务章程事》，光绪元年三月初五日。档案号：03-7226-001。

《中城户科掌印给事中安祥奏为整顿捕务应赏罚并用缉捕经费按新章办理事》，光绪九年九月三十日。档案号：03-5676-042。

《翰林院侍讲学士霍穆欢奏为京师盗贼成风请旨变通捕盗章程事》，光绪十一年二月初十日。档案号：03-7351-007。

《广西巡抚黄槐森奏请团练归并保甲局兼办等》，光绪二十七年三月二十日。档案号：04-01-01-1045-021。

《河南巡抚张人骏奏为豫省添设开封巡警局及募练探访队事》，光绪三十三年六月十四日。档案号：03-5521-044。

《甘肃提督姜桂题奏为遵办江防并改新旧营队各事宜等》，光绪三十四年正月十七日。档案号：03-5766-057。

《两江总督张人骏奏为两江巡缉队及金陵巡督水师请归民政部管辖事》，宣统二年五月二十六日。档案号：04-01-01-1105-027。

中国人民大学清史所、档案系：《康雍乾时期城乡人民反抗斗争资料》上册，中华书局1979年版。

中国第二历史档案馆：《中华民国史档案资料汇编》第1辑，江苏人民出版社1979年版。

故宫博物院明清档案部：《清末筹备立宪档案史料》，中华书局1979版。

中国第一历史档案馆：《清代档案史料丛编》，中华书局1978年版。

中国第一历史档案馆、北京师范大学历史系：《辛亥革命前十年间民变档案史料》，中华书局1985年版。

中国第一历史档案馆：《光绪朝朱批奏折》第65辑，中华书局1995年版。

四川大学历史系、四川省档案馆：《清代乾嘉道巴县档案选编》下册，四川大学出版社1996年版。

沈云龙：《袁世凯史料汇刊》，文海出版社据1966年版。

于成龙：《于清端政书》，近代中国史料丛刊续编第33辑，文海出版社1976年版。

贺长龄:《皇朝经世文编》,近代中国史料丛刊第 74 辑,文海出版社 1966 年版。

李元度:《天岳山馆文钞》,近代中国史料丛刊第 41 辑,文海出版社 1966 年版。

黄云鹄:《兵部公牍》,近代中国史料丛刊第 58 辑,文海出版社 1970 年版。

钟庆熙:《四川通饬章程》,近代中国史料丛刊续编第 48 辑,文海出版社 1977 年版。

《皇朝政典类纂》,近代中国史料丛刊续编第 88 辑,文海出版社 1982 年版。

贾桢等:《筹办夷务始末・咸丰朝》,近代中国史料丛刊正编第 59 辑,文海出版社 1966 年版。

卞宝第:《卞制军(颂臣)政书》,近代中国史料丛刊第 20 辑,文海出版社 1966 年版。

李宗羲等:《开县李尚书(宗羲)政书》,近代中国史料丛刊第 47 辑,文海出版社 1966 年版。

《北洋海军章程》,近代中国史料丛刊三编第 24 辑,文海出版社 1985 年版。

陈璧等:《望嵓堂奏稿》,近代中国史料丛刊第 10 辑,文海出版社 1966 年版。

毛承霖:《毛尚书(鸿宾)奏稿》,近代中国史料丛刊第 61 辑,文海出版社 1966 年版。

王延熙、王树敏:《皇清道咸同光奏议》,近代中国史料丛刊第 34 辑,文海出版社 1966 年版。

章佳容安:《那文毅公(彦成)奏议》,近代中国史料丛刊第 21 辑,文海出版社 1966 年版。

宋晋:《水流云在馆奏议》,近代中国史料丛刊第 78 辑,文海出版社 1966 年版。

端方:《端忠敏公奏稿》,近代中国史料丛刊第 10 辑,文海出版社 1966 年版。

盛康:《皇朝经世文编续编》，近代中国史料丛刊第84辑，文海出版社1966年版。

黎庶昌:《拙尊园丛稿》，近代中国史料丛刊第8辑，文海出版社1966年版。

周询:《蜀海丛谈》，近代中国史料丛刊第1辑，文海出版社1966年版。

于敏中、英廉:《钦定日下旧闻考》，四库全书本。

田文镜:《抚豫宣化录》，张民服点校，中州古籍出版社1995年版。

凌燽:《西江视臬纪事》，《续修四库全书》本，上海古籍出版社2002年版。

马征麟:《长江图说》，湖北崇文书局1871年版。

《福建省例》，台湾文献丛刊第199种，台湾大通书局1964年版。

徐世昌:《东三省政略》，文海出版社1965年版。

隗瀛涛、赵清:《四川辛亥革命史料》，四川人民出版社1981年版。

张集馨:《道咸宦海见闻录》，中华书局1981年版。

张侠、杨志本等:《清末海军史料》，海洋出版社1982年版。

张振鹤、丁原英:《清末民变表》(上、下)，《近代史资料》1982年。

杜迈之、刘泱泱、李龙如:《自立会史料集》，岳麓书社1983年版。

郭嵩焘:《郭嵩焘奏稿》，杨坚校补，岳麓书社1983年版。

徐珂:《清稗类钞》，中华书局1984年版。

佚名:《安平县杂记》，台湾大通书局1984年版。

福格:《听雨丛谈》，中华书局1984年版。

《台湾采访册》，台湾文献史料丛刊第55种，台湾大通书局1984年版。

欧阳昱:《见闻琐录》，恒庵标点，岳麓书社1986年版。

廖一中、罗真容:《袁世凯奏议》，天津古籍出版社1987年版。

吴剑杰:《湖北咨议局文献资料汇编》,武汉大学出版社 1991 年版。

[日]服部宇之吉等:《清末北京志资料》,张宗平、吕永和译,北京燕山出版社 1991 年版。

田涛、郭成伟:《清末北京城市管理法规(1906—1910)》,北京燕山出版社 1996 年版。

《官箴书集成》,黄山书社 1997 年版。

苑书义等:《张之洞全集》,河北人民出版社 1998 年版。

戴逸、李文海、迟云飞:《清通鉴》,山西人民出版社 1999 版。

钱泳:《履园丛话》,卢鹰注,陕西人民出版社 1998 年版。

《佐贰须知》,《四库未收书辑刊》第 4 辑第 19 册,北京出版社 1998 年版。

李兴盛、马秀娟等:《程德全守江奏稿》外十九种上,黑龙江人民出版社 1999 年版。

冯煦、陈师礼:《皖政辑要》,黄山书社 2005 年版。

岑毓英:《岑毓英集》,黄振南、白耀天标点,广西民族出版社 2005 年版。

谢俊美:《翁同龢集》,中华书局 2005 年版。

梁小进:《曾国荃集》,岳麓书社 2008 年版。

章开沅、罗福惠、严昌洪:《辛亥革命史资料新编》,湖北人民出版社 2006 年版。

顾廷龙、戴逸:《李鸿章全集》,安徽教育出版社 2008 年版。

彭玉麟:《彭玉麟集》,岳麓书社 2008 年版。

《广东海防汇览》,王宏斌等校点,河北人民出版社 2009 年版。

黄本骥:《黄本骥集》,刘范弟点校,岳麓书社 2009 年版。

杨鹏程:《湖南咨议局文献汇编》,湖南人民出版社 2010 年版。

《陶澍全集》,岳麓书社 2010 年版。

赵春晨:《丁日昌集》,上海古籍出版社 2010 年版。

冯祖贻、曹维琼、敖以深:《辛亥革命·贵州事典》,贵州人民出版社 2011 年版。

上海商务印书馆编译所：《大清新法令（1901—1911）点校本》，商务印书馆2010、2011年版。

严昌洪等：《辛亥革命史事长编》，武汉出版社2011年版。

刘长佑：《刘长佑集》，陈书良等校点，岳麓书社2010年版。

曾国藩：《曾国藩全集》，岳麓书社2012年第2版。

杨一凡、刘笃才：《中国古代地方法律文献·丙编》，社会科学文献出版社2012年版。

李星沅：《李星沅集》，王继平校点，岳麓书社2013年版。

汪林茂：《浙江辛亥革命史料集》，浙江古籍出版社2013年版。

骆宝善、刘路生：《袁世凯全集》，河南大学出版社2013年版。

《刘坤一奏疏》，陈代湘等校点，岳麓书社2013年版。

《左宗棠全集》，刘泱泱等校点，岳麓书社2014年版。

王稼句：《吴中文存》上，凤凰出版社2014年版。

赵志飞：《中国晚清警事大辑》第1辑，武汉出版社2014年版。

陈锋：《晚清财政说明书》，湖北人民出版社2015年版。

虞和平：《近代史所藏清代名人稿本抄本》第3辑，锡良档七十，大象出版社2017年版。

《刘坤一集》，陈代湘校点，岳麓书社2018年版。

谭群玉、曹天忠：《岑春煊集》，广东人民出版社2019年版。

《申报》

《政治官报》

《时报》

《盛京时报》

《警高月刊》

《东方杂志》

《清末官报汇编》，全国图书馆文献缩微复制中心2006年。

二、今人学术论著

冯自由：《中华民国开国前革命史》，上海书店据良友印刷公司1928年版影印。

闻钧天:《中国保甲制度》,《民国丛书》第四编(23),商务印书馆 1935 年版。

蔡恂:《北京警察沿革纪要》,北京特别市公署警察局 1944 年。

中国人民政治协商会议湖北省委员会:《辛亥首义回忆录》第 1 辑,湖北人民出版社 1957 年版。

张玉田等:《中国近代军事史》,辽宁人民出版社 1983 年版。

王家俭:《清末民初我国警察制度现代化的历程(1901—1928)》,台北商务印书馆 1984 年版。

王树槐:《中国现代化的区域研究:江苏省(1860—1916)》,台北“中央研究院”近代史研究所 1984 年版。

罗尔纲:《绿营兵志》,中华书局 1984 年版。

冯尔康:《雍正传》,人民出版社 1985 年版。

吴杰章、苏小东、程志发:《中国近代海军史》,解放军出版社 1989 年版。

罗荣渠:《现代化新论——世界与中国的现代化进程》,北京大学出版社 1993 年版。

韩延龙:《中国近代警察制度》,中国人民公安大学出版社 1993 年版。

童隆福:《浙江航运史》,古近代部分,人民交通出版社 1993 年版。

朱绍侯:《中国古代治安制度史》,河南大学出版社 1994 年版。

唐志敬:《史志浅探》,广西人民出版社 1994 年版。

杨东梁、张浩:《中国清代军事史》,人民出版社 1994 年版。

茅海建:《天朝的崩溃:鸦片战争再研究》,生活·读书·新知三联书店 1995 年版。

史革新:《中国社会通史》,晚清卷,山西教育出版社 1996 年版。

罗尔纲:《晚清兵志》,中华书局 1997 年版。

邓绍辉:《晚清财政与中国近代化》,四川人民出版社 1998 年版。

戚其章:《晚清海军兴衰史》,人民出版社 1998 年版。

马模贞:《中国禁毒史资料》,天津人民出版社 1998 年版。

李士豪、屈若搴:《中国渔业史》，商务印书馆 1998 年版。

王卫平:《明清时期江南城市史研究：以苏州为中心》，人民出版社 1999 年版。

张海林:《苏州早期城市现代化研究》，南京大学出版社 1999 年版。

周积明、宋德金:《中国社会史论》下，湖北教育出版社 2000 年版。

周育民:《晚清财政与社会变迁》，上海人民出版社 2000 年版。

韩延龙、苏亦工等:《中国近代警察史》，社会科学文献出版社 2000 年版。

张德泽:《清代国家机关考略》，学苑出版社 2001 年版。

池子华:《中国流民史》，近代卷，安徽人民出版社 2001 年版。

王笛:《跨出封闭的世界——长江上游区域社会研究（1644—1911）》，中华书局 2001 年版。

陈晋胜:《警察法学概论》，高等教育出版社 2002 年版。

王宏斌:《清代前期海防：思想与制度》，社会科学文献出版社 2002 年版。

何一民:《变革与发展——中国内陆城市成都现代化研究》，四川大学出版社 2002 年版。

许毓良:《清代台湾的海防》，社会科学文献出版社 2003 年版。

刘伟:《晚清督抚政治——中央与地方关系研究》，湖北教育出版社 2003 年版。

瞿同祖:《清代地方政府》，法律出版社 2003 年版。

张晋藩:《中国近代社会与法制文明》，中国政法大学出版社 2003 年版。

林为楷:《明代的江防体制——长江水域防卫的建构与备御》，宜兰“明史研究小组”2003 年印行。

汪志国:《周馥与晚清社会》，合肥工业大学出版社 2004 年版。

杨国安:《明清两湖地区基层组织与乡村社会研究》，武汉大学出版社 2004 年版。

秦树才：《清代云南绿营兵研究：以汛塘为中心》，云南教育出版社2004年版。

汪林茂：《浙江通史》第10卷，清代卷，浙江人民出版社2005版。

杨金森、范中义：《中国海防史》，海洋出版社2005年版。

戴顺居：《明代的强盗案件——判牍中所反映的民间社会治安问题》，宜兰“明史研究小组”2005年印行。

那思陆：《清代州县衙门审判制度》，中国政法大学出版社2006年版。

孟昭华、王涵：《中国民政通史》下卷，中国社会出版社2006年版。

李凤鸣：《清代州县官吏的司法责任》，复旦大学出版社2007年版。

高时良、黄仁贤：《洋务运动时期教育》，上海教育出版社2007年版。

王尔敏：《清季军事史论集》，广西师范大学出版社2008年版。

熊月之：《西制东渐——近代制度的嬗变》，长春出版社2008年版。

邹进文：《民国财政思想史研究》，武汉大学出版社2008年版。

徐建平：《清末直隶宪政改革研究》，中国社会科学出版社2008年版。

姜涛、卞修跃：《中国近代通史》第2卷《近代中国的开端（1840—1864）》，江苏人民出版社2009年版。

方志钦、廖伟章：《广东通史》近代上，广东高等教育出版社2010年版。

吴志良：《澳门政治制度史》，广东人民出版社2010年版。

贾大泉、陈世松：《四川通史》，清代，四川人民出版社2010年版。

郭建、殷啸虎、王志强：《中华文化通志·制度文化典》，法律志，上海人民出版社2010年版。

顾诚：《南明史》下，光明日报出版社2011年版。

绍兴市档案馆：《绍兴与辛亥革命》，凤凰出版社 2011 年版。

连横：《台湾通史》上，生活·读书·新知三联书店 2011 年版。

白钢：《中国政治制度通史》，社会科学文献出版社 2011 年版。

蔡东洲：《清代南部县衙档案研究》，中华书局 2012 年版。

张建雄：《清代前期广东海防体制研究》，广东人民出版社 2012 年版。

杨国安：《国家权力与民间秩序：多元视野下的明清两湖乡村社会史研究》，武汉大学出版社 2012 年版。

覃珠坚、张晓春：《中国禁毒法规介评与适用》，中国人民公安大学出版社 2012 年版。

顾诚：《隐匿的疆土：卫所制度与明帝国》，光明日报出版社 2012 年版。

丁芮：《管理北京：北洋政府时期京师警察厅研究》，山西人民出版社 2013 年版。

傅林祥、林涓等：《中国行政区划通史》，清代卷，复旦大学出版社 2013 年版。

周蓓：《清代基层社会聚众案件研究》，大象出版社 2013 年版。

宋国华：《清代缉捕制度研究》，法律出版社 2014 年版。

李英全：《更新而不去旧——晚清旧式军队的整顿和改造》，华中师范大学出版社 2014 年版。

杜家骥：《杜家骥讲清代制度》，天津古籍出版社 2014 年版。

刘子扬：《清代地方官制考》，故宫出版社 2014 年版。

关晓红：《从幕府到职官：清季外官制的转型与困扰》，生活·读书·新知三联书店 2014 年版。

叶瑞昕：《清末民初北京国民道德建设的社会文化史考察》，光明日报出版社 2014 年版。

谢蔚：《晚清法部研究》，中国社会科学出版社 2014 年版。

夏维中等：《南京通史·清代卷》，南京出版社 2014 年版。

宋国华：《清代缉捕制度研究》，法律出版社 2014 年版。

张连举：《跨学科视野下的警学研究》，暨南大学出版社 2014

年版。

胡恒：《皇权不下县？——清代县辖政区与基层社会治理》，北京师范大学出版社 2015 年版。

谭琪：《清代州县治安制度研究》，中国工人出版社 2015 年版。

任晓兰：《财政预算与近代中国的国家建构》，天津社会科学院出版社 2015 年版。

马勇：《1895 年大梦初醒》，东方出版中心 2015 年版。

马玉生：《中国近代中央警察机构建立、发展与演变》，中国政法大学出版社 2015 年版。

李贵连：《沈家本评传》，中国民主法制出版社 2016 年增补版。

刘洋：《清代基层权力与社会治理研究》，科学出版社 2016 年版。

王均平：《治安学》，武汉大学出版社 2016 年版。

祝太文：《清代浙江行政职官与海防关系研究》，光明日报出版社 2016 年版。

郗玉松：《改土归流后湖广土家族社会重构研究》，中央民族大学出版社 2016 年版。

杨锡贵、刘觅知：《近代湖湘文化与近代中国历史进程》，岳麓书社 2017 年版。

陈旭麓：《近代中国社会的新陈代谢》，生活 · 读书 · 新知三联书店 2017 年版。

连东：《鸦片罂粟通史：欲望、利益与正义的战争》，上海社会科学院出版社 2018 年版。

程维荣：《中国近代行政法（1901—1949）》，商务印书馆 2018 年版。

程琳：《警察法学通论》，中国人民公安大学出版社 2018 年版。

刘大鹏：《退想斋日记》，北京师范大学出版社 2020 年版。

萧公权：《中国乡村：19 世纪的帝国控制》，张皓、张升译，九州出版社 2021 年版。

邱捷：《晚清官场镜像——杜凤治日记研究》，社会科学文献出版社 2021 年版。

［美］鲍威尔：《1895—1912 年中国军事力量的兴起》，陈泽宪、陈霞飞译，中华书局 1978 年版。

［美］孔飞力：《中华帝国晚期的叛乱及其敌人：1796—1864 年的军事化与社会结构》，谢亮生等译，中国社会科学出版社 1990 年版。

［德］马克斯·韦伯：《儒教与道教》，王容芬译，商务印书馆 1995 年版。

［美］穆黛安：《华南海盗（1790—1810）》，刘平译，中国社会科学出版社 1997 年版。

［美］彼得·布劳、马歇尔·梅耶：《现代社会中的科层制》，马戎等译，学林出版社 2001 年版。

［日］织田万：《清国行政法》，李秀清、王沛点校，中国政法大学出版社 2003 年版。

［英］赫德：《这些从秦国来——中国问题论集》，叶凤美译，天津古籍出版社 2005 年版。

［美］罗威廉：《汉口：一个中国城市的冲突和社区（1796—1895）》，鲁西奇、罗杜芳译，中国人民大学出版社 2008 年版。

［美］伊贝卡·卡尔：《清末中国的日常暴力》，苗延威译，《清史译丛》第八辑，中国人民大学出版社 2010 年版。

［日］井上裕正：《清代鸦片政策史研究》，钱杭译，西藏人民出版社 2011 年版。

［美］费正清：《中国：传统与变迁》，张沛、张源、顾思兼译，吉林出版集团有限责任公司 2013 年版。

［美］蒲乐安：《骆驼王的故事：清末民变研究》，刘平、唐雁超译，商务印书馆 2014 年版。

［美］白德瑞：《爪牙：清代县衙的书吏与差役》，尤陈俊、赖骏楠译，广西师范大学出版社 2021 年版。

王文贤：《清季长江水师之创建及其影响》，《台湾师范大学历史学报》1974 年第 2 期。

屈春海：《清代京师治安防务机构步军统领衙门述略》，《公安大学学报》1989 年第 2 期。

王胜铎：《中国近代第一部专门规范军队内务的法规》，《军事历史》1991第6期。

陆方：《关于晚清防勇的几个问题》，《东北师大学报》1995年第1期。

沈晓敏：《清末广东巡警（警察）制度述略》，《政法学刊》1997年第3期。

王先明、常书红：《晚清保甲制的历史演变与乡村权力结构——国家与社会在乡村社会控制中的关系变化》，《史学月刊》2000年第5期。

肖朗、施峥：《日本教习与京师警务学堂》，《近代史研究》2004年第5期。

郑永华：《清代地方保甲与惩治秘密教门之关系初探》，《史苑》2004年第7期。

邱捷：《晚清广东的公局——士绅控制乡村基层社会的权力机构》，《中山大学学报》2005年第4期。

潮龙起：《从清代宗族的社会控制看会党的发展动因》，《江苏社会科学》2006年第3期。

何文平：《清末广东巡警的创建与官绅关系》，《中山大学学报》2006年第5期。

曾维君：《清末十年湖南民变论略》，《历史教学问题》2009年第2期。

王澈、霍华：《光绪二十七年"改题为奏"上谕》，《历史档案》2010年第3期。

刘小萌：《清代北京的旗民关系——以商铺为中心的考察》，《清史研究》2011年第1期。

傅林祥：《清雍正年间的次县级行政机构及其职能探析》，《清史研究》2011年第2期。

丁芮：《宗族在近代社会中的控制作用——以晚清湖南地区为中心的考察》，《云南社会科学》2012年第2期。

刘伟、石武英：《清末州县巡警的创办与基层社会》，《社会科学》2012年第12期。

杨培娜:《澳甲与船甲——清代渔船编管制度及其观念》,《清史研究》2014 年第 1 期。

王兆辉、刘志松:《清代州县佐贰官司法权探析》,《西南大学学报》2014 年第 4 期。

王宏斌:《清代内外洋划分及其管辖问题研究——兼与西方领海观念比较》,《近代史研究》2015 年第 3 期。

刘伟:《晚清州县"就地正法"司法程序之再考察》,《社会科学》2015 年第 7 期。

张本照:《论清代"就地正法"之制的产生时间》,《历史档案》2016 年第 1 期。

马金华:《近代中国财政预算制度的转型与国家治理》,《安徽师范大学学报》2018 年第 3 期。

原喜泽:《清末山西巡警总局的建立》,《河北广播电视大学学报》2018 年第 5 期。

刘海波、朱丽娜:《清末水上警察创建过程考述》,《铁道警察学院学报》2020 年第 2 期。

孟庆超:《中国警制近代化研究——以法文化为视角》,中国政法大学 2004 年博士论文。

田玉洪:《困厄中的抉择——晚清（1864—1911 年）裁军研究（以绿营为中心）》,华东师范大学 2005 年博士论文。

王洪兵:《清代顺天府与京畿社会治理研究》,南开大学 2009 年博士论文。

何洪涛:《清末警察制度研究（1894—1911）——以警察立法为视角》,西南政法大学 2011 年博士论文。

杜汇:《清代山西地区的佐杂分防与基层社会控制》,山西大学 2013 年硕士论文。

张慧慧:《清末山西编练新军研究》,河北大学 2021 年硕士论文。

后　记

“捕务制度及其在晚清时期的转型研究”作为国家社会科学基金项目，经过五年时间的不懈研究，顺利结题，如释重负。五年时间，只是历史长河中的一瞬间，但对我个人而言，在管理、教学和科研的三重角色中穿梭，确是一段忙碌、充实的旅程。又经过三年的反复修改，在这一成果易名《捕务制度及其在晚清时期的转型研究（1644—1911）》并即将付梓之际，我向一路上给予关爱、支持与帮助的师长、亲朋和我的研究生们表示诚挚的敬意！

感谢五位匿名专家对我结题成果的精准评审！你们的专业水平和严谨态度，让我受益匪浅。你们对成果的肯定，激励着我继续在学术的道路上前行。你们指出的不足，更是指引我不断修改完善的明灯。

感谢岳麓书社总编辑马美著先生和责任编辑刘文博士！没有你们的辛勤工作和专业指导，这一成果不可能如此顺利地出版。

感谢研究生们的大力支持！肖飞阳、孟俏俏、唐旭旺、孙蔚婧、刘慧芳、魏美霞、刘亚静、查婉晴、叶琦、李晓玉、成嘉祥、徐嘉凯、毛佳宁、刘爱章、朱雷、贺智慧和夏勉等，你们的帮助是这一成果能够顺利完成的重要前提。

感谢妻子张秋玉女士和女儿肖恬博士。正是你们的理解、包容和支持，让我能够心无旁骛地沉浸在学海之中。

感谢南华大学和南华大学马克思主义学院对该成果出版的资助！

热忱欢迎各位同行和读者的批评指正，因为我相信，只有通过不断地交流与探讨，在更接近历史真相的基础上，历史研究才能得出全面而准确的结论。

肖宗志
2024 年 11 月 16 日于雁城